두루마리 성경 1

모세오경

두루마리 성경 1 모세오경

2012년 10월 10일 초판 1쇄 인쇄
2012년 10월 15일 초판 1쇄 발행

저 자 • 김 인 철
발행인 • 조 경 혜
발행처 • 도서출판 그리심
156-763 서울시 동작구 사당5동 인정apt. b-01
등록번호 • 제 7-258호(1998. 4. 23)
출 판 사 • 전화 523-7589 팩스 523-7590
홈페이지 • http://grisim.biz
전자우편 • grisimcho@hanmail.net

값 : 책 뒷면에

ISBN 978-89-5799-310-1 (94230)

ISBN 978-89-5799-309-5 (세트)

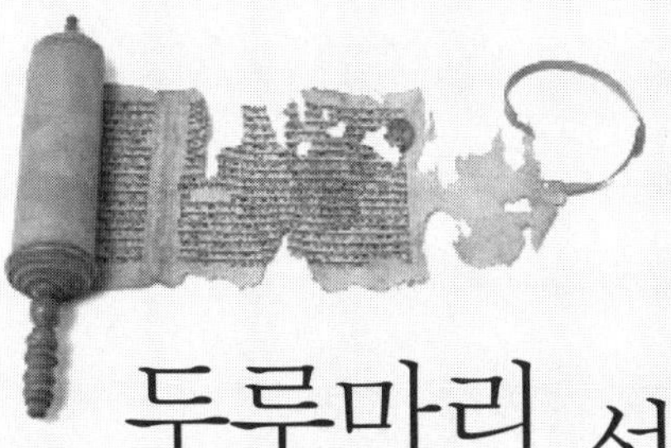

두루마리 성경

모세오경

머리말

지인들에게서 "성경을 사랑하는 사람" "성경에 열심이 특심한 사람" "열공하는 목사"라는 칭찬을 들을 때 기분이 좋아진다. 나의 정체성을 인정받는 느낌이 들기 때문이다. 사실 나는 가르치는 것보다 배우는 것을 더 좋아한다. 지난 수년간 강의보다 교안 작성에 더 힘을 쏟았던 이유이기도 하다. 글을 써가면서 내가 무엇을 더 알아야 하는지, 알고 있는 것을 어떤 책임감으로 전달해야 하는지 배우게 된다. 그러나 두루마리 성경 시리즈를 시작하면서 갖는 느낌은 솔직히 '아는 것이 별로 없다'는 것이다. 바닷가에서 모래 한 줌을 움켜쥐고 있는 기분이라고나 할까.

나는 성서학 연구에 있어서 전문가specialist가 아니라 수집가generalist이다. 성서학의 핵심 분야인 언어학(히브리어, 헬라어, 수메르어, 아카드어, 우가릿어, 아람어, 고대 페르시아어)만 하더라도 입문조차 하지 못한 언어가 대부분이다. 따라서 고대 문헌 자료를 접할 때 그 분야의 전문가들이 집필한 이차 자료에 의존할 수밖에 없다. 문헌학, 역사학, 고고학, 문화인류학은 두말할 나위도 없다. 오직 가진 것은 성경을 사랑하고 배우려는 마음뿐이다. 그리고 근거가 희박한 이야기를 무분별하게 확산시키는 배포자distributor가 되지 않으려 깨어있는 마음이다. 그래서 배움이 있는 곳이면, 근거 있는 자료를 얻을 수 있는 곳이면 어디든 찾아가려고 애쓴다. 이 책에서 사용한 대부분의 사진 자료나 그림 자료는 직접 촬영했거나 수집한 것이다.

이 책을 쓰는 나의 바람은 교회마다 성경 학교가 다시 세워지는 것이다. 어렸을 적 교회에서는 아동부와 청소년부뿐 아니라 청장년부까지 계단 공과를 교재로 성경을 가르쳤다. 성경 교육이 교회의 주된 사명이 아니라 하더라도, 오늘날 교회에서 성경 교육 기관이 사라진 것은 기독교 신앙의 근간을 흔드는 현상이 아닐 수 없다. 한국 교회가 감당해왔던 시대적 사명을 부정하고 싶은 마음은 추호도 없다. '70년대의 심령부흥운

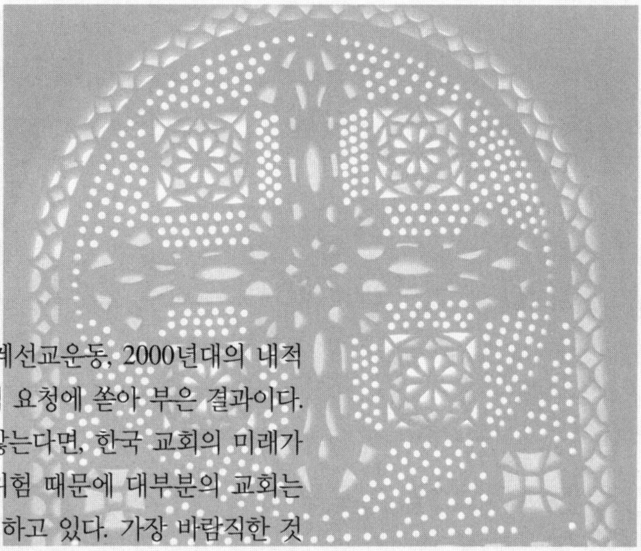

동, '80년대의 제자훈련운동, '90년대의 세계선교운동, 2000년대의 내적 치유운동은 모두 한국 교회의 역량을 시대적 요청에 쏟아 부은 결과이다. 그러나 66권 성경을 통전적으로 가르치지 않는다면, 한국 교회의 미래가 어떻게 될 지 염려스럽다. 더구나 이단의 위험 때문에 대부분의 교회는 교인들이 외부에서 성경 공부하는 것을 금지하고 있다. 가장 바람직한 것은 교회가 직접 나서는 것이다. 물론 담임 목회자가 성경 교육을 위해 따로 시간을 내기도 어렵고, 역량 있는 교사가 하루아침에 확보되는 것도 아니다. 그러나 교회가 뜻을 세우고, 지원자들을 성경 교육기관에 위탁 육성한다면 불가능한 일도 아니다.

모든 것은 지나간다. 개인이나 교회가 성경을 배우고 가르칠 기회도 지나갈 것이다. 세월이 지난 후에는 평가만이 남게 될 것이다. 기회를 선용한 자에게는 감사가, 놓쳐버린 자에게는 후회만이 남을 것이다. 가진 자는 더 가지게 되고, 없는 자는 있는 것마저 빼앗기는 원리가 성경 공부에도 적용된다. 성경 공부가 단번에 성취될 수 있는 것이 아니기에, 꾸준히 매진하는 자에게는 더욱 풍성한 열매가, 더 이상 배울 필요가 없다고 사반하는 자에게는 있는 것마저 잃어버리는 결과가 있을 것이다. 모쪼록 한국 교회와 그리스도인들이 시냇가에 심은 나무들처럼 되어 말씀의 풍성한 열매가 있기를 기원한다.

2012. 10. 1.
송라산 기슭에서
김 인 철 목사

이 책의 특징과 사용법

이 책은 성경 각 권을 원 독자(Original Readers)의 입장에서 읽고 연구할 수 있도록 만들어졌다. 따라서 성경이 씌어진 시대의 역사와 문화적 배경을 이해하는데 먼저 초점을 맞춘다. 그런 다음 각 권의 구조를 살피고, 단락과 주요 단어의 의미를 파악해 나간다. 산을 오르기 전 멀리서 산의 모습을 보고, 가까이 다가가 숲을 보고, 등산하면서 나무와 돌을 보는 것과 같다. 이 책이 한 절 한 절에 주석적 의미를 가하고 있지는 않다. 하지만 잘 알려진 난제, 널리 퍼진 해석적 오류, 번역상의 문제와 관련된 이슈는 가급적 다루려고 했다. 그러면서 특정한 성경 신학적 관점들을 약방의 감초처럼 사용하지 않으려 했다. 자칫 현대 독자들의 관심을 고대의 성경 저자들에게 강요하는 오류를 범할 수 있기 때문이었다. 하지만 성서 시대를 살았던 원 독자들에게 언약, 하나님의 나라, 하나님의 왕 되심과 같은 개념이 무엇을 의미했는지 충분히 다루었다. 이 책은 성경 각 권을 <배경>과 <내용>이라는 두 개의 큰 범주에서 소개하고 있다. 그 범주를 세분하면 아래의 항목들과 같다.

도입부

본격적으로 연구하기 전 각 권의 전체적인 윤곽을 살펴본다.

1. 배경

<지리와 역사>

영원한 진리가 묻혀 있는 시대적 배경을 살핀다.

<문화>

영원한 진리가 형상화 되어 있는 풍습과 제도를 살핀다.

<문학 양식>
영원한 진리를 표현한 문학 양식과 그 의의를 살핀다.

<원 청중과 원 독자>
성경 각 권의 일차 수신인이었던 주인공들의 입장을 이해한다.

<주제와 관점>
저자가 말하려고 했던 핵심 메시지와 관점을 요약한다.

<기록 목적>
원 독자에 대한 저자의 저술 의도를 정리한다. 이것은 문맥의 의미를 파악하는데 결정적이다.

<특징>
다른 성경과 구분되는 특징을 살펴 각 권의 정체성을 밝힌다.

2. 내용

<구조와 요절>
지자기 메시지를 어떤 분량과 순서로 배열하는지 살피고, 각 권을 대표하는 구절을 찾는다. 구조와 요절은 저자의 의도와 기록 목적을 선명하게 드러낸다.

<해설>
나누어진 문단들을 요약하고, 주요 단어와 구절들을 원 독자 중심으로 해석한다. 본문 좌우 여백에 사진, 그림, 자료출처, 주해가 첨부되어 있다.

<토의 과제>
개인이나 그룹이 복습을 위해 사용할 수 있게 했다.

주전 8세기 일곱 가지 등잔(예루살렘)

목 차

서론

쿰란 제1동굴

들어가는 말

성경은 하나님의 말씀이며 영원한 진리이다. 그러나 그 진리는 해석을 요한다. 성경이 기록되었을 당시의 역사, 문화, 언어와 현대 독자들 사이에는 커다란 간격이 있기 때문이다. 그 간격을 좁히려는 노력이 성경 연구이다. 아는 만큼 보인다는 말처럼, 성서 시대의 배경을 알수록 원 독자(Original Readers)들이 이해했던 원 의미에 한 걸음 더 다가서게 되는 것이다. 수많은 성경학자들이 생애를 바쳐 연구해 왔지만 아직도 성경에는 알기 어려운 부분들이 많이 남아 있다. 심지어 잘 안다고 생각되는 본문들도 어쩌면 피상적 의미만을 파악하고 있을지도 모른다.

첫째 마당　오해와 선입견

성경 연구의 가장 큰 걸림돌은 오해와 선입견이다. 그것을 벗어나지 못한 사람은 언제나 자신이 내려놓은 결론만을 되풀이 하게 된다. 성경에 대한 오해와 선입견은 아래와 같이 다양하다.

- 성경기록에 사용된 히브리어와 헬라어는 거룩하고 완전한 언어이다.
- 성경의 저자들은 오직 하나님이 주시는 말씀만을 기록했다.
- 성경은 최초에 기록된 그대로 보존되어 왔다.
- 한글성경은 원문을 완벽하게 번역한 것이다.
- 성경은 직접적으로 나를 향해(towards me) 기록된 것이다.
- 성경에는 삶의 심오한 질문에 대한 답이 모두 다 들어 있다.
- 성경 66권은 한꺼번에 주어진 것이다.
- 하나의 구절 혹은 단락에는 오직 하나의 진리만이 들어 있을 뿐이다.
- 성경은 그 자체로서 뜻을 밝혀주기 때문에 배경을 알아야 할 필요가

없다.

- 성경이 기록될 때 저자들의 경험과 의도는 반영되지 않았다.
- 저자들은 무엇을 기록하고 있는지 잘 몰랐다.
- 성경의 모든 단어, 구절, 단락이 그리스도를 말하고 있다.
- 성경에 나오는 동물, 식물, 지명, 인명은 모두 영적인 의미를 가지고 있다.
- 성경에 나오는 모든 단어와 구절들을 문자 그대로 믿어야 한다.
- 성경에 나오는 명령들을 모두 문자적으로 실천해야 한다.
- 성경을 성서라고 부르면 안 되며, 성경은 믿음의 표준이지 연구의 대상이 아니다.

이런 생각들에 동의하는 부분이 많을수록 성경연구는 답보상태를 면하기 어려울 것이다. 위의 오해와 선입견들에 대해 좀더 검토해본다.

- 히브리어와 헬라어가 거룩하고 완전한 언어이기 때문에 성경 기록에 사용된 것이 아니다. 성경이 거룩하다는 것은 거룩하신 하나님 때문이지 언어 때문이 아니다. 히브리어는 구약 성서가 주어진 이스라엘 민족이 사용하던 언어일 뿐이며, 코이네 헬라어 또한 헬라화된 세계에서 가장 보편적으로 사용된 언어였을 뿐이다. 히브리어는 북서 셈어 가운데 하나로서 가나안 방언이 많이 들어 있는 언어이다. 더구나 히브리어는 구약성서가 기록되는 1000년의 기간 중에도 변천 과정을 겪었다.

- 코이네 헬라어는 알렉산더가 세계를 정복하고 헬라화 시키는 과정에서 그의 부하들에 의해 고전 헬라어를 모르는 비 헬라인들과의 의사소통을 위해 만들어졌다. 한마디로 코이네 헬라어는 비 헬라인 대중들이 쓰던 언어였을 뿐이다. 1897년 이집트 카이로 남쪽 160km 떨어진 옥시린쿠스(Oxyrhynchus)의 쓰레기 더미에서 코이네 헬라어로 씌어진 문서 조각들이 발견되기까지 신약 성경 이외에 이 언어로 된 문헌은 발견되지 않았다. 왜냐하면 대부분의 헬라 저술들은 아티카 헬라어로 씌어졌기 때문이다. 따라서 코이네 헬라어는 신약 성경을 기록할 만큼 신성한 언어로 간주되었다. 그리고 신약 성서에 한 두 번 나오는 단어

들에 대해 온갖 주관적 해석을 가해왔다. 그러나 옥시린쿠스 파피루스의 발견으로 코이네 헬라어는 더 이상 신비한 언어가 될 수 없었으며, 영적 해석이 더 이상 발 붙일 곳도 없게 되었다.

- 하나님의 거룩한 말씀이 거룩한 언어에 담긴다는 생각은 라틴어를 사용하던 로마인들도 예외가 아니었다. 로마가 그리스도교를 공인한 이후 로마 가톨릭 교회는 라틴어로 된 성경을 고집해왔으며, 1000년 이란 세월이 흐른 뒤에도 종교개혁가들의 자국어 성경번역을 단죄했다. 그들은 기득권과 우월감을 유지하기 원했던 것이다. 한국 교회의 성경번역에 대한 태도에도 유사한 부분이 발견된다. "하나님이 가라사대"라고 하면 성스럽게 들리고 "하나님이 말씀하시되"라고 하면 왠지 허전한 느낌을 받는 사람들이 많다. 이 또한 자신에게 익숙한 언어를 거룩한 언어라고 과대 포장하는 착각에 지나지 않는다.

- 성경의 저자들은 하나님이 주시는 말씀만을 기록하지 않았다. 성경에서 "하나님이 가라사대" "하나님의 말씀이 내게 임하니라"고 직접적으로 언급한 부분은 일부에 지나지 않는다. 신약의 저자들은 구약을 즐겨 인용했으며, 구약의 저자들도 동시대 혹은 선대의 작품들을 즐겨 인용했다(수 10:13, 왕상 14:9, 15:7, 대하 36:22-23과 스 1:1-3). 누가는 서문에서 다른 사람들의 작품을 참고 했음을 밝히고 있다(1:1-2). 잠 22:17-24:22는 애굽 중왕국 시대 교과서 <아멘-엠-오페>와 매우 흡사하다. 바울은 자신의 생각과 그리스도의 명령을 구분해서 기록하고 있다(고전 7:10,12,25-26).

- 성경이 최초에 기록된 그대로 보존되어 온 것이 아니다. 성경을 베껴 쓰는 과정에서 수많은 이문들이 생겨났으며, 사본들도 계속 수정되어 왔다. 현대인들이 보는 성경은 사본들을 편집해서 만든 것이다. 가장 오래된 구약 성서의 사본인 쿰란 사본도 주전 1-2세기의 것이다.

- 한글 성경뿐 아니라 어떤 번역본도 완벽하게 원문의 뜻을 살릴 수 없다. 예를 들어 한글 성경에서 '떡'으로 번역된 단어를 직역하면 '빵'에

가깝고, 의역하면 '밥'이 된다. 한국 사람에게 주식은 빵이 아니라 밥이며, 원문의 빵은 유대인들의 주식이기 때문이다. 다시 말해서 '떡' '빵' '밥' 어느 쪽도 완벽한 번역이 될 수 없는 것이다. 그뿐 아니라 숙어들을 직역하면 의미가 제대로 전달되지 않고, 의역하면 원문에 없는 말을 지어내야 한다. 그런가 하면 영어 성경과 한글 성경에서 셀롯인 시몬(눅 6:15)을 가나안인 시몬(마 10:2,4, 막 3:18-19)으로 번역한 것은 대표적인 오역에 속한다. 어떤 사람들은 KJV 성경이 '보존된 성경'이고 다른 번역본은 '변개된 성경' 혹은 '마귀의 책'으로 매도하기도 한다. 그런데 KJV가 번역한 TR 사본이야말로 고대 헬라어 사본 어디에도 없는 라틴어 사본을 헬라어로 번역한 것이어서 더 큰 문제를 안고 있다.

- 성경은 나를 향해(towards me) 기록된 것이 아니라 나를 위해(for me) 기록된 것이다. 성경은 일차적으로 저자와 같은 시대를 살아가는 원 독자들을 향해(towards original readers) 기록되었다. 저자는 원 독자들의 사정과 필요를 잘 알고 있었으며, 그들에게 맞는 메시지를 전한 것이다. 따라서 성경을 읽을 때는 먼저 본문이 원 독자들에게 무슨 의미가 있었는지 살펴보아야 한다. 그 다음으로 그 메시지가 시대와 문화를 뛰어 넘어 현대 독자들에게 어떤 진리가 될 것인지 생각해야 한다.

- 성경에는 삶의 심오한 질문에 대한 답이 다 들어 있지 않다. 예를 들어 창세기의 서사는 진화론에 맞서 싸우는데 필요한 자료를 제공하지 않았다. 성경 어디에도 악의 기원에 대한 설명이 없으며, 삶의 부조리에 대해서 속 시원한 해결책을 제시하지 않고, 죽음 너머의 세계에 대해 알고 싶은 만큼의 자세한 정보를 제공하고 있지도 않다. 다만 비슷한 진리들을 가지고 유추해 볼 수 있을 뿐이다. 성경이 21세기 사람들을 위해 기록되었기 때문에, 저자들이 미처 그 뜻을 알 지 못했을 것이라는 생각은 아집과 편견에 불과하다. 우리는 성경 저자들이 우리보다 더 하나님의 영으로 충만했었다는 사실을 인정해야 한다. 만약 성경이 21세기 사람들을 위해 기록된 것이라면, 몇 세기 뒤의 사람들은 어떻게 해석해야 하는가?

• 성경 66권은 1500여 년의 세월을 통해 조금씩 기록되었다. 예언서 중에는 적어도 십 수년이 걸려 기록된 것들도 있다. 예언의 내용이 막중해서가 아니라 예언자로 활동한 기간이 길었기 때문이다. 처음에 말로 선포되었던 것을 글로 옮겨 적어 예언 모음집을 만든 것이 대부분이다. 여러 예언자들이 앞선 예언자들의 글을 직접 혹은 간접적으로 인용했으며, 표현 방식을 빌려 쓰기도 했다.

• 한 성경구절 혹은 한 단락에 하나의 의미만이 들어있는 것은 아니다. 하나의 의미만이 있을 뿐이라는 생각은 다르게 해석하는 사람들을 적대시하는 오만에 빠지기 쉽다. 성경의 많은 구절 혹은 단락이 단답형의 결론으로 인도될 수 있지 않다. 빛이 스펙트럼을 통과할 때 무지개 색깔이 나오는 것처럼 다양한 해석이 나올 수 있는 것이다.

• 성경에는 주전 2000년에서 주후 1세기까지 이집트 및 고대 근동과 헬라화 된 세계의 역사와 문화가 들어 있다. 배경을 알지 않고도 성경의 의미를 알 수 있다는 사람은, 고고학 발굴 현장에서 땅을 파보거나 위성 촬영을 하지 않고도 무엇이 들어 있는지 알 수 있다는 사람과 같다. 종교개혁가들이 "성경은 누가 읽더라도 명백히 뜻을 알 수 있는 책이라"고 한 것은 구원과 도덕적 삶에 관한 기본 진리들을 가리킨 것이다. 그들은 누구보다 열심히 성경의 배경을 연구한 사람들이다. 사도행전에 나오는 헬라파 유대인과 히브리파 유대인의 개념을 아는데 있어서 신구약 중간사를 몰라도 좋은가? 복음서에서 바리새인들이 그리스도와 제자들을 공격했던 원인을 분석하는데 있어서 유대인의 정결규례를 몰라도 좋은가? 요한 계시록을 이해하는데 있어서 종말론적 묵시문학의 특징을 몰라도 좋은가?

• 성경에는 저자의 의도(authors' intention)가 들어 있다. 많은 사람들은 성경의 저자들이 자기도 모르는 말을 기록했을 것이라고 생각한다. 그렇게 생각하는 이유는 성경이 현대 독자들을 향해 기록되었을 것이라는 선입견 때문이다. 따라서 성경에서 저자의 의도를 찾지 않고 숨겨진 하나님의 의도(divine intention)를 찾으려고만 한다. 사도 요한은 즐겨 자

신의 저술 의도를 표현했던 사람이다(요 20:30-31, 요일 1:4, 2:12-14,21,26, 5:13). 누가는 데오빌로의 믿음을 북돋워주기 위해 두 권의 책을 썼다(눅 1:3-4, 행 1:1). 구약 성서의 저자들은 헬라화 된 신약 시대의 저자들과 달리 저술 의도를 직접적으로 표현하지 않았지만 자료의 선별과 편집을 통해 자신들의 의도를 밝히고 있다(수 24:31, 왕하 17:7-20).

- 구약 성경이 예수 그리스도를 가리키고 있음이 틀림 없지만(요 5:39) 모든 단어, 구절, 단락이 그리스도를 직접적으로 말하고 있지는 않다. 예컨대 잠언의 대부분은 삶에 필요한 실용적 지혜를 말하고 있다. 구약 성경을 그리스도 중심으로 해석하려고 할 때는 신약의 저자들이 예수 그리스도에게 적용했거나, 본문 자체가 메시아 예언일 때로 한정하는 것이 좋다. 예를 들어 성막의 구조와 기구들을 일일이 그리스도 중심으로 해석하는 것은 해석자 자신의 주관적 상상력에 기초한 것이다.

- 성경에 나오는 동물, 식물, 지명, 인명이 모두 영적인 의미를 가지고 있지는 않다. 성경의 저자들이 종종 이런 것들을 상징화하여 영적 도덕적 의미를 전달하기는 하지만, 언제나 그런 것은 아니다. 따라서 상징(symbolism)은 성경의 저자들이 그것들을 상징화하는 한도 내에서 해석해야 한다.

- 성경에 나오는 모든 단어와 구절이 문자적 의미를 가지는 것만은 아니다. 때때로 저자들은 숫자를 과장하기도 하며, 상징적 의미로 사용할 때가 많다. 예를 들어서 열왕기 저자는 북 이스라엘 지파 모두가 포로로 끌려간 것으로 묘사하지만(왕하 17:18), 역대기 저자는 북 이스라엘 패망 이후에도 여전히 에브라임, 므낫세, 스불론, 아셀 지파들이 남아 있었음을 보여준다(대하 30:1-12). 앗수르 왕 사르곤은 자신의 비석에 이스라엘 포로를 27,290명 잡아 왔다고 기록했다. 다윗 왕 시절 조사 이후 인구가 전혀 늘지 않았다고 해도 북 이스라엘이 패망할 때 적어도 500,000명은 살고 있었을 것이다. 그렇다고 해서 열왕기 저자가 거짓말을 했다고 할 필요는 없다. 그는 자신의 신학적 경향(bias)에 따라 패망의 원인과 결과를 강조했을 뿐이다. 중요한 점은 어떤 구절

을 어떤 이유로 상징적 혹은 문자적으로 해석할 것이냐에 대해 분명한 기준을 가지고 우리가 결정하는 일이다.

- 성경에 나오는 모든 명령들을 문자적으로 실천할 수는 없다. 예를 들어 신명기에는 계대결혼(levirate marriage)의 명령이 나온다. 그렇다면 자녀를 낳지 못하고 세상을 떠난 형을 위해 형수를 임신시켜야 하는가? 민수기에는 순결을 의심받는 아내를 성막에 데려와 저주의식을 치러 재판을 받도록 명령하고 있다. 만약 이 계명을 문자 대로 지키려면 어떻게 해야 하는가? 그런 점에서 피째 먹지 말라는 계명을 지키기 위해 수혈을 거부하고 죽음을 택하는 사람들은 오히려 하나님의 명령을 부분적으로만 지키는 자들이라고 할 수 있다.

- 성경과 성서는 모두 영어로 Bible(바이블)이다. 바이블을 '성경'으로 부르기만을 고집하는 이유는 경전으로서의 의미를 강조하기 위한 것이다. 구약 성경이 경전이 된 것은 모세 오경이 최초로 기록된 이후 적어도 1,000년이 지나서였다. 신약 성경 또한 기록 당시부터 경전은 아니었다. 신구약 모두 정경화(canonization) 작업이 끝나기 전에는 성스러운 문헌에 지나지 않았다. 성경 연구를 반대하는 사람들은 경전의 권위가 손상될까 염려한다. 그러나 믿기 위해서 연구할 필요가 있고, 믿기 때문에 연구할 필요가 있는 것이다(행 17:11). 성경 연구를 통해 경전의 권위가 손상될까 염려하는 사람들은 '성경의 무오성'을 오해하는 사람들이다. 그들은 혹시라도 성경에서 오류가 발견될까 염려한다. 그러나 성경의 수많은 곳에서 서로 상반되는 진술, 베껴 쓰는 과정에서 발생한 오류, 후대의 첨가 혹은 수정 등이 발견된다. 한마디로 성경은 불완전한 인간들에 의해 불완전한 언어로 씌어지고, 불완전한 방식으로 전수되고, 상대적인 외국어로 번역된 것이다. 그렇다고 해서 하나님의 말씀으로서 성경의 권위가 떨어지는 것이 아니다. 하나님은 불완전한 사람들과 언어를 사용하셔서 완전한 당신의 뜻을 전하셨다. 예수 그리스도는 구약을 성취하기 위해 오셨고, 신약은 오신 그리스도를 증거하고 있다.

둘째 마당 성경연구의 순서

성경 읽기 – 떡잎

성경 연구를 식물의 성장에 비유한다면, 읽기는 떡잎에 해당된다. 될 성부른 나무는 떡잎부터 알아본다는 속담이 성경연구에도 적용된다. 성경을 읽는 것은 고전을 읽는 것과 같다. 왜냐하면 성경은 지금으로부터 2,000년에서 3,500년 전 이집트 및 지중해 일대와 고대 근동의 역사와 문화를 배경으로 하고 있기 때문이다. 그런데 성경의 배경을 잘 모르면서도 낯설게 느껴지지 않을 수 있다. 첫째 이유는 읽고 있는 본문에 대한 선 지식 때문이다. 설교나 성경공부를 통해 얻은 제 3자의 해석을 색안경 삼아 본문을 대하기 때문에 편안하게 느끼는 것이다. 마치 사파리 공원을 자동차로 여행하는 사람이 옆에 맹수가 있는데도 겁을 먹지 않은 것과 같다. 정말로 야생을 경험해보고 싶다면 차에서 내려야 할 것이다.

성경을 읽을 때 낯설게 느껴지지 않는 둘째 이유는 본문을 21세기에 사는 자신의 관점으로 해석하기 때문이다. 번역본을 사용하기 때문에 지금 읽고 있는 내용들이 마치 이웃에서 일어난 일상사처럼 느껴지는 것이다. 마치 성우들이 우리말로 더빙한 외화를 보는 것과 같다. 그러나 그 영화의 배경이 된 문화를 실감나게 체험해보고 싶다면 더빙과 자막이 없는 필름으로 보는 것이 좋을 것이다.

본문이 낯설지 않는 세 번째 이유는 성경 읽기를 통해 얻으려는 내용을 이미 정해놓았기 때문이다. 마치 서둘러 쇼핑을 마쳐야 하는 사람이 주변 상품을 거들떠 보지 않는 것과 같다. 예를 들어 역사적 사건들에 관심이 있는 사람은 구약에 자주 나오는 긴 족보에 별 흥미를 느끼지 못할 것이다. 그러나 정말로 성경 연구에 진전을 보기 원한다면 특정한 내용에 대한 기대감을 내려놓아야 한다. 이처럼 선 지식과 21세기 문화와 제한적 기대를 내려놓고 성경을 읽으면, 비로소 성경이 낯설게 다가올 것이다. 그것이 성경 연구의 시작이다. 시간적 여유를 가지고 읽으면서 어떤 장르의 글인지, 단어와 구절의 의미가 무엇인지, 주제가 무엇인지, 무슨 일이 벌어지고 있는지 살펴본다.

원 독자 중심 해석 - 줄기

성경 읽기의 다음 단계는 원 독자 중심으로 해석하는 것이다. 원 독자란 성경이 기록되었을 때 최초로 읽었던 사람들을 가리킨다. 이처럼 원 독자 중심으로 본문을 해석하는 것은, 식물의 성장에 있어서 줄기와 같다. 많은 사람이 오해하는 것처럼 성경이 불특정 다수를 향해 기록된 책은 아니다. 성경은 저자가 명백한 의도를 가지고 동시대의 공동체 구성원들-원 독자들을 염두에 두고 기록한 책들이다. 여호수아서는 가나안 원주민들을 두려워하는 세대의 이스라엘 백성들을 위해 기록되었다. 열왕기서는 유다 왕국의 패망 원인이 하나님과의 언약을 어겼음에 있었음을 알아야 하는 바벨론 거주 유대인들을 위해 기록되었다. 역대기는 유다 본토로의 귀환이 예언의 성취였음을 알아야 하는 유대인들을 위해 기록되었다. 그런데 성경을 해석할 때 피상적으로 드러난 의미를 추구하는 것과 그 의미를 원 독자에게 맞추어 해석하는 것은 완전히 다르다.

예를 들어 사무엘서에 나오는 다윗과 요나단 이야기가 갖는 피상적 의미는 신앙인의 우정에 대한 교훈이다. 그러나 그 이야기를 분열 왕국 초기의 원 독자들에게 맞추어 해석하면 전혀 다르다. 즉, 요나단은 다윗 왕국을 위해 기득권을 포기할 수 있어야 하는 북 이스라엘 왕들의 모범이 된다. 따라서 핵심 단어와 주제파악 등을 통해 일차적으로 드러나는 의미가 원 독자들에게 어떤 의의가 있었는지 생각해야 한다. 그렇게 하려면 먼저 원 독자가 누구였으며, 어떤 역사적 문화적 상황에 있었는지, 당면 과제가 무엇이었는지 알아야 한다. 원 독자들에 대한 정보는 먼저 성경 자체의 내부증거(internal evidences)를 통해서 얻을 수 있고, 더 풍부한 자료는 관련 참고도서들을 통해서 얻을 수 있다(참고서적을 읽지 않고 직감만으로 홀연히 깨닫기만을 바라지 말라).

영원한 진리(timeless truth) 발견 - 꽃

성경 연구의 꽃은 영원한 진리를 발견하는 것이다. 다시 말해 원 독자들과 21세기 현대 독자들에게 함께 적용되는 진리를 발견하는데 있다. 그렇지 않다면 성경 연구가 한낱 고전 연구에 지나지 않을 것이다. 그런 점에서 영원한 진리는 시대를 초월하여 적용되는 진리이다. 성경이 하나님의 말씀이라는 선언도 그런 의미로 받아들여져야 한다. 그런데 성경의 영원한 진리는 역사적 배경 속에 문화의 옷을 입고 문학적으로 묘사되어 있다. 21세기 현대독자들이 해야 할 과제는 그 영원한 진리를 성서 시대의 역사와 문화와 문학의 틀에서 끄집어 내는 것이다. 그렇게 하려면 성경 본문에서 어디까지가 성서 시대에 국한 되는 한시적인 진리인지 아니면 영원한 진리에 포함되는 것인지 구분할 수 있어야 한다. 예를 들어 구약 성서에는 할례의 중요성이 강조되어 있다. 그것이 신약 시대에도 적용될 수 있는 영원한 진리인가, 아니면 구약 시대에만 적용되는 한시적 진리인가 하는 것이다. 그리고 레위기에는 성 밖의 경작지를 영원히 팔 수 없다는 명령이 나온다. 그 속에 들어 있는 영원한 진리가 무엇인지 알아내는 것은 성경을 연구하는 사람의 몫이다.

진리의 적용(실천) – 열매

성경연구의 최종 목적은 진리의 실천에 있다. 영원한 진리를 발견하기 위해 역사적 문화적 문학적 껍질을 벗겨냈다면, 그것을 실천하기 위해서 다시 우리 시대의 상황과 문화와 문학의 옷을 입혀야 한다. 무엇보다 성경을 읽는 독자 사신의 현새 상황에 맞게, 영원한 진리를 구체적이고도 가능한 방법으로 실천 계획을 작성해야 한다. 유추적으로 표현하자면 말씀이 육신이 되는 단계라고 할 수 있다. 성서 시대의 독자들이 하나님의 말씀을 실천하는데 갈등을 겪은 것처럼, 현대독자들 역시 영원한 진리를 발견할 때 당혹감을 느낀다. 바울은 로마 교회에 보낸 편지에서 그런 자신을 곤고한 사람이라고 고백했다.

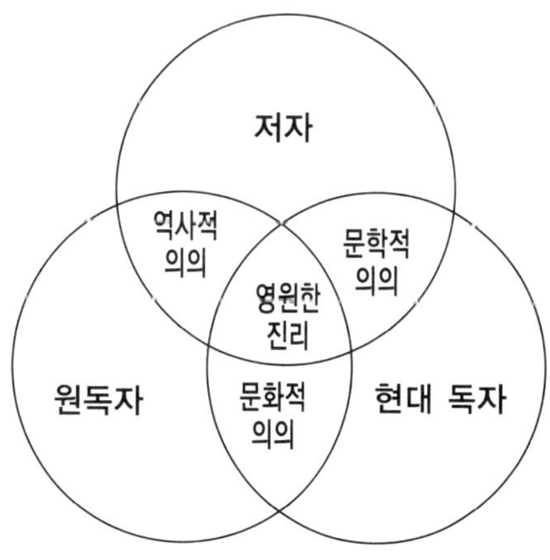

영원한 진리가 들어 있는 성경의 배경 도식

셋째 마당 헤브라이즘

성서는 이스라엘의 민족정신이 담겨 있는 책이다. '책의 민족'이라는 별명이 말해주듯 그들은 기록을 소중히 여겼으며, 다음 세대로 전달하는데 실패하지 않았다. 그들은 메소포타미아의 제국들이나 이집트처럼 큰 나라가 아니었고, 고대 문명을 주도해본 적도 없었다. 오히려 언제나 강대국들의 틈바구니에서 생존을 모색해야 했고, 주요 문명의 교량적 위치에 있으면서 정체성 확보에 급급했다. 그러나 역사 속에서 세계 3대 종교-그리스도교, 이슬람교, 유대교의 뿌리가 되는 구약 성서를 탄생시킨 민족이 되었다. 다시 말해 세계인들의 정신을 지배하는 3대 종교의 경전에는 이스라엘의 민족정신-헤브라이즘(Hebraism)이 들어 있는 것이다. 따라서 성서를 이해한다는 것은 헤브라이즘을 이해한다는 말과도 같다. 헤브라이즘을 몇 마디로 정의하기란 어렵다. 성서 시대 헤브라이즘만 하더라도 2,000년의 역사를 통해 만들어진 것이고, 단순한 종교 영역만이 아니라 삶의 전반에 관한 것이기 때문이다.

성서 시대 헤브라이즘의 특성

1. 기원

헤브라이즘의 출발점이 되는 히브리 민족의 기원을 역사적으로 찾아내기란 쉽지 않다. 성서에 기록된 최초의 히브리인은 아브람이다(창 14:13). 그런데 '히브리'라는 단어의 의미는 학자들마다 다르다. 그 중에서 가장 보편적으로 받아들여지는 것은 '건너다'는 의미의 동사 עבר(아바르)에서 עברי(이브리)가 왔다고 추정하는 것이다. 이때 히브리는 '강을 건너온 자'라는 의미가 된다. 같은 맥락에서 창 10:21, 24, 25에 나오는 셈의 자손 셀라의 아들 עבר(에베르)를 히브리 민족의 조상으로 보기도 한다. 히브리어 또한 기원을 찾기가 쉽지 않다. 야곱이 외삼촌과 협정을 맺으며 쌓은 돌무더기를 히브리어로 '갈르엣' 이라고 부르고, 라반이 아람어로 '여갈 사하두다' 로 부르고 있는 점을 주목할 필요가 있다(창 31:47). 아마도 히브리 민족의 조상 아브라함은 아카드어를 썼을 것이고, 이삭은 아카드어와 가나안 방언을 혼용해서 사용했을 것이며, 야곱은 그것과 함께 어머니와 외삼촌이 사용하던 아람어로부터 파생된 독특한 언어-히브리어를 구사했던 것으로 보인다. 구약 시대에 사용된 선형 히브리어 철자는 페니키아어에서 파생된 것으로서, 포로기를 거치면서 아람어와 같은 정방형이 되었다(헬라어 또한 페니키아어에 기원을 두고 있다).

2. 고대 근동 문화의 일부

지정학적으로 이스라엘 민족은 대륙과 문화의 교량적 위치에서 살았다. 따라서 구약 시대의 헤브라이즘은 고대 근동 문화의 일부이기도 했다. 그런 이유로 성서에는 주변 민족들의 것과 풍습이 같거나 비슷한 예가 많이 발견된다. 예를 들어 자식을 낳지 못하던 사래가 아브람에게 자신의 여종을 씨받이로 내어준 것은 근동의 흔한 풍속이었으며, 아브람이 사래를 누이라고 속인 것도 누이를 아내로 맞아들이던 풍속을 보여준다. 그리고 오경에 나와 있는 민법과 형법은 함무라비 법전의 규정들과 유사하며, 상법은 히타이트의 법을 따르고 있다. 잠언의 일부는 이집트로부터 수입한 것을 통째로 인용한 것이다. 창세기의 창조 이야기는 창조 신을 찬양하던 고대 근동 문헌들에 나오는 우주관과 맥을 같이 한다.

이집트화 된
근동의 신 레세프

욥기(7:12), 시편(시 74:13, 14), 예언서(사 27:1)들에 나오는 용과 바다 괴물 이야기는 에누마 엘리쉬와 바알 신화집에 나오는 등장 인물들이다. "사람은 고생을 위하여 났나니 불꽃이 위로 날아가는 것 같으니라"(5:6)는 표현도 근동 신화의 잔재를 보여준다. 여기서 '불꽃' 을 직역하면 '레셉의 아들들' 이다. 레셉은 북서 셈 족의 '질병의 신' 으로 지하에서 살며, '레셉의 자녀들' 이 인간세계에 질병을 가져온다고 믿어졌다. 그리고 아가서는 근동에서 발견되는 사랑 노래와 주제가 같다. 이스라엘 민족이 사용하던 달력은 처음에는 이집트의 것을, 나중에는 바벨론의 것을 차용했다. 한때 이스라엘 민족은 일신론마저 포기하고 다신교적 세계관을 받아들이기까지 했다. 그리고 그 결과는 언제나 정체성과 주권의 상실로 끝났다. 그럼에도 불구하고 성서 시대 헤브라이즘은 역사를 통해 지속적으로 외국 문화를 수용하며 발전했다. 고대 근동의 신들은 모두 단순히 천사와 같은 영적 존재들로 바뀌어 소개된다(창 6:2,4 욥 1:6, 2:1, 38:7). 히브리 문화에 대한 편견 가운데 하나는 이와 같은 특성을 보지 못하는 데서 비롯된 것이다.

3. 배타성

헤브라이즘이 근동 문화의 일부이기는 하지만 주변 민족들에서 유를 찾아볼 수 없는 독특한 부분이 있다. 대부분 민족의 수호신(patron deities)이었던 근동의 신들과 달리 야훼 하나님은 자기 백성과의 전쟁도 불사했다. 그런가 하면 예언자들이 왕의 신하였던 근동 문화와 대조적으로, 이스라엘에서는 예언자들이 왕의 견제 세력이었다. 유일신관, 형상 없는 신, 안식일, 안식년, 희년, 할례의식, 고엘 제도, 시오니즘 등은 헤브라이즘의 대표적 배타성을 보여준다. 이처럼 타민족과 동화될 수 없는 배타성은 이방인들로부터 반 유대주의(anti Semitism)라는 저항을 불러왔다.

4. 시대에 따른 변화

헤브라이즘이 시간의 흐름을 따라 처음의 모습과 달리 아주 변했을 것이라거나 또는 전혀 변하지 않았다고 생각하는 것 모두 편견이다. 성서 시대 헤브라이즘은 일관성과 변화성을 동시에 지니고 있다. 예를 들어 모세오경에 나와 있는 계대 결혼과 구속자 제도는 사사 시대에 벌써 제대로 지켜지지 않는다. 예를 들어 룻과 결혼한 보아스는 칭찬을 받으며, 룻의 아들을 자기 족보에 올릴 수 있는 특전을 얻는다. 우림과 둠밈을 통한 신탁은 다윗 시대 이후 거의 자취를 감춘다(스 2:59-63). 포로 이전 시대 성전의 개념은 야훼 하나님이 임재하시는 장소였다. 그러나 포로 이후 하나님의 거처는 하늘로 바꾸어지고, 성전은 하나님의 이름을 두시는 곳으로 바뀐다. 모세의 성막과 솔로몬의 성전은 구조, 치수, 기구의 위치와 숫자에서도 다르다. 부모의 죄 때문에 자손들이 벌을 받는다는 모세 시대의 신학은 에스겔 시대에 이르러 각자가 자신의 죄 때문에만 벌을 받는다는 관점으로 바뀌어졌다. 모세 오경의 토지제도는 아합 왕 시절부터 무너지기 시작해서 신약 시대에 이르러는 거의 지켜지지 않았다. 그리고 시대마다 새로운 문화가 만들어지고 공동체에 의해 수용되었다. 부림절이나 수전절 같은 절기는 포로기 이후 생겨난 것이다. 다윗이 성전에 성가대를 창설한 것, 시편을 비롯한 성문서와 예언서들이 시대를 따라 거룩한 경전의 일부로 추가되는 것도 변화의 또 다른 예라고 할 수 있다. 메시아가 와서 곤경에 처한 이스라엘을 구원해줄 것이라는 예언은 아무리 빨리 잡아도 이사야 시대 이후에 구체화되고 있다. 그럼에도 불구하고 제사 제도, 절기, 정결규례 같은 것은 신약시대에까지 일관되게 지켜지고 있다.

수전절 (하누카) 촛대

5. 다양성

헤브라이즘의 가장 큰 특징 중의 하나는 다양성이다. 예를 들어 신약 시대 4대 종파-바리새파, 사두개파, 에세네파, 셀롯파는 신학적 관점이 크게 다르지만 모두 유대교로 인정되었다. 구약 시대에는 서로 모순되는 두 개의 법이 융통성 있게 운영되었다. 예를 들어 형제의 아내와 동침하지 말라는 규정과 자식이 없이 죽은 형제의 아내와 동침하여 후사를 이어주게 하는 규정이 융통성 있게 시행된 것이다. 사무엘과 다윗 시대에는 성막이 아닌 산당에서의 제사도 용인되었다. 예언자들이 비난해 마지 않았던 주상(마체바)이 족장들의 시대부터 이사야의 활동 시대까지 용인되었었다(창 28:18, 출 24:4, 사 19:9). 그리고 헤브라이즘에는 유목문화와 농경문화가 혼합되어 있다. 사실상 유목문화와 농경문화는 상충되는 것이다. 그럼에도 불구하고 두 개의 문화가 공존한다. 왜냐하면 원래 그들의 조상은 반유목민이었으나 가나안 정착 이후 농경을 겸하게 되었기 때문이다(신 26:5-10). 인종적으로도 히브리 민족은 출애굽시절부터 다양한 민족을 포용하고 있었다. 예를 들면 유다 지파에 속한 갈렙은 원래 그니스 족속이었다(수 14:6). 다윗 자신도 모압 여인 룻의 후손이었고, 다윗의 부하들 중에는 헷 사람이 있었으며(삼하 11:3), 사울의 부하들 중에는 에돔 사람도 있었다(삼상 22:18). 뿐 아니라 예레미야 시대 하나님이 칭찬해마지 않았던 레갑 족

게셀의 주상들

속은 겐 족속이었다(렘 35장).

6. 실천 중심

헤브라이즘은 교리나 철학이 아니라 실천 중심적이다. 다른 종교들이 교리(doctrine)나 신조(creed)를 출발점으로 삼는 것과 사뭇 대조적이다. 따라서 교리적 정통(orthodoxy)이 아니라 실천적 정통(orthopraxis)이 중요시된다. 예컨대 할례를 행하고, 안식일을 지키고, 절기와 의식을 준수하고, 우상숭배와 음행과 부정한 음식을 피하고, 공동체 구성원들에게 자비와 선행을 베푸는 것이 토라에 대한 철학적 해석보다 더 강조되는 것이다. 흔히들 이스라엘 민족은 혈통적 순수성을 중요하게 여길 것처럼 생각하지만 그렇지 않다. 출애굽 시대부터 이방인들에게 유월절을 지킬 수 있도록 개방되었으며(출 12:48-49), 에스라 느헤미야 시대에 이르러 일반 백성들 뿐 아니라 제사장도 율법을 어긴 자들은 강력하게 처벌했다(느 13:15-31). 유대인들이 계명을 613 조항으로 세분하여 철저히 지키려 하는 것도 실천을 강조하는 헤브라이즘의 전통을 따르기 때문이다.

성서 시대 헤브라이즘의 요점

1. 하나님은 한 분이시며, 형상화 될 수 없다.

헤브라이즘의 기초는 유일신 야훼에 대한 신앙과 신상 없는 예배에 있고(출 20:22-23), 십계명의 첫째와 둘째에 명시되어 있다(출 20:3-5). 유일신관은 다신론(polytheism)을 배격할 뿐 아니라, 야훼 하나님이 지역신(local god)이 아니라 세상 어디에나 계시는 통치자임을 말해준다. 이런 신관은 아브라함 때부터 시작된 것이다. 신상 없는 예배는 우상숭배를 반대할 뿐 아니라 야훼 하나님에 대한 형상화도 금지한다. 오늘날 세계 3대 종교의 기초가 된 이 개념은 신들을 형상화하던 다신교적 고대 세계에서는 이해될 수 없는 것이었다. 야훼 하나님의 이름은 바알이나 벨 등 다른 어떤 신의 이름으로도 대치될 수 없었고(호 2:16-17), 금송아지와 같은 형상으로 만들어져서는 안 되었다(출 32:1-6, 왕상 12:25-30). 하나님을 형상화하는 것이 금지되었던 이유는 영이시기 때문이며 아무도 그를 본 자가 없었기 때문이다(출 33:20-23, 신 4:15-28, 삿 13:22). 하지만 하나님을 문학적으로는 마음껏 형상화할 수 있었다. 하나님은 사람처럼 손(출 9:3, 수 4:24, 시 102:25), 발(출 24:10, 시 18:9, 사 60:13, 대상 28:2, 시 132:7), 얼굴(출 33:20, 민 6:25)이 있으며 코에서 연기가 오르고 입에서 불이 나오며(시 18:8), 구름으로 수레를 삼고 바람 날개를 타고 날아다니는 분(시 104:3)으로 묘사되었다. 어쨌거나 이스라엘 민족은 오랜 세월 다신교적 이방문화와 투쟁하면서 유일신론을 지켜냈다(왕상 18:39-40, 왕하 10:18-29, 23:1-14). 이 유일신론을 성서적으로 표현하자면, 토라(모세오경)는 형상 없는 유일신 야훼 하나님에 대해 가르치며, 성문서는 그 하나님을 노래하고, 예언서는 우상 숭배와 다신교적 신앙을 버리고 야훼 하나님께로 돌아갈 것을 촉구한다고 할 수 있다. 이것을 가장 잘 표현하는 것이 쉐마이다.

> "이스라엘아 들으라 우리 하나님 여호와는 오직 유일한 여호와이시니 너는 마음을 다하고 뜻을 다하고 힘을 다하여 네 하나님 여호와를 사랑하라"(신 6:4-5)

2. 하나님은 이스라엘 민족을 선택하시고 땅을 주셨다.

야훼 하나님이 이스라엘 민족을 선택하시고 땅을 주셨다는 것은 하나님과 이스라엘 사이의 특수한 관계를 말해준다. 이스라엘을 향한 하나님의 선택과 땅의 수여는 아브라함을 부르시므로 시작되었고(창 12:1-3, 13:14-17), 출애굽 사건을 통해 구체화 되었다(출 19:5-6, 레 20:24). 하나님과 이스라엘의 관계는 언약이라는 개념을 통해 묶어진다. 즉, 아브라함과 언약을 맺으신 야훼 하나님은(창 17:1-14) 이스라엘을 이집트에서 구원하신 다음 언약을 통해 그 민족의 통치자가 되신다(출 19:4-5). 이 언약은 세월이 흘러가도 변하지 않으며, 이스라엘의 자손 대대로 성취된다. 따라서 후손들이 하나님과 맺은 언약의 백성이라는 것을 잊지 않도록, 지도자들은 시대마다 언약에로의 헌신을 강조했다. 시내산 아래에서 출애굽 1세대들과 언약 비준식을 치른 모세는(출 24:3-8), 광야 40년의 방황을 끝내고 요단 동편 모압 평지에 이르렀을 때 출애굽 2세대들을 다시 언약에 헌신시켰다(신 5:1-33). 가나안에 들어간 후 여호수아는 에발산에서 백성들을 언약에 재 헌신 시켰으며(수 8:30-35), 12지파에게 땅을 분배한 후 다시 세겜으로 백성들을 모아 언약에 다시 한 번 헌신 시켰다(수 24:1-28). 사무엘은 백성들을 미스바로 불러 모으고 우상숭배를 버리고 하나님께로 돌아오게 했다(삼상 7:3-6). 솔로몬이 성전 낙성식 때 드린 기도는 신명기의 언약에 기초한 것이며, 백성들과 함께 지킨 절기는 다름 아닌 언약 갱신 축제였다(왕상 8:1-66). 이스라엘의 왕들 중 선한 왕은 백성들을 언약에로 돌아오게 했으며, 악한 왕들은 언약 준수에 무관심했다. 예를 들어 대제사장 여호야다는 요아스 왕을 옹립할 때 언약 갱신을 주도했으며(왕하 12:17), 히스기야는 솔선수범하여 언약을 지켰고(대하 29:1-31:21), 요시야는 언약 갱신을 주도한 마지막 왕이었다(대하 34:1-35:19). 대부분의 왕들이 야훼 하나님과의 언약을 한낮 과거의 사건으로 생각했던 반면, 예언자들은 언제나 출애굽 사건을 들어 이스라엘이 하나님과의 언약 관계에 있음을 상기시켰다. 이스라엘이 이방에 포로 되어 갈 것을 예언한 것은 전적으로 언약에 기초한 것이다(레 18:25-28). 즉, 하나님이 약속의 땅을 주신 이유는 언약을 지키게 하기 위해서였다는 것이다. 그리고 하나님이 이스라엘을 선택하시고 복 주신 것은 다른 민족들을 하나님께로 인도하기 위해서라는 것이다.

> "내가 너로 큰 민족을 이루고 네게 복을 주어 네 이름을 창대하게 하리니 너는 복이 될지라 너를 축복하는 자에게는 내가 복을 내리고 너를 저주하는 자에게는 내가 저주하리니 땅의 모든 족속이 너로 말미암아 복을 얻을 것이라 하신지라"(창 12:3).

> "세계가 다 내게 속하였나니 너희가 내 말을 잘 듣고 내 언약을 지키면 너희는 모든 민족 중에서 내 소유가 되겠고 너희가 내게 대하여 제사장 나라가 되며 거룩한 백성이 되리라"(출 19:5-6상).

이처럼 하나님의 큰 섭리를 위해 선택된 이스라엘 민족이 동족을 이방인에게 팔아 넘기는 것은 용서받을 수 없는 죄악으로 간주되었다(신 24:7).

3. 하나님은 신앙과 삶의 원리로서 토라를 주셨다.

이마에 성구함을 달고 기도하는 유대인

모세 오경을 가리키는 토라는 '가르치다' '안내하다'는 단어에서 유래한 것이다. 토라는 하나님이 누구이신가에 대해 말해줄 뿐 아니라, 인간이 살아가는 원리를 말해준다. 따라서 토라에는 단순히 종교적 계명만 들어있지 않고, 민법, 상법, 형법 등 삶의 전반에 관한 법률이 들어 있으며, 초기 이스라엘의 역사가 기록되어 있다. 토라는 예언서와 성문서의 근간이며, 미쉬나와 탈무드를 통해 재해석되었다.

이스라엘 민족은 하나님이 모세를 통해 토라를 주셨음을 받아들인다. 토라에 관한 가장 기본적인 생각은 생명을 주는 책이라는 것이다. 종종 토라가 에덴 동산에 있었던 생명나무에 비유되는 이유가 거기에 있다. 그리고 생명을 얻는 비결은 토라의 가르침을 실천하는 것이다. 이것을 잘 보여주는 것이 "너희는 내 규례와 법도를 지키라 사람이 이를 행하면 그로 말미암아 살리라 나는 여호와이니라"(레 18:5)와 예수 그리스도가 영생 얻는 방법을 물어온 청년에게 "네가 생명에 들어가려면 계명들을 지키라"(마 19:17하)라고 한 것이다. 그런데 토라를 실천하려면 먼저 배우고 익혀야 한다. 그것을 잘 보여주는 말씀이 "오늘 내가 네게 명하는 이 말씀을 너는 마음에 새기고 네 자녀에게 부지런히 가르치며 집에 앉았을 때에든지 길을 갈 때에든지 누워 있을 때든지 일어날 때에든지 이 말씀을 강론할 것이며 너는 또 그것을 네 손목에 매어 기호를 삼으며 네 미간에 붙여 표로 삼고 또 네 집 문설주와 바깥 문에 기록할 지니라"(신 6:6-9)이다.

이스라엘 민족은 남자 아이가 태어난 지 8일 만에 할례를 주어 정체성을 부여하지만, 스스로 토라를 읽을 수 있게 되었을 때 성인 식을 거행한다. 토라에 대한 관점에서 볼 때 이방인은 모두 죽은 자들이다. 왜냐하면 토라로부터 생명을 얻지 못하고 있기 때문이다. "그는 허물과 죄로 죽었던 너희를 살리셨도다"(엡 2:1)라는 바울의 선언도 그것을 말해준다. 정통 유대인들이 이방인과 함께 식사하지 않는 이유도 부정한 음식을 먹을 수 없다는 관념을 넘어 시신과 접촉하는 것과 같은 불결에 오염된다고 생각하기 때문이다. 그것은 토라의 가르침을 실천하지 않는 유대인에 대해서도 마찬가지이다. 야고보는 자선에 관한 토라를 실천하지 않는 유대인들을 향해 "영혼 없는 몸이 죽은 것같이 행함이 없는 믿음은 죽은 것이니라"(약 2:26)고 했다.

4. 하나님은 선악간에 심판하신다.

토라에 의하면 하나님은 창조주이자 재판관이다. 그는 이스라엘의 하나님이지만 계율을 어긴 백성들을 예외 없이 심판하신다. 그리고 계율을 지킨 자들에게 보상을 내린다. 유대인들은 하나님의 계명 지키는 것을 품삯이 보장된 노동으로 보았다. "일하는 자에게는 그 삯이 은혜로 여겨지지 아니하고 보수로 여겨지거니와"(롬 4:4)라고 한 바울의 말이 그것을 보여준다. 그런데 구약 시대 유대인들의 보상과 심판 개념은 철저히 현세적이다. 신구약 중간기를 거치면서 그것은 내세와 전 인류적 종말 개념으로 확대된다. 1세기 많은 유대인들은 하나님이 창조하신 세상이 곧 끝나고 심판의 날이 올 것으로 기대했다. 그들은 세상이 6,000년의 역사로 마감되며, 하나님의 심판이 있은 후에 1,000년 동안의 안식 기간을 누릴 것으로 보았다. 그것은 "주의 목전에는 천 년이 지나간 어제 같으며 밤의 한 순간 같을 뿐임이니이다"(시 90:4)라는 구절을 창조의 6일에 비추어 연대기적으로 해석한 결과이다. 즉, 하나님이 6일 동안 세상을 창조하셨으므로 인류 역사는 6,000년으로 마감될 것이며, 7일째 안식하셨으므로 1,000년의 안식 기간이 온다는 것이다. 베드로도 그와 같이 해석하여 "사랑하는 자들아 주께는 하루가 천 년 같고 천 년이 하루 같다는 이 한 가지를 잊지 말라"(벧후 3:8)고 당부했다. 그리고 신약 시대에 이르러 가장 큰 보상은 선행하는 자에게 주어지는 것으로 보았다. 심지어 자기를 희생해서 다른 사람을 돕는 선행(제쿠트)은 하나님의 심판 때 자비를 덧입을 수 있는 것으로 여겨졌다. 야고보는 이 선행에 대해 "긍휼을 행하지 아니하는 자에게는 긍휼 없는 심판이 있으리라 긍휼은 심판을 이기고 자랑하느니라"(약 2:13)고 말했다.

5. 성전은 유일한 예배 장소이며, 정결한 자만이 하나님께 나아갈 수 있다.

성전 모형(1:50), 이스라엘 박물관

비록 신약 시대에 이르러 회당 예배가 보편화 되었지만 제사는 여전히 성전에서만 드려질 수 있었다. 하물며 회당이 없던 구약 시대에 성전은 유일한 예배 처소였다. 개인적인 이유에서 제물을 바치러 오는 일 외에도 모든 이스라엘 남자들은 일 년에 세 번 무교절, 오순절, 초막절에 성막(성전)에 와서 예물을 바치게 되어 있었다(신 16:16). 포로기 이후 전 세계에 유대인 디아스포라가 생겨나면서 성전은 국내외 유대인들의 순례지이자 정신적 중심축이 되었다. 성전의 전신인 성막은 이스라엘 민족이 이집트에서 나올 때부터 만들어진 것이며, 다윗이 왕권을 잡은 후 정통성을 입증하는 증거로 사용되었다.

신명기에는 '자기 이름을 두시려고 하나님의 택하신 곳' 이라는 표현을 통해 합법적인 종교 처소로서의 중앙 성소(central sanctuary)가 강조되고 있다(12:5, 11, 14, 18, 21, 26, 14:2, 23, 24, 25, 15:20, 16:2, 6, 7, 11, 15, 16, 17:8, 10, 15, 18:6, 26:2). '하나님이 자기 이름을 두시려고 택하신 곳' 으로서의 중앙 성소는 법궤가 안치된 성막이 세워질 곳을 가리키며, 일체의 제사행위가 그곳에서만 이루어져야 할 것을 의미한다. 같은 의미로 이것은 중앙 성소가 아닌 지방 성소(산당)를 파괴해야 할 것을 암시하는 것이다. 그러나 '택하신 곳' 의 지명은 구체적으로 밝히지 않고 있다. 이미 축복과 저주를 선포할 장소로서 그리심 산과 에발 산을 지정하고 있는 것에 비해 이례적이라고 할 수 있다(11:29). 그 이유는 간단하다. 땅 위에 세워진 야훼의 장막은 단지 이름을 두실 상징적 처소에 불과하며, 하늘이 진정한 야훼의 거처이기 때문이다(신 26:15). 이것은 솔로몬의 예루살렘 성전 낙성식 기도에서 여실히 드러난다(왕상 8:30, 32, 34, 36, 39, 43, 45, 49). 그러니까 야훼 하나님은 이방 신들처럼 신전을 거처로 삼지 않는다. 따라서 신전이 이전 혹은 파괴되어도 야훼 하나님의 영광이 훼방을 받지 않는다. 이 같은 중앙 성소 개념은 이스라엘 역사에서 권력의 향배, 예언자들의 활동과 밀접한 관계가 있었다.

성전과 함께 성서 시대 헤브라이즘에서 강조되었던 것은 의식상의 정결(ritual cleanness)이다. 출산, 부부관계, 식 재료, 질병, 식수, 전쟁, 장례, 가옥 등 일상 생활 전반에 걸쳐 정결이 강조되었다. 동물 식재료와 관계해서 많이 알려진 히브리어 단어는 카세르(כור)이다. 영어권에서 코셔(kosher)라고 부르는 이 단어는 합법적이라는 뜻의 형용사이다. 이 단어로부터 '합법적인 음식' 이라는 의미의 케셔룻(כשרות)이 나왔다. 음식 규정(레10:10)에서 사용된 '부정한(unclean) 것' 과 '정한(clean) 것' 의 히브리어 단어는 '타메(תטא)' 와 '타홀(טהור)' 이다. 다니엘과 세 친구들이 바벨론 왕궁 음식을 거절하고 채식을 했던 것도 바로 정결 이유 때문이었다. 이때 다니엘과 세 친구가 먹은 채식은 씨앗류로서 제라임(זרעים)이라고 한다. 음식 규정에 있어서 씨앗은 부정하지 않은 것으로 간주되었기 때문이다. 중요한 것은 네 발 짐승, 물고기, 새, 곤충, 파충류를 막론하고 식 재료로 사용할 수 없는 것들의 목록이 분명히 나와 있다는 점이다. 다시 말해서 식 재료 취사선택의 기준만 제시한 것이 아니라 구체적 이름까지 명시되어 있어서 실천하기 어렵지 않았다.

신약 시대에 들어 와서 정결 규례는 한층 더 강화되었다. 바리새인들은 소위 구전 율법(oral Torah)의 세부 규칙을 지키는 자들만이 하나님의 백성인 것처럼 가르쳤다. 그들은 정결상의 이유로 바리새인 이외 그룹의 사람들과 식탁교제를 하지 않았다. 그들이 그처럼 정결 규례를 강조한 것은 거룩한 하나님의 백성으로서 정결한 자만이 하나님께 나아갈 수 있다는 생각 때문이었다. 그런 생각은 에스겔의 새 성전과 거룩한 구역에 관한 환상에서, 쿰란 공동체의 정결 사상이 담긴 <성전 두루마리>에서도 발견된다. 바리새인들이 예수 그리스도와 제자들을 자주 비난했던 이유도 자신들의 기준에서 볼 때 정결 규정을 어겼다고 판단했기 때문이다. 흥미로운 것은 예수 그리스도를 믿는 유대인 신자들도 예외가 아니었는데, 베드로가 안디옥에서 이방인 신자들과 함께 식사하고 있다가 예루살렘에서 유대인 신자들(Jewish Christian)이 내려왔다는 말을 듣고 황급히 자리를 피하자 바나바도 같이 피한 것이 좋은 예가 된다(갈 2:11-14)

〈토의 과제〉

1. 성경공부의 실패담들을 간단히 나누어 보십시오.

2. 성경에 대한 선입견들 중 공감이 가는 부분을 나누어봅니다.

3. 성경연구의 순서와 방법론을 정리하고 이해가 잘 되지 않은 부분이 무엇입니까?

4. 헤브라이즘의 특성을 정리하고 이해가 잘 되지 않는 부분을 나누어봅시다

5. 헤브라이즘의 요점을 정리하고 가장 인상 깊었던 것을 나누어 봅시다

6. 헤브라이즘을 아는 것이 성서 연구에 어떤 도움이 된다고 생각합니까?

구약개론

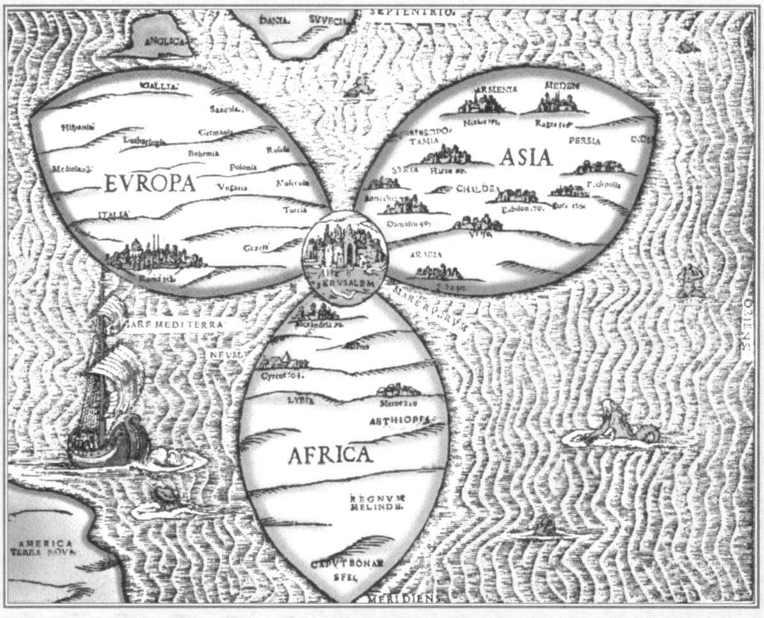

16세기 독일판 세계지도

유대교와 그리스도교의 경전

신약(New Testament)과 대조되는 개념으로서의 구약(Old Testamnt)은 창세기부터 말라기까지의 39권 성경을 가리키는 용어이다. 그 책들을 구약이라고 부르는 이유는 예수 그리스도를 통해 주어진 새 언약(눅 22:20)과 대조되는 옛(첫) 언약(히 8:7)이기 때문이다. 다시 말해서 옛 언약(구약)은 그리스도가 오기 전에 유대인들에게 주어진 약속이고, 새 언약(신약)은 오신 그리스도를 통해 만민에게 주어진 약속인 것이다.

유대인들은 신약을 인정하지 않고 구약만을 정경으로 받아들이는데, 그 이유는 그들이 싫어하는 나사렛 예수[1]를 신약에서 구세주와 하나님으로 증언하기 때문이다. 그리고 그들에게는 구약이라든가 신약이라든가 하는 용어가 없고 단지 창세기로부터 말라기까지 자신들의 방법으로 분류된 24권의 성경이 있을 뿐이다. 그러나 그리스도인들은 구약과 신약을 모두 하나님의 성령에 의해 영감 받은 책으로 믿는다.

그런데 구약이 유대인들의 정경이라는 이유로 그리스도인들과 상관없는 책으로 생각한다든가 신약보다 열등한 책들로 생각하는 것은 잘못이다. 왜냐하면 구약이 신앙과 삶의 원리에 있어서 신약과 다를 것이 없고, 또한 구약이 예수 그리스도의 메시야 되심에 대해 풍부하게 증언하고 있기 때문이다(요 5:39). 오히려 구약을 읽으면 읽을수록 하나님의 성품과 사역에 대해 더 깊은 깨달음을 갖게 되며, 예수 그리스도의 구세주 되심과 그의 나라에 대해 풍성한 영감을 얻을 수 있게 되는 것이다. 그리고 구약 39권은 다음과 같이 모세 오경, 역사서, 문학서, 예언서로 구분할 수 있다

- 모세 오경 – 창세기, 출애굽기, 레위기, 민수기, 신명기
- 역사서 – 여호수아, 사사기, 룻기, 사무엘 상하, 열왕기 상하, 역대 상하, 에스라, 느헤미야, 에스더
- 문학서 – 욥기, 시편, 잠언, 전도, 아가,
- 예언서 대선지서 – 이사야, 예레미야, 예레미야 애가, 에스겔, 다니엘

1) 야훼(아도나이) 외에 신이 없다고 믿는 유대인들은 경배의 대상이 된 유대인 예수를 저주받을 이단의 괴수로 낙인찍는다. 유대인들이 그리스도인들을 '노쯔림' 이라고 부르는 것도 이단 추종자들로 간주하기 때문이다.

소선지서 - 호세아, 요엘, 아모스, 오바댜, 요나, 미가, 나훔, 하박국,
스바냐, 학개, 스가랴, 말라기

그러나 유대인들은 구약을 다음과 같이 24권으로 나눈다. 그리고 모세 오경(תורה, 토라), 예언서(נביאים, 네비임), 성문서(כתובים, 케투빔)의 첫 글자를 따서 구약을 타나크(תנכ)라고 부른다.

- 모세 오경(토라) - 창세기, 출애굽기, 레위기, 민수기, 신명기
- 예언서(네비임) - 여호수아, 사사기, 사무엘서, 열왕기, 예레미야, 에스겔, 이사야, 12예언(소선지)서
- 성문서(케투빔) - 룻기, 시편, 욥기, 잠언, 전도서, 아가서, 예레미야 애가, 다니엘, 에스더, 에스라(에스라와 느헤미야), 역대기

1. 역사적 배경 - 히브리 민족의 역사

구약은 히브리 민족의 역사를 중심으로 씌어졌다. 구약의 첫 책인 창세기는 히브리 민족의 출현을 보여주며, 마지막 책인 말라기는 새 시대를 위한 진통 과정의 히브리 민족을 보여주고 있다. 100년이 채 안 되는 기간에 씌어졌던 신약 성경과는 달리 구약 성경은 약 1000년의 기간에 걸쳐 씌어졌기 때문에 역사서 뿐 아니라 문학서와 예언서, 모세 오경 등 모든 책에 히브리 민족의 역사가 살아 숨 쉬고 있는 것이다. 따라서 히브리 민족의 역사를 이해한다는 것은 곧 구약을 이해하는 첫걸음이 된다고 할 수 있다.

- **족장 시대(주전 2000-1445)** : 히브리 민족은 중기 청동기 시대가 시작된 직후 주전 2000년경 이스라엘인들의 조상 아브라함이 지금의 이라크 남부 지역인 갈대아 우르를 떠남으로부터 시작된 것으로 보인다. 아브라함이 우르를 떠난 시기 메소포타미아 지역은 국제적으로 복잡한 양상을 띠고 있었다. 원래 우르(Ur)는 수메르 왕국(주전 2850-2360)의 중요 도시

였으나, 유프라테스 강 북쪽의 아카드 왕국(주전 2360-2180)에 의해 멸망당했다. 역사상 최초의 제국이라고 일컫는 아카드 제국의 지도자는 사르곤 I 였으며, 그의 손자 나람 신은 상업과 군사도시 에블라(Ebla)를 점령하기에 이르렀다. 에블라에서 출토된 토판에는 창조와 홍수 이야기를 포함해서 아브람, 이스마엘, 이스라엘의 이름이 기록되어 있으며, 하솔, 므깃도, 예루살렘, 라기스, 가자와 같은 도시 이름들이 나와 있다.

그러나 아카드 왕국 또한 자그로스 산맥을 넘어온 야만족 – 구트족(Gutians)에 의해 패망하고 소위 수메르 제 3왕조(주전 2060-1950)가 세워졌다. 이 왕조의 창시자 우르 남무는 우르(Ur)를 상업의 중심지로 삼아 거대한 지구라트를 쌓고 역사상 가장 오래되고 정교한 법령들을 반포했다. 그러나 그들도 자그로스 산맥 남단 현재 이란 지역에서 일어난 엘람(Elam)족들에게 멸망당했으며, 엘람은 주전 약 2000년경 아라비아 사막에서 몰려온 아모리족(Amorites)들에 의해 멸망하고 말았다. 아카드어로 "서쪽에서 온 사람"을 뜻하는 '아무루'는 그들이 북서 셈족어를 사용하고 있었음을 보여준다.

아모리족은 메소포타미아 지역만 점령한 것이 아니라 비옥한 초생달 지역을 따라 가나안을 거쳐 이집트까지 진출했다. 따라서 이무렵 가나안 인구의 대다수는 아모리족이었다. 그들은 처음 마리(Mari)를 거점도시로 삼았으나 바벨론(Babylon)으로 옮겼고, 마침내 자신들의 왕조를 세웠으며, 대표적인 왕이 함무라비(주전 1728-1686)이다. 함무라비는 주전 1697년 마리를 정복했는데, 놀랍게도 마리의 전성시대에 기록된 서판에는 이스마엘, 레위, 베냐민, 벨렉, 세루, 나홀 같은 아브라함의 후손과 조상들의 이름이 하란의 이웃에 있는 마을 이름으로 나와 있다. 함무라비는 저 유명한 함무라비 법전을 제정했는데, 그러니까 모세 오경에 나오는 하나님의 언약과 계명들은 형식과 내용에서 함무라비 법전의 영향을 받았던 것으로 보인다. 그러나 모세 오경에 나오는 법들은 함무라비 법전보다 훨씬 더 여성과 노예와 자녀들의 인권이 강조되어 있다. 예컨대 함무라비 법전에서 여인이나 종이 주인의 재산으로 취급된 반면 모세 오경에서는 심지어 종의 이를 부러뜨릴 경우에도 즉시 해방시켜야 하며(출 21:27), 도망친

종을 인도적으로 대우하도록 명령하고 있다(신 23:15-16). 그리고 자녀가 부모의 과실치사를 대신하여 죽게 하는 함무라비 법과는 대조적으로 살인에 대한 처벌은 당사자에 한하도록 되어있는 것이다(신 24:10)

그러니까 아브라함이 우르를 떠난 시점은 아모리족이 메소포타미아 지역에 확산되기 시작한 때였다. 아브라함은 유프라테스 강 유역을 따라 북상하여 현재 터키의 남부 지역에 있는 하란에 도착하여 아버지 데라가 죽을 때까지 머물러 살았다.그런데 그곳은 아브라함에게 있어서 제 2의 고향이었으므로 이삭의 신부감을 구할 때 종을 보내거나, 이삭이 야곱의 신부감을 구하도록 보낸 곳이 되었다. 아브라함은 75세에 야훼 하나님으로부터 두 번째 부르심을 받고 아람의 서남쪽에 있는 레반트 지역 - 가나안 땅으로 이주하여 살았다. 아마도 그는 아카드어를 사용했을 것이며, 그의 아들 이삭은 아카드어와 가나안 방언을 섞어서 사용했을 것이다. 그리고 야곱은 밧단 아람(아람 평원)에 머무르는 20여년 동안 아람어를 사용했을 것이므로, 그의 대에 이르러는 아카드어와 가나안 방언(페니키아)과 아람어가 혼합된 형태의 히브리어를 최초로 사용했을 것으로 보인다. 그리고 야곱의 가족이 가나안 땅의 기근을 잠시 피하려 애굽으로 내려간 주전 1880년 이후 430년 동안 그곳에 머무르면서 고유의 히브리어를 사용하는 국가 단위의 민족으로 발전하게 되었던 것이다.

야곱의 아들들이 애굽에 있는 동안 흑해 동쪽 코카서스 산맥을 넘어온 호리족(Hurrians 히위?)들이 하란을 중심으로 번성히기 시작했다. 주전 16세기에 그들은 미타니 왕국을 세워 가나안 땅과 애굽에까지 퍼져나갔다. 이집트의 신왕국 시대 제 18 왕조 때는 레반트(페니키아와 가나안) 지역을 놓고 이집트와 대결을 벌이기도 했다. 비슷한 시기 발칸반도 쪽에서 현재 터키 중부(고대 아나톨리아) 지역으로 내려온 헷족(Hittites)이 험준한 산악지대에 수도 하투샤쉬(Hattushash)를 건설했고, 메소포타미아 지역으로 침범하면서 가나안 땅을 두고 애굽과 힘겨루기를 하게 되었다. 헷족은 미타니를 복속시키고 이집트 19 왕조의 왕들과 전투를 벌였다. 그 대표적인 전쟁이 헷족의 무와탈리스 왕과 이집트의 람세스 2세가 벌인 카데쉬 전투이다. 그러나 본래 가나안 땅은 애굽의 영토로 간주되었다. 주전 4000년대에 애굽인들은 이미 벧산에 신전을 세웠으며, 애굽의 엘 아마르나(El Amarna) 문서에 의하면 므깃도, 하솔, 벧산, 세겜 등의 도시들이 애굽의 영향력 아래 있었음을 보여준다. 이제 가나안 땅은 헷족과 히위족, 가나안 원주민, 아모리족 등이 섞여 사는 곳이 되고 말았다.

여기서 히브리 민족에게 붙여진 이름의 기원을 생각해본다. 히브리(이브리)인이라는 단어는 아브라함에게 최초로 붙여진 이름이다(창 14:13). 이후 애굽에 내려간 요셉의 이야기에서(39:14,17), 출애굽 이야기에서(출 1:16, 2:7), 블레셋과의 전쟁사에서(삼상 4:6, 13:19) 자주 등장한다. 흥미로운 것은 주전 2000년경 엘 아마르나 문서에서 하피루(아피루 'Apiru)로 불리는 사람들이 자주 언급된다는 것이다.[2] 그 용어는 아브라함이 가나안에 도착하기 전 먼저 뿌리를 내리고 있던 가나안족, 헷족, 아모리족, 브리스족, 히위족, 여부스족처럼 특정한 민족을 가리키는 말이 아니었고 '유랑민'의 의미로 사용되었다. 그 하피루(아피루)라는 용어가 아브라함의 자손들에게 붙여진 이름이 아니었다고 하더라도 반 유목생활을 했던 아브라함의 일가를 가리킬 때도 사용되었을 개연성이 충분히 있다. 히브리어로 '이브리(Ibri)'는 '건너온 사람들'이라는 뜻을 가지고 있으며, 성서적으로 에벨(Ebel)의 후손이라는 의미를 담고 있다. 그러나 아랍족, 아람족, 모압족 모두 에벨의 후손이기도 하다(창 10:26-30).

2) 가나안의 왕들은 서로 애굽 왕에게 고자질을 했는데, 하피루들을 선대한다는 이유로 모함을 당했다고 호소하는 글이 포함되어 있다.

그러면 히브리 민족의 야훼 신앙은 언제부터 자리 잡게 되었던 것일까? 잘 알려진 대로 아브라함의 아버지 데라는 우상 숭배자였다(수 24:2). 아마도 아브라함의 아버지는 우르의 달신을 섬기는 신관이었을 것이다. 아브라함 시대에 근동에서 비옥한 초생달 지역을 따라 가나안과 애굽에 이르기까지 모든 민족들은 다신교를 믿었다.[3] 그러나 창세기 저자가 아담의 손자 에노스(창 4:29) 때부터 사람들이 야훼 하나님의 이름을 불렀다(기도했다)고 한 것으로 보아 이전에 있었던 야훼 신앙이 아브라함 때에 부활된 것으로 보아야 한다. 아브라함이 갈대아 우르를 떠나 가나안에 이르는 약 2000km의 여정 동안 지났을 수많은 도시를 통과하면서도 다신교적 영향을 받지 않았다는 사실은 그가 세겜과 베델 길에서 야훼 하나님께 제단을 쌓은 것으로 증명된다(창 12:7-8). 이처럼 야훼 신앙의 특징은 유

3) 수메르, 아카드, 가나안, 애굽 신들의 족보는 이름이 약간씩 다를 뿐 거의 같다.

일신교라는 데 있다. 그는 유일신 야훼 하나님과 종주 계약의 의식을 치르고(창 15:1-21), 그와 그의 후손들이 야훼 하나님과 계약 가운데 있는 백성의 표로 할례 의식을 행한다(창 17:1-17). 이후 아브라함의 가족은 대대로 야훼만을 섬긴다(창 32:9, 50:24). 그리고 야훼는 아브라함과 이삭과 야곱의 하나님으로 자신을 드러낸다(출 3:6).

• **부족국가 시대(주전 1445-1040)** : 야곱의 가족이 애굽에 내려갔을 때는 70명 정도에 불과했으나(출 1:1-5) 그로부터 400년 후(출 12:40) 주전 1445년경 모세의 영도로 애굽을 탈출하여 나올 때에는 문자적으로 남자 장정만 60만명이나 되는 큰 민족으로 성장했다. 애굽을 나온 연대를 주전 1445년으로 보는 근거는 열왕기상 6:1에 나오는 솔로몬의 성전건축 연도에 관한 기록에 있다. 즉, 솔로몬이 성전 건축을 시작한 것이 애굽에서 나온 지 사백 팔십년이라고 했고, 솔로몬의 즉위 4년이라고 했기 때문이다. 그러니까 솔로몬의 즉위 연도를 주전 970년으로 잡을 경우[4] 출애굽 연도는 주전 1445년이 되는 것이다. 그들이 주전 1845년경 애굽에 내려갔을 때는 요셉이 국무총리로서 막강한 후원자가 되어 뿌리를 내렸지만 주전 1580년경 힉소스 왕조를 무너뜨린 애굽 제 18 왕조가 들어선 다음 그들은 졸지에 노예 신세로 전락하게 되었다. 그리고 그들이 애굽에 있는 동안 야훼 신앙은 민족적으로 뿌리내리지 못했으며, 오히려 애굽의 다신교 신앙에 영향을 받았다. 그런데 마치 아브라함 대에 와서 야훼 신앙의 부흥이 일어난 것처럼, 모세 대에 와서 다시 야훼 신앙이 부흥기를 맞고 비로소 민족 종교로 자리 잡게 되었던 것이다.

4) 솔로몬은 40년 동안 통치했으며, 그의 사후 왕국이 분열된 시점이 주전 931년이므로 즉위 연도는 970년이다.

그리고 그들이 가나안에 들어가기 전 광야를 40년 방황하는 동안 시내 산에서 율법을 받고, 예배 처소로 만든 성막과 체계적 행정 조직을 완비하여 신정국가의 기틀을 잡았다. 애굽의 다신교 문화를 벗어나 유일신 여호와를 믿는 정체성을 회복하는 데 광야에서의 40년이란 세월이 걸렸던 것이다. 이때 씌어진 책이 **모세 오경**이다. 모세 오경은 원래 한 권의 책이었으나 주전 3세기 애굽의 알렉산드리아에 거주하던 유대인들에 의해 헬라어로 번역되면서(70인 역) 오늘날과 같은 다섯 권의 책으로 나누어졌다. 모세 오경은 크게 세 개의 주제로 나누어 생각해볼 수 있다. 첫째는 야훼 하나님과의 관계에 대한 신학적 주제, 둘째는 이스라엘의 민족적 규범에 관한 주제, 셋째는 개인의 도덕적 삶에 대한 주제이다. 그리고 이 주제들은 모두 이스라엘과 이방과의 구별이라는 패러다임 속에서 정리되어 있다.

모세가 혼신의 힘을 기울여 신정국가의 틀을 놓았음에도 불구하고, 가나안에 정착하고 나서 여호수아가 죽은 뒤에는 급속하게 가나안 원주민들의 다신교 문화에 동화되어 버렸다. 앞서 언급했던 것처럼 히브리어의 많은 어휘들이 가나안 방언에서 채용된 것이었기 때문에, 언어 속에 자연스럽게 배어있는 다신교 사상으로부터 자신들을 지켜나가기가 쉽지 않았다.[5] 따라서 그들은 사사들이 통치하던 부족국가 시대를 지나는 350년 동안 그 문제로 줄곧 씨름했다. 이때도 가나안 땅은 여전히 애굽의 정치 군사적 영향 아래에 있었지만 애굽으로부터 큰 위협이 가해지지는 않았다. 그 대신 지중해 연안에 자리 잡고 있으면서 끊임없이 군사적 충돌을 일으켰던 블레셋 족속의 도발이 위협적이었다. 히브리 민족과 친척뻘이 되는 모압, 암몬, 미디안 족속의 약탈도 끊임없이 이어졌다. 이들 민족의 도전은 다윗과 솔로몬 시대에 이르러 대부분 제압이 되었으나, 그들의 다신교적 세계관은 오래도록 히브리 민족의 정체성을 지켜나가는 데 걸림돌이 되었다. 이 시기에 기록된 책들이 **여호수아, 사사기, 룻기**이다. 이중에서 여호수아와 사사기는 역사서로서 이전 시대에 일어났던 일을 통해 그 책의 원 독자들에게 교훈을 주기 위한 목적으로 기록되었다.

5) 예를 들면 호 2:16 "그 날에 네가 나를 내 남편이라 일컫고 다시는 내 바알이라 일컫지 아니하리라"에서 바알은 주(Lord)의 의미이다. 그러니까 히브리어로 바알 신도 바알이고, 주 하나님도 바알이었다. 재미있는 것은 하나님을 '바알'이라고 부르지 않고 '이쉬'로 부르게 될 것이라고 했는데 여기서 '바알'은 남편을 가리키는 단어이다.

• **왕국 시대(주전 1040-586)** : 인류 문화가 청동기 문명을 벗어나 철기 문명을 한참 꽃피우고 있던 중요한 시기에 히브리 민족도 주전 1040년경 초대 왕 사울을 선출하므로 왕정국가로 변신하였다. 그런데 한번 왕정 국가가 된 히브리 민족은 다시는 신정국가로 돌아오지 못했다. 나중에 왕국이 둘로 갈라진 후에는 통일왕국으로 돌아오지도 못했다. 부연 설명하자면 초대 사울 왕으로부터 다윗을 거쳐 솔로몬에 이르기까지 히브리 민족은 이스라엘이라는 이름의 단일 왕국을 이루었다. 그러나 주전 931년 유다와 베냐민 지파 중심의 남 유다와 나머지 열 지파 중심의 북 이스라엘로 갈라져 분열왕국 시대를 맞게 되었다. 남 유다는 다윗 왕국의

명실상부한 계승자로서 성전이 있는 예루살렘을 수도로 계속 사용하였다. 하지만 신생국가인 북 이스라엘은 처음에 세겜으로 수도를 정하였다가, 디르사로 옮겼으며, 다시 요단 강 건너 브누엘로 천도하였다가, 오므리 왕조에 이르러는 사마리아에 수도를 정하였다. 북 이스라엘의 초대 왕 여로보암은 절기를 지키거나 제사를 드리기 위해 예루살렘 성전을 방문하면서 백성들의 마음이 흔들릴 것을 두려워해, 유다와의 접경 도시 벧엘과 북쪽의 국경 도시 단에 금송아지 제단을 세워 야훼 신앙을 유지해나가기 원했다. 이것은 북 이스라엘이 야훼 하나님으로부터 버림받아 패망하게 되는 결정적 원인이 되었다.

이 시기에 이르러 히브리 민족은 해상 무역을 통해 지중해의 상권을 장악한 두로와 시돈의 영향을 받아 바알과 아세라, 몰렉 등의 이방 신을 섬기는 유혹 외에 강대국들의 군사적 위협에도 시달리게 되었다. 족장 시대 이전부터 레반트 지역을 실효적으로 지배해온 애굽 말고도, 다메섹을 거점으로 하는 아람(수리아) 왕국은 분열 왕국이후부터 북 이스라엘의 패망 직전까지 군사적 위협을 가해왔다. 이에 남 유다와 북 이스라엘은 분열 초기의 대결 구도를 지양하고, 주변국들의 위협에 공동대처하기 위해 정치 군사 종교적으로도 활발하게 교류하여 안정을 꾀하였다. 그 결과 오히려 남 유다가 북 이스라엘의 영향을 받아 우상숭배에 빠지는 결과를 낳고 말았다. 마침내 주선 732년 아람을 무너뜨린 세계 최초의 제국 앗수르는 역사상 가장 잔인하고 포악한 정복전쟁을 일으킨 장본인 사르곤 2세를 통해 주전 722년 북 이스라엘을 페망시키고 말았다. 이후 앗수르의 산헤립은 남 유다의 요새화된 성읍 46개를 파괴하고 예루살렘까지 함락시키려 했을 정도로 위세를 떨쳤다. 그러나 주전 612년 바벨론의 나보폴라살 왕이 이끄는 메대와 바벨론 연합군에 의해 수도 니느웨가 함락되므로 완전히 몰락하고 말았다. 앗수르에 이어 바벨론 제국을 건설한 나보폴라살의 후계자 느부갓네살 왕은 주전 606년, 597년, 586년의 3차례에 걸친 침공 끝에 마침내 남 유다를 패망시키므로 히브리 민족의 왕정 시대에 막을 내리게 했다.

이처럼 히브리 민족이 신정 국가에서 왕정 국가로, 단일 왕국에서 분열 왕국으로 바뀐 사실은 열두 지파가 모두 포로로 끌려가기까지 성경 저자들의 마음에 아쉬움으로 남았다. 그들은 분열 왕국의 왕들이 야훼 하나님에 대한 신앙을 떠나 이방의 다신교를 따라가는데 대해 가슴 아파했다. 게다가 북 이스라엘은 209년의 짧은 역사에서 19명의 왕들이 다스렸고, 9번이나 왕조가 바뀌는 등 정세 불안에 시달렸다. 이 시기에 주로 활동했던 종교지도자들은 선지자(예언자)들이었다. 그들은 언제나 하나님을 왕으로 모시고 사는 행복에 대해 노래했으며, 열두 지파가 통일 국가로 복귀되는 것을 꿈꾸었던 것이다. 이 시기에 기록된 책들이 **사무엘 상하, 열왕기 상하, 욥기, 시편, 잠언, 전도서, 아가, 이사야, 예레미야, 호세아, 요엘, 아모스, 오바댜, 요나, 미가, 나훔, 하박국, 스바냐**이다. 구약 시대에서 가장 다양하고 많은 책들이 이 시기에 저술되고 편집되었다. 부족국가 시대에는 예로부터 구전되어온 것들이 특정한 사람들에 의해 기록으로 남겨졌었다. 그와 대조적으로 이 시기에는 왕에서부터 평민에 이르기까지 다양한 계층의 저자들이 사상과 감정을 직접 기록했기 때문이다. 이 시기에 기록된 책들에서 한 결 같이 강조되는 것은 애굽에서 이스라엘 민족을 건져내신 야훼 하나님에 대한 신앙이었다. 그것은 이스라엘 민족의 정체성이 유일신 야훼와의 관계정립에 있었다는 것을 보여주는 예이다.

이 시기를 통과하면서 히브리 민족이 겪었던 가장 큰 갈등은 강자들의 틈바구니에서 살아남기 위해 과연 어느 나라를 섬겨야 하느냐 하는 것이었다. 그래서 애굽을 섬기다가 돌이켜 앗수르를 섬기기도 하고, 앗수르를 섬기다가는 또 애굽으로 돌아가는가 하면, 또다시 돌이켜 바벨론을 섬기는 등 갈팡질팡 중심을 잡지 못했다. 따라서 이 시기에 활동했던 대부분의 선지자들은 이스라엘을 애굽에서 건지셨던 야훼 하나님 한분만을 의지하고 그의 언약을 지키므로 구원을 얻도록 외쳤다. 왕정 국가가 점점 패망의 길을 걷기 시작하자 예언자들은 야훼 하나님이 다윗 왕가를 버리지 않으실 것과, 장차 다윗과 같은 지도자-메시야를 보내 이스라엘을 열방 가운데서 구원하실 것을 예언했다.

• **포로 시대(주전 586-536)** : 바벨론으로 끌려간 뒤 다시 돌아오기까지의 70년간은 히브리 민족의 역사상 가장 큰 수난을 겪은 때였다. 오래

전 앗수르로 끌려간 북 이스라엘의 열 지파는 이미 이방 민족에 동화되어 버렸지만, 바벨론에 끌려갔던 유다와 베냐민은 함께 포로로 끌려온 종교지도자들의 활동으로 그나마 민족의 정체성을 지켜나갈 수 있었다. 유프라테스 강 유역 여러 곳으로 흩어진 유다 인들은 곳곳마다 민족 공동체(디아스포라)를 형성했는데, 아마도 회당(Synagogue)이 이때부터 세워지기 시작했던 것으로 보인다. 다니엘서에서 볼 수 있는 것처럼 바벨론에 끌려온 유다 백성들은 바벨론의 다신교 문화에 동화될 것을 강요받았다. 그러나 다니엘과 세 친구, 에스겔 같은 지사들은 야훼만 섬기는 민족의 정체성을 지켜 나갔다. 따라서 포로 시대가 끝났을 때 50,000 명가량의 유대인들이 본토로 귀환하여 성전을 짓고 이스라엘의 회복을 꾀할 수 있었다.이 시기에 기록된 책들이 **열왕기 상,하, 에스겔**이다. 이 시기의 저술들을 한마디로 표현하자면 '회고와 전망' 을 주제로 한 것이었다. 열왕기 상,하권은 이스라엘과 유다의 패망이 야훼 하나님과의 계약을 저버린 데 있음을 알게 해주려는 교훈적 목적에서 기록된 것이고(왕하 17:7-23, 24:1-4), 에스겔은 포로로 끌려온 유다 인들을 장차 야훼 하나님이 본토에 돌아가게 하실 것이라는 소망을 주기 위해 기록된 것이다.

• **포로귀환 시대(주전 536 이후)** : 주전 539년 근동의 패자가 바벨론에서 바사(Persia)로 바뀌면서 바벨론에 끌려갔던 유다와 베냐민 지파의 일부가 고레스(Cyrus)의 귀환령에 따라 소수의 레위 시파와 세사장 가문과 함께 돌아왔다. 그들은 다윗 가문의 총독 세스바살의 영도 아래 주전 536년 감격직으로 본도에 돌아왔고, 주전 516년 스룹비벨 아래에서 성전을 재건하였다. 유대인들의 귀환을 허락한 고레스는 각 민족의 문화와 전통에 대해 관대한 정책을 펼쳤다. 고레스의 바벨론 정복 내용이 담긴 원통형 토기 인장이 1879년 바벨론에서 발견되어 성경의 내용이 사실임을 증명해준 바 있다. 페르시아의 유대인들은 주전 458년 아닥사스다(Artaxerxes) 왕의 명에 따라 학사 에스라의 영도 아래 예루살렘으로 돌아와 종교적 부흥운동을 일으켰다. 주전 444년에는 아닥사스다 왕의 명에 따라 총독[6] 느헤미야의 영도 아래 일단의 유다 인들이 예루살렘으로 돌아와 그때까지 무너져 있던성벽을 다시 쌓고 민족의 정체성을 회복하기 위해 애썼다. 그러나 여전히 독립 국가가 되지 못하고 바사(페르시아) 제국의 속주로 머

6) 이 책 부록 284쪽 주를 참고할 것.

물러 있었다. 이 무렵 페르시아는 무리한 영토 확장으로 인해 변방에서 빈번히 발생하는 반란을 진압하기에 여념이 없었으며, 앗수르나 바벨론의 이주 정책과는 반대로 페르시아에 우호적인 민족들은 본토에서 살 수 있도록 재이주 정책을 폈다. 따라서 고레스 왕은 유다 인들의 1차 귀환 때 바벨론이 탈취했던 성전 기명들을 돌려주었을 뿐 아니라 예루살렘 성전 건축을 위해 적극 협조했으며, 아닥사스다 왕도 에스라에게 은금을 주어 야훼 신앙의 부흥운동을 위해 협력했던 것이다.

이 시기에 기록된 책들이 **다니엘, 역대기 상하, 에스라, 느헤미야, 에스더, 학개, 스가랴, 말라기**이다. 이 책들의 공통점은 유다 인들의 정체성이 주제가 되어 있다는 점이다. 비록 그들이 본토에 돌아와 성전과 성벽을 재건하고 모세 오경에 입각한 사회체제 구축에 힘썼으나, 지속되는 빈곤과 외세의 위협으로 야훼 신앙에 대한 근본적 회의가 백성들에게 자리잡았다. 더구나 말라기 이후에는 영감 받은 선지자의 활동도 끊어져 야훼 신앙의 생명력을 잃어가고 있었다. 그리고 다니엘이 예언한 대로 헬라 제국이 일어나 페르시아가 망하게 되자 네 개로 쪼개진 헬라 제국 가운데 하나인 셀류키드 왕조의 시리아로부터 헬라화를 강요받으므로 야훼 신앙이 크게 위협을 받기도 했다. 그런 가운데서 다니엘 같은 책은 사회적 혼돈과 불안이 증폭되었던 신구약 중간기에 본격적 묵시문학의 시대를 여는 저술 가운데 하나였다고 볼 수 있다.

포로기 이후 유대 사회는 여러 면에서 이전과 달라졌다. 히브리어는 선형의 철자법에서 아람어의 영향을 받은 정방형의 철자법으로 바꾸어지게 되었다. 본토 유대인들은 포로 생활에서 쓰던 아람어를 신약시대에 이르기까지 히브리어와 함께 사용하게 되었다. 그들에게는 왕이 없었고, 재건된 성전에는 언약궤와 우림과 둠밈이 없었다. 특기할 만한 것은 바벨론에 남아 있는 유대인들 가운데서도 야훼 신앙을 가지고 민족의 정체성을 지켜나가는 사람들이 많았다는 것이다. 비록 성서에는 세 번의 포로 귀환만이 기록되어 있으나, 실제로는 더 많은 횟수의 유대인 귀환이 있었던 것으로 보인다. 바벨론의 유대인 공동체와 본토의 유대인들 사이에 끊임없는 왕래가 이루어졌으며, 오히려 바벨론의 유대 공동체로부터 본토의

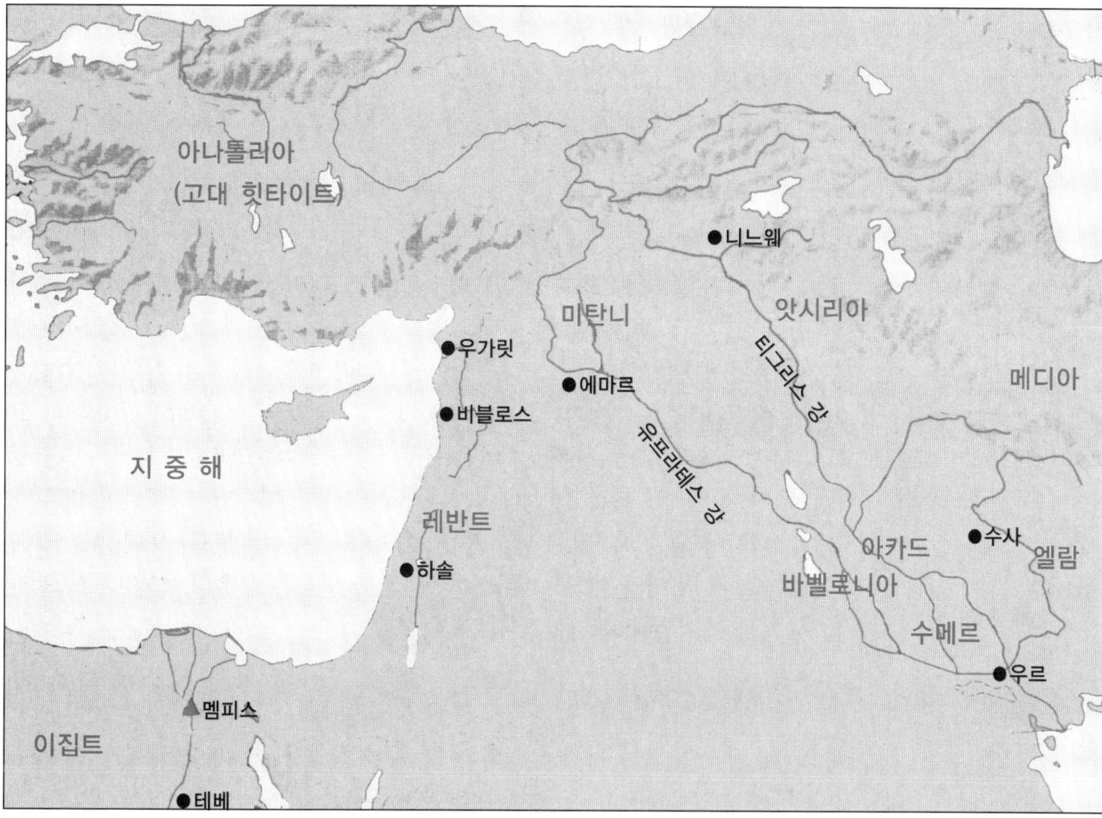

유대인들에게 지속적으로 종교적 영향력이 이어져 왔다. 주선 1세기에 예루살렘에서 활동했던 힐렐(Hillel)[7]같은 학자는 바벨론에서 이주해온 사람 가운데 하나였다. 이처럼 바벨론의 유대인 거주 지역을 중심으로 형성된 민족 공동체의 네트워크는 신약 시대에 이르러 1세기가 끝나기도 전에 예수 그리스도의 복음이 고대 바벨론 전 지역에 확산될 수 있는 기틀이 되었다.

7) 힐렐은 사도 바울의 스승 가말리엘의 증조부이며, 동시대에 활동했던 샴마이(Shammai)와 함께 고대 유대교에서 쌍벽을 이루는(베주고트) 마지막 스승으로 인정되어 왔다.

2. 문화적 배경

[히브리어]

구약 성서의 대부분은 히브리어로 씌어졌지만 정작 성서시대에는 유대인의 언어로 불려졌다(왕하 18:26; 느 13:24). 앞서 살펴본 대로 히브리어는 족장들이 반 유목생활을 하며 살았던 지역 언어의 영향을 받아 형성된 가나안 방언이다. 아브라함의 모국어인 아카드어, 이삭의 모국어인 가나안어, 야곱의 완벽한 이중 언어인 가나안어와 아람어가 한데 섞여 만들어졌다고 보는 것이다. 여기에 약간의 고대 아랍어 흔적도 들어있다. 모세 오경에는 남부 셈어인 이집트어도 들어 있다. 그러니까 히브리어는 셈어 가운데서 북서 셈 어에 속하는 아람어-시리아어와 사촌 간이 되는 가나안어의 한 지류로서 페니키아어에 가장 가깝다. 참고로 남부 셈어의 가지는 아랍어와 에티오피아어이며, 셈 어의 본류 가운데 아카드어에서 파생된 앗수르어와 바빌론어가 있다.

이러한 이유로 앗수르의 군대가 예루살렘을 포위하고 히브리어로 선무공작을 펼쳤을 때 유대의 관리들이 "청하건대 아람 말로 당신의 종들에게 말씀하시고 성 위에 있는 백성이 듣는데서 유다 말로 우리에게 말씀하지 마옵소서"(왕하 18:26)라고 요청했다. 유대인들은 아람어를 배우기 쉬웠고, 앗수르인들이 유대어를 말하기가 어렵지 않았던 것이다. 뿐 아니라 유대인들이 바벨론에 포로로 끌려갔을 때에도 쉽게 적응할 수 있었던 이유이기도 했다.

히브리어의 단어들은 "어근"이라고 부르는 세 자음들로 기본적인 구성이 되고 고유한 의미를 갖는다. 거기에 모음의 변화를 주어 다양한 의미를 나타낸다. 시제(tense)에 구애받지 않기 때문에 상(aspect)이 중요하며, 앞뒤 문맥을 따라 의미를 파악해야한다. 완료된 행위나 미완료행위, 계속되는 행위, 사역적인 행위를 통해 강조하는 점에 유의해야 한다. 그리고 히브리적 사고는 헬라적 사고와 달라서 논리적이라기보다 시각적(visual)이며 비유적(metaphoric)이다. 따라서 히브리어로 기록된 문학은 시각적이며 역동적이며 비유적이다.

- “나의 날이 경주자보다 빨리 사라져 버리니 복을 볼 수가 없구나”(욥 9:26)
- “주의 손가락으로 만드신 주의 하늘과…”(시 8:3)
- “사슴이 시냇물을 찾기에 갈급함 같이 내 영혼이 주를 찾기에…”(시 42:1)
- “마치 청년이 처녀와 결혼함 같이 네 아들들이 너를 취하겠고 신랑이 신부를 기뻐함 같이 네 하나님이 너를 기뻐하시리라”(사 62:5)
- “나는 포도나무요 너희는 가지라…”(요 15:5)
- “낙타가 바늘귀로 들어가는 것이 부자가 하나님의 나라에 들어가는 것보다 쉬우니라”(눅 18:25)

히브리어 문장에는 수많은 반복들이 들어있다. ‘붜(그리고)’ 라는 단어를 사용하여 비슷한 의미의 단어를 반복 사용하거나, 구 혹은 절의 반복을 통한 병행구절(parallelism)로써 이해와 기억을 용이하게 만든다. 그것은 시나 산문의 경우에 있어서 마찬가지이다. 그 반복과 병행은 리듬을 만들어 내기 때문에 청중이나 독자가 화자와 저자가 전달하고자 하는 내용을 충분히 소화할 수 있는 시간적 여유를 갖게 된다. 따라서 히브리 문학을 접할 때는 반복과 병행의 구조를 따라 의미를 파악해야 한다. 예를 들어 창조 이야기에서 “땅이 혼돈하고 공허하며(תהו ובהו)”(창 1:2)라고 했을 때 “혼돈”과 “공허”는 같은 뜻의 단어 반복으로 보아야 한다. 그런 의미에서 하나님의 성품인 “인자와 진실(חסד ואמת)”(출 34:6)도 “인자”와 “진실”을 따로 떼서 생각할 수 없다고 본다. 그리고 병행구절은 시편과 예언서에서 수없이 많이 등장한다.

- “하늘이 하나님의 영광을 선포하고, 궁창이 그 손으로 하신 일을 나타내는 도다”(시 19:1)
- “성소에서 너를 도와주시고, 시온에서 너를 붙드시며”(시 20:1)
- “뭇 백성들아 이를 들으라, 세상의 거민들아 모두 귀를 기울이라”

(시 49:1)

- “너희의 죄가 주홍 같을지라도 눈과 같이 희어질 것이요, 진홍 같이 붉을지라도 양털 같이 희게 되리라”(사 1:18)
- “목자들은 도망할 수 없겠고, 양떼의 인도자들은 도주할 수 없으리로다”(렘 25:35)

그리고 히브리어 어휘 가운데는 다른 언어로 번역하기 까다로운 것들이 있다. 예를 들면 창세기에 많이 나오는 “네페쉬 하야(נפשׁ חיה)”는 단순히 “생명체”를 가리킨다.[8] 이 단어는 사람이나 짐승 혹은 바다의 어패류에까지 두루 사용되었다. 그런데 70인역 성경에서 헬라어로 번역하는 과정에서 아담이 “프쉬켄 조산(ψυχὴν ζῶσαν)” 즉, 생령이 되었다고 번역하면서 수많은 오해와 신학적 해석들을 낳았다.[9]

8) 허성갑, 히브리어 직역 구약성경 창 2:7 참조

9) 고전 15:45

현존하는 고대 히브리어 유물 가운데 가장 오래된 것은 주전 1000-950년경의 것으로 보이는 석회암 평판이다. 아얄론 골짜기 근처 게셀(Gezer)에서 발견된 평판 위에는 농사와 절기에 관한 달력이 적혀있다. 학자들은 학생들이 수업시간에 연습 삼아 써놓은 것들이라고 추정한다.

[고대 근동의 종교]

구약 시대 이스라엘의 종교와 고대 근동의 종교를 비교해보는 것은 매우 유익하다. 왜냐하면 가나안에 정착한 히브리 민족이 어떻게 주변 민족들의 다신교적 영향력으로부터 유일신 야훼에 대한 자신들의 고유한 신앙과 세계관을 정립했는지 알 수 있기 때문이다. 한마디로 고대 근동은 하나의 세계였다. 수많은 신화들이 공유되고, 물자와 인력이 길을 따라 이동했다. 성경을 주의 깊게 읽어 보면 이스라엘 민족이 앗수르와 바벨론에 포로로 끌려가기까지 성서의 저자들-종교 지도자들-이 그것들을 제거하려고 애쓴 흔적이 고스란히 남아있는 것을 알 수 있다. 대중들이 무비판적으로 이방 문화를 수용하려고 했었기 때문이다.[10]

10) 20세기 후반에 접어들면서 고대문헌의 문헌들이 속속 해독되어 이스라엘의 종교를 이해하는데 도움을 주었다.

앞서 살펴본 대로 이스라엘의 조상 아브라함이 갈대아 우르를 떠날 무렵 메소포타미아에는 수메르와 아카드의 종교가 체계를 갖추고 있었으며, 가나안 들어왔을 때에는 가나안 종교를 접하게 되었을 것이다. 야곱의 일가가 애굽에 내려가서 400여년을 사는 동안에 애굽의 종교적 영향 아래 있었던 것은 자명한 사실이다. 그런 관점에서 볼 때 최초의 구약 성경-모세 오경의 저자는 이런 영향력으로부터 이스라엘 민족을 벗어나게 하려고 애썼음은 두말할 나위도 없다. 성서에 기록된 사건만 보더라도 야곱의 아내 라헬이 아람 사람들의 우상 드라빔을 도둑질 한 사건(창 31:19), 야곱의 아들들이 이방 신상들을 소지하고 있던 사건(창 35:1-3), 시내산 아래에서 이스라엘 백성들이 금송아지 우상을 만든 사건(출 32:1-6), 모압 평지에서 바알 신에게 드리는 제사에 지도자들과 일반 백성들이 대거 참여한 사건(민 25:1-18)이 있다. 이스라엘에서 출토되는 수많은 고고학적 증거들은 종교혼합적 신앙이 줄곧 이어져 왔음을 보여준다.

그런데 수메르, 아카드, 가나안, 애굽의 종교는 모두 다신교이며, 신들의 이름이 조금씩 다르게 붙여졌을 뿐 정해진 역할이 있다. 고등 신들이 하등 신들을 낳았으며, 신들은 죽기도 하고 다시 살아나기도 하며, 인간들의 제사를 필요로 한다. 자연이나 자연현상(하늘, 땅, 공기, 해, 달, 물, 흙, 비와 폭풍우, 출산과 수확, 죽음)은 그 자체가 신이며 신의 조화로 여겨졌다. 우주의 기원을 신화로 설명하며, 지역마다 크고 작은 신들이 있고, 신전과 제사상이 있고, 점과 마술로서 신들을 달래거나 조종할 수 있다는 점에서 내용상 다르지 않았다. 특히 봄과 가을에 다산을 기원하며 치러지는 신년제사는 하나같이 부도덕했다. 농경과 목축 사회에 모두 중요한 다산은 남신과 여신의 결합을 통해 대지에 비를 내려 싹을 틔우고, 많은 수확과 가축의 증식을 가져올 수 있다는 생각에서 행해졌다. 따라서 메소포타미아 지역에서는 담무스(두무지)와 이슈타르(이난나)의 결합, 가나안에서는 바알과 아세라, 애굽에서는 오시리스와 이시스의 결합을 위한 제사가 행해졌다. 이 제사에는 신들을 결합시키기 위한 장치-인간들의 성행위-가 포함되었는데, 신전의 매춘부와 일반인들의 난잡한 성행위를 통해 신들을 성적으로 흥분시킬 수 있다는데 착안하였던 것으로 보인다.

그런 점에서 볼 때 성서의 창조 이야기(창 1:2)에서 물(테홈)이 물신(티아맛)이 아니라 야훼 하나님의 피조물일 뿐이며, 태양과 달이 '샤메쉬(태양신)'과 '난나(달신)'이 아니라 '큰 광명체'와 '작은 광명체'로 단순화 시키고 있으며, 야훼 하나님이 성에 제약이 없는 전능한 유일신이라는 점이 예사롭지 않은 것이다. 참고로 고대 근동과 애굽의 신들을 비교해본다.

자 연	수메르	아카드	가나안	애 굽
하 늘	안	아누	엘	누 트
땅	닌후르삭	아루루	아세라	테프누트
폭풍우	이슈쿠르	말둑	바알	세 트
다 산	이난나	이슈타르	아나트	하토르
곡 물	두무찌	담무스	다곤	오시리스/이시스
지 혜	엔키	에아	코샤르	프타
지하세계	에레슈키갈	네르갈	레세프	오시리스
태 양	우투	샤마쉬	샤마쉬	라
달	난나	신	신	토 트

[구약 시대 유대교의 핵심]

〈모세 오경〉

출애굽 당시 모세에 의해 기록된 이 책은 히브리 민족의 기원과 역사, 종교적 규례, 사회 규범 등을 다루고 있는 표준 지침과도 같은 것이다. 구약 시대의 모든 활동들은 이 책을 표준으로 하여 이루어졌다. 일반 백성들의 의식주 활동에서부터 제사장들의 성전 봉사, 재판관들의 판결, 선지자들의 예언, 왕들의 통치이념, 시인들의 문학 활동, 절기를 지키는 것, 역사가들의 가치 기준 등에 있어서 언제나 모세 오경이 표준이 되었다. 한마디로 이 책은 히브리 민족의 정체성을 규정짓는 헌법과도 같았으며, 역사적으로 유대인들은 구약 성경 중 이 책을 가장 영감된 것으로 받아들였다. 따라서 모든 유대인들은 모세 오경에 기록된 대로 살아야 했는데, 그 이유는 이 책이 하나님과 그들의 조상이 맺은 언약이기 때문이었다.

〈성전 제도〉

모세가 시내 산에서 성막을 만든 이후 시작된 성전 제도의 특징은 단일 성소와 전문 제사장의 개념이다. 다시 말해 여호와께 드리는 제사는 반드시 성전(성막)에서 행해져야 했으며, 제사장은 규정에 의해 반드시 제사장의 가문에서 나와야 했다. 성전 이외의 장소에서 드려지는 제사는 불법적인 것이었으며, 일반 백성들은 물론 왕에게도 제사 집전권이 주어지지 않았다. 이것이 바로 구약 시대의 산당 제사와 북 이스라엘의 벧엘과 단에 여호와를 위해 세운 금송아지 제단과 거기서 봉사하도록 세워진 평민 출신의 제사장들이 선지자들에 의해 정죄되었던 이유이다. 명문화된 성전제도는 유일신 야훼 신앙과 밀접한 관계가 있었기 때문에 중요했다. 성전 이외의 제단들-벧엘, 단, 산당-은 우상숭배의 장소로도 사용되었으며, 여호와께 드리는 제사의 근본취지인 속죄와 헌신의 개념을 소원성취를 기원하는 개념으로 변질 시켰기 때문이다.

단 성문곁 산당

산당은 가나안 원주민들에 의해 세워진 제단이다.[11] 예루살렘 성전으로 올라가서 제사 드리는 것이 번거롭다는 이유로 지방 토후들은 끊임없이 왕들에게 산당제사를 허용해줄 것을 요구했다. 실제로 산당 제사가 허용된 시절에는 각종 우상숭배 뿐 아니라 인신제사까지 횡행했고, 이스라엘의 성소로 간주된 길갈, 세겜 등에서도 제사가 드려졌다. 제사 장소로서의 산당과 예루살렘 성전간의 긴장은 바로 왕과 지방 토후(방백)와의 힘겨루기 양상으로도 나타났다. 따라서 히스기야나 요시야처럼 산당제도를 척결하고 종교개혁을 꾀했던 왕들은 지방토후들과의 갈등을 감수하지 않으면 안 되었던 것이다.

11) 산당(high place)은 산에만 있는 성소가 아니다. 산당(במה, 바마)는 일반 주택의 지붕, 성문 곁 등 어디에나 약간 높이 설치된 제의용 단을 가리킨다. 사무엘은 성내에 있는 산당에서 제사를 드렸다 (삼상 9:12)

〈선지자들의 활동〉

선지자들은 히브리 민족이 하나님과 맺은 언약을 어기고 곤경에 처했을 때 돌이켜 언약을 준수하도록 경고하기 위해 보내진 사람들이었다. 그들은 언제나 모세 오경을 표준으로 예언했으며, 대부분 국가적 위기 상황에서 활동했다. 마치 경보음을 울리며 과속차량을 추적하는 순찰차처럼 이 시대마다 영적으로 무감각해진 사람들을 깨우기 위한 그들의 메시지는 자극적일 수밖에 없었다. 그들 중 대부분은 청중들의 미움을 사서 목숨을 잃었다. 선지자들은 사사시대로부터 포로귀환 시대까지 왕이나 제사장들이나 일반 백성의 신분 고하를 가리지 않고 죄를 지적하면서 임박한 심판을 예고했다. 분열 왕국이 모두 죄를 회개하지 못하고 패망의 길로 치달을 때는 하나님의 최후 심판과 메시야를 통한 이스라엘의 회복과 영원한 왕국의 건설을 예언하였다. 그러니까 왕국의 패망 이전에는 야훼 하나님의 심판을 주로 예고했으며, 왕국의 패망 이후에는 야훼의 이스라엘 회복을 예언했다. 그런데 예언서들을 읽어 보면 북 이스라엘이나 남 유다가 패망한 이유는 거짓 선지자들의 활동 때문이었다는 것을 보게 된다. 그들은 통치자와 일반 백성들이 듣기 좋은 말만 선포했으며, 임박한 하나님의 심판 따위는 안중에 없었다.

3. 문학적 배경

성서가 문학(literature)이라는 사실은 기록 방식이나 내용에 있어서 문학적 구조를 가지고 있기 때문이다. 성서에는 인간의 경험과 그 경험에 대한 해석이 문학적 형식을 빌려 표현되어 있다. 히브리 민족은 아브라함 이후 가나안에 정착했다가 바벨론 포로에서 돌아온 이후까지 약 1600여 년의 역사를 통해 야훼 하나님에 대한 생각과 자신들의 삶의 경험을 문학적으로 표현할 기회를 가졌다. 따라서 구약 성서에는 창조 설화, 영웅 설화, 역사 설화, 서사시, 패러디, 비극, 연가, 찬미, 전원시, 풍자, 예언, 지혜 문학, 묵시 등 다양한 장르의 문학작품이 히브리 민족의 독특한 사고와 가치관을 통해 씌어져 있다. 구약 성서의 40%가 설화(narratives)이며 30%가 히브리 시가(Hebrew Poetry)라는 사실만 보더라도 구약 성서를 문학적 관점에서 접근해야 하는 이유가 드러난다. 무엇보다도 구약 성서를 문학적 관점에서 접근해야 하는 이유는 보다 명확한 의미를 알기 위해서이다. 그 점에 있어서는 신약 성서를 연구할 때도 마찬가지이다.

[설화(narratives)]

설화와 이야기(story)는 다르다. 비록 설화에 이야기 구성(plot) 요소가 들어있더라도 역사적 배경이 있다는 점에서 '옛날 옛적에' 식의 허구(fiction)와는 근본적으로 장르가 다르다. 그렇다고 해서 설화가 역사적인 사실을 객관적으로 묘사하고 있지도 않다. 설화는 저자의 의도에 따라 역사적인 사실을 주관적으로 해석하고, 주어진 자료를 창조적으로 활용하여 이야기로 만든 것이다. 그런 점에서 설화는 역사(history) 그 자체가 아니라 역사에 대한 기록(historiography)인 것이다. 그것은 모든 역사가(historians)에게 마찬가지로 적용된다. 즉, 어떤 역사가도 일어난 사실 모두를 객관적으로 기록하지 못한다. 만약 그렇게 한다고 해도 역사가 아니라 방대한 사료에 지나지 않을 것이다. 그런 점에서 구약 성서의 설화들은 종교적 혹은 도덕적 교훈을 주기 위한 목적으로 역사적 인물과 사건들을 소개하고 있다. 다시 말해서 역사적 사실에 대한 모든 궁금증에 해답을 주고 있지 않다.

구약 설화의 특징들을 살펴보자면 우선 모든 설화의 주인공은 하나님이다. 하나님의 이름이 직접 거론되든지 아니든지 간에 모든 사건의 배후에 하나님이 개입되어 있다는 관점에서 기록된 것이다. 따라서 설화의 등장인물에서 현대 독자들에게 필요한 도덕적 교훈을 찾으려는 시도는 자칫 저자의 의도와 빗나가는 해석을 낳게 되기 쉽다. 설화 속의 중요인물들에서 불완전한 인격과 모범적이지 못한 행동을 발견하게 되는 이유가 거기에 있다. 설화에서 화자(narrator)가 직설적으로 선악에 대한 결론을 내리지 않는 경우가 많고, 직접적으로 교리(doctrine)를 설명하고 있지도 않다. 그런 경우에는 율법이나 예언을 통해 이미 밝혀진 관점에 비추어 보아야 한다. 설화가 암시적으로 교훈을 주고 있다고 해서 풍유적(allegorical) 의미를 담고 있다고 생각해서는 안 된다. 왜냐하면 설화는 이미 일어난 사실을 배경으로 하고 있다는 점에서 가공의 이야기인 우화와 전적으로 구별되기 때문이다.

[시가(poetry)]

구약 성서의 1/3이 히브리 시가 형태로 씌어있다. 시편, 잠언, 아가는 모두 히브리 시가이며, 욥기와 예언서의 많은 부분도 여기에 해당되고,

모세 오경과 역사서에도 시가 들어있다. 히브리 시가의 가장 큰 특징은 평행법 – 대구법(parallelism) – 이다. 같은 의미의 행을 반복하는 동의 대구법(synonymous parallelism), 두 번째의 행이 첫 번째의 행과 대조를 이루는 반의 대구법(antithetic parallelism), 두 번째 행이 첫째 행에 새로운 개념을 더해 논리적인 결론을 이끌어내는 종합 대구법(synthetic parallelism), 한 행은 직설적인 서술이고 다른 행은 직유와 은유를 사용하는 수사법적 표현인 상징적 대구법(emblamatic parallelism), 동의 대구법과 상징 대구법을 합친 점층 대구법(climatic parallelism), 4개의 행, 또는 부분 가운데 첫 행과 넷째 행이 비슷하고, 두 번째 행과 세 번째 행이 연관되는 구조의 교차 대구법(chiastic parallelism) 등이 그것이다. 이처럼 히브리 시가가 대구법을 사용하는 대신 알파벳 순서를 따라 한 행씩 써내려가는 방식은 좀처럼 사용하지 않는다. 따라서 히브리 시가는 매우 시각적이고 역동적이다.

〈동의 대구법〉

- "하나님이여 나의 부르짖음을 들으시고/내 기도에 유의하소서"(시 61:1)
- "만민들아 이를 들으라/세상의 거민들아 귀를 기울이라"(시 49:1)

〈반의 대구법〉

- "의논이 없으면 경영이 무너지고/지략이 많으면 경영이 성립하느니라"(잠 15:22)
- "지혜자의 마음은 오른쪽에 있고/우매자의 마음은 왼쪽에 있느니라"(전 10:2)

〈종합 대구법〉

- "나의 영혼이 잠잠히 하나님만 바람이여/나의 구원이 그에게서 나는도다"(시 62:1)
- "여호와께 감사하라/그는 선하시며 그 인자하심이 영원함이로다"(시 107:1)

〈상징 대구법〉

- “이는 하늘이 땅에서 높음 같이/내 길은 너희 길보다 높으며...”(사 55:9)
- “문짝이 돌쩌귀를 따라서 도는 것 같이 게으른 자는 침상에서 도느니라”(잠 26:14)

〈점층 대구법〉

- “잉태하지 못하며 출산하지 못한 너는 노래할지어다/산고를 겪지 못한 너는 외쳐 노래할지어다/이는 홀로 된 여인의 자식이 남편 있는 자의 자식보다 많음이라 여호와께서 말씀하셨느니라”(사 54:1)
- “나를 책망하는 자는 원수가 아니라 원수일진대 내가 참았으리라/나를 대하여 자기를 높이는 자는 나를 미워하는 자가 아니라 미워하는 자일진대 내가 그를 피하여 숨었으리라/그는 곧 너로다 나의 동료, 나의 친구요 나의 가까운 친우로다”(시 55:12-13)

〈교차대구법〉

- “여호와여 내가 주께 부르짖고 여호와께 간구하기를/내가 무덤에 내려갈 때에 나의 피가 무슨 유익이 있으리요/진토가 어떻게 주를 찬송하며 주의 진리를 선포하리이까/여호와여 들으시고 내게 은혜를 베푸소서 여호와여 나를 돕는자가 되소서 하였나이다”(시 30:8-10)

히브리 시가의 꽃은 시편이다. 시편은 모세의 저작으로부터 포로기 이후 무명의 작가에 이르기까지 거의 1000년에 걸쳐 다양한 계층의 사람들에 의해 씌어진 시선집이다. 그런데 시편은 단순한 시가에 그치지 않고 야훼 하나님을 향한 경배의 목적으로 편집된 것이다. 전 5권 150편이 주제별로 묶어져 있다. 예를 들면 제 1권(1-41)은 창조주 하나님, 제 2권(42-72)은 구원자 하나님, 제 3권(73-89)은 경배 받으실 하나님, 제 4권(90-106)은 왕이신 하나님, 제 5권(107-150)은 은혜와 사랑의 하나님이 주제가 되어 있다. 특히 시 121-134은 절기 순례자들이 애송한 ‘성전에 올라가는 노래’ 모음집이다.

시편과는 대조적으로 아가서는 남녀 간의 사랑이 주제가 되어 있다. 흔히 아가서를 이스라엘과 하나님, 교회와 예수 그리스도와의 관계에 대해 쓴 것이라고 말하지만 사랑 노래 그 자체로 보는 것이 자연스럽다. 왜냐하면 아가서가 씌어질 무렵 근동 여러 나라에서 이와 비슷한 주제의 노래들이 씌어진 것이 밝혀졌기 때문이다. 아가서를 비유로 보는 사람들은 노골적인 성애의 표현들이 성서에 들어온 이유에 곤혹스러워한다. 그러나 아가서가 하나님을 경외하며 사는 사람들도 얼마든지 삶의 행복을 추구할 수 있다는 점에서 단순한 남녀의 사랑으로 보아도 아무 문제가 없다.

[지혜 문학]

지혜 문학은 삶의 방식이나 근원적인 질문에 대해 현자의 입을 빌어 해답을 주는 형식의 문학양식이다. 욥기, 잠언, 전도서가 여기에 해당되며, 시편에도 지혜시가 들어있다. 비록 욥기의 연대에 대해서 학자들 간에 이견이 있음에도 불구하고 근동에 지혜문학이 발달하던 솔로몬 시대에 현재와 같은 형태의 욥기가 기록되었으며, 잠언과 전도서도 같은 시대에 씌어진 것으로 보인다(왕상 4:31-34). 잠언은 초보적인 수준의 지혜를 속담형식으로 표현한 것이고, 전도서는 유한한 인생의 허무함이라는 관점에서 삶의 통찰력을 제시하고 있으며, 욥기는 의인의 고통과 불행이라는 아이러니를 통해 지혜의 한계를 보여준다. 이 세 권의 공통점은 모두 야훼 하나님을 경외하게 하기 위한 목적으로 씌어진 책들이라는 점이다. 이 목적을 위해 잠언은 상대적 지혜의 모순을 드러내고, 욥기는 선악에 대한 하나님의 섭리-신정론(theodicy)을 등장시키고, 전도서는 삶의 지혜의 허무함을 부각시킨다. 욥기에서는 초월하신 창조주 하나님의 지혜 앞에 겸손히 복종해야 하며, 잠언에서는 삶을 주관하시는 하나님의 지혜 앞에 사사로운 인생 경험에서 나온 지혜를 내려놓아야 하며, 전도서에서는 영원하신 하나님 앞에서 유한한 인생의 지혜의 한계를 깨달아야 한다는 데 초점이 맞춰져 있다.

- "여호와를 경외하는 것이 지식의 근본이거늘 미련한 자는 지혜와 훈계를 멸시하느니라"(잠 1:7)
- "일의 결국을 다 들었으니 하나님을 경외하고 그의 명령들을 지킬지

어다 이것이 사람의 본분이니라"(전 12:13)

- "무지한 말로 이치를 가리는 자가 누구니이까 나는 깨닫지도 못한 일을 말하였고 스스로 알 수도 없고 헤아리기도 어려운 일을 말하였나이다 내가 말하겠사오니 주는 들으시고 내가 주께 묻겠사오니 주여 내게 알게 하옵소서 내가 주께 대하여 귀로 듣기만 하였사오나 이제는 눈으로 주를 뵈옵나이다"(욥 42:3-5)

흥미로운 것은 잠언에서 '지혜'가 의인화되고 있다는 점이다.

- "지혜가 부르지 아니하느냐 명철이 소리를 높이지 아니하느냐… 사람들아 내가 너희를 부르며 내가 인자들에게 소리를 높이노라"(잠 8:1,3)
- "여호와께서 그 조화의 시작 곧 태초에 일하시기 전에 나를 가지셨으며 만세 전부터, 태초부터, 땅이 생기기 전부터 내가 세움을 받았나니… 내가 그 곁에 있어서 창조자가 되어 날마다 그의 기뻐하신 바가 되었으며 항상 그 앞에서 즐거워하였으며 사람이 거처할 땅에서 즐거워하며 인자들을 기뻐하였느니라"(잠 8:22-23, 30-31)

- "지혜가 그의 집을 짓고 … 어리석은 자는 이리로 돌이키라"(잠 9:1,4)

유내인들은 이 지혜가 도라(모세 오경)이라고 생각한다. 즉, 하나님이 세상을 창조하기 전 설계도(모세 오경)를 먼저 만들었다는 것이다. 그러나 복음서 저자들은 제 2위 성자 예수 그리스도를 가리킨다고 보았다.

- "태초에 말씀이 계시니라 이 말씀이 하나님과 함께 계셨으니 이 말씀은 곧 하나님이시니라 그가 태초에 하나님과 함께 계셨고 만물이 그로 말미암아 지은 바 되었으니 지은 것이 하나도 그가 없이는 된 것이 없느니라…말씀이 육신이 되어 우리 가운데 거하시매 우리가 그의 영광을 보니 아버지의 독생자의 영광이요 은혜와 진리가 충만하더라"(요 1:1-3, 14).

- "아버지여 창세 전에 내가 아버지와 함께 가졌던 영화로써 지금도 아버지와 함께 나를 영화롭게 하옵소서"(요 17:5).

〈토의 과제〉

1. 구약 성경의 각권을 시대별로 묶어 보십시오

2. 구약 시대 유대교의 핵심 세 가지가 무엇입니까?

3. 설화(narratives)에 대해 간단히 정리해보십시오

4. 대구법(parallelism)을 종류대로 성경구절 하나씩 예로 들어보십시오

5. 욥기와 전도서와 잠언은 주제상 어떤 차이가 있습니까?

오경개론

17세기 토라 보관함

오경의 이름

'오경' 이란 이름은 헬라어 πεντάτευχος βιβλος(펜타튜코스 비블로스 - 다섯 부분 책)에서 나왔다. 원래 히브리어로 기록된 한권의 책이 헬라어로 번역되는 과정에서 다섯 권(창세기, 출애굽기, 레위기, 민수기, 신명기)으로 나누어지면서 붙여진 이름인 것이다. 주전 3세기 경 프톨레마이 왕국(이집트)의 알렉산드리아 도서관 증축 기념사업의 일환으로 번역된 이 책은 70인의 유대인 장로들에 의해 번역되었다고 해서 70인 역 성경이라고 부른다. 원래는 오경만을 번역했으나 나중에 구약의 나머지 책들도 포함되었다. 히브리어로 תורה(토라 – 교훈서)라고 부르는 이 책은 70인 역 분류의 영향을 받아 히브리어 성경에서도 다섯 권으로 나누어졌으며, 각 책의 첫 단어 혹은 첫절의 중심 단어에 따라 בראשית(베레쉬트 – 처음에), שמות(쉐모트 – 이름들), ויקרה(바이크라-그가 부르셨다), במדבר(베미드바르 – 광야에서), הדברים(하드바림 – 그 말씀들)로 제목이 붙여져 있다.

이처럼 오경이 원래 한 권의 책이었다는 것은 70인 역 오경이 나오기 전에 이스라엘 역사에서 이 책이 어떤 이름으로 불렸는지 살펴보면 알 수 있다. 오경은 '율법'(수 8:34, 느 8:2, 대하 14:), '율법 책'(수 1:8, 왕하 22:8), '모세의 책'(스 6:18, 대하 25:4), '모세의 율법 책'(수 8:31, 왕하 14:6), '주의 법'(대상 16:40, 대하 35:26), '하나님의 율법 책'(수 24:26), '하나님의 종 모세의 법'(단 9:11, 말 4:4) 등 단수 형태의 책으로 불렸다. 그것은 신약시대에 와서도 달라지지 않아서 유대인들은 '율법 책'(갈 3:10), '모세의 책'(막 12:26), '모세의 율법'(눅 2:22, 요 7:23), '주의 율법'(눅 2:23-24)으로 불렀다.

1. 저자와 저작연대

오경이 이스라엘 역사를 통해 한 권의 책으로 취급되었다는 것은 한 명의 저자에 의해 한 시기에 씌어진 책이라는 인상을 준다. 그러나 오경이 한 명의 저자-모세-에 의해서가 아니라 여러 명의 저자에 의해서, 출애굽 당시가 아니라 여러 세대에 걸쳐서, 광야에서가 아니라 예루살렘에서 최종적으로 기록된 것이라는 설이 학계 일각에서 꾸준히 제기되어 왔다.

〈문서설〉

주후 420년 교부 제롬과 12세기 소수의 유대교 주석학자들이 의문을 제기한 것을 빼고는 17세기가 되기까지 오경의 모세 저작 설은 대체로 받아들여져 왔다. 그러나 철학자 스피노자(Spinoza, 1632-1677)는 모세가 오경을 쓰지 않았다고 주장하면서 모세의 저작 설에 부정적이고도 비판적인 태도를 보였다. 물론 그는 내세와 신의 존재도 인정하지 않았다. 그의 뒤를 이어 프랑스 의사 장 아스튀르(J. Asturc, 1684-1766)가 1753년 오경에서 하나님을 가리키는 두 가지 다른 이름이 사용된 것을 보아 저자가 두 명이라고 주장하기 시작했다. 그리하여 소위 문서설(The Documentary Hypothesis)라고 부르는 현대의 비평적 방법이 탄생하게 되었다. 이 학설은 1883년 벨 하우젠(J. H. Wellhausen)이 역사 비평적 방법론에 입각하여 저술한 '이스라엘 역사서설' 이라는 책에서 기본골격이 완성되었다.

오경은 네 종류의 문서(J, E, D, P)로 구성되어 있다는 것이다. 이 중에서 J와 E는 Jehovistic source와 Elohistic source의 머리글자를 딴 약어로서 하나님의 이름을 Jaweh와 Elohim으로 부르는 문서를 가리키며, D는 Deuteronomic source(신명기 문서), P는 Priestly source(세사장 문서)를 가리킨다. 오경은 출처가 다른 네 종류의 문서가 조잡하게 연결되어 있는 책이라는 것이다. 그리고 저작 연대도 J는 주전 950년대의 것으로 가장 오래되었으며, E는 한 세기 뒤쳐진 문서들이고, D는 요시야(주전 640-609) 시대의 것으로, P는 주전 5세기 혹은 4세기 포로 이후의 것으로 간주한다. 그래서 처음에는 J가 있었고, E가 J에 붙어 JE가 되고, 거기에 D가 붙어 JED가 되고, 최종적으로 P가 추가 되면서 오늘날과 같은 형태의 JEDP로 편집되었을 것으로 추정한다.

흥미로운 것은 궁켈(Gunkel)같은 양식비평학자나 렌토르프(Rendtorf)처럼 전승사 비평적 방법으로 오경을 연구하는 학자들은 역사비평학자들의 고전적 문서설 이론에 쐐기를 박는다는 점이다. 즉, 오경에 나오는 전승들은 먼저 독립적인 전승들(independent traditions)이 개별적 복합전승(individual complexes of tradition: 아브라함, 이삭, 야곱, 요셉 같은 서로 다른 족장들에 대한 이야기)로 엮어지게 되었다고 한다. 이것은 더 큰 복합전승군(lager complexes)으로 묶어지게 되고, 다시 더 큰 문헌단위(lager unit) 속에 삽입되어, 최종적으로 신명기 사학파와 제사장 계층의 수정작업을 받았다는 것이다.[1] 따라서 오경은 서로 다른 출처 문서들의 조잡한 연결이 아니라 전승의 기록과정에서 매끄럽게 연결된 문헌이라고 주장한다.

또 다른 비판은 게데스(A. Gedes)나 파터(J. S. Vater) 같은 학자들의 단편설이다. 즉, 오경은 문서 설 학자들이 주장하는 것처럼 독립적이고 내용상 통일을 이루는 4종류의 네러티브 문서들의 연합이 아니라는 것이다. 왜냐하면 작은 이야기 조각들이 통일을 이루며 속해있는 각각의 문서들(JEDP)이 하나도 발견된 적이 없기 때문이다. 그것은 문서설이 어디까지나 증명할 수 없는 전제를 바탕으로 만들어진 가설이라는 것을 의미한다.

이처럼 문서설은 비평학자들 스스로의 비판 속에 진화를 거듭해오다가 19세기 헹스텐베르크(Hengstenberg)와 델리치(K. Delitzi), 20세기의 카수토(U. Cassuto)와 웬함(G. J. Wenham) 같은 학자들의 비판을 받으면서 점차 지지 기반을 잃어가고 있다. 특히 카수토 같은 학자는 창세기 주석에서 히브리어의 의미론적 연구를 통해 문서설의 문제점을 날카롭게 지적하였다.[2]

그런데 문서설은 다음과 같이 오경에 대한 관찰을 근거로 모세의 저작설을 부인한다.

1) 오경에서 모세는 자신을 3인칭으로 부르고 있다.

2) 하나님의 이름이 '야훼'와 '엘로힘'의 두 종류로 사용된다.

3) 모세 시대와 지명, 인명, 사회제도가 맞지 않는다. 예를 들어 창 14:4에 나오는 도시 '단'의 모세 당시 이름은 '라이스'였으며 '단'은 여호수아 시대 이후에 바뀌어진 이름이다. 그리고 창 36:31에 "이스라엘을 다스리는 왕이 있기 전에"라고 했는데, 이스라엘에 왕

1) 레이몬드 딜러드 외 최신구약개론, 크리스챤 다이제스트, p 60-61.

2) 창세기 주석(히브리대학 출판부)이나, 반 문서설(배제민 편역, 기독교문사)를 참고할 것.

이 세워진 것은 모세 이후 400년이 지나서였다. 신 1:1에 "모세가 요단강 저 편"이라고 한것은 오경의 저자가 이미 요단 강 이편으로 건너온 이스라엘 사람 중 하나였음을 시사한다.

4) 동일한 사건을 중복해서 묘사하는 듯한 이야기가 나온다. 예를 들어 창 12장에서 아브라함이 바로에게 사라를 누이라고 속인 것과 20장에서 아비멜렉에게 사라를 누이라고 속인 것 혹은 창 16장과 21장에서 하갈이 쫓겨난 이야기가 나오는 것은 같은 이야기의 중복으로 보인다.

5) 신명기 끝부분에 나오는 모세의 죽음 이야기는 오경의 저자가 다른 사람인 것을 말해준다.

6) 출애굽기에 나오는 성막 이야기는 후대에 세워진 성전을 근거로 해서 만들어진 이야기이다.

여기에 대한 대답은 다음과 같다.

1) 3인칭 서술은 크세노폰 같은 고대의 다른 저자나 역사가들이 흔히 사용하던 방법이었다.

2) 한 사람의 서사가 하나님의 이름을 하나 이상 사용한다고 해서 이상한 일이 아니다. 고대 문서들에서 이방의 저자들도 그렇게 했다. 예를 들어 우가릿 하다드 서판에는 '바알' 과 '하다드' 라는 이름이 동일하게 사용되었다. 그리고 의미상 '엘로힘' 은 보통명사로서 '야훼' 는 고유명사로서 사용된 것이다. 문서 설에서 같은 문서라고 주장되는 각 문서에도 이름이 일관되게 사용되어 있지 않다. 예를 들어 창 22:1-14은 E 문서라고 주장되지만 '야훼' 의 이름이 나온다.

3) 지명과 사회제도 등은 후대의 편집자들이 당시의 독자들을 위해 약간의 수정을 가했을 수 있다. 유대 전승에 따르면 에스라 때로부터 이런 편집 작업이 행해졌다. 그리고 필사에 사용된 히브리어도 동시대의 언어적 특징을 반영하고 있다.

4) 비슷한 이야기가 나온다고 해서 같은 이야기의 중복 기재일 수 없다. 사건이 일어난 장소와 시간이 다른 이야기는 근본적으로 다른 사건에 대한 묘사일 가능성이 더 크다.

5) 신 34장에 나오는 모세의 죽음에 대한 이야기는 아마도 동시대를 살았던 후계자 여호수아가 썼을 가능성이 더 크다.

6) 성막과 성전은 규격과 장식에 있어서 큰 차이를 보이고 있다.

7) 고고학적 증거들은 문서설에서 주장하는 연대에 의문을 품게 한다. 예를 들어 레위기의 제사장 기름 부음 의식은 문서설에서 포로기 이후의 작품으로 간주하는 P문서에 속한다. 그러나 주전 13세기에 융성했던 북 시리아 에마르에서 발견된 제의 문서에는 여사제의 기름 부음에 관한 내용이 들어 있다.[3)]

3) 리차드 히스, 김구원 역, 이스라엘의 종교, CLC 140쪽

〈모세 저작 설〉

1) 모세는 애굽에서 궁중의 교육을 받았고(행 7:22), 애굽에는 다른 어떤 문명 발상지보다 많은 문서가 있었다. 실제로 애굽에는 게브라고 부르는 왕자들의 교육기관이 있었다. 그리고 고고학적 증거에 의하면 모세 이전에 이미 오경에 나오는 종교제도와 유사한 제도들이 완성되어 있었다. 따라서 그가 오경을 저술할 수 있었을 것이다.

2) 모세는 부모로부터 조상들의 이야기에 관한 전승들을 들었을 것이며, 여러 가지 자료들을 사용할 수 있었을 것이다.

3) 오경에 나오는 날씨와 기후는 팔레스타인의 것이 아니라 애굽의 것이며, 저자가 애굽의 지명에는 익숙해도 가나안의 지명에는 익숙지 못하다. 예를 들어 출 9:31-32에 나오는 우박 재앙과 관련해서 언급된 곡물의 성장 순서는 완전히 애굽의 기후를 배경으로 하고 있다. 그리고 오경에 나오는 식물과 동물의 종류가 애굽 및 시내 반도의 것이다. 법궤를 만드는데 사용한 조각목은 애굽과 시내반도가 원산지이며 팔레스타인에서는 염해 이외에는 볼 수가 없다. 성막의 외부 덮개로 사용된 가죽은 해달(tahas, 듀공)의 것인데, 해달은 팔레스

타인에는 없고 애굽과 시내 주변 바다에서 서식한다. 레위기 11장 과 신명기 14장에 나오는 정결한 짐승과 부정한 짐승들의 목록에 나오는 짐승들 가운데는 팔레스타인 지역에 살지 않는 것들이 들어 있다. 따라서 이스라엘이 가나안 땅에 정착한지 900년도 넘어서 이 목록이 작성되었다고 보기 어렵다. 그리고 오경에는 구약의 어떤 책보다도 애굽어에서 차용한 단어들이 더 많이 있다. 그런가하면 창 13:10에서 저자가 요단 들판의 풍요로움을 말하기 위해 애굽의 삼각주 동부 지역을 언급 하고 있다. 즉, "소알 방향으로 가는 애굽 땅과 같았다(like the land of Egypt, in the direction of Zoar)"고 말한다. 이것은 저자가 애굽의 지형과 지리에 더 익숙했다는 것을 보여준다. 이런 사실들은 오경이 애굽을 나와 광야를 통과하는 과정에서 씌어진 사실을 웅변적으로 말해준다.

4) 만약에 오경이 포로 이후에 최종적으로 완성된 것이라면 이사야에서 67번, 예레미야에서 83번 나올 정도로 예언서에 흔히 등장하는 '만군의 여호와' 라는 단어가 한 번도 사용되지 않은 이유를 설명할 수 없다. 그리고 문서 설에서 주장하는 대로 오경이 왕국 시대 이후의 작품이라면 예루살렘이 이스라엘의 수도가 된지 수백 년 후에 쓰인 글에서 '예루살렘' 의 이름이 왜 한 번도 언급되지 않는지 설명할 수 없다.

5) 무엇보다도 신약의 저자들이 오경의 저작권을 모세에게로 돌리고 있다. 예를 들어 바울은 모세를 저자로 보며(롬 10:5), 베드로도 모세를 저자로 보고(행 3:22), 예수님도 모세를 저자로 보았다(요 5:46-57, 7:19). 앞서 살펴본 것처럼 구약 성서의 저자들도 하나같이 오경이 모세의 저작으로 인정한다.

6) 요세푸스 같은 역사가와 오리겐 같은 초대교회 교부도 오경의 저작을 모세의 것으로 인정하고 있다.

7) 저명한 유대인 언어학자 아비 후르비츠(Avi Hurvitz)에 의하면 현존하는 오경의 사본에 사용된 히브리어 가운데 솔로몬의 성전 시대 이전의 고대 히브리어가 상당 부분을 차지하고 있다고 한다.[4] 그것은

4) 아비 후르비츠 외, 성서시대와 성서 이후 시대의 히브리어연구, 박미섭 역, 한들, p. 138.

비록 모세 오경의 전수 과정에서 필연적으로 문법적인 변화가 개입되었으며, 원본에 쓰인 언어가 고대의 것임을 말해주는 것이다. 오경에서 여러 시대의 문법적 특징이 드러나는 이유는, 고대에서 현대 어법으로 변화하는 언어의 특성을 두고 볼 때, 후대의 저자가 고대 문법을 사용해서 썼다고 하기보다, 고대 저자의 저술을 후대의 언어로 필사하는 과정에서 일어난 현상으로 보아야 한다는 것이다.

이상의 논증들을 종합해보면 오경은 이스라엘 백성들이 애굽을 탈출할 당시 모세에 의해 광야에서 씌어진 책들이며, 필사과정을 거쳐 오늘날과 같은 형태로 남게 되었다는 것을 알게 된다. 자세히 설명하자면 애굽을 나온 이스라엘이 시내 반도 남단에 있는 시내 산에 도착하여 출발하기 전까지 9개월 머무르는 동안 창세기와 출애굽기와 레위기가 씌어졌으며, 이후 38년간 바란 광야에서의 방황을 거쳐 요단 강 동편 모압 평지에 도착한 다음 모세가 죽기 전 민수기와 신명기를 쓴 것으로 보인다. 창세기와 출애굽기는 족장들의 이야기로 연결된 책이며, 출애굽기와 레위기에는 성막을 만들고 제사장 제도를 세우는 내용이 들어있고, 민수기와 신명기에는 광야에서의 방황에 대한 회고와 모압 평지에 도착한 내용이 들어있기 때문이다. 그러니까 창세기, 출애굽기, 레위기는 애굽에서 나온 1세대 이스라엘 백성들을 위해 쓴 것이고, 민수기와 신명기는 출애굽 당시 유아였거나 광야에서 태어난 이스라엘 백성-출애굽 2세대들을 위해 쓴 것이라고 보아야 한다.

2. 주제와 구조의 통일성

설화와 율법과 산문 형식으로 기록된 오경에는 다음과 같은 주제들이 들어있으며, 각 주제들에는 이스라엘이 유일신 하나님을 섬겨야 하는 이유와 방법이 반복적으로 설명되어 있다. 오경(토라)이 성격상 민족 공동체의 규범서와 같이 취급되는 것도 이 때문이다. 따라서 이 주제들은 이스라엘의 문학-특히 시편에서 단골 메뉴로 등장하는 주제였으며, 역사서 저자들과 예언서 저자들이 강조하는 주제이기도 했다.

1) 우주와 인류의 주 하나님(창 1:1-11:9)
2) 족장들을 부르신 하나님(창 11:10-50:26)
3) 애굽에서 건지신 하나님(출 1:1-18:27)
4) 시내 산에서 율법과 성막을 주신 하나님(출 19:1-40:33)
5) 제사장 제도를 세우신 하나님(레 1:1-27:34)
6) 광야에서 함께 하신 하나님(민 1:1-4:49)
7) 언약을 맺으시는 하나님(신 1:1-34:12)

위의 주제들로 구성된 오경이 역사와 신앙의 교과서가 된 데에는 이스라엘이 경험한 사건들이 결정적 요인이 되었다. 3번 주제에서 7번 주제까지는 모두 저자와 오경의 원 독자(Original Readers)가 함께 경험한 사건으로부터 나온 것이다. 예를 들어 출애굽의 하나님 주제(3번)와 관계된 사건은 애굽에 내려진 10재앙, 홍해를 육지같이 건넌 사건, 반석으로부터 물을 마신 사건, 만나와 메추라기를 먹은 사건, 구름 기둥과 불기둥으로 보호받은 사건 등이다. 그리고 언약을 맺으시는 하나님 주제(7번)와 관계된 사건은 요단 동편 땅을 차지하게 된 사건이다. 흥미로운 것은 1번과 2번의 주제도 원 독자들이 경험한 광야 40년의 사건들을 통해 신앙 안에서 사건화 되고 있다는 점이다. 즉, 우주와 인류를 창조하신 하나님은 초자연적인 방법으로 원 독자들을 애굽에서 구원하신 하나님에 대한 경험 안에서 사건화 되고 있다. 그리고 족장들을 부르신 하나님은 족장들에게 약속하신 가나안의 일부인 요단 동편 땅을 차지하게 하신 하나님에 대한 경험 안에서 사건화 되고 있는 것이다.

오경이 한 명의 저자에 의해 기록되었다고 보는 결정적 단서는 구조의 통일성에 있다. 다시 말해 각각의 네러티브나 산문은 오경이라는 큰 틀 안에서 구조적으로 통일성을 이루고 있다. 창세기의 창조 네러티브에서 일곱째 날(안식일)은 출애굽기에서 안식일 계명과 연결되어 있으며, 레위기와 신명기에 반복적으로 등장하면서 구조적으로 통일성을 이룬다. 그것은 모세가 안식일에 관한 법을 염두에 두고 창조 네러티브를 기록했기 때문에 그렇게 된 것이다. 또 다른 예를 들자면 창 38:8-10에 나오는 오난의 이야기와 신 25:5-10에 나오는 계대결혼에 관한 법은 주제 상 통일을 이룬다. 이 또한 모세가 계대 결혼의 법을 염두에 두고 오난 이야기를 기록했기 때문에 주제 상 통일을 이루는 것으로 보인다. 그리고 창세기에서 하나님이 족장들에게 약속한 가나안 땅은 출애굽기와 민수기에서 반복되다가 신명기에 와서 성취되기 시작한다. 이처럼 각각의 이야기가 오경의 구조 속에서 통일성을 이루고 있는 것은 창세기, 출애굽기, 레위기가 시내 산 아래에서 기록되었으며, 민수기와 신명기가 모압 평지에서 기록된 사실에 근거한다.

오경이 주제와 구조에 있어서 통일성을 보이고 있음에도 불구하고 여전히 중복성과 차이점을 드러내 보이고 있는 것이 사실이다. 예를 들어 출애굽기에서는 정혼하지 않은 처녀를 유혹한 사건에 대해 처녀의 아버지가 쌍방 간의 결혼을 거부할 수 있도록 하고 있으나(출 22:17), 신명기에서는 남녀가 결혼하도록 규정하고 있으며 이혼을 금하고 있다(신 22:28-29). 안식일을 지켜야 하는 이유에 대해서 출애굽기는 하나님이 창조 이후에 쉬었기 때문이라고 말하지만(출 20:11), 신명기에서는 이스라엘이 애굽에서 해방된 것을 기념하기 위해서라고 가르친다(신 5:15). 레위기에서는 모든 도살된 동물들은-심지어 집에서 잡을 것 일지라도 희생 제사적인 성격을 띠고 있지만(레 17:3-5), 신명기에서는 희생 제사를 드리는 유일한 중앙 성소 밖에서 행해지는 사사로운 목적의 도살을 허용하고 있다(신 12:15-17). 그리고 십일조가 레위기와 민수기에서는 레위인들을 위한 것이지만(레 27:30-33, 민 18:21-24), 신명기에서는 그 중 일부를 바친 사람과 가족을 위해 사용할 수 있도록 했다(신 14:22-29). 부채 탕감에 관한 안식년 법률(쉬미타 법)도 출 23:10-11과 레 25:2-7의 내용과 신 15:1-11의 내용이 다르다.

이 문제에 대해 전승사 비평의 관점으로 접근하는 폰 라트(G. von Rad) 같은 학자는 신명기 안에 시내 산 전승으로 이루어진 부분과 출애굽 전승으로 이루어진 부분이 있다고 주장했다. 다른 학자들도 이와 같이 오경에 중복과 차이가 존재하는 것을 문서 설의 근거로 삼았다. 그들은 신명기가 D문서에 속하며, 요시야의 개혁에 힘을 실어주기 위해 누군가가 경건한 사기극을 벌인 것으로 추정한다. 이처럼 주어진 문헌의 형성과정을 통시적(diachronic)으로 보는 견해가 있는가 하면, 있는 그대로의 모습으로 보려는 공시적(synchronic) 견해도 있다. 이런 공시적 접근 방법은 문헌의 문학적 특성에 흥미를 갖는다. 클라인(M. Kline) 같은 학자는 신명기가 주전 2000년대의 히타이트 문명의 조약문서와 같은 구조를 갖고 있다고 주장했다. 이는 명백히 폰 라트의 이론에 쐐기를 박는 결과를 가져왔다. 이처럼 비평학계에서는 새로운 관점의 연구가 옛 것을 밀어내어 쇠퇴시키고, 또 다른 관점에 자리를 내어주는 일이 반복되고 있다.

그런데 오경 안에서의 중복과 차이, 특별히 출애굽기와 레위기에 기록된 법전과 신명기의 법전이 뚜렷한 차이를 보이는 것은 그 책들이 기록된 시대적 특성 때문인 것으로 보인다. 출애굽기와 레위기가 최초로 주어진 법전임에 비해서 신명기는 이미 주어진 법전들에 대한 강화(설교)의 성격이 짙다. 신명기는 모세의 유언과도 같은 것이다. 출애굽의 역사를 회고하면서 제 2세대 이스라엘 백성들이 전 세대의 과오를 본받지 말고 하나님을 섬기도록 설득하는데 초점이 맞춰져 있다. 따라서 같은 이슈를 다루더라도, 옳고 그름을 가리는 법과 원칙 보다 법을 지키며 살아야 하는 사람 쪽에 더 비중을 두고 있기 때문에, 양자 간에 차이가 있는 것이다. 그러므로 양자 사이에 있는 차이가 모순이 아니라 균형이라고 보아야 옳을 것이다. 물론 오경의 전승 과정에서 일부 내용이 수정 보완되었을 수도 있다. 예를 들어 신 1:1-5은 후대의 필사자가 삽입한 글로 볼 수 있다. 게다가 쉬미타 법처럼 모세에 의해 기록된 하나님의 말씀을 시대에 맞게 지키려는 의도에서 오경의 수정 보완은 불가피했을 것이다. 오늘날과 같은 형태의 신명기는 아마도 학사 에스라에의해 최종 완성되었을 것으로 보인다.

3. 성서 안에서와 이스라엘 역사에서의 위치

오경이 성서와 이스라엘 역사에서 차지하는 비중은 절대적이었다. 우선 구약 성서 가운데 가장 먼저 '정경(Canon)'으로 자리 잡았으며, 다른 책들에서 언제나 인용되고 반영되는 책이 되었다. 그것은 제 2 성전 시대에 와서도 변함이 없었고, 성전이 무너진 다음에 랍비 유대교의 뼈대를 이루는 책이 되었던 것이다.

〈정경으로서의 오경〉

1) 모세의 글은 '주의 법' '하나님의 율법 책' '하나님의 법' 등의 이름으로 지칭되었다.
2) 율법 책은 지성소 안 법궤 곁에 간수해야 했다(신 31:24-25).
3) 왕은 율법 책의 사본을 곁에 두고 언제나 자신과 백성의 삶과 통치 이념으로 삼아야 했다(신 17:18-19, 왕상 2:3).
4) 다윗(왕상 3:14), 솔로몬(대하 8:12-13), 여호사밧(대하 17:3, 4, 9), 히스기야(왕하 18:6), 요시야(왕하 23:3) 등 선한 왕들은 모세의 글에 나오는 명령을 지켰다.
5) 예언자들이 왕과 백성의 잘못을 판단하는 기준이 되었다(왕하 21:8, 9).
6) 북 이스라엘과 남 유다 패망의 원인은 율법을 지키지 않은데 있었다(왕하 17:13-23).
7) 포로에서 돌아온 유대인들이 정체성을 회복하는 기준이 되었다(스 9:9-11, 10:3).

〈유대 민족 정체성의 뿌리〉

1) 제 2 성전 시대 여러 종파들 - 바리새, 사두개, 열심당, 에세네 - 은 유대 민족 정체성의 뿌리를 모세 율법의 실천에 두었다.
2) 예수 그리스도의 가르침은 기본적으로 모세 율법에 대한 해석이었다(마 22:37-40).
3) 예수 그리스도와 그를 따르는 무리들은 율법을 무시하거나 어긴 적이 없다(요 8:46).
4) 랍비 유대교의 대표적 저술 - 미쉬나, 게마라, 미드라쉬 - 은 모두 모세 율법에 대한 해석과 적용을 위한 것이다.
5) 현대 이스라엘인들의 풍습과 종교는 모두 모세 율법에 뿌리를 두고 있다. 유대인들은 토라(오경)가 생명(영생)을 주는 책으로 믿는다. 그들이 율법의 실천을 강조하는 것은 영생을 상급으로 얻는 일이기 때문이다.[5)]

5) "…네 생명이 길리라"(신 5:16)의 약속을 유대인들은 영생으로 해석한다.

〈책 중의 책〉

1) 시편 전 5권 150편은 오경의 주제와 순서를 따라 편집되었다.
2) 지혜문학에 속하는 구약의 책들은 창세기의 창조주 하나님에 대한 주제에 초점을 맞추어 기록되었다.
3) 역사서와 예언서에 속하는 구약의 책들은 신명기의 언약을 맺으시는 하나님에 대한 주제에 초점을 맞추어 기록되었다.
4) 신구약 중간기에 꽃피운 묵시 문학의 기본 정신은 모세 오경이다.
5) 4복음서는 모세 오경에 대한 유대인들의 태도를 배경으로 하고 있다.
6) 바울 서신은 이방인 신자들을 양육하기 위해 창조주 하나님을 소개하고 있다.
7) 요한 계시록에는 창세기의 주제들(창조, 열두 지파로 구성된 이스라엘), 출애굽의 주제들(재앙, 초자연적 구원[6]), 레위기의 주제들(성막, 제사), 민수기의 주제들(유혹, 시련), 신명기의 주제들(언약을 지킴, 약속의 땅에 들어감)이 모두 나온다.

4. 그리스도인들과 오경

그리스도인들이 구약 성서를 읽을 때 직접적으로 갈등을 겪게 되는 것이 바로 오경이다. 왜냐하면 오경은 수많은 명령들로 가득 차 있으며, 현실과 동떨어진 내용들이 대부분이기 때문이다. 예를 들어 신 25:5-10에 나오는 계대결혼에 관한 명령[7]은 오늘날 명백히 부도덕으로 간주된다. 그리고 농사와 목축을 생계 수단으로 삼았던 시대에 주어진 토지 관련법들은 고도로 산업화된 사회에 살고 있는 현대인들이 그대로 적용하기 어렵다. 예수 그리스도의 가르침에 "천지가 없어지기 전에는 율법의 일점일획도 결코 없어지지 아니하고 다 이루리라"(마 5:18)고 했다. 하지만 오경에서 그토록 강조된 제사와 절기들을 지키는 것이 오늘날 과연 가능하기나 한 것인지 의문이 들게 된다. 오경의 설화 속에 들어있는 이스라엘의 역사와 족보도 현대 그리스도인들에게 아무런 의미가 없어 보인다. 실제로 이스라엘에 사는 유대인이라 할지라도 오경의 명령 가운데 절반도 문자적으로 지키기 어려울 것이다. 왜냐하면 성전 파괴이후 성전제도는 사라졌으며, 복수의 법칙 같은 것은 실정법에 위반되기 때문이다. 유대인들

6) 예를 들어 계 15:3의 "하나님의 종 모세의 노래, 어린 양의 노래를 불러 이르되…"는 홍해 가에서 하나님의 구원을 찬양했던 출애굽 이스라엘의 역사를 상기시킨다. 계 16:4의 "셋째 천사가 그 대접을 강과 물 근원에 쏟으매 피가 되더라"는 애굽에 내린 10 재앙 가운데 첫 째 재앙을 상기시킨다.

7) 형이 자식이 없이 죽을 경우 형수를 임신시켜서 자녀를 낳게 해주어야 하는 법.

이 탈무드를 신앙과 행위의 표준으로 지키는 이유가 거기에 있다.

이런 고민들에 대해 교회가 내놓은 대안은 **대체신학**(Replacement Theology)이다. 오경의 가르침은 신약적인 가르침으로 대체되었다는 것이다. 그래서 구약의 이스라엘은 신약의 성도들로, 유월절은 성만찬으로, 땅을 기업으로 받는 것은 내세의 천국에 들어가는 것으로, 동물제사는 그리스도의 죽음으로, 성전은 그리스도의 몸인 우주적 교회로, 예루살렘은 그리스도인들의 예배 공동체로, 시민법은 산상보훈으로, 의식적 성결은 성령의 내면적 성화로, 행함은 믿음으로 대체되었다는 것이다. 따라서 옛 언약-오경에 나오는 법규는 새 언약으로 갱신되었기 때문에 신약적인 가르침을 잘 따르면 자연히 구약에 기록된 하나님의 말씀을 지키는 것이 된다고 가르친다.

그러면 아직도 전 세계에 남아 있는 혈통적 아브라함의 후손인 이스라엘은 어떻게 된 것인가? 그리고 행함에 바탕을 둔 유대인들의 정통실천(Ortho-praxis) 신학은 믿음에 바탕을 둔 정통교리(Orthodoxy) 신학으로 대체된 것인가? 대체 신학의 이론에 따르면 혈통적 유대인들은 영적으로 아무런 의미가 없으며, 그들 가운데 예수를 그리스도로 인정하는 사람만이 영적 이스라엘일 뿐이다. 그리고 율법의 명령을 그리스도인들이 문자적으로 실천할 필요가 없다. 과연 성경이 그렇게 말하고 있을까?

> "그러므로 내가 말하노니 하나님이 자기 백성을 버리셨느냐 그럴 수 없느니라 나도 이스라엘인이요 아브라함의 씨에서 난 자요 베냐민 지파라 하나님이 그 미리 아신 자기 백성을 버리지 아니하셨나니 너희가 성경이 엘리야를 가리켜 말한 것을 알지 못하느냐… 그런즉 이와 같이 지금도 은혜로 택하심을 따라 남은 자가 있느니라… 네가 원 돌 감람나무에서 찍힘을 받고 본성을 거슬러 좋은 감람나무에 접붙임을 받았으니 원 가지인 이 사람들이야 얼마나 더 자기 감람나무에 접붙임을 받으랴 형제들아 너희가 스스로 지혜 있다 하면서 이 신비를 너희가 모르기를 내가 원하지 아니하노니 이 신비는 이방인의 충만한 수가 들어오기까지 이스라엘의 더러는 우둔하게 된 것이라"(롬 11:1,2,5, 24-25).

“예수께서 이 열둘을 내보내시며 명하여 이르시되 이방인의 길로도 가지 말고 사마리아인의 고을에도 들어가지 말고 오히려 이스라엘 집의 잃어버린 양에게로 가라… 이 동네에서 너희를 박해하거든 저 동네로 피하라 내가 진실로 너희에게 이르노니 이스라엘의 모든 동네를 다 다니지 못하여서 인자가 오리라”(마 10:5-6, 23).

“예수께서 대답하여 이르시되 나는 이스라엘 집의 잃어버린 양 외에는 다른 데로 보내심을 받지 아니하였노라 하시니”(마 15:24).

“내가 율법이나 선지자를 폐하러 온 줄로 생각하지 말라 폐하러 온 것이 아니요 완전하게 하려 함이라 진실로 너희에게 이르노니 천지가 없어지기 전에는 율법의 일점일획도 결코 없어지지 아니하고 다 이루리라 그러므로 누구든지 이 계명 중의 지극히 작은 것 하나라도 버리고 또 그같이 사람을 가르치는 자는 천국에서 지극히 작다 일컬음을 받을 것이요 누구든지 이를 행하며 가르치는 자는 천국에서 크다 일컬음을 받으리라”(마 5:17-19).

“이로 보건대 사람이 행함으로 의롭다 하심을 받고 믿음으로만은 아니니라”(약 2:24).

이처럼 이방인 신자들을 위한 대체신학은 반유대주의(Antisemitism)적 경향이 교회 안에 자리 잡게 했다. 그러면서 실천적 신앙을 위한 규범까지 허물어뜨리는 결과를 낳았다. 역사적으로 유대인들은 대체신학이 낳은 반유대주의의 희생물이 되어 2000년 동안 유럽에서 박해를 받았다. 그리고 그리스도를 십자가에 못 박고도 여전히 회개할 줄 모르는 완악한 인종으로 단죄되어 왔다. 대체신학은 우선 통합적이고도 실천적인 유대적 성향의 초대교회 색깔을 벗어던졌다. 그런 다음 분석적이고 논리적인 서구인의 사고방식에 맞도록 재단된 교리적 기독교를 양산해왔다.

이와는 반대로 오경에 기록된 계명들(statues) – 이를테면 절기들 – 을 지켜야 하며, 이스라엘 국가를 위해 헌금하고 기도해야 한다고 생각하는 그리스도인들도 있다. 왜냐하면 시편에 “예루살렘을 위하여 평안을 구하라 예루살렘을 사랑하는 자는 형통하리로다"(시 122:6)고 했기 때문이다. 그들은 이스라엘과 팔레스타인 난민 간의 분쟁에 적극적으로 이스라엘 편을 들며, 그리스도가 이스라엘 땅에 재림하실 것이라고 믿는다. 한마디로 그들은 구약의 가르침을 문자적으로 믿고 실천해야 한다고 생각한다.

위에서 소개한 견해들에 비추어 그리스도인들은 오경에 대해 어떤 태도를 가져야 할까?

1) 여전히 혈통적 이스라엘인들에게도 하나님의 사랑과 구원계획이 있다. 그들을 향한 하나님의 선택이 이방인 신자들로 대체된 것이 아니다. 오히려 하나님의 선택이 이방인들에게까지 확대되었다고 보아야 한다.

2) 구원의 조건으로 율법을 지켜야 하는 것은 아니다. 구원은 오직 예수 그리스도를 믿음으로 얻는다.

3) 오경에 들어있는 여러 종류 – 시민법, 의식법, 도덕법 – 의 계명들은 당시의 문화와 사회제도 안에서 주어진 것이므로 문자적으로 지켜야 할 필요가 없다. 그러나 그 속에 담긴 정신 – 진리 – 은 여전히 그리스도인들이 지켜야 한다. 예를 들어 계대결혼(levirate marriage)의 풍습 속에는 어려움에 처한 가족을 돌보아야 한다는 가정구성원의 의무가 들어있다. 바울이 "누구든지 자기 친족 특히 자기 가족을 돌보지 아니하면 믿음을 배반한 자요 불신자보다 더 악한 자니라"(딤전 5:8)고 가르친 것은 오경의 정신을 이방 교회(에베소교회)에 적용한 것으로 보아야 한다.

4) 교회의 절기와 성례전의 뿌리가 되는 유대인의 풍습을 경험하고 배울 필요가 있다. 예를 들어 성찬의 뿌리가 되는 유월절 만찬은 오늘날의 교회가 전통적으로 시행해온 엄숙한 분위기와 거리가 멀다. 그리고 세례의 전신인 정결례(ritual bath)에는 옛 삶의 죽음이라는 은유적(metaphoric) 의미가 아니라 하나님 앞에 나아가기 전이나 일상생

활에서 의식상의 불결(ritual impurity)을 제거하는 의미가 들어있다.

5) 이스라엘의 지리와 역사를 교회나 그리스도인들의 삶에 대한 상징으로 해석해서는 안 된다. 구약 성서에 기록된 지리와 역사의 주인공은 이스라엘인들이며, 일차적으로 그들의 정체성 확립을 위해 기록된 것이다.

5. 오경, 이집트와 고대 근동의 문헌들

한때 문서설을 주장하는 학자들은 모세 시대에 문자가 없었기 때문에 모세가 오경을 기록했을 리가 없다고 주장했다. 그러나 고고학의 발달로 고대 근동의 문서들이 대량 발굴됨으로써 모세 오경이 당대의 문학적 양식을 띠고 있을 뿐 아니라 설화에 나오는 이름들이 실재했음을 알게 되었다. 그 뿐 아니라 이집트 문헌들의 발견으로 인해 오경이 모세 시대부터 문자로 기록되었을 개연성을 확인시켜 주었다. 하지만 현존하는 구약의 사본들이 양피지나 파피루스에 기록되어 있는데 비해 고대 근동의 문헌들은 석판이나 토판에 기록되어 있는 것이 대부분이다.

〈오경의 사본〉

구약 성서 사본 가운데 가장 오래된 것은 1976년 예루살렘 남쪽 힌놈의 골짜기에서 발견된 은박 판(편자)로서, 소위 제사장 문서(P)로 분류된 민수기 6:24-26의 본문이다. 이 은박 핀의 연대는 주전 650년대로 추정될 뿐 아니라 포로 이전의 고대 히브리어체로 기록되어있다. 이런 사실이 제사장 문서가 포로 이후의 것이라고 주장하는 학자들을 곤경에 빠뜨린다.

"여호와는 네게 복을 주시고 너를 지키시기를 원하며 여호와는 그의 얼굴을 네게 비추사 은혜 베푸시기를 원하며 여호와는 그 얼굴을 네게로 향하여 드사 평강주시기를 원하노라"

민수기 은박판

그 다음으로 오래된 것은 사마리아 인근 동굴에서 발견된 사마리아 파피루스 사본으로 레위기와 신명기의 일부가 들어있고, 다리우스 III시대(주전 336년경)의 것으로 추정된다.

그 다음으로는 1947년 사해 북서쪽 쿰란 폐허(Khirbet Qumran) 동굴들에서 발견되기 시작한 양피지 사해 사본(Dead Sea Scroll)으로서 에스더만 빼고 구약 성서 전권이 들어있으며 주전 300-200년대의 것으로 추정된다.

〈헤르모 폴리스 창조 신화〉

이집트 고 왕국시대(주전 2649-2134)의 남아있는 문헌들은 대부분 피라미드 벽에 새겨진 것들이다. 이집트의 창조신화들이 모두 장례문서에 들어 있고, 헤르모 폴리스 창조 신화도 피라미드 벽에 새겨져 있다. 헤르모 폴리스는 멤피스와 테베(룩소르) 중간 정도에 위치한 종교도시로서 토트 신이 주신이다. 세계에서 가장 오래된 종교문서인 우나스(2356-2353) 피라미드 문헌은 헤르모 폴리스 창조 신화와 8주 신계인 신들의 계보(theogony)를 보여준다. 헤르모 폴리스 창조 신화에서 주목을 끄는 부분은 태초에 대양(누)가 있었다는 것이다. 그 대양으로부터 창조의 신 '아툼'이 발현한다.

〈헬리오 폴리스 창조 신화〉

멤피스 근처에 있는 헬리오 폴리스(태양의 도시)는 중 왕국의 시대 종교도시로서 성경에서는 '온'이라고 불렀다(창 41:45,50, 46:20, 겔 30:17) 헬리오 폴리스의 이름이 말해주는 것처럼 이 도시의 주신은 태양 신 '레'이다. 그런데 중 왕국 시대의 장례문서들은 파라오의 관에 새겼기 때문에 '관문서(coffin text)'라고 부른다. 헬리오 폴리스 창조 신화도 예외 없이 관문서에 그려져 있다. 헬리오 폴리스 창조 신화는 내용상 헤르모 폴리스 신화와 크게 다르지 않으며 태초의 대양(primeval ocean)에서 아툼 신이 발현한 구체적 행위가 기록되어 있다. 헬리오 폴리스 창조 신화는 파라오들의 관에 새겨진 '두 개의 길 서(the book of the two ways)'에 들어 있다.

〈멤피스 창조 신화〉

이집트 역사에서 제 3 중간기 말 다시 통일 왕국을 이룩한 제 25 왕조 누비아 출신 샤바카 왕(주전 712-698)은 멤피스의 창조 신화를 돌에 새겨

프타 신전에 보관하게 했다. 하 이집트의 수도 멤피스의 이름은 '프타의 사랑하는 장소'라는 의미를 가지고 있다. 샤바카는 이티오피아 왕으로서 상하 이집트를 모두 다스린 최초의 파라오가 되었다. 그는 창조의 신 프타의 아들임을 입증하고 누비아인으로서 이집트의 파라오가 된 적법성을 선전하기 위해 멤피스의 창조 신화를 돌에 새겼던 것이다. 그가 신 왕국 시대의 전통방식인 파피루스 대신 돌을 택한 것은 좀이 먹어 소실되지 않게 하려는 의도였다. 고 왕국 시대의 피라미드 텍스트와 중 왕국 시대의 코핀 텍스트에 이어 신 왕국 시대에는 파피루스 텍스트를 특징으로 한다. 파피루스 텍스트는 파라오들의 관 속에 넣어진 '사자의 서(the book of the dead)'로 알려진다. 샤바카는 파피루스가 관속에서 삭아버릴 것을 우려했던 것이다. 샤바카 스톤은 1805년 발견 당시 방앗간 맷돌로 사용되어 성각 문자가 많이 파괴되었으나 멤피스 창조신화를 생생히 보여주고 있다(사진-01). 멤피스의 창조 신화에서 주목을 끄는 점은 창세기의 엘로힘 하나님처럼 프타가 말로써 신들과 우주를 창조하고 있다는 점이다. 저명한 이집트 학자 브레스테드에 의하면 샤바카 스톤은 신 왕국 시대를 연 제 18왕조(주전 1539-1292)의 자료를 사용해서 만들어졌다고 한다. 기록된 멤피스 신화의 연대는 주전 2400년경 고 왕국시대 말 제 5왕조까지 거슬러 올라갈 수 있다.

샤바카스톤

〈우르 남무(Ur-Nammu) 법전〉

주전 2060년 경 제 3 우르 왕조를 세운 수메르 왕 우르 남무의 법전이다. 그는 달신(月神) 난나(Nanna)의 대리자로서 우르를 다스리도록 세움을 받았다고 주장했고, 고아와 과부들의 인권보호에 힘썼으며, 상인들의 정직한 저울과 계산을 중요하게 다루었다. 이것은 레위기에 나오는 도량형에 관한 규례와 맥을 같이한다(레 19:36). 그리고 죄인을 물로 고문하는 것에 대해 기록했는데, 만약 간음으로 고발된 여자가 있으면 물에 던져 익사할 경우 죄에 대해 벌을 받은 것으로 간주하고, 헤엄을 쳐서 살아나오면 풀어주었다. 나중에 이 법은 함무라비 법전에도 들어가게 되었으며, 민수기 5:11-31에 나오는 의심받는 여인에 관한 시죄법 재판과 형식 상 유사하다.

〈에쉬눈나(Eschnunna) 법전〉[8)]

8) R. 드보, 구약시대의 사회풍습, 도서출판 솔로몬, p. 33.

이 법전은 제 3 우르 왕조 말기부터 고대 바빌론 왕 함무라비시대까지 빛을 발했던 에쉬눈나의 사회법이다. 1945년 이라크의 바그다드 동부 '텔 아부 하말' 에서 발견되었으며, 고대 앗시리아어와 아카드어로 기록되어 있다. 주전 2000년경 빌라라마(Bilalama) 통치 때 공포된 이 법전은 티스팍(Tishpak)이라는 신이 에쉬눈나의 왕을 세우는 기록으로 시작한다. 결혼, 이혼, 간음, 상품의 가격, 임금, 임대료 등에 관한 문제를 다루는 이 법에는 "만약 소가 그 뿔로 다른 소를 받아 죽일 경우 두 소의 주인은 살아있는 소의 값을 똑같이 나누며, 죽은 소의 값도 같이 나누어야 한다"고 명시되어 있다. 이것은 출애굽기의 "이 사람의 소가 저 사람의 소를 받아 죽이면 산 소를 팔아 그 값을 반분하고, 죽은 것도 반분하려니와…"(출 21:35)과 흡사하다.

〈리핏 이스타르(Lipit-Istar) 법전〉[9)]

9) Ibid, p 33.

이라크의 니푸르(Nippur)에서 1889-1900년에 걸쳐 발굴된 이 법전은 주전 1868년경 11년동안 이신(Isin)을 다스린 5대 수메르 왕 리핏 이스타르의 법전이다. 아누(Anu) 신이 리핏 이스타르를 이신의 통치자로 세워 수메르인과 아카드인으로 구성된 이신을 정의로 다스리게 했다고 시작되는 이 법전에는 배 혹은 소를 임대하는 문제, 상속권, 손해배상, 탈세 등에 대해 38가지 조항이 기록되어 있다. 이 법전에는 상속과 관계해서 "만약 어떤 사람의 아내가 그에게 자녀를 낳아주지 못하고 첩으로 데려온 창녀가 아이를 낳았을 경우에는 그 남편은 그녀에게 곡식과 기름, 의복을 주어야 하며 그 첩의 자녀들이 상속자가 된다. 그러나 본처가 살아있는 동안에는 그 창녀는 본처의 집에서 같이 살 수 없다"는 조항이 들어 있다. 이와 함께 "어떤 사람이 결혼하여 그의 아내가 그에게 아이를 낳고 그 아이들이 살아있을 경우, 또 그의 여종도 아이를 낳았을 경우 그 주인은 여종과 그 자식들에게 자유를 주어 나가게 하여 그 여종의 자식들로 하여금 본처의 자식과 같이 상속을 나누지 못하게 한다"는 조항이 나온다. 이것은 아브라함이 이삭을 낳은 후 하갈과 이스마엘을 자유로운 신분으로 나가게 하고, 이스마엘이 이삭과 같이 상속을 나누지 못하게 한 것과 흡사하다(창 21:8-21).

〈함무라비(Hammurabi) 법전〉[10]

1901년 고대 페르시아의 수사(Susa)에서 발견되어 현재 루브르 박물관에 소장되어 있는 이 법전은 높이 2m 가량의 석판에 새겨져 있다. 함무라비는 고대 바빌론 초대 왕조의 6대왕(주전 1810-1750년경)이었다. 그가 만든 법에서 특별한 점은 노예에 관한 규정이다. 노예들의 권리가 어느 정도 인정되어 그들에게 손해를 끼친 사람은 벌금을 물어주어야 했고, 경우에 따라서 노예도 자유민이 되어 상업에 종사할 수도 있었다. 출애굽기에는 안식년에 노예를 풀어주는 규례가 나오며(출 21:1-6), 종들도 할례를 받아야 했고(창 17:13), 나그네와 함께 보호받아야 하는 그룹의 사람들로 취급되었다(출 20:10, 레 24:22). 심지어 종의 눈이나 이를 상하게 하면 풀어주어야 하는 것이 모세의 법이었다(출 21:26-27). 함무라비 법전에서 가장 유명한 것은 동일보복의 법칙이다. 예를 들면 건축업자가 집을 짓다가 무너져 집주인의 아들을 죽게 하였으면 그의 아들도 죽어야 한다든가, 건축 중에 노예가 죽었으면 그와 같은 값의 다른 노예를 제공해야 한다. 이것은 출애굽기에 나오는 "생명은 생명으로, 눈은 눈으로"(출 21:23-25)의 원리와 흡사하다.

10) Ibid, p 34-36.

함무라비 석비

간음에 대해서는 남녀 모두 사형에 처할 것을 규정하고 있는데 이는 레위기 20:10, 신명기 22:22의 규정과 같다. 유괴범을 사형에 처하도록 규정하고 있는 점도 같다(출 21:16). 그러나 모세의 법에는 이혼할 권리가 남편에게만 주어진 것(신 24:1-4)에 비해 함무라비 법전에는 남편과 아내 모두에게 주어진 점이 다르며, 부모공경에 관해서 함무라비 법전이 아비를 치는 자식의 손을 잘라버리도록 규정한 것에 비해 모세의 법은 사형에 처하도록 한 점도 다르다(출 21:16). 임신한 여자를 상해한 경우 함무라비 법에는 상류층의 임신한 여자를 상해한 자는 사형에 처하도록 했으나 모세의 법은 보다 상세하게 되어 있다. "사람이 서로 싸우다가 임신한 여인을 쳐서 낙태하게 하였으나 다른 해가 없으면 그 남편의 청구대로 반드시 벌금을 내되 재판장의 판결을 따라 낼 것이니라 그러나 다른 해가 있으면 갚되 생명은 생명으로 눈은 눈으로, 이는 이로, 손은 손으로, 발은 발로, 덴 것은 덴 것으로, 상하게 한 것은 상함으로, 때린 것은 때림으로 갚을 지니라"

〈헷(Hittite) 족속의 법전〉

고대 헷 왕국의 수도 하투샤쉬 – 오늘날의 보가즈코이(Boghazkoy)에서 발견된 문서는 주전 14세기 법전이지만 수세기 전으로 소급해서 적용할 수 있다. 헷 왕국의 법에 따르면 토지는 국가에 군사의무를 이행하는 조건으로 분배되었다. 아브라함이 사라를 매장하기 위해 헷 족속 에브론의 밭 일부를 사려고 했을 때 에브론이 그 땅 전체를 사도록 권유한 것이 이 때문이다(창 23:9, 11). 만약에 아브라함이 그 땅의 일부를 사게 되면 에브론을 위해 싸워야 하는 군사의무를 갖게 되지만 전체를 구입하면 그런 구속을 받지 않아도 되기 때문이었다. 그리고 신명기 25:5-10에 나오는 계대결혼(levirate marriage)은 헷 족속의 법전에 들어있었다.

〈길가메쉬의 서사시〉

1853년 니느웨의 아슈르바니팔(Ashurbanipal) 왕의 서고에서와 헷 족속의 수도 보가즈코이에서 발견된 이 서사시에는 홍수 설화가 들어있다. 가장 오래된 아카드 판은 주전 2000년대의 것으로 추정된다. 창세기의 홍수 이야기와 여러 가지 점에서 다르지만 인류를 전멸시킨 대홍수에서 신의 계시를 받고 배를 건조한 한 사람의 가족만 살아남았다는 점에서 흡사하다. 흥미로운 것은 원판으로부터 베낀 것으로 보이는 바벨론인과 북서 셈족의 방언이 섞인 주전 1600년대의 서사시가 함께 발견된 것이다. 여기서 길가메쉬의 이름이 아트라하시스로 되어 있고, 스토리는 대개 흡사하다.

〈에누마 엘리쉬(Enuma Elish) –창조설화〉

1848년과 1876년에 아슈르바니팔 왕의 서고에서 설형문자로 기록된 앗수르-바벨론의 창조서사시-에누마 엘리쉬가 발견되었다. 그 내용을 요약하면 다음과 같다. "하늘도 땅도 존재하지 않던 때에 민물을 주관하는 남신(男神) 압수(Apsu)와 짠물을 주관하는 여신 티아마트(Tiamat)가 있었다. 이들의 물이 혼합해서 신들을 낳기 시작했는데, 신들이 너무 많아져 성가시게 느낀 압수가 그들을 없애버리려고 하자 지혜의 신 에아(Ea)가 먼저 압수를 살해하고 마르둑(Marduk)을 낳았다. 티아마트가 압수의 원수를 갚으려 하자 마르둑이 나가 티아마트를 죽인 후 몸을 둘로 갈라 하나로는 하늘을 만들고, 다른 하나로는 땅을 만들었다. 마르둑은 해와 달과 별을 만들었고, 지혜의 신 엔키는 신들의 피를 진흙에 섞어 인간을 창조하였다" 이것과 오경의 창조 설화를 비교해보면 다신론과 유일신론의 차이를 확연히 알 수 있으며, 모세가 이스라엘 백성들을 다신교로부터 보호하기 위해 얼마나 애썼는지 알게 된다.

〈토의 과제〉

1. 문서설의 요점을 간단히 정리해보십시오.

2. 오경을 모세가 기록했다고 믿을만한 근거 몇 가지를 적어보십시오.

3. 오경이 성서 안팎에서 어떤 의의를 가지고 있습니까?

4. 대체신학이 무엇이며, 그리스도인들이 오경에 대해 어떤 태도를 가지는 것이 바람직하다고 생각합니까? 또 그 이유가 무엇입니까?

5. 오경과 관계된 이집트와 근동의 문헌들에는 어떤 것이 있습니까? 그것들이 오경의 어떤 부분과 관계있습니까?

창세기

창세기 1:1 첫 단어를 표지로 삼은 13세기 히브리어 성경 창세기

창세기

1) 창 1:1의 첫 단어에서 따온 히브리어 제목 בראשית(베레쉬트)는 '시작에' 라는 뜻이며, 창 2:4의 에서 따온 헬라어 제목 γενέσεως(게네세오스)은 '기원' 이라는 의미를 가지고 있다.

창세기는 제목[1]이 말해주는 것처럼 우주와 인류의 기원, 특히 히브리 민족의 기원에 관한 책이다. 다시 말해 천지가 만들어지던 때부터 아브라함의 증손자 요셉이 애굽에서 임종하기까지 대략 2200년 동안에 일어났던 일들을 중심으로 히브리 민족이 어떻게 형성되었는가를 설명하고 있다. 따라서 창세기에는 인류의 조상 아담의 족보에서부터 이스라엘의 조상 야곱의 족보에 이르기까지 히브리 민족의 기원을 설명하는데 필요한 족보들이 10 여개나 등장하고 있다. 그리고 그 족보들 가운데 나오는 중요 인물들의 경험이 역사 이야기(historical narratives) 형식으로 기록되어 있다. 그 이야기들 속에는 히브리 민족의 정체성을 특징짓는 세계관, 종교, 문화, 민족적 염원 등이 녹아있다. 한마디로 창세기는 큰 부족국가로 성장한 이스라엘이 민족적 정체성을 가지고 살아야 할 이유와 방법을 역사 이야기 속에서 찾도록 하기 위해 기록된 책이라고 할 수 있다.

1. 배경

〈지리와 역사〉

창세기에 기록된 설화들은 북위 30°에서 40°와 동경 30°에서 50° 사이의 지역과 선사 시대에서부터 중기 청동기 시대에 걸쳐 일어난 일들을 배경으로 하고 있다. 북쪽으로 아라랏 산에서부터 남쪽으로 페르시아 만 입구까지, 동쪽으로 메소포타미아에서부터 비옥한 초승달 지역(fertile crescent area)을 따라 서쪽으로 나일 강 삼각주에 이르기까지의 광활한 지역을 배경으로 하고 있다. 역사적으로는 초기 인류에서부터 고대 바빌론의 함무라비와 애굽의 중 왕국 제 12왕조 시대에 이르기까지의 기간을 배경으로 기록된 것이다. 특히 창세기는 이스라엘 4대 족장-아브라함, 이삭, 야곱, 요셉-의 이야기를 집중적으로 다루고 있다. 불과 200년에 지나지 않았던 족장들의 활동 기간은 메소포타미아 지역과 고대 아나톨리아 지역[2)]에서 제국들이 등장하기 시작하면서 가나안을 지배하고 있던 애굽과 거대한 문명의 띠를 형성하던 때였다. 이 시기에는 메소포타미아 지역으로 사방에서 민족들이 모여들어 인구팽창이 이루어지고 있었으며, 비옥한 초승달 지역을 따라 이주하는 인구 또한 늘어나고 있을 때였다. 이스라엘의 조상 아브라함도 우르에서 출발한 이주민 가운데 한 사람이었으며, 그의 증손자 요셉의 대에 이르러 애굽에 정착하기까지 반 유목 생활을 하는 이주민들이었다. 족장들의 활동 무대 또한 메소포타미아 남쪽 끝 우르에서부터 북쪽 끝 밧단 아람을 거쳐 가나안을 종단하여 애굽의 북쪽 끝 고센에 이르기까지 드넓은 문명의 띠 전역을 배경으로 하고 있다.

2) 오늘날 터키 지역

〈문화〉

창세기에는 유일신교적 문화와 다신교적 문화가 함께 소개되고 있다. 엄밀히 말해서 히브리 민족의 문화는 다신교적 문화의 토양에서 자라나 독특한 형태로 발전한 것이다. 따라서 창세기에 나오는 히브리 민족의 문화는 양면성을 띠고 있다. 한쪽은 다양한 문화를 수용한 측면이고, 또 하나는 배타적 문화를 정립한 측면이다. 문화의 수용은 문자 그대로 다른 문화를 받아들이는 것을 의미한다. 창세기에 나오는 각종 설화들-창조, 타락, 홍수-은 바빌론의 에누마 엘리쉬 창소 설화, 니느웨 북쪽에서 발견된 주전 3000년대의 반지에 새겨진 인류의 타락 이야기 문양, 앗수르 바니팔의 도시관에서 발견된 길가메쉬의 서사시 가운데 홍수 이야기와 닮아 있다.

족장들의 이야기에 나오는 풍습들-아브라함이 종 엘리에셀을 상속자로 삼으려는 행위(창 15:2-3), 신랑의 대리자 엘리에셀이 리브가와 그녀의 가족들에게 선물을 준 것(창 24:22, 53), 에서가 장자권을 판 것(창 25:31-34), 라헬이 상속권을 주장하기 위해 라반의 우상 드라빔을 훔친 것(창 31:19), 족장들이 죽기 전 축복으로 법적 구속력 있는 유언을 한 것(창 27:33, 49:8, 33)도 누지 서판에 기록된 풍습과 일치한다. 아브라함이 할례를 받기 훨씬 전 애굽의 사제 계층에서와 고대 근동 여러 민족에서 할례가 행해지고 있었다. 그리고 히브리어가 북서 셈 계열의 언어로서 가나안 방언을 본류로 하고 있음에도 불구하고 고대 아랍어와 애굽어의 흔적이 들어있는 것은 명백히 히브리 문화 안에 다양한 문화가 흘러들어와 있음을 보여준다.

그럼에도 불구하고 히브리 민족의 문화, 특히 종교와 세계관이 지나치리만큼 배타적[3]이었던 것은 무비판적으로 타문화에 동화되지 않고 타문화를 변용했기 때문이다. 그것이 창세기의 창조 설화나 홍수 설화가 타민족의 것과 종교적 관점이나 윤리적 가치기준에서 확연히 다르게 그려는 이유이며, 히브리 민족의 할례가 타 민족의 그것[4]과 의미상 전혀 다른 이유이다. 그 점에서 히브리 민족의 문화는 문화 수용적이면서 배타적이라고 할 수 있다.

3) 유일신 사상, 선민사상, 약속의 땅 독점사상 등은 타민족의 문화와 공존할 수 없이 배타적이다.

4) 히브리 민족의 할례는 언약 공동체로서의 하나님의 백성이 되는 예식이다. 타 민족의 할례는 다산을 위한 제의, 결혼 의식 등이다.

〈문학 양식〉

창세기는 대부분 산문(prose) 형식의 역사 이야기로 되어 있으며, 아담의 노래(창 2:23), 라멕의 노래(4:23-24), 노아의 저주(창 9:26-27), 야훼의 신탁(창 25:23), 이삭의 유언(창 27:27하-29, 39하-40), 야곱의 유언(창 49:1-27)처럼 히브리 시가(Hebrew poetry)도 일부 들어있다. 그런데 창세기에 나오는 역사 이야기의 화자(narrator) 혹은 창세기의 저자(author)는 단순한 이야기의 전달자가 아니다. 그는 이야기 속 주인공들의 입을 통해 자신이 말하고 싶은 주제를 간접적으로 전달하거나 때로 직접 화법을 통해 설명하고 있다.

예를 들어 아담과 하와의 만남을 이야기하다가 "이러므로 남자가 부모를 떠나 그의 아내와 합하여 한 몸을 이룰 지로다"(창 2:24)라고 하거나, 노아 시대의 홍수 이야기를 하다가 "여호와께서 사람의 죄악이 세상에 가득함과 그의 마음으로 생각하는 모든 계획이 항상 악할 뿐임을 보시고"(창 6:5)라고 하는 것은 직접 화법이다. 그와 반면에 가인의 후손 라멕의 폭력성을 드러내기 위해 그가 부른 노래 가운데 "가인을 위하여는 벌이 칠 배일진대 라멕을 위하여는 벌이 칠십 칠 배이리로다"(창 4:24)를 인용하거나, 히브리 민족과 함께 하시며 언약을 이루시는 하나님에 대해 말하기 위해 요셉이 형제들을 용서하며 했던 말 가운데 "그런즉 나를 이리로 보낸 이는 당신들이 아니요 하나님이시라 하나님이 나를 바로에게 아버지로 삼으시고 그 온 집의 주로 삼으시며 애굽 온 땅의 통치자로 삼으셨나이다"(창 45:8)를 인용한 것은 간접화법이 된다.

창세기에 나오는 설화들은 화자 혹은 저자의 의도에 따라 선별되고 조직적으로 배열된 것이다. 그리고 그 설화들을 선별하는 기준은 화자 혹은 저자의 신학적 관점, 윤리 기준, 세계관, 원 청중(original audiences) 혹은 원독자(original readers)의 민족 정체성 확립을 위한 교육 목적 등이 된다. 그것은 창세기와 함께 기록된 것으로 보이는 출애굽기와 레위기를 대조해 보면 여실히 드러난다.

예를 들어 안식일에 관한 출애굽기의 계명과 창조 설화에 나오는 일곱째 날 이야기는 서로 연결되어 있음을 알 수 있다.

> "하나님이 그 일곱째 날을 복되게 하사 거룩하게 하셨으니 이는 하나님이 그 창조하시며 만드시던 모든 일을 마치시고 그 날에 안식하셨음이니라"(창 2:3).

> "일곱째 날은 네 하나님 여호와의 안식일인즉 너나 네 아들이나 네 딸이나 네 남종이나 네 여종이나 네 가축이나 네 문안에 머무는 객이라도 아무 일도 하지 말라 이는 엿새 동안에 나 여호와가 하늘과 땅과 바다와 그 가운데 모든 것을 만들고 일곱째 날에 쉬었음이라 그러므로 나 여호와가 안식일을 복되게 하여 그 날을 거룩하게 하였느니라"(출 20:10-11).

나그네를 괴롭게 하지 말라는 계명도 마찬가지이다. 이스라엘 민족이 애굽에서 나그네 생활을 하며 고생했기 때문이다.

> "여호와께서 아브람에게 이르시되 너는 반드시 알라 네 자손이 이방에서 객이 되어 그들을 섬기겠고 그들은 사백 년 동안 네 자손을 괴롭히리니 그들이 섬기는 나라를 내가 징벌할지며 그 후에 네 자손이 큰 재물을 이끌고 나오리라"(창 15:13-14).

"너는 이방 나그네를 압제하지 말며 그들을 학대하지 말라 너희도 애굽 땅에서 나그네였음이라"(출 22:21)

〈원 청중과 원 독자〉

창세기의 원 청중들은 모세와 함께 애굽에서 나와 시내산에 도착한 제 1세대 이스라엘 백성들일 것이다. 그리고 원 독자들은 광야에서 태어났거나 출애굽 당시 간난 아이였다가 성인이 되어 모압 평지에 도착한 제 2세대 이스라엘 백성들일 것이다. 이유는 제 1세대 이스라엘 백성들이 시내산에 도착한 이후 모세로부터 이스라엘의 모든 제도와 법규를 받는 기간 동안 창세기의 설화들을 들었을 것이기 때문이다. 그리고 말로 선포된 설화와 법규들은 모세가 40년 광야 생활을 끝내고 요단 동편에서 죽기 전 기록으로 남겨져 제 2세대 이스라엘 백성들에게 전달되었을 가능성이 크다.

이 책의 원 청중이 출애굽 1세대 이스라엘이라고 볼 때 창세기는 원 청중들에게 '계몽과 도전'의 성격을 띠고 있다. 다시 말해 오랜 세월 애굽의 다신교 문화에 젖어 살아온 원 청중들에게 히브리 민족의 정체성을 일깨워주는 이야기이다. 수백 년 정착민으로 애굽에서 살아온 그들이 다시 이주민이 되어 광야 여행의 위험을 무릅쓰고라도 조상의 땅에 들어가야할 이유를 밝혀주는 이야기인 것이다. 그와 반면 이 책이 원 독자-광야에서 태어나서 자란 출애굽 2세대 이스라엘 백성들에게 '격려와 경고'의 성격을 띠고 있다. 그들은 약속의 땅을 향해 가면서도 끊임없이 애굽을 그리워하던 부모 세대와 달랐다. 광야는 그들에게 있어서 어머니의 품과 같은 곳이었으며, 날마다 하나님의 초자연적 돌보심을 체험하는 장소였다. 구름 기둥과 불기둥, 만나와 메추라기, 전쟁에서의 승리, 성막과 제사는 일상사 가운데 하나였던 것이다. 그들은 조상들과 맺으신 하나님의 언약이 자신들을 통해 성취되는 것을 확인하기 직전에 있었다. 그들은 아브라함과 이삭과 야곱이 묻힌 장소에서 직선거리로 불과 70km 밖에 떨어져 있지 않은 곳까지 전진해 있었다. 조상들로부터 물려받은 설화가 실제 역사가 되려는 시점에 있는 그들에게 이 책은 격려의 메시지 그 자체였을 것이다. 그와 동시에 이 책은 경고의 말씀이기도 했을 것이다. 왜냐하면 그들이 가나안 족속을 심판하는 하나님의 도구가 되어 충실히 그 사명을 이행해야 했기 때문이다(창 15:16).

〈주제와 관점〉

창세기의 주제는 내용상 크게 두 가지 - 우주와 인류의 기원, 히브리 민족의 기원이다. 이 두개의 대 주제들 속에 작은 주제들-창조, 타락, 홍수, 민족의 분산, 히브리 민족의 태동, 족장들의 생애가 들어있다. 이 주제들은 이스라엘의 하나님이 우주와 역사를 주관하신다는 다음과 같은 신학적 관점에서 묘사되고 있다. 한 마디로 창세기에 나오는 모든 설화의 배후 주인공은 하나님이다.

1) 전능한 유일신 야훼 하나님이 우주와 인류를 창조하셨다.
2) 야훼 하나님은 인간과 더불어 언약을 맺을 뿐 아니라 성취하신다.
3) 야훼 하나님은 개인, 국가, 인류를 선악 간에 심판하신다.
4) 이스라엘은 모든 민족이 야훼 하나님의 복을 받게 하도록 선택된 민족이다.
5) 야훼 하나님이 가나안을 이스라엘의 주거지로 약속하셨다.

이런 주제와 관점이 잘 드러나 있는 부분들은 다음과 같다.

1) 창조 설화에는 우주와 인류가 전능하신 한 분 하나님을 통해 만들어졌음을 서술한다.
2) 아담, 노아, 아브라함, 이삭, 야곱은 언약의 당사자들이었으며, 요셉도 조상들과 맺으신 하나님의 언약이 성취될 것을 믿도록 유언을 남겼다.
3) 범죄한 아담과 하와에 대한 징벌과 구원, 가인과 노아 시대의 인류에 대한 심판, 노아 가족의 구원, 롯의 구원, 요셉의 구원, 노아의 아들 함과 바벨탑을 쌓던 인류에 대한 징벌, 소돔과 이웃 도시들에 대한 심판과 이스라엘을 학대할 애굽, 다신교에 심취한 가나안 족속들에 대한 심판 예고가 기록되어 있다.

4) 아담의 족보, 셋의 족보, 노아의 족보, 셈의 족보, 데라의 족보, 아브라함의 족보, 야곱과 에서의 족보에는 인류의 역사 가운데 한 민족을 선택하여 다른 민족들을 복 받게 하려는 하나님의 선택이 강조되어 있다. 그리고 아브라함과 이삭과 야곱의 후손 번성을 약속한 하나님의 축복에도 히브리 민족에 대한 하나님의 선택이 강조되어 있다. 요셉이 형들을 용서하면서 자기를 애굽으로 먼저 보내신 분은 하나님이라고 고백하는 내용에도 역사와 히브리 민족을 주관하시는 하나님에 대해 묘사되고 있는 것이다.

5) 가나안 땅에 대해 아브라함이 야훼 하나님으로부터 반복적으로 받은 약속들, 야곱이 벧엘에서 받은 약속, 야곱이 애굽으로 내려가던 중에 브엘세바에서 받은 약속, 블레셋 왕 아비멜렉이 아브라함과 이삭과 맺은 영토조약, 야곱이 라반과 맺은 영토 조약, 아브라함이 헤브론 땅을 매입한 사실, 야곱이 세겜 땅을 매입한 사실, 아브라함이 서자들을 모두 가나안 밖에서 살게 한 사실, 아브라함와 이삭과 야곱의 시신이 헤브론에 매장되어 있는 사실 등의 기록은 모두 출애굽 이스라엘 백성들이 가나안 땅으로 가야할 당위성과 명분을 제공하고 있는 것이다.

〈기록 목적〉

원 청중이나 원 독자가 애굽을 떠나 약속의 땅 가나안을 향해 광야를 행진하고 있던 이스라엘 백성이라는 사실을 창세기의 주제와 관점에 비추어 볼 때, 저자의 기록 목적이 다음의 몇 가지로 정리될 수 있다.

1) 애굽 생활을 통해 다신교적 영향을 받은 이스라엘이 약속의 땅에 들어간 다음에 또다시 가나안 원주민들의 다신교적 영향을 받지 않고, 유일신 야훼 하나님만 섬기도록 계몽하기 위해 썼을 것이다.

2) 야훼 하나님이 조상들과 맺은 언약을 성취할 것을 신뢰하면서 가나안을 향한 광야 행진의 어려움을 극복하도록 도전하기 위해 썼을 것이다.

3) 야훼 하나님과의 언약 아래 있는 민족적 동질성을 가지고 열 두 지파가 연합하여 가나안 땅을 얻도록 격려하기 위해 썼을 것이다.

〈특징〉

1. 창세기는 히브리 민족의 역사책이다. 족장들의 족보와 행적, 메소포타미아와 가나안의 지리는 히브리 민족의 뿌리를 보여준다. 모세 시대로부터 1500 여년 지난 예수님 당시에 창세기 해설서가 다른 책에 비해 월등히 많이 저술되었다는 사실은 이 책이 민족 정체성을 가장 잘 보여주고 있음을 반증해준다.

2. 창세기는 히브리 민족의 종교 교과서이다. 창조주 하나님, 제사, 언약, 할례, 신탁, 안식일에 관한 기록들은 이스라엘의 종교적 뿌리를 보여주고 있다. 이 책은 구약의 역사서, 예언서, 성문서 탄생의 씨앗과도 같으며, 예수 그리스도와 사도들의 가르침과 요한 계시록에 직접 인용되거나 배경이 되었다.

3. 창세기는 히브리 민족의 법전이다. 결혼, 장례, 매매 계약, 상속, 후계자 선택, 전쟁, 부모의 권위 등 성문 율법의 뿌리가 되는 설화들이 기록되어 있다.

2. 내용

〈구조와 요절〉

창세기는 전체 50장, 2부로 구성되어 있으며, 다음과 같은 8가지 이야기들로 짜여있다. 그리고 그 이야기들은 "족보(대략, 계보)는 이러하니라" (엘레 톨도트)[5]는 말로 연결되어 있다. 이런 이야기들을 통해 저자가 하고 싶은 이야기를 한마디로 가장 잘 보여주고 있는 요절은 아래와 같다.

5) 2:4, 5:1, 6:9, 10:1, 11:10, 11:27, 25:12, 25:19, 36:1, 37:2

제 1부 - 4대 사건

1) 창조 이야기(1:1-2:25)
2) 타락 이야기(3:1-5:32)
3) 대홍수 이야기(6:1-9:29)
4) 바벨탑과 민족의 분산 이야기(10:1-11:9)

제 2부 - 4대 족장

1) 아브라함 이야기(11:10-25:11)

2) 이삭 이야기(21:1-35:29)

3) 야곱 이야기(25:19-49:33)

4) 요셉 이야기(30:25-50:26)

요절

"여호와께서 아브람에게 이르시되 너는 너의 고향과 친척과 아버지의 땅을 떠나 내가 네게 보여줄 땅으로 가라 내가 너로 큰 민족을 이루고 네게 복을 주어 네 이름을 창대하게 하리니 너는 복이 될지라 너를 축복하는 자에게는 내가 복을 내리고 너를 저주하는 자에게는 내가 저주하리니 땅의 모든 족속이 너로 말미암아 복을 얻을 것이니라 하신지라"(창 12:1-3).

대단원	4대 사건				4대 족장			
소단원	1:1-2:25 창조	3:1-5:32 타락	6:1-9:29 대홍수	10:1-11:9 바벨탑	11:10-25:11 아브라함	21:1-35:29 이삭	25:19-49:33 야곱	30:25-50:26 요셉
주제	인류의 기원				히브리 민족의 기원			
지리적배경	에덴에서 우르까지				우르에서 가나안까지			가나안에서 애굽으로
기간	주전 4000-2000년				주전 2000-1700년경			주전 1700년경
기록연대	주전 1700년경							
기록장소	시내산							

〈해설〉

제 1부 – 4대 사건

1) 창조 이야기(1:1-2:25)

א. 창조 이야기는 성서에 나오는 이야기의 시작과 끝이다. 시간적으로 맨 처음에 기록된 창세기에 나올 뿐 아니라 맨 마지막에 기록된 책 요한계시록에도 나오기 때문이다. 창세기에서 시작된 창조 이야기는 요한 계시록까지 이어진다. 창세기의 하늘과 땅이 새 하늘과 새 땅으로 대치되고 있으며, 해와 달과 별의 빛도 하나님이 빛이 되시는 것으로 끝을 맺으며, 잃어버린 낙원과 영생의 나무도 되찾게 된다. 더 나아가 창조 이야기는 신구약 성서 전반에 걸쳐 하나님에 대한 기본적 진리를 알게 주는 나침반과 같다. 창조 이야기는 논리적 의미에서 성서 이야기의 시작과 끝이라고 말할 수 있다.

ב. 창세기의 창조 이야기에는 다신교적 설화요소가 의도적으로 배제되어 있다. 예컨대 성서에는 창세기의 창조 이야기 외에도 하나님의 천지창조에 대해 말하고 있는 곳이 많다. 욥기, 시편, 잠언, 이사야 등의 성서에는 천지창조에 대해 창세기에서 말하고 있지 않은 부분까지 나와 있다.[6] 그것으로부터 두 가지 가능성을 추론해볼 수 있다. 하나는 창조 설화를 시간적으로 가장 먼저 기록한 창세기 저자의 지식이 성서의 다른 저자들보다 제한적이었을 경우이다. 두 번째는 창세기의 저자가 다른 저자들만큼 혹은 그 이상 알았음에도 불구하고 제한적으로 기록했을 경우이다. 그런데 창세기 이외의 책들에서 언급하고 있는 창조 설화가 늦게 잡아도 출애굽 시대 이전부터 오랜 민간전승을 통해 내려온 것으로 보인다. 따라서 창세기의 저자가 창조 설화에 관해 다른 저자들보다 제한적으로 알았을 가능성은 적어 보인다. 그러므로 창세기의 저자가 창조 설화에서 다른 저자들에 비해 제한적으로 기록한 것은 다분히 의도적이다.

모세는 구전된 창조 설화를 가지고 '무엇을 기록으로 남길 것인가' 라

6) 시 74:13, 148:7과 사 27:1은 바다의 용에 대해 말하고 있으며, 잠 8:22-31은 하나님이 초자연적 존재인 지혜와 함께 천지를 만들었다고 말한다. 바다의 용에 대해서 창세기 저자는 1:21에서 바다의 괴물들도 함께 창조되었다고 말할 뿐이다.

는 것보다 '무엇을 기록하지 않을 것인가'에 대해 더 고민했을 것이다. 왜냐하면 구전 이야기를 죄다 글로 옮겨놓을 경우 자칫 이스라엘 백성들이 타 민족의 다신교적 창조 설화를 무비판적으로 수용할 수 있기 때문이다.[7] 따라서 창세기의 창조 설화는 문학서나 예언서에서 비교적 자유롭게 근동의 창조 설화에서 빌려온 표현들을 사용하는데 비해 지극히 엄격하다.[8]

ג. 창조 이야기는 매우 정교하게 짜여 있다. 예를 들어 창 1:1-2:3에서 우주와 인류 창조를 일반적으로 먼저 이야기한 다음, 2:4-25에서 보다 구체적으로 한 번 더 설명해간다. 모든 창조는 혼돈에서 질서로, 비어있음에서 채움으로, 적음에서 많음으로 발전해 간다. 그리고 6일 동안의 창조는 아래 도표에서 보는 것 같이 전반부 3일 창조와 후반부 3일 창조로 구분된다. 따라서 모든 피조물들이 순서에 따라 만들어진 것으로 묘사되어 있다.

	첫 째 날	둘 째 날	셋 째 날
전 반 부	빛	하늘과 바다	땅과 식물
후 반 부	해, 달, 별	새와 물고기	사람과 동물

그리고 6일 동안의 창조는 모두 같은 형식으로 묘사되어 있다. 즉, "하나님이 이르시되… 있으라… 그대로 되니라… 하나님이 (이름을)… 라고 부르셨다… 하나님이 보시기에 좋았더라… 저녁이 되며 아침이 되니… 날이니라"는 형식으로 기록되어 있다.

그리고 창조 이야기에 사용된 단어들은 매우 아름다운 시어들(poetic words)이다. 예를 들어 "운행하시니라"(1:3)는 새가 둥지 위를 너풀너풀 날면서 새끼들을 보호하는 모습인데 성서의 저자들이 하나님을 날개 있는 분으로 흔히 묘사하는 것의 기원이 된다(룻 2:12, 시 18:10, 삼하 22:11). 흙으로 사람을 "지으시고"(2:7)는 토기장이가 흙으로 도자기를 빚는 행위(사 29:16)이며, 아담을 "땅"(2:7)의 흙으로 지으셨다고 했을 때 훌륭한 언어유

7) 고대 바빌론 신화에는 마르둑이 지혜의 신 엔키(에아)를 통해 인간을 만들었다고 기록되어 있다. 그리고 깊음(창 1;2)으로 번역된 테홈(תהום)은 바닷물을 의미하는데(잠 8:27-28, 사 51:10) 바빌론 신화에 나오는 짠물 여신 티아맛을 연상시킨다.

8) 욥 26:10-13은 가나안 신화에서 바알이 바다의 신 얌의 공격을 물리친 장면을 연상시키며, 욥 38:8-11은 바벨론 신화에서 바다의 여신 티아맛의 혼돈을 마르둑이 막아낸 이야기를 연상시킨다. 합 3:10,15에는 얏수르로부터 유다를 구원하시는 야훼 하나님을 바다(테홈)를 무찌르는 신으로 묘사하고 있다. 사 30:7에서는 애굽을 바다의 괴물(라합)으로 묘사하고 있고, 시 87:4, 89:9-11에서는 바벨론을 물리치시는 하나님을 라합을 무찌른 창조주로 묘사하고 있다. 이 모든 것은 혼돈의 신을 물리치고 자연의 질서를 세웠다는 고대 근동 신화적 표현들이다.

희인 동시에 이미지 언어가 된다. 왜냐하면 아담이 아다마(땅)로부터 만들어졌는데, 아다마(땅)는 에돔(붉음)이기 때문이다.

위치를 묘사하는 단어들- 위에(1:2), 가운데(1:6), 위쪽에(1:7), 아래쪽에(1:7), 안에(1:15), 사이에(1:1:14) 등은 창조 이야기에서 입체적인 공간을 상상하게 해준다. 그 뿐 아니라 "혼돈하고 공허하며(토후 바보후)" (1:2), "빛이 있으라 하시니 빛이 있었고(예히 오르 바예히 오르)"(1:3), "열매 맺는 나무(에쯔 프리 오쎄 프리)"(1:11), "생육하고 번성하여 충만하라(프루 우르부 우밀르우)"(1:28), "그 코에 불어넣으시니(봐이파흐 베아파브)"(2:7), "그의 형상 곧 하나님의 형상대로(베짤모 베쩰렘 엘로힘)"(1:27) 등은 훌륭한 언어유희로서 창조 이야기를 읽고 듣는데 즐거움을 더해준다. 이 뿐 아니라 창조 이야기를 히브리어 억양대로 끊어서 읽으면 한 편의 아름다운 시를 낭송하는 느낌을 가질 수 있을 정도이다.

생육하고 번성하라
(쯔피 루스티그 작)

ㄱ. 창조 이야기에는 창조주와 피조물이 확연히 구별되어 있다. 고대 근동이나 애굽의 창조설화에서 자연현상이 신격화 되어 있는 것과는 완전히 격을 달리하는 것이다. 예를 들어 깊음(1:2)은 단순히 바닷물일 뿐이며, 혼돈과 공허와 흑암(1:2)은 단순히 자연상태, 하늘(1:8)과 땅(1:9)은 피조세계일 뿐이다. 그런 의미에서 태양과 달은 그 이름조차 불러지지 않았다(1:14-17). 아마도 그 이유는 더 민족에서 태양과 달을 신으로 숭배했기 때문일 것이다. 이스라엘이 가나안에 들어온 이후 패망하기까지 1000년이 넘도록 태양신 숭배를 끊지 못했던 것이 사실이다(레 26:30, 왕하 23:11, 겔 8:16). 그러나 해와 달은 이스라엘의 농사력에서 정보를 알려주는데 중요한 피조물이다(1:14).

피조물들과 대조적으로 창조주는 오직 한 분뿐이다. 1:1-2:3의 창조 이야기에서 엘로힘 하나님이 35번이나 언급되어 있는데, 이는 자연의 모든 피조물들이 한 분 하나님을 통해 만들어졌음을 강조하는 것이다. 그 하나님이 모든 것을 계획하여 만들었고, 이름을 붙였고, 번식의 능력을 주었고, 그것들을 인해 기뻐했으며, 창조 작업을 마무리했다.

한 분 창조주 하나님에 대한 가르침은 신약 시대에 와서 이방인 출신 그리스도인들을 가르치는데 결정적인 것이었다.

> "하나님을 알되 하나님을 영화롭게도 아니하며 감사하지도 아니하고 오히려 그 생각이 허망하여지며 미련한 마음이 어두워졌나니 스스로 지혜 있다 하나 어리석게 되어 썩어지지 아니하는 하나님의 영광을 썩어질 사람과 새와 짐승과 기어 다니는 동물 모양의 우상으로 바꾸었느니라"(롬 1:21-23).

> "비록 하늘에나 땅에나 신이라 불리는 자가 있어 많은 신과 많은 주가 있으나 그러나 우리에게는 한 하나님 곧 아버지가 계시니 만물이 그에게서 났고 우리도 그를 위하여 있고 또한 한 주 예수 그리스도께서 계시니 만물이 그로 말미암고 우리도 그로 말미암아 있느니라"(고전 8:5-6).

> "우리 주 하나님이여 영광과 존귀와 권능을 받으시는 것이 합당하오니 주께서 만물을 지으신지라 만물이 주의 뜻대로 있었고 또 지으심을 받았나이다 하더라"(계 4:11).

ㄷ. 창조 이야기에는 창조주와 인간이 인격적인 관계로 만나고 있다. 수메르의 창조 설화에는 신이 인간을 노예로 부려먹기 위해 하등 신의 피를 진흙에 섞어 만들었다고 되어 있다. 그러나 창세기의 창조 설화에는 인간으로 하여금 자연만상을 다스리게 해주려고 하나님의 형상(이미지)을 따라 만들었다고 묘사되었다. 그리고 인간사에 별 관심이 없고 귀찮아하는 고대 근동의 신들과 달리 창조주 하나님은 인간사에 적극적이며 든든한 후원자가 되어주고 있다. 특히 2:4 이하에 나오는 에덴동산 이야기에서는 인간과 하나님 사이에 계약이 맺어졌으며, 인간과 하나님이 대화를 통해 인격적으로 만나고 있다고 말해준다. 아담은 자신을 만든 하나님이 자연세계에 이름을 붙인 것처럼 동물들의 이름을 붙이고 있다. 이것은 인간이 하나님의 형상을 따라 만들어진 의미를 보여준다. 이로써 히브리 민족의 인간관 혹은 세계관이 고대 근동이나 애굽의 것과 비교해서 훨씬 긍정적이고 탁월한 수준에 있음을 알게 해준다.

수메르 창조설화
아트라하시스 토판
주전 17세기

ㄹ. 창조 이야기는 하나님의 말씀이 창조의 원동력이자 법칙이었음을

보여준다. 그리고 창조 이후에도 그 하나님의 말씀이 계속 효력을 발생하고 있음을 창세기 전체가 말해준다. 그러니까 아담 이후로 인간은 하나님의 말씀을 따라 사는 것이 형통하게 되는 길이라는 것이다. 그런데 아담의 후예 가운데서 아브라함과 그의 후손들이 하나님의 말씀을 먼저 받은 민족으로 선택되었다. 결국 창조 이야기에서 하나님의 말씀이 강조되는 이유는 원 청중 혹은 원 독자들이 시내산에서 받은 계명을 잘 지켜 행하도록 동기를 부여하는데 있는 것이다. 지금도 유대인들은 토라가 생명을 주는 책으로 믿는다. 주의 깊게 읽어보면 토라의 핵심인 십계명 가운데 첫째(창조주-유일신), 둘째(피조물-우상), 넷째(안식일), 일곱째(부부-성적순결), 열째 계명(탐심-선악과)이 직접적으로 창조 이야기 속에 들어있는 것을 알게 된다.

ז. 창조 이야기에서 하나님의 이름이 두 가지로 사용된 데는 이유가 있다.

카수토(U. Cassuto)에 의하면 창 1:1-2:3에서 하나님의 이름으로 '엘로힘' 이 사용되다가 2:4-25에서 '야훼(아도나이)' 로 바뀐 것은 보통 명사와 고유 명사의 차이이다. 다시 말해서 하나님이 이방인과 관계해서 사용된 경우에는 어김없이 '엘로힘' 으로 쓰이고, 이스라엘 백성들과 관계해서는 '야훼(아도나이)' 로만 쓰였다는 것이다. 그 예로 예언서에서 '엘로힘' 이 한 빈도 사용된 적이 없음을 밝히고 있다. 왜냐하면 '야훼' 는 이스라엘 백성들과 언약을 맺으신 하나님에 관한 칭호이기 때문이다. 따라서 이방인들은 아직 언약 밖의 백성이기 때문에 그들과 관계된 사안에 대해서는 '야훼' 의 명칭을 쓸 수가 없다는 것이다.[9] 물론 이스라엘 백성은 필요에 따라 엘로힘과 야훼를 모두 사용할 수 있다.

9) 배제민 편역, 반문서설, 기독교문사, p. 29-30.

ח. 창조 이야기는 상징적 숫자 개념으로 가득 차있다. 예를 들어 완전을 상징하는 7이라는 숫자가 직접 혹은 간접적으로 들어있다. 1:1은 7개의 단어로 이루어져 있으며, 창조는 7일로 완성되었고, 하나님이 보시기에 좋았더라가 일곱 번 나오며, 일곱 째 날을 복 주셨고, 하나님의 이름이 35(7x5)번 나온다. 그리고 하늘의 숫자인 3도 강조되어 있다. 일곱 째 날에 하나님이 하시던 일을 마치셨다는 표현이 세 번 나오며, 6일 동안의

창조는 전반부 3일에 후반부 3일이 더해진 것이고, 사람을 창조한 다음 세 번 축복했다(생육, 정복, 음식). 그리고 확증의 숫자인 2도 들어있다. 예를 들어 매일 창조할 때마다 하나님이 명령한 내용과 창조된 내용이 중복 기록되어 있으며, 창조 이야기가 1:1-2:3과 2:4-25에서 중복되고 있고, 하루의 단위가 밤과 낮의 복합 개념이며, 1:1에서 하나님은 하늘과 땅을 만드셨고, 하늘의 두 광명체가 있어서 낮과 밤을 관장하며, 셋째 날 창조에서 보시기에 좋았더라는 표현이 두 번 나온다.[10)]

10) 유대인들이 화요일에 결혼식을 많이 하는 이유도 이 때문이라고 한다.

ט. 창조 이야기는 창조에 대한 설명(explanation)이 아니라 서술(narration)이다. 따라서 논리적으로 앞뒤를 짜 맞추려는 시도가 들어있지 않다. 예를 들어 1:2에 기록된 땅과 물이 언제 만들어졌는지 설명하고 있지 않으며, 해와 달이 창조되기 전 첫째 날 어떻게 아침과 저녁이 될 수 있었는지 염두에 두고 있지 않다. 그것은 저자의 관심이 창조 설화를 통해 창조주 하나님을 소개하는데 집중되어 있기 때문이다. 그리고 히브리적 서술방식이 추상적 언어를 동원해서 빈틈없이 논리를 전개해나가는 스타일이 아니라, 말하려는 사실을 시각 언어로 표현하여 공감을 불러일으킨다. 따라서 하루의 길이가 오늘날의 24시간인지, 하나님은 언제부터 존재했는지, 한 번 창조된 우주가 사탄의 장난으로 파괴되었다가 재건된 것인지에 대해 본문으로부터 답을 얻으려고 해서는 안 된다. 이는 창조 이야기가 히브리 저자에 의해 서술(설화)이라는 장르로 기록되었다는 사실을 망각한 태도이다. 심지어 창조 이야기에는 영적 존재들의 창조에 대해 침묵하고 있다. 천사의 존재와 사탄의 타락이 현대 그리스도인들에게 교리적으로 중요한 이슈이기는 하지만, 창세기 저자에게는 관심 밖의 주제이었던 것이 분명하다. 마치 법정에서 변호사나 검사가 무죄 혹은 유죄 입증을 위해 논리적 진술을 하는 반면 목격자나 증인들은 단순히 자신이 보거나 들은 사실을 증언하는 것과 같다. 히브리 민족은 서구인들과 달리 사실의 증명에 별 관심이 없고 사실의 실감나는 증언에 초점을 맞춘다. 이처럼 이스라엘은 정통 교리체계(orthodoxy)의 확립보다는 정통 실천체계(orthopraxis)의 확립에 주력하였던 것이다.

י. 창조 이야기의 히브리어 원문에는 흥미로운 단어들이 있다. 1:2의

'깊음' 은 '깊은 바다(시 42:7)' 를 가리키며, 1:21의 '큰 바다 짐승' 은 '바다 괴물' 이다. 그리고 1:26-27의 '하나님의 모양과 형상' 은 신인동형론(anthropomorphism)에 바탕을 둔 표현으로 받아들이는 것이 좋을 것이다. 2:6의 '안개' 는 아카드 어원 '에두' 의 의미대로 '솟아나는 샘' 혹은 '범람하는 물' 로 해석하는 것이 나을 것이다. 2:7의 '생령' 은 '생명체' 로 번역하는 것이 오해의 소지를 줄이는데 도움이 될 것이다. 1:5과 2:11에서 '첫째' 로 번역된 단어 '에하드' 의 원래 의미는 '하나' 이다. 히브리어에서 첫째를 가리키는 단어는 '리숀' 이지만 창조 이야기에서는 순서상 첫째의 의미로서가 아니라 '하나' 의 의미로 사용되었기 때문일 것이다. 그리고 2:18, 20에서 '돕는 배필' 은 '돕는 맞수' 이다. 그러니까 여자는 처음부터 남자와 대등한 맞수(counterpart)로 창조된 것이다. 거기에는 유교적 의미에서 남편의 뜻에 무조건 따르는 여인이라는 의미가 들어 있지 않다.[11]

돕는 배필

11) 성서이야기 조각전시회, 베테 봐크슈토크 숀펠드 작

ב. 창조 이야기에는 히브리 민족의 가치관과 윤리기준이 들어있다. 앞서 살펴본 것처럼 사람은 존귀한 신분으로 창조되었다. 신의 노예가 아니니가 아니라 신의 축복 대상이고, 자연을 숭배하는 존재가 아니라 선용하고 다스리는 존재이다. 그리고 남녀는 동등하게 창조되었으며 서로 돕는 맞수이다. 인간이 비록 최적의 환경에서 부족함 없이 산다고 해도 노동–경작과 관리–해야 하는 존재이다(2:15). 노동은 생계를 위한 수단이나 형벌이 아니라 신실한 부르심에 응답하는 것이다.

그 점에서 결혼도 하나님이 마련한 신성한 장치이며, 아담의 노래에서 드러난 것처럼 행복과 최상의 기쁨을 맛볼 수 있는 특권이다. 창세기 저자의 결혼관에서 볼 수 있는 것처럼 서로 보호하고 배려해야 할 의무가 부여된 제도이다. 그런데 아담이 하와를 만나기 전에는 큰 기쁨이 없었던 것으로 보아 노동과 가정은 양자택일의 이슈가 아니라 조화와 상호작용의 이슈이다. 다시 말해 인간이 하나님의 형상으로 창조된 것은 노동을 위해 기능적으로 신성한 부르심을 받은 것이다. 그리고 인간이 성적 존재로 창조된 것은 신성한 결혼을 통해 행복을 누리도록 부르심을 받은 것이라고 할 수 있다. 흥미로운 것은 하나님이 하와를 만드시고 직접 아담에게로 데리고 오신 것이다. 따라서 전통적으로 유대인들은 배우자를 하나님이 예비하시는 것으로 간주한다(잠 19:14).

ל. 창조 이야기에는 에덴[12]동산의 위치가 밝혀져 있다. 그것은 창조 이야기가 허구적 스토리가 아니라 역사 설화(historical narratives)라는 사실을 한 번 더 보여준다. 에덴에서 출발하여 흘렀다는 네 개의 강 중 유브라데(프랃)와 힛데겔(힛데켈)은 유프라테스와 티그리스를 가리킨다. 에덴이 동방(2:8) – 가나안 동쪽 – 에 있었다는 표현은 에덴동산이 메소포타미아 지역 북단 어디쯤에 있었을 것으로 짐작하게 해준다. 그런데 아담과 하와가 옷을 입지 않고 살았고, 무화과나무가 있었다는 것(3:7)으로 미루어 당시는 아열대 기후였던 것으로 보인다.

12) 에덴은 기쁨, 쾌락이라는 뜻.

מ. 창조 이야기는 단순히 히브리 민족의 창조 설화가 아니다. 성서를 하나님의 말씀으로 받아들이는 모든 사람에게 영원한 진리의 보고이다. 따라서 창조 이야기가 오늘을 사는 사람들에게 어떤 의의가 있는지 생각해볼 필요가 있다.

첫째, 우주와 만물의 중심이 내가 아니라 절대자 하나님이라는 진리이다. 태양계의 행성들이 붙박이 별 태양을 중심으로 돌듯이 하나님을 중심으로 원심력과 구심력을 잡아가는 것이 인생이다. 그렇지 않으면 떠돌이별처럼 광활한 우주를 떠돌다가 영원히 빠져나올 수 없는 블랙홀로 빨려 들어가는 최후를 맞을 수밖에 없다. 삶 혹은 세계관의 중심에 유한하고 가변적인 자신이 자리 잡고 있는 사람에게는 삶의 절대적 원칙도 해답도 없다. 동서고금을 막론하고 종교 없는 민족이 없었던 이유가 여기에 있다. 행복한 인생이 되기 위한 이슈는 신을 믿으며 살 것인가 믿지 않고 살 것인가가 아니라 어떤 신을 믿으며 살 것인가 하는 것이다.

둘째, 하나님이 창조주라는 진리이다. 인간은 우연히 태어나 운명의 포로가 되어 살다가 우연한 일로 죽게 되어 있지 않다. 오히려 창조주 하나님의 계획 속에 태어나 그의 복으로 형통하게 살다가 삶의 완성이라는 의미에서 생을 마치게 된다. 따라서 자신의 능력으로 해결할 수 없는 어려움을 만나도 창조주의 필연적 섭리를 의지하며 긍정적으로 삶을 바라

볼 수 있다. 그리고 자신의 재력이나 학벌이나 외모와 상관없이 하나님의 형상을 따라 만들어진 걸작품(시 139:14, 엡 2:10)으로 자신을 보아야 한다.

셋째, 하나님의 말씀이 삶의 원동력이다. 하나님이 말씀으로 만물을 지으셨고, 그의 말씀대로 만물이 이루어졌다. 그 사실로부터 인간은 기록된 말씀-성서를 가까이 하여 읽고, 묵상하고, 실천함으로써 하나님의 능력을 삶에서 체험할 수 있음을 배운다. 유대인의 성서에서 율법서 가운데 첫 장(창 1장), 예언서 가운데 첫 장(수 1:8), 성문서 가운데 첫 장(시 1편)이 모두 하나님의 말씀을 능력의 원천으로 증언하고 있다는 것이 매우 흥미롭다.

넷째, 노동은 사람의 본분이다. 노동은 호구지책이나 윤택한 삶을 위한 방편이기에 앞서 하나님의 부르심에 대한 응답이다. 따라서 평생 먹고 살만큼 돈을 벌었다 하더라도 자신에게 맞는 일을 찾아서 부지런히 해야 하는 것이다. 한 마디로 사람의 사람 됨, 보람을 느끼는 방법, 자신의 참 모습을 찾는 길은 노동하는 것이다. 노동은 사람을 정직하게 만들어주며, 성취감을 주며, 삶의 소중함을 깨닫게 해주며, 신성한 것이다.

다섯 째, 결혼은 하나님의 선물이다. 결혼하여 가정을 이루는 행위는 자신과 배우자를 성숙한 인간이 되게 하며, 삶의 기쁨과 안식을 누리게 해주는 특권을 행사하는 것이다. 물론 거기에는 책임이 뒤따른다. 먼저 부모로부터 독립해야 할 책임이 있고, 배우자와 연합하여 하나가 되기 위한 노력이 있어야 하고, 성적 순결을 지켜야 할 의무가 주어진다. 그러나 아담과 하와의 타락 이후로 결혼은 깨어지고 상처 입은 사람들끼리의 만남이므로 부단한 용서와 배려와 인내가 있어야 결실을 볼 수 있다.

♪. 창 1:1-2:3은 고대 근동 문헌에 비추어볼 때 성전 문서(Temple text)이다. 하나님이 우주를 지으신 것은 자신의 거처인 성전을 지으신 것이며, 일곱째 날은 우주 통치를 시작하신 날로서 안식일인 것이다. 우주 창조와 성전과 하나님의 안식과의 관계에 대해 더 자세한 것은 존 왈튼의 '창세기 1장의 잃어버린 세계'에 잘 설명되어 있다. 성전과 우주창조의 몇 가

지 공통점을 간단히 살펴보자면, 넷째 날 창조한 두 개의 광명체를 가리킬 때 성막의 등불(메오라)이라는 단어를 사용했으며, 성전의 구조 또한 하늘과 땅이라는 우주의 수직 축을 수평으로 누인 것이다. 또한 에덴동산도 성막(성전)을 상징한다고 할 수 있다. 네 개의 강이 흘러나오는 에덴동산은 에스겔이 본 환상에서 성전 문지방에서 물이 흘러나오는 것과 같다.

2) 타락 이야기(3:1-5:32)

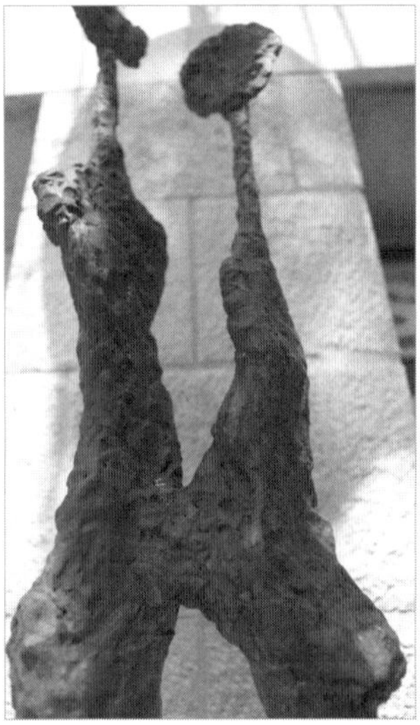

아담과 하와
(사라 크놀 작)

א. 실낙원 이야기(3:1-24)는 계명을 어긴 원 인류 아담과 하와(1-8절), 인간들과 뱀에게 내려진 선고(9-21절), 영생과 낙원을 잃어버린 아담과 하와(22-24절)에 대한 기록이다. 여기에는 몇 가지 중요한 진리들이 원 독자들에게 계시되어있다. 첫째, 하나님은 이방 신들과 달리 맹목적으로 복을 주시지 않고 언약을 지키는 자들을 돌보신다. 따라서 계명을 어기면 선택된 민족일지라도 하나님의 은총을 잃어버리게 된다. 둘째, 하나님의 계명을 어기는 것이 죄이며, 인간의 죄는 스스로 씻을 수가 없다. 그러므로 하나님이 계시하시는 제사제도를 지켜야한다. 셋째, 죄지은 인간들을 회복시켜 주시기 위해 하나님은 찾아오시며, 약속하시며, 적극적으로 행동하신다. 넷째, 여인의 후손이 뱀의 머리를 깨뜨리는 사건이 있을 때 잃어버린 낙원을 회복하게 된다. 히브리 민족은 이 예언을 믿고 기다리도록 선택되었다. 다섯째, 비록 낙원을 잃어버리고 수고로이 살다가 죽게 되었으나, 하나님은 아담과 하와를 영원히 멸망 받도록 저주하지 않으셨다. 아담의 노동과 하와의 해산 과정이 고통스럽게 된 것은 아픔을 통해 회개에 이르게 하시는 하나님의 징계일 뿐이다. 다섯째, 선악과 이야기는 이스라엘이 자기 표준대로 살지 말고 하나님의 계명을 표준으로 살아야 한다는 것을 다시 한 번 강조해준다. 선악과를 먹은 동기가 인간의 탐욕에서 비롯되었다.

ב. 실낙원 이야기에서 해석상 흥미로운 부분들을 살펴볼 필요가 있다. 먼저 3:3은 "그러나 그 동산 가운데 있는 그 나무의 열매는 너희들이 그것을 먹지 말고 그것에 손대지 말아서 죽지 않도록 해야 한다고 하나님께서 말씀하셨다"[13]로 번역하는 것이 좋다. 많은 사람들이 하와가 하나

님의 말씀을 왜곡시켰기 때문에 뱀의 꼬임에 넘어간 것으로 믿고 있다. 왜냐하면 한글 개역성경에 "너희가 죽을까 하노라"(3:3)로 번역되어 있기 때문이다. 그러나 히브리어 원문에 그런 뉘앙스는 전혀 없다. 그리고 뱀이 흙을 먹도록 저주받은 것(3:14)은 '배로 다니고' 처럼 땅바닥을 기는 비천한 존재가 된다는 문학적 표현이므로 뱀의 식생활을 말하는 것이 아니다. 아마도 뱀이 사냥감을 찾기 위해 땅바닥을 기며 끊임없이 혓바닥을 날름거리는 모습에서 기원한 표현일 것이다. 그리고 '두루 도는 불 칼'(3:24)은 에덴동산을 빙글 빙글 순찰하는 불 칼이라는 뜻이 아니라 제자리에서 전후좌우 상하로 자유로이 회전하는 불 칼을 가리킨다.

13) 허성갑, 히브리어 직역 구약성경, 말씀의 집

그런데 하와가 받은 벌 가운데 "너는 남편을 원하고 남편은 너를 다스릴 것이니라"(3:16)는 구절은 난제에 속한다. 이것을 고대 영어번역본에서 하와가 남편을 성적인 욕망을 따라 사모하게 되고 남편은 그녀를 다스리는 존재가 되는 것으로 해석되기 시작했다. 그러나 '네가 원하고' 의 히브리어 '테슈카테크' 의 어근인 '테슈카' 는 구약 성서에서 창 4:7, 아 7:10을 포함 세 번 나오는데 고대 역본들(70인 역, 사마리아 오경, 불가타 라틴 번역, 시리아 페쉬타, 이티오피아어 번역… 등등)은 대부분 '욕망' 이 아니라 '돌아서다' 의 의미로 번역하였다. 그러니까 하와가 하나님으로부터 돌아서지만 남편은 그 기회를 이용해서 너를 다스리게 될 것이라는 것이 원문의 의미이다. 다시 말해서 하와가 하나님께로부터 등을 돌리고 선악과를 남편에게 주어 공동운명체가 되려 하지만 오히려 남편에게 다스림을 받는 존재가 될 것이라는 예언이다. 여기서 중요한 것은 남편이 아내를 다스리노록 명령한 것이 아니라는 점이다. 이 문장이 아담에게가 아니라 하와에게 주어진 내용이라는 점에서 명령형으로 해석하는 것은 부자연스럽다. 그리고 '다스려야한다' 와 '다스릴 것이다' 는 엄밀히 말해 다르다. 이것을 명령형으로 번역한 것은 창 4:7의 똑같은 표현 때문이다. 즉, "죄가 너를 원하나 너는 죄를 다스릴 지니라"에서 '원하다' 는 '테슈카' 이고 '다스릴 지니라' 의 어근은 '마샬' 로서 미래형으로 되어 있으나 문맥상 명령형으로 번역한 것이다. 그러나 창 4:7이 가인을 책망하는 말씀 가운데 나오는 것을 감안할 때 '다스리게 되겠느냐' 는 의문문으로 해석할 수도 있다.

에덴의 새
(유디트 샤할 작)

뱀과 선악과
(아비바 베르 게르 작)

ג. 실낙원 이야기를 원죄(original sin)의 기원으로 해석하기 시작한 사람은 4세기 교부 아우구스티누스였다. 그 이전에는 유대인 뿐 아니라 심지어 그리스도인들도 그렇게 해석하지 않았다. 그런 점에서 초대 교회는 4세기가 되기까지도 이 본문을 유대인의 전통적 방법에 따라 해석했던 것이 확실하다. 한 마디로 유대인들은 아담과 하와가 선악과를 먹었기 때문에 인간이 악한 존재로 태어나게 되었다고 믿지 않는다. 사람이 악을 행하는 것은 악을 선택하기 때문이며, 자신의 죄에 대해 전적으로 자신에게 책임이 있다는 태도이다. 그런 점에서 아담과 하와나 모든 인류가 동등하다. 그래서 사람이 악을 선택하지 않고 선을 선택하도록 토라를 가르치고 배워야 할 책임이 있다고 믿는다. 분명한 것은 모세가 이 본문을 기록했을 때에도 원죄 개념을 배경으로 삼지 않았을 것이라는 점이다.

ד. 가인과 그의 후손이야기(4:1-24)는 최초의 살인자와 순교자 이야기(1-15), 선택받지 못한 자의 후손들 이야기(16-24)로 나누어진다. 가인의 제사의 문제점은 하나님과의 관계에 있어서 전심으로 드려지지 않았다는 데 있다. 제사를 드릴 때에도, 죄를 지적 받았을 때에도, 동생을 살해한 뒤에도, 형벌을 선고받은 후에도 그의 마음을 선악의 표준이 되신 하나님께 드린 적이 없다. 아마도 모세는 이스라엘이 하나님과의 관계에 있어서 가인처럼 되지 않도록 경고하고 싶었던 것 같다.

가인과 아벨
(베티 봐크슈토크 숀펠드 작)

ה. 가인과 아벨의 이야기에서 원 청중 혹은 원 독자들과 직접적으로 관계있는 부분은 제사제도, 십계명 중 여섯 째 계명, 정결한 음식 규정이다. 먼저 제사와 관계된 부분을 살펴보자면 하나님이 받으시는 제사는 제사 드리는 사람과 제물 모두가 흠이 없어야 한다. 이것이 타민족의 제사와 다른 점이다. 히브리 민족을 제외한 모든 민족의 제사는 신을 공양하기 위한 것으로서 제물에만 초점이 맞춰져 있다. 그러나 히브리 민족의 제사는 가인을 책망하는 하나님의 말씀에서 볼 수 있는 것처럼 평소의 삶이 하나님 앞에서 의로워야 받아들여지므로 윤리적 삶을 선행조건으로 한다.

가인의 살인 이야기는 원 독자들에게 여섯 째 계명을 범하는 죄의 심각성을 가르치고 있다. 가인이 받은 벌은 방랑자가 되는 벌이었다. 그것은 이스라엘 백성들에게 가장 무서운 벌인 '백성 중에서 끊어지는 것' 즉, 공동체로부터의 추방 혹은 공민권 삭제를 의미했다(출 12:15, 레 22:3, 민 9:13). 무죄한 자의 피를 흘린 사람에게는 밭이 열매를 내어주지 않기 때문에 일반인들 속에 섞여 살지 못하게 하는 것이다. 즉, 그는 기피 인물이 되었다.

가인의 이야기는 가축을 도살하여 피 째 먹어서는 안 된다는 음식 규정과 관계되어 기록된 것으로 보인다. 왜냐하면 피 속에 생명이 들어있으며, 생명의 주인은 하나님이시기 때문이다. 이것은 노아에게 주신 하나님의 언약으로 설명되기 전에 충분한 심적 동기를 부여했을 것이다. 이 음식 규정은 제사 때나 식사 때 가축의 피를 함께 마셔 강하게 되려는 이방인의 삶과 확연히 구별 짓는 경계선이기도 하다.

ㅂ. 가인과 후손 이야기에서는 하나님의 뜻에 반항하며 사는 삶에 대한 경고가 있다. 가인은 유리하며 방황하리라는 하나님의 형벌을 순순히 받아들이지 않고 한 곳에 정착하여 성을 쌓고 살았다(4:17).[14] 그의 후손 가운데 라멕은 무사로서 많은 사람을 죽였다. 그는 자신의 무용담을 노래에 담았는데, 가인보다 열한 배나 더 용맹한 살인자로 자처했다.

14) 자끄 엘룰, 도시의 의미, 한국로고스 연구원, 1998을 참조할 것

ㅅ. 가인의 이야기에서 해석상 흥미로운 구절들이 있다. 먼저 하와가 가인을 낳은 다음 "내가 여호와로 말미암아 득남하였다(카나이티 이쉬 엘야훼)"(4:1)라고 말한 것이다. 가인이라는 단어의 뜻도 '얻다'인 것을 보면 하와가 가인을 낳았을 때 야훼 하나님의 선물로 여겼다는 것을 알 수 있다. 이 말 또한 난제에 속한다. 전치사 '엘'(את)은 '~와 함께(with)'의 의미가 있기 때문이다. 어쨌거나 그녀는 첫 출산을 통해 대를 이어가며 살아갈 수 있다는 데 안도했던 것 같다. 그리고 가인이 "만나는 자마다 나를 죽이겠나이다"(4:14)라고 한 데서 당시에 사람들이 많았다는 것을 알게 된다. 아마도 가인의 살인 사건이 있기 전 하와는 계속해서 자녀를 생산했을 것이다. 하와가 셋을 낳은 때가 아담의 나이 백 삼십 세이었던 것을 감안할 때 최소한 100년 동안 자손들이 번성했을 경우만 가정하더라도 충분히 이해가 간다. 가인의 진술을 가지고 아담 이전에 인류가 존재했었

다고 해석하는 사람들은 전형적인 영지주의 교본을 따른 것이다. 영지주의자들은 헬라 철학적 사고를 통해 성서를 풍유적으로 해석하기를 좋아했는데, 아담과 하와의 자손들이 모두 성서에 기록되지 않았다는 사실을 간과한 채 가인의 말을 해석하려다가 그렇게 된 것이다.

ח. 아담의 계보(4:25-5:32)는 가인 대신 하나님이 주신 셋의 후손이 선택받은 민족이라는 관점에서 기록된 것이다. 그것은 아담이 백 삼십 세에 자신의 형상을 닮은 아들을 얻었다는 표현에서 확인된다(5:2). 아담으로부터 노아에 이르는 족보의 인물들은 하나님을 믿는 사람들로서 히브리 민족의 조상이다. 모세는 이 족보를 통해 이스라엘이 처음부터 하나님을 섬기며 살도록 선택된 민족이라는 것을 가르치고 있는 것이다. 그리고 가인의 후손들의 수명이 생략된 것에 비해 셋의 후손들의 장수 기록이 남은 것 또한 하나님과 동행하는 가문이 받는 복을 강조한 것이다.

셋의 계보 가운데 하이라이트는 에녹과 라멕과 노아이다. 에녹은 죄악 세상 가운데서 하나님과 동행하다가 영생을 얻었으며(히 11:5, 유 14,15), 라멕은 여인의 후손을 기다리는 믿음으로 아들의 이름을 지었으며(5:28, 29), 노아 역시 죄악이 가득 찬 세상 속에서 하나님을 섬겼기 때문이다. 이들은 이방 신을 섬기는 민족들 가운데서 살아야할 이스라엘 백성에게 도전과 귀감이 되는 인물들이었다.

ט. 아담의 계보에서 원 독자들과 직접 관계된 표현은 에녹이 하나님과 동행했다는 서술이다. 동행이란 문자 그대로 함께 걸어갔다는 것인데, 율법을 실천하는 것을 히브리어에서는 '할라크(걷다)' 로 표현한다. 그러니까 이스라엘 백성들이 하나님의 율법을 실천할 때 하나님과 동행하게 된다는 사실을 강조하고 있는 것이다. 그리고 에노스 시대에 비로소 사람들이 '여호와의 이름을 불렀다'(4:26)는 것은 '기도했다' 혹은 '제사했다' 고 해석하는 것이 옳다. 다시 말해서 아벨 이후로 끊어졌던 제사가 셋의 계보를 통해 회복되고 있는 장면이다. '부르다' 를 '제사했다' 로 볼 수 있는 근거는 창 12:7-8, 13:4에서 아브라함이 하나님께 제단을 쌓고 이름을 불렀다는데서 찾아볼 수 있다.

3) 대홍수 이야기(6:1-9:29)

우룩 왕 길가메쉬의 서사시에 나오는 홍수설화 토판

א. 홍수 이야기는 홍수의 원인(6:1-12), 홍수의 과정(6:13-7:24), 홍수의 결과(8:1-9:19)로 구성되어 있으며, 야훼 엘로힘 하나님이 세상을 주관하신다는 일신론(monotheism)이 배경이 되어있다. 길가메쉬의 서사시에 나오는 바벨론 홍수 설화와 달리 야훼 하나님 한 분이 홍수를 계획하고 실행하고 의로운 노아의 가족을 구원한다. 홍수의 직접적 원인이 된 바다와 하늘은 신들이 아니라 하나님이 주관하시는 자연일 뿐이다. 따라서 그들은 신격화된 호칭 대신 '깊음의 샘' 혹은 '하늘의 창'이라는 용어로 묘사된다.

ב. 홍수 이야기의 주제는 심판과 구원이다. 죄에 빠진 세상은 심판을 받고, 의로운 노아의 가족만 구원받는다. 근동의 홍수 설화에서 신의 변덕으로 인간세상이 노여움을 사서 홍수를 겪게 되었다는 플롯과 근본적인 차이를 보이는 것이다. 창세기의 저자는 전승을 통해 이미 알려진 다신교적 홍수설화를 부정하는 대신 적극적으로 일신론적 세계관을 정립하고 있다. 노아는 구약 성서에 나오는 삼대 의인 가운데 한 사람이었다(겔 14:14). 노아 시대의 대표적인 죄악은 '폭력'이었다(6:11, 13). 한마디로 힘있는 자의 욕심이 채워지는 세상이었을 뿐 정의는 실현되지 못했던 것이다(6:5, 11, 12). 그것은 노아 당시에 네피림과 유명한 용사들이 있었다는 기록에서도 짐작할 수 있다(6:4). 그와 반면 노아는 하나님과 동행할 정도로 의인이었고 흠이 없는 사람이었다. 그럼에도 불구하고 그가 받은 구원은 은혜였고, 의로움에 대한 보상이 아니었다(6:8).

ג. 홍수 이야기는 역사적 사실에 바탕을 두고 있던 것으로 보인다. 대홍수의 이야기가 세계적으로 각 민족의 설화에서 발견되는 점이나[15] 예수 그리스도가 다가올 최후 심판을 노아의 홍수 심판에 비견한 것(마 24:37-39), 사도 베드로가 두 편의 편지에서 모두 노아의 홍수를 상기시킨 것(벧전 4:20, 벧후 2:5)은 대홍수가 실제 사건이었음을 암시하고 있다. 노아의 방주는 길이 135m, 높이 14m, 넓이 23m, 배수량 43,000톤 크기의 네모난 배로서 현존하는 17,600종의 동물들을 다 싣고도 남을 크기이다. 공룡들의 경우 알에서 갓 깨어난 새끼들은 고양이 정도의 크기였으므로 충분히 실을 수 있었을 것이다.

15) 중국인들은 대홍수에서 살아남은 조상 '누와'에 대한 설화가 있으며, 하와이인들은 '누우'라는 조상이 대홍수에서 살아남았다는 설화가 있고, 남아프리카의 호텐토트 족은 모든 인류가 '노오'라는 사람에게서 비롯되었다는 설화를 가지고 있다.

노아의 비둘기
(헬렌 야쿠보비츠 작)

ד. 홍수 이야기에서도 창조 이야기나 타락 이야기에서처럼 하나님의 말씀이 강조되고 있다. 첫째, 노아는 방주를 지으라는 하나님의 명령을 다 지켰을 뿐 아니라 배에 들어가고 나오는 일까지도 하나님의 말씀에 순종한 사람이었다(7:1-5, 8:15-19). 두말할 필요도 없이 원 청중들과 원 독자들에게 율법준행의 중요성을 강조하고 있는 대목이다. 둘째, 홍수 후에 노아가 하나님께로부터 받은 계명-살인금지, 짐승의 피 먹는 것 금지-은 원 청중들이 익히 알고 있는 것들이다. 즉, 이스라엘 민족이 시내 산에서 받은 계명은 새로운 것이 아니라 하나님과 동행하는 사람들이 오래전부터 지켜왔던 말씀이라는 사실이 강조되어 있다.

ה. 홍수 이야기에는 하나님이 예비하신 가나안 땅의 의미가 드러나 있다. 즉, 땅위에 사는 사람들이 윤리적으로 부패하면 땅도 함께 부패한다는 것이다(6:12). 이 교훈은 아담이 범죄하므로 땅이 저주를 받았다는 이야기에서 이미 확인되었다. 따라서 노아 시대의 땅은 사람의 죄 때문에 저주받았다고 보아야 한다. 그러나 홍수 이후에는 사람 때문에 땅이 저주받지는 않게 되었다(8:21). 그 대신 하나님이 저주하시는 민족은 땅에서 쫓겨나게 되고, 그 땅은 다른 민족이 차지하게 되었다.

"네 자손은 사대 만에 이 땅으로 돌아오리니 이는 아모리 족속의 죄악이 아직 가득차지 아니함이니라 하시더니"(창 15:16).

"너희가 전에 있던 그 땅 주민이 이 모든 가증한 일을 행하였고 그 땅도 더러워졌느니라 너희도 더럽히면 그 땅이 너희가 있기 전 주민을 토함 같이 너희를 토할까 하노라"(레 18:27-28).

ו. 홍수 이야기에는 제사의 중요성이 강조되어 있다. 즉, 노아가 홍수로부터 구원받은 후에 제사를 올려드린 것처럼 애굽으로부터 구원받은 이스라엘이 하나님께 제사로 나아가야 함을 보여주고 있다. 그리고 노아의 제사가 하나님에 의해 받아들여질 때 비로소 복과 언약을 받았던 사실을 기록함으로써, 원 청중과 원 독자들이 홍수 설화로부터 자신들이 드려야할 제사의 중요성을 발견하도록 하고 있다.

ז. 홍수 설화에도 해석상 흥미로운 구절들이 들어있다. 하나님의 아들

들이 사람의 딸들과 결혼하여 네피림을 낳았다는 묘사이다(6:1-4). 여기서 많은 질문들이 제기된다. 하나님의 아들들은 누구를 가리키는 것인가? 만약에 그들을 영적 존재로 해석할 수 있다면 창세기의 저자는 영적 존재와 사람의 결합으로 자녀를 출산할 수 있다고 믿었던 것인가? 사람이 육체적 존재이기 때문에 하나님의 영이 영원히 사람과 함께 하지 않을 것이라는 말의 의미는 무엇인가? 120년은 사람의 수명을 가리키는 말인가 아니면 홍수가 올 때까지의 기간을 가리키는 말인가?

이 질문들에 답하기 전 먼저 네피림 관련 이야기를 홍수 설화라는 큰 틀에 비추어 볼 필요가 있다. 더 나아가서 홍수 설화가 원 독자들에게 야훼 신앙을 정립하려는 저자의 일신론적 세계관에 의해 철저히 조율된 이야기라는 점을 염두에 두어야 한다. 겉으로 드러난 네피림 이야기의 핵심은 하나님이 세상을 홍수로 심판하게 된 배경과 그 결과이다. 그러나 속에 감추어진 핵심은 타민족과의 문화적 교류를 통해 히브리 민족 속에 들어온 신화적 요소들에 대한 공격이다. 그것은 가나안을 향해 나아가는 원 청중들과 직접적으로 관련된 이슈이기도 하다. 다시 말해서 신이 인간과 결혼해서 영웅 혹은 통치자를 낳았다는 신화에 대한 도전이다.

첫째로, 저자는 네피림[16] 혹은 당대의 용사들이 폭력을 휘두르는 죄인들이었으며, 홍수 심판으로 땅위에서 모두 사라졌음을 말하고 있다. 즉, 창세기가 기록될 당시에는 더 이상 네피림이나 그 후손이 남아있지 않다는 것이다. 따라서 열 명의 정탐꾼이 가나안에서 보았다는 네피림의 후손은 가공되었거나 부풀려진 이야기가 된다(민 13:33). 만약에 네피림의 후손들이 살아있다면 이스라엘이 가나안을 정복하는 것은 심리적으로 어려운 과제가 될 것이었다.

둘째로, 하나님의 영이 영원히 사람과 함께 하지 않는다는 것은 하나님의 아들들이 사람의 딸들과 결혼해서 낳은 자녀들과 함께 하지 않는다고 해석하는 것이 어법상 맞다.[17] 다시 말해서 영적 존재들이 인간 여자들과 관계를 맺어서 낳았다고 하는 네피림과 용사들은 반신반인(half god half human) 존재들이 아니라 일반 사람들처럼 육적 존재일 뿐이므로 하나

16) 네피림을 문자대로 번역하면 '떨어진 자들'이다. 그들을 70인역에서 '거인'으로 번역한 것은 민 13:33과 창 6:4의 자체해석 때문이다. 겔 32:20,22,23,24,27에는 칼에 '엎드러진 자'로 번역되어 있으며, 더 이상 생존세계에 없는 자들로서 앗수르나 엘람과 메섹과 두발처럼 이스라엘을 위협하다가 하나님께 심판받아 지옥으로 떨어질 국가를 비유하는 말로 사용되었다.

17) U. Cassuto, *A commentary on the book of Genesis*, Magness press, p. 297.

님의 영이 결코 함께 하지 않는다는 것이다.

셋째로, 120년은 홍수가 오기까지의 기간을 말하는 것이라기보다 인간의 수명이 점점 줄어들어 기껏해야 120년이 될 것이라는 선언으로 보는 것이 낫다. 홍수 이후 족보에 나온 인류의 수명을 보면 홍수 전 인류의 수명에 비해 점점 줄어드는 것을 볼 수 있기 때문이다.

넷째로, 하나님의 아들들을 영적 존재들로 해석하지 않을 이유가 없다.[18)]

18) Ibid, p. 292.

> "그 때에 새벽 별들이 기뻐 노래하며 하나님의 아들들이 다 기뻐 소리를 질렀느니라"(욥 38:7).
>
> "그에게 수종 들며 그의 뜻을 행하는 모든 천군이여 여호와를 송축하라"(시 103:21).
>
> "미가야가 이르되 그런즉 왕은 여호와의 말씀을 들으소서 내가 보니 여호와께서 그의 보좌에 앉으셨고 하늘의 만군이 그의 좌우편에 모시고 서 있는데"(왕상 22:19).

위의 구절들에서 '하나님의 아들들'은 '천군' 혹은 '하늘의 만군'과 같은 의미로 사용되고 있다. 히브리어가 가나안 방언의 일종인 점을 감안할 때 가나안의 우가릿 문서에서 '신의 아들들'이 '신들의 집합체'의 의미로 사용되었다는 점이 중요하다. 그러니까 하나님 이외의 신적 존재를 일절 인정하지 않는 히브리 사고의 체계 속으로 타민족의 신화가 수용되면, 다신교 체계의 신들은 단순히 하나님의 지배 아래 있는 영적 존재들이 된다. 따라서 성서에 '하나님의 아들들'이라는 표현이 나온다고 해서 모두 하나님의 뜻을 수행하는 '하나님의 사자들(말라케이 엘로힘)'이라고 생각해서는 안 된다. 다음의 구절들이 좋은 예가 된다.

> "또 하루는 하나님의 아들들이 와서 여호와 앞에 서고 사탄도 그들 가운데에 와서 여호와 앞에 서니"(욥 1:6).
>
> "또 하루는 하나님의 아들들이 와서 여호와 앞에 서고 사탄도 그들 가

운데에 와서 여호와 앞에 서니"(욥 2:1).

사탄은 하나님의 피조세계를 파괴하고 하나님께 반항하는 영적 존재이다. 그럼에도 불구하고 욥기에 등장하는 이유는 모든 영적 존재들이 하나님의 주관 아래 있다는 히브리적 사고 체계 때문인 것이다.

한마디로 말해서 인간만이 인간을 낳게 할 수 있고, 어떤 영적 존재도 인간과 결합하여 자손을 퍼뜨릴 수 없다는 것이 히브리적 세계관이다. 그럼에도 불구하고 다신교적 신화가 홍수 설화에 들어있는 것은 그 신화를 변용하여 야훼 종교의 우월성을 강조하며, 가나안 정복의 꿈을 실현하는 도구로 삼게 하려는 저자의 의도가 들어있었기 때문인 것으로 보인다.

ה. 홍수 이야기에는 노아가 손자를 저주한 사건이 들어있다. 그 이야기의 핵심은 가나안이 셈의 종이 되리라는 예언에 있다. 다시 말해서 셈의 후손인 이스라엘이 가나안 족속을 정복해야할 당위성이 원 독자들에게 강조되어 있는 것이다. 그런데 노아는 왜 함의 아들 가나안을 저주한 것일까? 도대체 함이 아버지에게 한 짓은 무엇이었을까? 이런 의문들에 대해 현대 주석학자들이 갖가지 그럴듯한 학설들[19]을 제시했지만 결정적으로 해답이 된 것은 아직 없다. 중요한 것은 함이 아버지의 벗은 몸을 보고 형제들에게 이야기한 것이 과연 저주를 받을 만한 일이었느냐는 것이다.

사안의 심각성은 셈과 야벳이 옷을 가지고 뒷걸음쳐 들어가 아버지의 벗은 몸을 덮은 행동을 통해 간접적으로 드러나고 있다. 비록 창세기의 저자가 함의 행동에 대해 구체적인 설명을 피하고 있지만 노아가 술이 깬 상태에서 가나안을 저주한 것을 보아 그 사건이 온 가족에게 심각하게 받아들여졌음이 분명하다. 그런 관점에서 볼 때 노아의 저주는 곧 부족장의 권위에 의한 선고였으며, 인류 최초로 인간이 인간을 저주한 사건이었다. 따라서 그 사건을 기록하고 있는 창세기의 저자가 이 설화를 통해 어떤 교훈을 주고 싶었던 것인지 아래의 구절을 통해 살펴볼 필요가 있다.

19) 사실은 가나안이 먼저 노아의 벗은 몸을 보고 함에게 알렸다는 설, 함이 노아의 막내아들이었으므로 함의 막내아들인 가나안이 저주를 받았다는 설, 함이 가나안에게 노아의 벗은 몸을 보여주었다는 설 등이다.

"누구든지 그의 자매 곧 그의 아버지의 딸이나 그의 어머니의 딸을 데려다가 그 여자의 하체를 보고 여자는 그 남자의 하체를 보면 부끄러운 일이라 그들의 민족 앞에서 그들이 끊어질지니 그가 자기의 자매의 하체를 범하였은즉 그가 그의 죄를 담당하리라"(레 20:17).

이 구절에서 하체를 보는 행위는 성관계를 가지는 것과 같은 의미로 기록되어 있다. 그리고 이 구절이 노아의 설화가 들어있는 토라의 일부인 것을 감안할 때 함의 행위는 아버지에 대한 성적 모독으로 간주될 수 있다. 비록 함이 구체적으로 어떤 행동을 했는지 알 길이 없지만, 용납될 수 없는 일이었음이 셈과 함과 노아의 후속 행동들을 통해 드러나고 있다. 아마도 저자는 인류의 위대한 조상에게 일어났던 수치스러운 일에 대해 구체적인 설명을 피하는 대신[20] 함의 행위가 얼마나 심각한 것인가에 대해 경종을 울리는데 초점을 맞추었던 것으로 보인다. 상대적으로 셈과 야벳의 행위는 노아의 권위를 회복시키고 지켜주었다는데서 칭송의 대상이 되고 있다.

20) 롯과 두 딸의 근친상간(창 19:30-38), 유다와 며느리와의 근친상간(창 38:12-30)은 구체적으로 기록되어 있다.

4) 바벨탑과 민족의 분산 이야기(10:1-11:9)

א. 바벨탑 사건으로 야기된 민족들의 분산 이야기는 족보에 초점이 맞춰져 있다. 노아의 아들들의 족보(10:1-32), 셈의 족보(11:10-26), 아브라함의 아버지 데라의 족보(11:27-32)를 통해 저자가 말하고자 하는 요점은 '하나님의 선택' 혹은 '하나님의 주권'이다. 저자는 이스라엘에 대한 하나님의 선택이 역사를 주관하시는 하나님에 의해 어떻게 행사되어 왔는지 설명하고 있는 것이다. 이것은 창세기의 원 청중과 원 독자들이 야훼 하나님에 의해 선택된 민족으로서 정체성을 가지고 살아야 할 책임을 알게 해준 것이다. 그와 동시에 인류의 시조에게 내린 "생육하고 번성하여 땅에 충만하라"(1:28)는 명령과 복이 완벽하게 시행되고 있음을 보여줌으로써, 하나님의 말씀을 지키며 사는 것이 생명의 길이라는 사실을 암시하고 있다.

ב. 바벨탑 사건이 기록된 이유는 민족들의 분산 이유를 설명하기 위한 것이다. 그것은 히브리 민족의 선택으로 이어지는 하나님의 주권을 보여

주는 동시에, 세상을 다스리는 야훼 하나님 외에 다른 신이 없음을 강조한다. 바벨탑 기록을 재구성해보면 노아의 후손들은 아라랏 산으로부터 남쪽으로[21] 800km 이동하여 비옥하고 넓은 메소포타미아 지역에 들어섰다. 언어가 하나였던 그들이 거대 제국을 건설할 만한 장소였다. 이에 그들은 즉시 도시와 제단(탑)을 건설하고 자신들의 힘을 후대에까지 과시하고자 했다. 그러나 온 땅에 흩어져 살게 하려는 하나님의 의지에 역행하는 시도였으므로 실패로 돌아갈 수밖에 없었다. 바벨탑 이야기에서 가장 자주 나오는 단어는 '흩어짐'이다. 아마도 그들은 노아의 홍수 때 전 인류가 몰살당하였던 사실에서 두려움을 느낀 나머지 힘을 결집시켜 어떤 위기에든지 공동으로 대처하고자 했던 것으로 보인다. 한마디로 그들은 인간에 의한, 인간을 위한, 인간의 문명을 건설하고자 하였다.

21) 이스라엘 땅에서 볼 때 동쪽이므로 동방으로 옮겼다고 했다(11:2)

ג. 노아의 족보에서 셈과 함과 야벳의 기록상 순서와 나이순서가 다르게 기록된 점이 흥미롭다. 한글 개역성경 "셈은 에벨 온 자손의 조상이요 야벳의 형이라 그에게도 자녀가 출생하였으니"(10:21)의 히브리 원문[22]을 맛소라 판본의 악센트대로 읽으면 "셈, 에벨 온 자손의 조상, 그 큰 자 야벳의 형제에게도 자녀가 출생하였으니"가 된다. 영어 역본 KJV에도 "Unto Shem also, the father of all the children of Eber, the brother of Japheth the elder, even to him were children born"이라고 되어 있다. 이것은 일반인들이 셈을 야벳의 형으로 알고 있는 것과 사뭇 다른 것이다.

22) 맛소라 사본을 액센트 대로 읽어보면 אחי יפת הגדול 셈이 "그 큰자 야벳의 형'이 된다.

ד. 창세기의 족보는 중요 인물들 중심으로 기록된 것이므로 생략된 사람들이 많다고 보아야 한다. 예를 들어 아담에서 노아까지 10대(5:1-32), 셈에서 아브라함까지 10대(11:10-32)로 정리되어 있는데, 족보상 인물들이 태어나서 자녀 출생 때까지의 연도를 합산해보면 아담부터 아브라함까지 1888년 밖에 되지 않는다. 이 문제에 대해 주전 3세기에 헬라어로 번역된 70인 역 토라에는 족보상 인물들의 자녀출생 연도를 맛소라 사본보다 100년씩 늘려서 기록하므로 해결점을 찾고 있다. 예를 들어 아담이 셋을 낳은 때가 맛소라 사본에는 130세라고 되어 있지만 70인 역에서는 230세로 되어있다. 이런 식으로 셋은 105세가 아니라 205세 때, 에노스는 90세가 아니라 190세에 자녀를 낳은 것으로 되어 있다. 그렇게 되면 아담

부터 야렛[23]의 40세 되던 해까지 꼭 1000년이 된다. 그리고 야렛부터 노아 홍수전까지 1000년, 이런 식으로 계산하면 아담부터 바벨론 포로까지 약 5000년이 된다. 그들이 그런 식으로 역사를 정리한 것은 메시야가 인류 창조 6000년 되는 때에 도래할 것이라는 묵시론적 역사관과 무관하지 않은 것으로 보인다. 실제로 초대교회 지도자들은 연대기적 역사관에 따라 구약을 해석하는데 힘썼다.

23) 야렛의 이름은 '내려가다'는 동사어근을 가지고 있다. 따라서 연대기적 해석법을 따르는 유대인들은 그때부터 온 세상이 타락하기 시작했던 것으로 본다.

제 2부 – 4대 족장

1) 아브라함 이야기(11:10-25:11)

아브라함 이야기는 갈대아 우르에서 하란에 이르기까지의 전반부(11:27-32)와 하란을 떠나 가나안에서 살았던 후반부(12:1-25:11)로 구성되어 있다. 그는 75세에 하란을 떠났으며, 175세에 생을 마치기까지 가나안에 머무르던 100년 동안 세 명의 여인으로부터 여덟 명의 아들을 얻었다. 그의 이름은 원래 아브람(탁월한 아버지), 그의 아내는 사라이(공주)였으나 후일 야훼에 의해 아브라함(많은 민족의 아버지), 사라(여왕)로 개명되었다. 가나안 땅의 중앙산맥을 따라 이동하며 반 유목생활을 했던 그는 주로 예루살렘 남쪽 40km에 있는 헤브론과 네게브 사막이 시작되는 브엘세바에서 살았다. 세겜(12:6), 벧엘과 아이 사이(12:8), 네게브(12:9), 애굽(12:10-20), 벧엘과 아이 사이(13:3), 헤브론(13:18-18:33), 네게브의 그랄(20:1), 네게브의 브엘세바(21:33-22:19), 헤브론(23:1-20), 네게브의 브엘라해로이(24:62)로 이동하며 살았던 것이다. 그리고 그의 생애 이야기에 나오는 특징들을 정리해 본다.

א. 아브라함 이야기에는 그가 받았던 시련과 극복 이야기들로 가득 차있다.

첫째, 그는 본토, 진적, 아버지의 집을 떠나 미지의 땅으로 떠나도록 결단해야 했으며, 마침내 그곳에 도착했다(12:1-5).

둘째, 가나안 땅을 통과하는 동안 계속해서 야훼 하나님께 제단을 쌓으므로, 다신교를 믿는 원주민들과 거리를 두고 살아야 했다(12:7-9, 13:4,18, 21:33).

셋째, 실제로 가나안을 차지하지 못했지만, 계속해서 그 땅에 머무르며 야훼의 약속을 붙들고 있어야 했다(12:7-8, 13:14-18, 15:18-21, 17:1-8).

넷째, 가나안에 도착한 다음 흉년이 들었다(12:10). 그가 흉년을 피하러 애굽에 내려갔을 때 아내를 빼앗기고 죽을지도 모른다는 두려움에 잡혔으며, 하마터면 아내 사래를 바로에게 빼앗길 뻔했다(12:10-20). 그러나 야훼 하나님의 초자연적인 간섭으로 안전하게 다시 가나안으로 돌아올 수 있었다.

다섯째, 그의 조카 롯과 화목하게 지내기 위해 비옥한 땅을 포기해야 했다(13:1-13).

여섯째, 위험에 빠진 롯을 구해내기 위해 전쟁에 뛰어들어야 했다(14:13-16).

일곱째, 후손과 땅을 얻지 못한 상태에서 할례를 행하므로 하나님과의 언약 아래 있는 표를 드러내야 했다(17:9-14).

여덟째, 조카 롯이 하마터면 소돔 성 멸망과 함께 죽을 뻔했으나, 하나님의 은총으로 생명을 건질 수 있었다(19:23-29).

아홉째, 이삭의 출생이 가까웠을 때 하마터면 그의 아내 사라가 아비멜렉의 부인이 될 뻔했으나, 야훼 하나님의 초자연적인 개입으로 화를 면할 수 있었다(20:1-18).

열째, 아비멜렉의 종들이 아브라함의 우물을 빼앗으므로 분쟁이 생길 뻔했으나, 오히려 거주의 자유를 보장받고 야훼의 제단을 지을 수 있었다(21:22-34).

열한째, 100세에 나은 아들 이삭을 모리아 땅의 한 산에서 제물로 바쳐야 하는 명령을 받았으나, 순종하는 과정에서 그의 믿음을 인정받았다(22:1-19).

열두째, 그의 친족 가운데 기꺼이 이삭의 아내가 되어 가나안에서 살기 원하는 여인을 며느리로 얻는 일이 쉽지 않았으나, 하나님의 은총으로 조카의 딸을 데려올 수 있었다(24:1-67).

ㄴ. 아브라함 이야기에는 하나님과의 교통 이야기가 일곱 번 나온다.

첫째, 그는 하란에서 일곱 마디 축복의 말씀을 받았다(12:1-3). 큰 민족이 되게 하겠다, 네게 복을 주겠다, 네 이름을 위대하게 만들어 주겠다, 너는 복이 될 것이다, 너를 축복하는 자를 내가 축복하겠다, 너를 저주하는 자를 내가 저주하겠다, 너로 말미암아 땅의 모든 민족이 복을 얻게 될 것이라는 축복이다.

둘째, 가나안 땅을 네 자손에게 주리라는 약속을 받았다(12:7).

셋째, 땅과 후손에 관해 보다 구체적인 약속을 받았다(13:14-17).

넷째, 땅과 후손의 미래에 관해 더욱 구체적인 약속을 받았다(15:1-21).

다섯째, 후손의 미래와 할례에 관한 약속을 받았다(17:1-22).

여섯째, 이삭의 출생 연도에 대한 약속을 받고, 소돔에 있는 조카를 구하기 위해 하나님과 대화했다(18:1-33). 여기서 아브라함은 사람의 모습으로 나타난 야훼를 목격하게 된다(18:1, 22).

일곱째, 이삭을 바치려 하기까지 순종한 일로 기존의 약속을 확정 받았다(22:16-18).

아브라함: 이삭과 이스마엘
(베티 몰러 작)

ג. 아브라함 이야기에는 하나님의 초자연적인 간섭이 일곱 번 나온다.

첫째, 바로의 집에 재앙을 내려 사라를 아브라함에게 돌려보내게 하셨다(12:17-20).

둘째, 아브라함의 장자 이스마엘을 임신한 하갈을 광야에서 보호하셨다(16:6-16).

셋째, 소돔 성의 멸망 중에 롯을 구원하셨다(19:29).

넷째, 아비멜렉의 집에 재앙을 내려 사라를 아브라함에게 돌려보내게 하셨다(20:1-18).

다섯째, 아브라함의 장자 이스마엘과 하갈의 생명을 건져주셨다(21:8-21).

여섯째, 아비멜렉이 더 이상 아브라함의 재산을 빼앗지 못하도록 하셨다(21:22-32).

일곱째, 이삭을 바치는 시험에서 제물을 미리 준비하셨다(22:13-14).

ד. 아브라함 이야기에는 원 독자들을 향한 교훈이 들어있다.

첫째, 하나님의 말씀은 반드시 성취된다는 것이다. 아브라함은 약속대로 아들을 얻었으며, 그의 후손들은 애굽에서 종이 되어 4백년을 고생했다. 따라서 하나님이 약속하신 가나안 땅도 반드시 얻게 되리라는 것이다.

둘째, 어려움을 극복할 힘이 사람에게서가 아니라 하나님께로부터 온다는 것이다. 아브라함이 자신의 생명을 지키려고 바로와 아비멜렉에게 한 거짓말이 도리어 화를 불러왔다. 그러나 하나님의 초자연적인 간섭으로 위기에서 벗어날 수 있었다. 아비멜렉과의 재산분쟁도 하나님의 간섭으로 해결될 수 있었다. 따라서 원 독자들이 가나안을 얻는 과정에서 만날 시련도 하나님이 극복하게 해주실 것으로 믿어야 한다.

셋째, 이스라엘은 하나님이 선택하신 민족이라는 것이다. 아브라함에게 여덟 명의 아들이 있었으나 오직 이삭만이 약속의 성취를 위한 씨로 선택되었다.

아브라함과 세 천사(샤갈 작)

넷째, 가나안은 이스라엘의 조상 아브라함의 소유 재산이 있는 땅이라는 것이다. 가나안에는 아브라함이 생전에 세겜, 벧엘과 아이 사이, 브엘세바, 헤브론에 세웠던 제단들이 있다. 따라서 그곳 성소들을 차지해야 한다는 것이다. 그리고 네게브의 그랄과 브엘세바에는 아브라함이 파놓은 우물이 있으며, 헤브론에는 헷 족속에게서 매입한 가족 묘지가 있다.

다섯째, 할례와 제사는 하나님의 백성으로서의 표시이다.

여섯째, 이방 민족의 도움이 아닌 하나님의 축복으로 이스라엘은 번성케 된다. 아브라함이 소돔 왕의 재물을 거절한 것이나, 아비멜렉이 스스로 찾아와 아브라함에게 우물 소유권을 인정한 것이 그 예가 된다. 따라서 가나안에서 번성하기 위해 원 주민들과 교류해야 할 필요가 없다.

일곱째, 형제 나라들과 전쟁을 해서는 안 된다. 즉, 롯의 후손들인 암몬과 모압, 아브라함의 후처에게서 난 아라비아 족속들, 이스마엘의 후예들인 시나이 광야의 족속들과 화평하게 지내야 한다는 것이다.

ה. 아브라함 이야기에는 하나님의 이름이 들어 있다.

첫째, 가장 많이 나오는 이름이 '야훼'이다. 야훼는 선민과 언약을 맺으시는 하나님의 이름이다. 아브라함의 생애에서 야훼의 이름이 가장 많이 나오는 것은 그가 선민의 조상인 것을 보여준다.

둘째, '전능한 하나님/엘 샤다이(17:1)'이다. 이 이름은 야훼가 아브라함에게 처음 알려준 것이다. 이삭이 야곱에게 축복할 때(28:3), 야훼 하나님이 야곱의 이름을 바꿔줄 때(35:11), 야곱이 베냐민을 애굽으로 보내면서(43:14), 야곱이 베델에서 만났던 야훼를 회상하면서(48:3), 야곱이 요셉을 축복하면서(49:25) 사용하였다.

셋째, '나를 보시는 하나님/엘 로이(16:13)'이다. 하갈은 고난 가운데서 이 이름을 사용하였다. 아브라함도 이삭 대신 숫양을 제물로 준비하신 하

나님을 부르면서 다시 한 번 사용했다(22:14).[24]

넷째, '아브라함의 하나님 여호와/야훼 엘로헤이 아브라함(24:12,27,48)' 이다. 이 이름은 출애굽 시절 야훼가 자신을 이스라엘에게 나타낼 때 사용된다(출 3:15).

다섯째, '영원하신 하나님 여호와/야훼 엘 올람(21:33)' 이다.

ㄱ. 아브라함 이야기에는 해석 상 흥미로운 구절들이 들어 있다.

첫째, 아브라함에게 하란을 떠나도록 명령할 때 사용된 '레크 레카' 이다. 한글 개역 성경에 단순히 "가라"(12:1)고 번역된 이 말을 직역하면 "네게로 가라(go to you)"이며, 의역하면 "네 자신의 길을 가라(go on your own way)"가 된다. 이 말에 비추어 보면 갈대아 우르를 떠나 하란에 도착한 다음에도 아브라함은 여전히 아버지 데라의 그늘을 벗어나지 못했던 것으로 보인다. 그렇기에 야훼 하나님은 "너희 본토 친척 아버지의 집을 떠나라"고 했던 것이다. 이 표현은 아브라함에게 이삭을 바치도록 명령할 때도 사용되었다(22:2). 아브라함이 가야할 길은 누구와 더불어 상의하거나, 함께 가줄 수 없는 외로운 길이라는 사실이 강조되고 있다.

둘째, 아브라함이 조카 롯을 구하기 위해 추격한 장소 '단' 과 '다메섹 왼편 호바' 에 관한 것이다(14:14-15). 단은 이스라엘의 최북단 도시로서 원래 이름이 '라이스' 였다. 그런데 여호수아 이후 '단' 지파 사람들이 이주해오면서 '단' 으로 바뀌었던 것이다. 따라서 아브라함 이야기에서 단이라는 지명으로 기록된 것이 이상하게 느껴질 수 있다. 그러나 창세기가 필사되는 과정에서 '라이스' 라는 지명 대신 '단' 으로 수정한 것으로 볼 때 문제가 되지 않는다. 그런 관점에서 아비멜렉을 블레셋 왕으로 기록한 것도 이해가 된다. 아브라함 시대부터 블레셋 사람들이 가나안에 살지는 않았을 것이다.[25] 창세기 필사과정에서 후대에 아비멜렉의 나라를 블레셋으로 표기했다고 보면 문제가 될 것이 없다. 그리고 '다메섹 왼편 호바' 에서 왼편은 동서남북의 방향 중 북쪽을 가리킨다. 왜냐하면 히브리인들의 방향개념에서 언제나 해 뜨는 쪽을 바라보는 것이 기준이 되기 때문이다. 그래서 왼쪽은 북쪽, 오른 쪽은 남쪽이 된다.

24) 한글 개역성경에 '여호와께서 준비하심' 으로 번역한 '야훼 이르에' 의 원 뜻은 '여호와께서 보실 것이다' 이다.

25) 블레셋은 주전 13세기에 지중해 연안에 창궐하기 시작한 해양 민족의 한 지류이다. 미케네 지역에서 발생한 정치적 소요는 에게 해와 아나톨리아 지역의 해양 민족을 지중해 연안 곳곳으로 흩어지게 만들었다.

셋째, 아브라함이 사라를 자신의 누이라고 속인 이유이다(12:10-13). 물론 그가 사라의 남편으로 밝혀질 경우 살해당하고 아내를 빼앗길까 두려워해서 그랬던 것이 분명하다. 그러면 왜 하필 자신을 사라의 오빠라고 소개했을까 라는 점이다. 그 이유를 생각하기에 앞서 그들이 애굽에 내려간 것이 잠시 가나안 땅의 기근을 피하기 위해서였다는 것을 염두에 둘 필요가 있다. 그들은 임시변통의 거짓말을 고안했던 것이다. 그 거짓말은 미혼으로 소개되는 사라의 배우자를 결정할 권한이 오빠에게 있던 풍습과 관계있다. 아마도 아브라함은 여러 가지 핑계를 대어 사람들을 퇴짜 놓으면서 가나안 땅의 기근이 끝날 때를 기다렸다가 애굽을 빠져나오려고 생각했던 것 같다.[26)]

26) U. Cassuto, 창세기 주석 2권. p. 351.

넷째, 아브라함이 에브론의 밭을 가족 묘지로 사들인 일이다(23:1-20). 처음에 아브라함은 단지 밭 가운데 있는 굴만을 사기 원했으나, 에브론의 말을 따라 밭까지 모두 사게 되었다. 그런데 마치 에브론이 아브라함에게 호의를 베푸는 것처럼 굴과 밭을 모두 사도록 권했다는 점이 이상하다(23:11). 그것은 당시 히타이트 족들의 상거래 규약을 알면 쉽게 이해가 된다. 아브라함이 굴만을 사게 되면 굴이 속해있는 밭의 주인 에브론이 전쟁에 참가할 경우 아브라함이 병역 의무를 함께 져야 했기 때문이었다.

롯의 아내
(도브 레비 노이만드 작)

다섯째, 야훼 하나님이 사람의 모습으로 나타났다(8:2, 16, 22, 33). 아브라함 이전에 어떤 의인-노아, 에녹도 인간의 모습으로 나타난 신(theophany)을 본 적이 없다. 이것은 장차 예수 그리스도가 인간의 몸을 입고(Christophany) 이 세상에 온 하나님이라는 신앙고백의 근거가 된다. 이와는 달리 멜기세덱이 아브라함에게 나타난 것은 그리스도의 예표(typology)가 된다. 멜기세덱은 살렘 왕이자 제사장으로서 실제 인물이었기 때문이다.

여섯째, 아브라함이 이삭을 바치려 했던 모리아는 장차 솔로몬의 성전이 세워지게 되는 장소이다.

> "솔로몬이 예루살렘 모리아 산에 여호와의 전 건축하기를 시작하니 그곳은 전에 여호와께서 그의 아버지 다윗에게 나타나신 곳이요 여부스 사람 오르난의 타작마당에 다윗이 정한 곳이라"(대하 3:1).

이것은 예수 그리스도가 인류의 죄를 속하기 위해 자신을 희생한 사역의 예표라고 할 수 있다. 이삭 대신 숫양이 희생제물이 된 것처럼, 성전의 희생제물 대신에 예수 그리스도가 영원한 제물이 된 것이다.

일곱째, 할례가 아브라함의 혈통적 후손이 아닌 사람들에게도 허용되었다(17:12-13). 이것은 언약을 지키는 것이 아브라함의 혈통으로 태어나는 것보다 더 우선적이며, 어느 민족이나 하나님의 백성이 될 수 있음을 보여주고 있다. 그런데 이방인도 하나님의 백성이 될 수 있도록 만든 할례가 신약 시대에 와서 오히려 이방인이 하나님의 백성이 되지 못하는 걸림돌이 된다. 그러나 모세 오경에는 이처럼 이방인들도 이스라엘 백성과 마찬가지의 권리를 향유할 수 있도록 관대하게 취급되었다. 따라서 오늘날 소위 시오니즘으로 표현되는 유대인들의 배타주의와 우월주의는 율법의 근본정신으로부터 이탈한 것이라고 볼 수밖에 없다.

사라
(리타 파란 작)

2) 이삭 이야기(21:1-35:29)

이삭(이츠학) 이야기는 탄생부터 죽음까지이지만 앞서 아브라함 이야기에서 이미 그의 결혼 부분(24:67)까지 다루어졌다. 그리고 야곱이 밧단 아람에 도착한 이야기(29:1 이하)부터는 야곱의 생애부분에서 다루어질 것이므로 짧게 다루어질 수밖에 없다. 그의 이름 이삭(웃음)은 야훼 하나님으로부터 출생 예언을 듣고 실소했던 사라가 출산 후 기뻐 웃게 된데서 연유한다. 아버지 아브라함이 많은 곳을 다녔던 것과 대조적으로, 그는 생애 대부분을 네게브 사막의 브엘세바에서 보냈을 만큼 조용한 사람이었다. 그는 아버지 아브라함이 번제로 드리려고 했을 때도 순순히 묶일 정도로 순한 성격의 소유자였다. 또한 아비멜렉의 종들과 오아시스의 우물 소유권 다툼이 벌어졌을 때 포기하고 떠날 만큼 양보의 사람이기도 했다. 그러나 후대에 야훼가 "아브라함과 이삭과 야곱의 하나님"으로 소개되는 것을 보아 변함없는 야훼 신앙의 소유자였음이 분명하다. 이삭의 이야기를 정리하면 다음과 같다.

이삭의 번제
(샘 필립 작)

א. 이삭의 생애도 시련과 극복으로 점철되어 있다.

첫째, 모리아 산에서 번제로 드려지는 시험을 받았을 때 순종하므로 아버지 아브라함과 함께 믿음을 인정받았다(22:9-13).

둘째, 가나안 여인들 가운데서 배우자를 얻을 수 없고, 오직 아브라함의 친척 가운데서 가나안으로 오려는 여인과만 결혼하게 된 상황에서 기도하며 기다렸다(24:63).

셋째, 사랑하는 장자 에서가 장자의 명분을 팔았을 뿐 아니라 가나안 여인을 둘씩이나 배우자로 맞아들였을 때 마음에 큰 상처를 입었다(26:34-35).

넷째, 흉년이 들어 아비멜렉의 땅에 들어가 살 수밖에 없었다(26:1).

다섯째, 리브가를 누이라고 속였다가 하마터면 아내를 빼앗길 뻔했다(26:6-11).

여섯째, 야곱의 속임수에 넘어가 에서에게 복을 빌려던 계획이 좌절되었다(27:33). 그러나 육정을 극복하고 하나님의 섭리를 따라 야곱을 축복했다(28:1-5).

일곱째, 야곱이 밧단 아람에 있는 이십년 동안 아들들로부터 기쁨과 위로를 얻지 못했다(31:38).

ב. 그의 생애를 붙들고 있던 힘은 하나님의 언약이었다.

첫째, 흉년이 들었을 때 야훼 하나님은 아브라함에게 주었던 약속을 이삭에게 다시 들려주었다(26:2).

둘째, 우물 소유권 문제로 쫓겨 다니는 중에 야훼 하나님이 약속을 재차 확인해주었다(26:24).

ג. 야훼 하나님이 초자연적인 방법으로 복을 주셨다.

첫째, 그가 브엘라해로이에 있을 때 형통하게 되었다(25:11).

둘째, 결혼 후 이십 년 동안 자녀를 갖지 못했으나 마침내 기도의 응답으로 쌍둥이를 얻게 되었다(25:20-26).

셋째, 야훼의 축복으로 농사의 수확이 100배나 되었으며, 거부가 되었다(26:12-13).

넷째, 아비멜렉의 마음에 야훼를 두려워하는 마음이 생겨 평화롭게 살 수 있게 되었다(26:26-31).

다섯째, 네게브 사막 가운 데서 파는 곳마다 우물을 얻었다(26:19-22, 32).

ד. 그는 야훼 하나님께 헌신한 사람이었다.

첫째, 그는 야훼 하나님께 순종하여 번제로 드려지기를 원했다(22:9-10).

둘째, 배우자를 얻기 위해 기도하며 기다렸다(24:63).

셋째, 브엘세바에 야훼 하나님을 위한 제단을 건설했다(26:25).

넷째, 아들들이 하나님의 언약 아래 있는 가정을 이루기 원했다(26:34-35, 28:1-2).

다섯째, 후계자 족장을 세울 때 아브라함이 하란에서 받은 언약대로 축복했다(28:28-29).

ה. 이삭 이야기에도 해석상 흥미로운 부분들이 나온다.

야곱의 출생
(야엘 에를리흐만 작)

첫째, 장자 권(birth right) 풍습이다. 고대 근동의 문서에는 장자 권을 팔 수 있도록 규정되어 있는데, 야곱과 에서 사건을 해석하는 소중한 자료가 된다.

둘째, 이삭 역시 아내를 빼앗기고 살해당할까 무서워 아브라함처럼 거짓말을 했다. 그것은 아브라함의 가족처럼 유목생활을 하는 베두윈들이 어려운 상황에 처했을 때 흔히 사용하는 생존의 기술이다.

셋째, 야곱이 이삭의 축복을 속임수로 받아내는 장면이다. 이삭의 축복은 단순한 기도가 아니라, 후계자 족장을 세우는 예식이었다. 그래서 축복 기도를 받지 못한 에서가 뒤늦게 통곡하며 후회했던 것이다. 창세기의 저자는 이 부분에서 장자를 버리고 차남에게 축복한 이삭에게 어떠한 이유에서든 책임이 없음을 강조하고 있다. 그것은 그들이 리브가의 뱃속에 있을 때 받은 신탁의 결과로 해석되고 있다(25:23). 아울러 장자 권을 팔아넘기고, 가나안 여인들을 배우자로 맞아들이며, 하나님의 약속보다 자신의 힘을 믿고 사는 에서에게 책임을 돌리고 있다.

3) 야곱 이야기(25:19-49:33)

한 민족을 일으켜 다른 민족들에게 복이 되게 하려는 야훼 하나님의

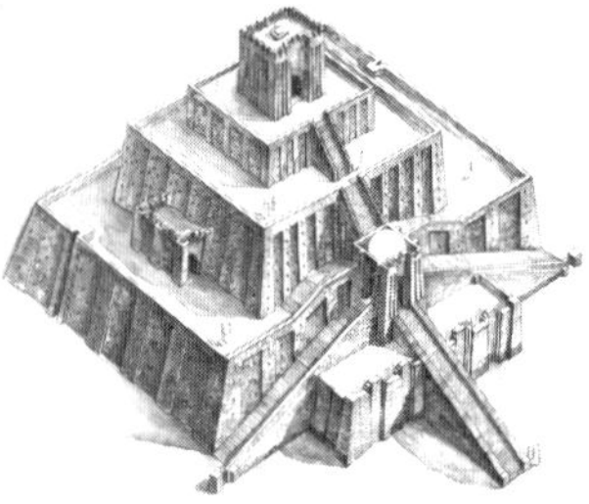

지구라트

계획은 야곱(야아코브) 대에 이르러 구체화되고 있다. 장자가 되려는 욕심으로 쌍둥이 형의 발꿈치를 잡고 태어난 데서 연유한 이름 야곱(발꿈치)은 나중에 '사기꾼'이라는 의미로 전용되었다. 그의 나이 130세가 되어 바로 왕 앞에 섰을 때 "험악한 세월을 보내었나이다"라고 고백했던 것처럼 일생 속이고 투쟁하고 속으며 살았다.

ℵ. 야곱은 생애의 중요한 고비마다 야훼 하나님을 만났거나 그의 음성을 들었다. 그가 생애 위기의 순간마다 하나님을 만났다는 사실은 가나안을 향해 가는 이스라엘 백성들에게 하나님을 신뢰하도록 격려하기에 충분했을 것이다.

첫째, 벧엘에서 꿈에 야훼 하나님을 만났다(28:10:29). 그는 에서의 분노가 풀리기를 기다릴 겸, 신부 감을 찾기 위해 밧단 아람(아람 사람들의 평야)으로 떠났다(28:1-5). 브엘세바에서 밧단 아람까지는 약 900km 거리이며, 벧엘까지는 약 100km 거리였다. 그는 꿈속에서 천사들이 오르내리는 사닥다리 위에 야훼 하나님이 서있는 것을 보았으며, 아브라함과 이삭이 받았던 후손과 땅에 관한 약속을 다시 한 번 받았다. 그가 서 있는 사닥다리를 보았다는 것은 당시 근동의 지구라트를 연상시킨다. 지구라트의 핵심 사상은 신이 사닥다리를 통해 지상의 신전에 내려온다는데 있었기 때문이다. 아마도 그는 지구라트에 대해 들었을 것이며, 할아버지와 아버지를 통해 야훼 하나님이 준 약속에 대해서도 수없이 들었을 것이다. 흥미로운 것은 하나님이 직접 내려오지 않고 천사들[27]이 내려왔다는 것이다. 창세기의 설화들은 그 점에서도 근동의 설화들과 관점을 달리한다. 그리고 사닥다리로 번역된 단어 '술람'은 계단으로서 돌로 만든 층계를 가리킨다.[28] 그렇기 때문에 야곱이 잠에서 깨어나 하나님의 집을 그곳에 짓겠다고 서원했던 것이다.

꿈에서 깨어난 야곱이 취한 행동들은 고대 이스라엘의 종교적 단면들을 보여준다. 베개로 사용했던 돌을 일으켜 세운 후 기름을 부어 구별했고(sanctified), 그곳 이름을 벧엘(하나님의 집)로 바꾸어 불렀다. 그가 그곳을 하나님의 집과 하늘의 문이라고 부른 것은 지구라트의 개념을 따른 것으

27) 6:2,4에서 '하나님의 아들들'이라고 했던 것과 달리 여기서는 '하나님의 사자'로 표현되고 있는데 그 이유는 그들이 야훼 하나님의 뜻을 수행하는 영적 존재들이기 때문이다.

28) 김진섭, 솔로몬, 종교경책학 입문, 13-19쪽을 참고할 것.

로 보인다. 그가 돌기둥을 세운 것은 가나안 원주민들의 '마체바(주상)[29]' 풍습을 본 땄던 것이 확실하다. 마체바는 자연석을 수직으로 세운 돌기둥으로서 새긴 우상과 구별되며, 신의 임재를 상징적으로 보여주기 위한 것이다. 그는 야훼로부터 받은 언약에 헌신한다. 즉, 야훼만을 하나님으로 섬기고, 하나님을 위한 집을 지으며, 십일조를 바치겠다고 다짐했다. 그가 야훼 하나님께 개인적으로 헌신한 것은 매우 중요한 의미를 원 독자들에게 보여주는 것이다. 즉, 할례를 받고 하나님의 백성이 되었다 하더라도 개인적으로 하나님의 언약에 헌신하는 것이 필요하다는 것이다. 조상에게 주신 하나님의 언약은 후손의 헌신을 통해 갱신되는 것이다.

29) 신 12:8, 16:22, 호 3:4, 대하 14:3 참조할 것.

아브라함이 시작했던 십일조 풍습이 야곱의 대에 이어지고 있다는 점도 흥미롭다. 십일조는 시내산에서 받은 율법을 통해 성문화되기 이전부터 있었던 오래된 풍습이다. 야곱의 행동이 후대에 가장 큰 이슈가 된 것은 성소의 위치이다. 왜냐하면 성전이 세워질 수 있는 장소는 한 군데뿐이며(신 12:5), 야곱이 벧엘에 하나님의 집을 짓겠다고 서원했기 때문이다. 예루살렘에 성전이 세워진 이후에도 이스라엘 백성들은 벧엘에 대한 미련을 버리지 못했다. 더구나 벧엘은 아브라함이 가나안에 들어온 첫 해 제단을 쌓았던 부근이며, 야곱이 야훼 하나님으로부터 지시를 받아 제단을 쌓고, 다시 한 번 마체바를 세운 곳이었으며(35:1-15), 사사 시대 말 한때 성막이 세워졌던 곳이었다(삿 20:26-28). 이스라엘의 조상 야곱의 하나님은 벧엘의 하나님이었으며(35:7), 벧엘은 엘리야가 승천하기 전 방문했던 곳이기도 했다(왕하 2:1-5). 그런 이유로 그들이 벧엘을 맹목적으로 신성시 하는 것에 대해 아모스는 준열하게 책망했다.

> "여호와께서 이스라엘 족속에게 이와 같이 말씀하시기를 너희는 나를 찾으라 그리하면 살리라 벧엘을 찾지 말며 길갈[30]로 들어가지 말며 브엘세바[31]로도 나아가지 말라 길갈은 반드시 사로잡히겠고 벧엘은 비참하게 될 것임이라 하셨나니 너희는 여호와를 찾으라 그리하면 살리라 그렇지 않으면 그가 불같이 요셉의 집에 임하여 멸하시리니 벧엘에서 그 불들을 끌 자가 없으리라"(암 5:4-6).

30) 길갈은 출애굽 당시 이스라엘 백성들이 요단 강을 건너와 출애굽 이후 최초로 할례를 행하고 유월절을 지켰으며 볶은 곡식을 먹기 시작한 곳이다. 그리고 엘리야가 승천하기 전 순례를 시작한 곳이다(왕하 2:1).

31) 브엘세바는 아브라함과 이삭과 야곱이 제단을 세웠던 곳이다. 고고학적 발굴에 의해 브엘세바에서 성전 제단과 같은 돌 제단이 있었다는 것이 확인되기도 했다.

천사와 씨름하는 야곱
(페사흐 플리트 작)

둘째, 얍복 강나루에서 하나님을 만났다(32:13-32). 이곳에서 그의 이름이 이스라엘로 바뀌어졌으며, 하나님의 얼굴을 보았다고 해서 그곳 이름을 '브누엘'로 바꾸어 불렀다. 여기에서 한 가지 특이한 점은 야곱과 씨름한 사람의 신분이다. 그는 "어찌하여 내 이름을 묻느냐"라는 말로 대답했으며, 야곱을 하나님과 씨름하여 이긴 자로 불러주었다. 그러니까 야곱은 사람의 몸을 입고 나타난 하나님과 씨름했던 셈이 된다. 흥미로운 것은 삼손이 태어나기 전 그의 부모가 하나님의 사자를 만나 이름을 물었을 때 "어찌하여 내 이름을 묻느냐 내 이름은 기묘자라"는 대답을 듣게 되는 것이다(삿 13:18). 나중에 이사야 선지자는 장차 태어날 한 아기에 대해 예언하면서 "이는 한 아기가 우리에게 났고 한 아들을 우리에게 주신바 되었는데 그의 어깨에는 정사를 메었고 그의 이름은 기묘자라 모사라 전능하신 하나님이라 영존하시는 아버지라 평강의 왕이라 할 것임이라 그 정사와 평강의 더함이 무궁하며 또 다윗의 왕좌와 그의 나라에 군림하여 그 나라를 굳게 세우고 지금 이후로 영원히 정의와 공의로 그것을 보존하실 것이라 만군의 여호와의 열심이 이를 이루시리라"(사 9:6-7)고 했다.

이것을 보면 야곱은 몸을 입고 나타나신 예수 그리스도와 씨름했던 것으로 해석될 수 있다.

셋째, 세겜에서 하나님의 음성을 들었다(35:1). 그의 딸 디나가 강간당하고 아들들이 세겜 사람들을 살해한 사건이 일어난 다음에 들은 음성이었다. 세겜 사람들에게 보복 당할까봐 두려워하는 그에게 야훼는 벧엘로 올라가서 제단을 쌓으라는 해결책을 주었다. 실제로 그는 가족들이 소유하고 있던 우상을 모두 버리고 자신들을 정결하게 하고, 의복을 바꾸어 입도록 지시하고 벧엘로 올라갔다. 여기에서 시내 산 계명과 관계있는 행동은 우상을 버리고, 정결 코드를 지키며, 구별된 옷을 입는 것이었다.

넷째, 벧엘에서 하나님을 다시 만났다. 하나님은 그의 이름이 이스라엘로 바뀐 것과, 후손과 땅에 관한 기존의 약속을 다시 한 번 확인해주었다(35:9-12). 흥미로운 것은 하나님이 그를 만나준 다음 하늘로 올라갔다고 기록된 것이다.[32] 그는 거기에 또 한 번 마체바를 세워 하나님의 임재를 기념하고, 하나님을 '엘 벧엘(벧엘의 하나님)'으로 불렀다. 더욱 흥미로

32) 18:33에서 아브라함을 만났던 야훼가 떠나는 모습을 "가시니"라고 표현한 것과 대조적이다. 야곱에게 나타난 야훼는 언제나 하늘을 보좌로 삼고 있다.

운 것은 나중에 호세아 선지자가 이스라엘의 민족적 회개를 촉구할 때 하나님이 벧엘에서 이스라엘(우리)에게 말씀하셨다고 한 점이다(호 12:4). 이것은 조상들의 경험을 자신들의 것으로 간주하는 히브리 민족의 특유의 사고 방식에 연유한다.

다섯째, 그는 브엘세바에서 하나님을 환상 중에 만났다(46:1-4). 요셉을 만나기 위해 애굽으로 내려가던 그는 가나안의 남쪽 끝 도시-국경 도시에서 잠시 두려움에 잡혔던 것으로 보인다. 따라서 야훼 하나님은 그를 격려하며 아브라함과 이삭에게 준 약속을 다시 한 번 확인해주었던 것이다.

ב. 야곱은 야훼 하나님께 헌신한 사람이었다. 형의 장자 권을 사기 위해 노력했던 것이나, 아버지의 축복기도로 족장 권 승계를 확정지으려 했던 것도 모두 야훼 하나님께 대한 헌신과 열망의 발로였다(25:23). 그리고 하나님을 만났을 때 헌신을 서원한다든지(28:20-22), 위기에 처했을 때 기도한다거나(32:9-12), 애굽에 내려가기 전 브엘세바에서 제단을 쌓은 것(46:1), 가나안의 선영에 매장하도록 유언한 것(47:29-30, 49:29-32), 야훼 하나님이 후손들을 가나안으로 인도하실 것을 예언한 것(48:21) 등 모두 야훼 하나님과 그의 언약에 헌신했던 그의 모습을 보여준다. 따라서 야곱의 이야기는 이스라엘 백성들이 야훼 하나님께 어떻게 헌신해야 하는지 보여주는 교과서라고 할 수 있다.

ג. 야곱의 생애는 다른 족장들 보다 많은 시련과 극복 이야기들로 채워져 있다. 이것은 이스라엘 민족이 많은 시련 가운데서도 승리할 것에 대한 격려이다.

첫째, 그는 모태에서부터 선택을 받았으나, 아버지의 편애 때문에 장자 권을 빼앗길 뻔 했다.

둘째, 에서의 분노를 피하기 위해 밧단 아람의 삼촌 집으로 먼 거리 여행을 해야 했다.

셋째, 삼촌의 속임수에 넘어가 14년을 무보수로 일해야 했으며, 이후에도 열 번이나 불리한 조건으로 바뀐 품삯을 받아야 했다.

넷째, 삼촌과 외사촌들의 시기를 받아 더 이상 밧단 아람에서 살 수

야곱과 베냐민
(샘 필립 작)

없게 되었다.

다섯째, 가나안으로 돌아오는 길에서 삼촌의 추격을 받아 하마터면 봉변을 당할 뻔했다.

여섯째, 복수심에 불타는 에서가 찾아와 모든 것을 잃고 생명마저 위태로울 뻔 했다.

일곱째, 하나님의 사자와 씨름하다가 허벅지 관절의 둔부 힘줄을 다쳐 장애인이 되었다.

여덟째, 딸이 세겜 추장의 아들에게 강간을 당했으며, 아들들이 집단 학살을 했다.

아홉째, 아들들에게 속아 요셉이 죽은 줄 알고 오랜 세월 슬퍼하며 살았다.

열째, 베냐민마저 잃어버리는 줄 알고 한동안 마음 졸이며 살았다.

그럼에도 불구하고 하나님은 모든 시련을 극복하게 하셨다.

첫째, 모태에서 받은 신탁대로 족장 권을 승계했다.

둘째, 벧엘에서 받은 약속대로 무사히 가나안으로 돌아올 수 있었다.

셋째, 짧은 기간의 보수노동을 통해 거부가 될 수 있었고 열두 아들을 얻었다.

넷째, 아내들의 동의 아래 무사히 밧단 아람을 떠날 수 있었다.

다섯째, 야훼 하나님이 라반의 꿈에 현몽하여 야곱을 해치지 못하게 했다.

여섯째, 에서의 마음이 풀어져 그를 해치지 않게 되었다.

일곱째, 바꾸어진 그의 이름이 민족의 이름이 되었다.

여덟째, 가족들에게서 다신교적 풍습이 떠나게 되었고, 복수를 당하지 않았다.

아홉째, 고통의 세월 동안 인격이 성화되었고, 기쁨으로 요셉을 만났다.

열째, 온 가족이 흉년을 피하게 되었으며, 큰 민족을 이루는 계기를 마련했다.

ㄱ. 야곱의 이야기에는 원 독자들과 관계된 이슈들이 들어 있다.

첫째, 야곱이 모태에서 받은 신탁은 이스라엘 민족을 향한 야훼 하나님의 선택을 보여준다. 다시 말해서 이스라엘은 아브라함이 받은 언약의 당사자들로 선택된 민족이다.

둘째, 에서가 헷 족속의 여인들과 결혼한 것, 이스마엘의 딸을 아내로 다시 맞아들인 이야기에는 이방인과의 통혼에 대한 경고가 들어있다. 그와 대조적으로 야곱이 외삼촌의 딸들을 아내로 맞이한 것을 긍정적으로 평가함으로써 이스라엘 민족 내에서의 결혼이 장려되고 있는 것이다.

셋째, 자매간인 라헬과 레아를 아내로 맞아들여 질투를 일으킨 일은 경계의 대상이 되었다.

"너는 아내가 생존할 동안에 그의 자매를 데려다가 그의 하체를 범하여 그로 질투하게 하지 말지니라"(레 18:18).

넷째, 야곱과 라반 사이에 맺은 불가침 조약은 이스라엘 민족의 거주지를 국제적으로 인정받는 근거가 되었다.

다섯째, 야곱이 세겜의 토지 일부를 매입한 것은 이스라엘이 가나안으로 가야할 동기를 제공하고 있다.

여섯째, 야곱이 가족들을 벧엘로 데리고 가면서 내린 명령은 이스라엘 안에 우상과 이방 풍속이 있게 해서는 안 된다는 교훈을 주고 있다.

일곱째, 야곱의 바꾸어진 이름-이스라엘이 민족적 이름이 된 것은 아브라함의 후손들이 야훼 하나님과 영원한 언약 관계에 있어야 한다는 사실을 보여준다. 그리고 열 두 이복형제들의 후손으로 구성된 이스라엘 민족이 지파 간 서로 불화하지 않고 조화를 이루며 살아야 한다는 교훈을 주고 있다.

4) 요셉 이야기(30:25-50:26)

야곱의 열한 번째 아들로 태어난 요셉은 이스라엘 민족이 부족국가로 성장하는데 결정적인 역할을 했다. 그리고 장차 오실 예수 그리스도의 생애를 그림자처럼 보여주고 있다는 점에서 주목을 받는다. 그는 비록 장남이 아니었으나 야곱으로부터 두 배의 상속권을 받아 실제적 장자가 되었고, 히브리인이었지만 애굽의 탁월한 행정가의 자리에 올랐으며, 애굽에서 죽었으나 가나안 세겜에 묻혔다.

א. 요셉의 이야기는 족장들의 삶에 개입하신 하나님을 보여준다.

첫째, 십 칠세 소년이었을 때 두 번이나 자신의 미래에 관해 꿈으로 신탁을 받았다(37:5-9).

둘째, 이복형들이 그를 죽이려 했으나 생명을 건져 애굽에 종으로 팔려갔다(37:20, 28).

셋째, 그가 일하던 보디발의 집이 야훼의 복을 받아 재산이 늘어났고, 요셉도 종 가운데 가장 높은 자리에 올랐다(38:5-6).

넷째, 보디발의 아내가 그에게 죽일 죄를 뒤집어 씌웠으나 감옥에 갇히게 되었을 뿐 생명을 잃지 않았다(39:17-20).

다섯째, 야훼 하나님이 함께하심으로 간수장의 인정을 받아 감옥 사무를 관장하게 되었다(39:21-23).

여섯째, 꿈을 해몽하는 능력을 하나님께로부터 받아 마침내 바로 왕의 꿈을 해석하고 애굽의 국무총리가 되었다(40:8, 41:25-45).

일곱째, 하나님의 섭리로 기근에 빠진 가족들을 구원하게 되었다(50:19-21).

ב. 요셉의 이야기는 야훼 하나님에 대한 그의 신앙을 보여준다.

첫째, 보디발의 아내가 유혹할 때 높은 도덕적 수준을 유지할 수 있었던 것은 야훼 하나님에 대한 신앙 때문이었다(39:9).

둘째, 인생을 지배하시는 분은 하나님이라는 고백을 여러 번 하고 있다. 꿈을 해석할 때(40:8, 41:16, 25, 28, 32), 자신이 겪은 고난의 의미를 정리할 때(45:7-8, 50:20-21) 늘 하나님을 시인한다.

셋째, 히브리 민족과 맺은 하나님의 언약이 반드시 성취될 것을 믿었다. 따라서 그는 후손들에게 자신의 해골을 메고 애굽에서 나가게 될 것을 유언으로 남겼다(50:25).

ג. 요셉의 이야기가 원 독자들에게 주는 의의는 다음과 같다.

첫째, 하나님의 언약은 반드시 이루어지므로, 가나안에 들어갈 수 있다는 것이다. 요셉의 대에 히브리 민족이 애굽에 내려간 것은 아브라함이 받은 언약의 성취였다(15:13). 원 독자들은 이미 그 예언의 일부가 성취되는 것을 경험했던 것이다. 그들은 애굽에 내려진 열 가지 재앙을 목격했다(15:14). 이제 그들은 그 예언의 마지막 부분이 성취되려는 시점에 와 있었다(15:16). 그리고 요셉의 해골을 메고 나온 것도 가나안으로 인도하시겠다는 하나님의 언약이 성취되고 있다는 증거였다(출 13:19).

둘째, 세상을 주관하시는 하나님은 야훼 한 분 밖에 없으므로 오직 하나님만 섬겨야 한다는 것이다. 요셉의 생애에서 야훼 하나님은 애굽의 바로 왕까지 주관하셔서 뜻을 성취하시는 분이다. 바로 왕과 신하 가운데 누구도 바로의 꿈을 해석하지 못했으며, 다가오는 미래를 대비할 능력이 없었다.

셋째, 이스라엘 열 두 지파가 서로 화목하게 지내며 협동해야 한다는 것이다. 애굽에서 나온 이스라엘은 광야에서 자주 모세에게 반항했는데, 이는 하나님이 쓰시는 요셉을 형제들이 해치려 한 것과 같다. 그리고 요셉이 형제들을 용서하고 끝까지 돌본 이야기는 열 두 지파가 서로 형제애로 대해야 하는 이유를 보여주고 있는 것이다.

ㄱ. 요셉의 이야기는 예수 그리스도에 대한 예표(typology)라고 할 수 있다.

첫째, 예수 그리스도가 동족에게서 버림받았던 것처럼 형들에게서 버림받았다.

둘째, 예수 그리스도가 죄 없이 고난당했던 것처럼 오랜 세월 고생했다.

셋째, 예수 그리스도가 은 30에 팔린 것처럼 그 역시 은 20에 팔렸다.

넷째, 예수 그리스도가 30세에 공생애를 시작했던 것처럼 30세에 국무총리가 되었다.

다섯째, 그리스도가 고난을 받고 승천하여 존귀하게 되신 것처럼 노예생활과 죄수의 신분을 거쳐 높은 신분이 되었다.

여섯째, 그리스도가 십자가 위에서 박해자들을 용서한 것처럼 형제들의 잘못을 용서했다.

일곱째, 모든 박해자들이 장차 그리스도를 두려워할 것처럼(계 1:7) 형들이 그의 앞에서 무릎 꿇고 두려워했다.

이집트 총리가 된 요셉

ㄴ. 요셉의 이야기에는 해석상 흥미로운 부분들이 있다.

첫째, 어떻게 노예 신분인 요셉이 국무총리로 등용될 수가 있었느냐는 문제이다. 애굽의 역사에서 제 2 중간기 제 15왕조에서 17왕조까지의 힉소스(Hyksos) 왕조(주전 1640-1532)는 셈족이었다. 이후 신왕국 시대 본토인에 의해 세워진 18왕조에 의해 힉소스 왕조는 무너진다. 비록 힉소스 시대의 유적이 조직적으로 파괴되어 당시 역사의 명확한 재구성이 힘들기는 하지만 요셉의 등극에 관한 부분을 설명할 수 있는 자료가 된다. 다시 말해서 힉소스 왕조는 본토인보다 외지인, 특히 셈족을 우대했을 가능성이 높다. 그리고 하피루(Happiru)들이 높은 신분에까지 오르기도 했다는 아마르나 문서를 볼 때 요셉의 국무총리 등극이 불가능한 일만은 아니었던 것으로 보인다.

둘째, 바로와 그의 신하들이 꿈을 해석하지 못한 일이다. 메소포타미아 지역의 왕들과는 달리 신적 존재였던 바로는 스스로 꿈을 해석할 수 있었다. 그럼에도 불구하고 바로가 꿈을 해석하지 못했다는 것은 단순히 그가 인간이었다는 것을 보여준다. 다시 말해서 꿈으로 미래를 계시할 뿐 아니라 역사를 주관하는 이는 오직 야훼 하나님이라는 사실을 창세기 저자는 반복적으로 기록하고 있다(41:15-16, 28, 32).

셋째, 요셉은 온(On)의 제사장 보디베라의 딸과 결혼했다. 온은 태양신전이 있던 곳으로서 이후 명칭만 헬리오폴리스(Heliopolis)[33]로 바뀐 곳이다. 그러니까 바로는 요셉의 이름을 사브낫바네아(피앙크라 불린 사람)로 바꾸고 고위 제사장 가문의 사람이 되게 함으로써 애굽화 시키려 했던 것으로 보인다. 그럼에도 불구하고 요셉이 아들들의 이름을 므낫세와 에브라임으로 지은 것이나, 후손들에게 출애굽에 대해 예언한 것은 야훼 하나님에 대한 그의 신앙이 변치 않았음을 보여준다.

33) 신구약 중간기 주전 180년경 유대 대제사장 오니아스 III가 이곳에서 멀리 떨어져 있지 않은 레온토폴리스에 야훼 하나님을 위한 유대인의 성전을 지었다.

넷째, 다말이 시아버지 유다를 통해 아들들을 낳은 이야기는 신 25:5-10의 계대결혼 명령을 위한 준비 작업이다. 그리고 르우벤이 서모와 부적절한 관계를 맺은 이야기와 그에 대한 야곱의 저주가 기록된 것 또한 레 18:8 명령을 위한 준비 작업으로 보인다.

〈토의 과제〉

1. 창세기의 4대 사건과 4대 족장의 이름을 적어보십시오. 그것이 창세기의 주제를 이해하는데 어떤 도움을 줍니까?

2. 창조 이야기는 어떤 점에서 이집트나 근동의 창세신화와 다릅니까? 창조 이야기를 기록하는 저자의 가장 큰 관심사가 무엇이었다고 생각합니까?

3. 아브라함 이야기에서 원 청중 혹은 원 독자를 위한 교훈들을 모두 적어보십시오

4. 이삭이 농사를 지어 100배의 수확을 얻었다든지, 가는 곳마다 우물을 파서 물을 얻었다는 기록은 원 청중 혹은 원 독자들에게 어떤 의미가 있다고 생각합니까?

5. 야곱 이야기에서 원 독자와 관계된 이슈들을 적어보십시오

6. 요셉의 이야기에서 원 독자에게 주는 교훈들이 무엇입니까?

7. 창세기를 연구하면서 가장 인상 깊었던 것이 무엇입니까?

출애굽기

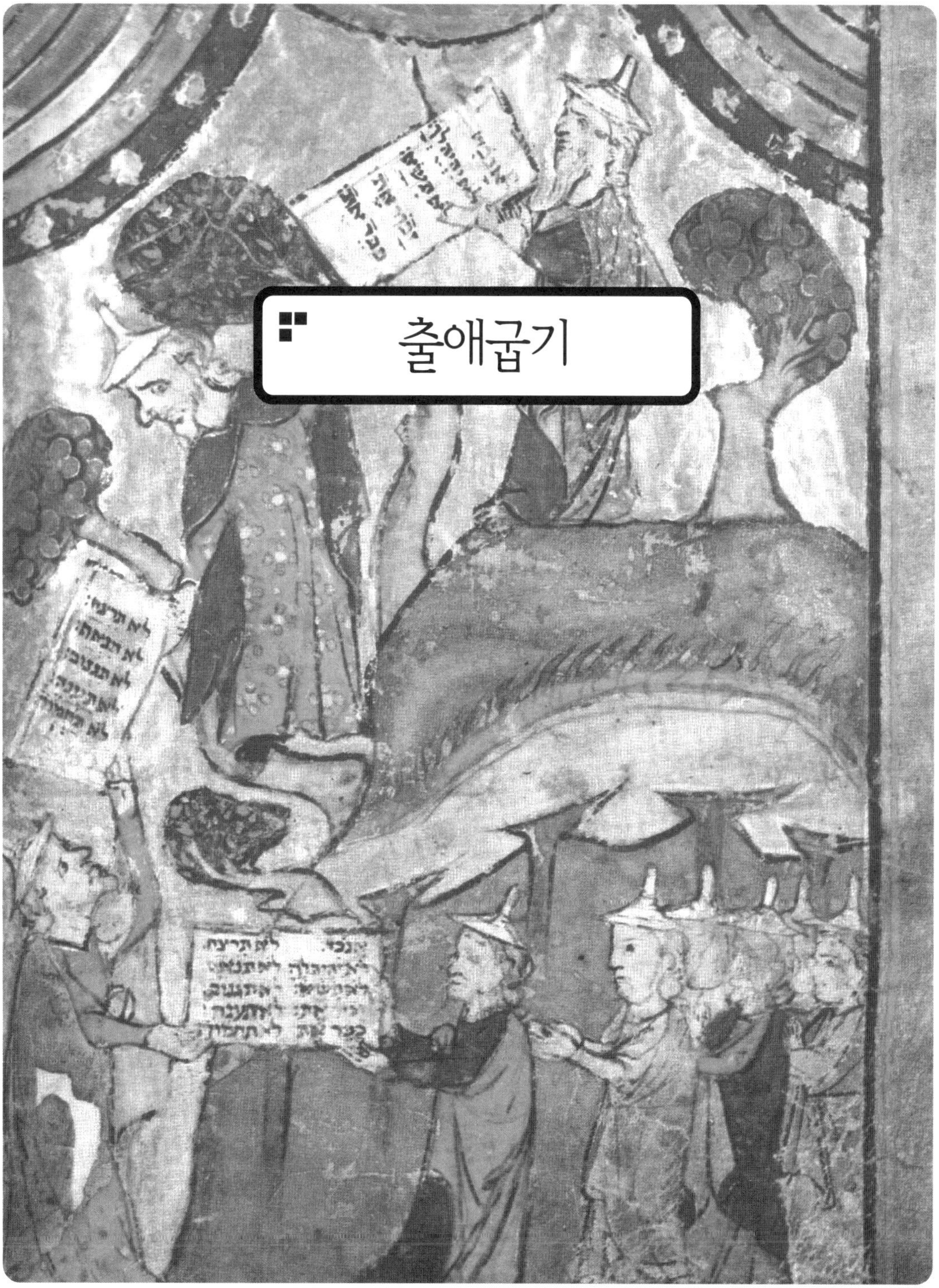

12세기 히브리어 성경 출애굽기 하가다 표지(이스라엘에 십계명을 전달하는 모세)

출애굽기

1) 출 1:1에서 따온 שְׁמוֹת(이름들)은 창세기와 출애굽기가 원래 한 권의 책으로 연결되어 있었음을 보여준다.

힉소스 왕들
(카이로 박물관)

출애굽기는 그 제목[1]이 보여주는 것처럼 이스라엘 백성이 이집트를 탈출하여 시내산에 이르기까지의 과정을 기록한 책이다. 야곱을 따라 애굽에 집단 이주했던 이스라엘 민족이 그곳을 빠져나오는 과정에서 야훼 하나님이 어떻게 함께 하셨는지를 서술한 책이다. 출애굽기에는 바로의 노예가 된 이스라엘을 구원하시는 하나님의 권능, 시내 반도를 통과하면서 경험한 하나님의 초자연적 섭리, 시내산에서 받은 율법과 성막제도가 기록되어 있다. 창세기와 출애굽기를 비교해볼 때 창세기에서 히브리 민족의 기원을 이야기한 반면, 출애굽기에는 히브리 민족의 출현을 이야기하고 있다. 그리고 창세기에서 시작된 히브리 민족을 향한 야훼 하나님의 계획이 출애굽기를 통해 실현되고 있다. 다시 말해 출애굽기는 이스라엘 민족이 언약의 백성으로 세워지고 있는 과정을 설명하고 있다.

1. 배경

〈지리와 역사〉

2) 헬라어 힉소스는 이집트어 헤카(지배자) 카수트(외국)의 음역이다.

출애굽기에 나오는 이야기들은 후기 청동기 시대를 배경으로 한다. 힉소스 왕조[2]를 무너뜨린 신 왕국 제 18대 왕조는 이스라엘 민족에 대한 압박을 강화하여 마침내 멸종 정책을 쓰기에 이르렀다. 그런데 기적적으로 바로 공주의 아들이 된 모세는 마침내 동족을 구원하여 애굽을 빠져나오게 된다. 출애굽의 역사성에 대해서는 지금까지 학자들의 토론이 끝나지 않은 상태이다. 전통적인 학설은 왕상 6:1의 "이스라엘 자손이 애굽 땅에서 나온 지 사백팔십 년이요 솔로몬이 이스라엘 왕이 된 지 사 년 시브월 곧 둘째 달에 솔로몬이 여호와를 위하여 성전 건축하기를 시작하였더라"는 구절에 근거하여 출애굽 연대를 주전 1445년으로 본다. 이스라엘이 분열왕국이 된 때가 주전 931년이며 솔로몬의 치세가 40년이었다는 기록(왕상 11:42)을 바탕으로 역산한 결과이다. 그와 반면 출애굽 연대를 주전 13세기로 보는 학설도 있다. 이집트와 지중해를 둘러싼 역사적 정황 때문이다. 이 학설에 따르면 요셉을 알지 못하는 새 왕은 아마도 세티 I(주전 1306-1290)일 것이고, 뒤를 이어 이스라엘을 학대한 왕은 람세스 II(주전 1290-1224)일 것으로 보인다. 메르넵타(주전 1213-1204)의 가나안 정벌 기념 석비에는 "이스라엘 족속은 제거되어 씨가 없다"는 문장이 들어 있다(이스라엘 석비 26-27). 이것은 성경 이외의 자료에서 이스라엘이라는 이름이 나오는 최초의 증거이다. 메르넵타가 가나안에 진입한 이스라엘과 조우했을 가능성에 대해서는 '요셉을 알지 못하는 새 왕(출 1:8)을 세티 1세로 보고, 그의 뒤를 이은 왕(출 2:23)을 람세스 2세로 볼 때 연대가 비교적 잘 맞는다. 뿐 아니라 당시 이집트는 해양 민족의 침공으로 국력이 약화된 상태여서 출애굽이 비교적 용이했을 수도 있다. 더구나 그 때는 1세기 전 유일신교를 창안했던 아케나텐(주전 1353-1335)의 종교 혁명이 실패로 돌아가 아문 신의 권위가 다시 높아진 이후였다. 지그문트 프로이트는 '인간 모세와 유일신교'라는 책에서 모세가 아케나텐의 종교 개혁의 영향을 받았다고 주장했다. 얀 아스만 같은 학자도 '이집트인 모세' 라는 책에서 모세가 아케나텐 종교의 사제였을 가능성을 내비친다. 이스라엘 백성들이 건축 노역에 종사했던 비돔과 라암셋의 실체도 밝혀졌다. 비돔은 이집트어로 '페르-아툼'으로서 오늘날 텔 엘-마스쿠타이다. 그리고 라암셋은 피람세스로시 오늘날 칸디르이다.

해양민족 전사

메르넵타 석비
(카이로 박물관)
163cm × 318cm
주전 1209년경

▲ 해양민족의 발흥

해양민족	등장위치
덴엔(Denyen)	다누나(Danuna)
에크웨쉬(Ekwesh)	아카이아(Achaea)
룩카(Lukka)	뤼키아(Lycia)
펠레셋(Peleset)	팔레스타인(Palestine)
셰르덴(Sherden)	사르디니아(Sardinia)
셰켈레쉬(Shekelesh)	시실리(Sicily)
테레쉬(Teresh)	튀르세니아(Tycenia)
체케르(Tjeker)	테우크리(Teucri)
웨셰쉬(Weshesh)	윌루사(Wilusa)

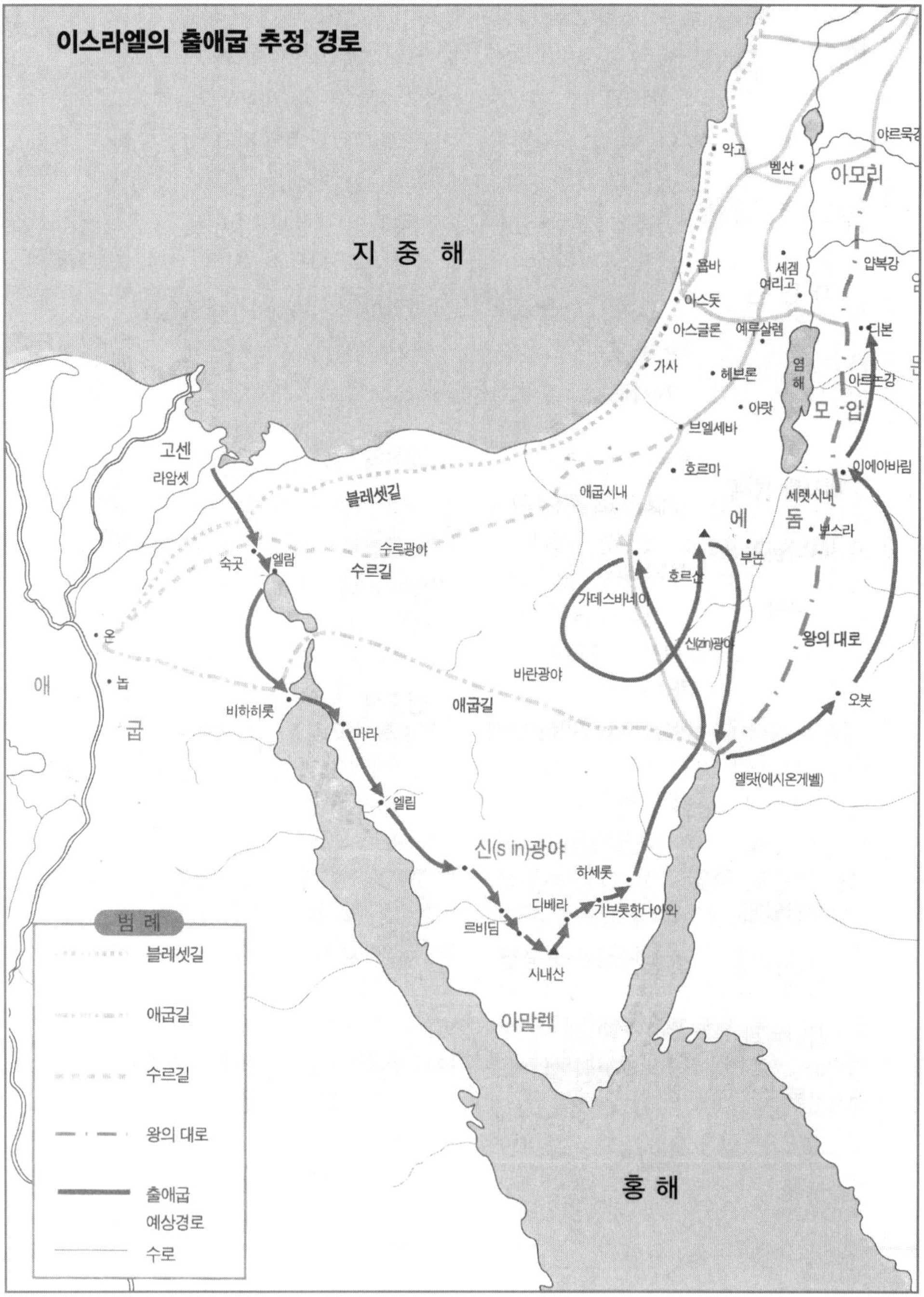
이스라엘의 출애굽 추정 경로
지 중 해
홍 해
악고
벧산
아모리
욥바
세겜
여리고
압복강
아스돗
아스글론
예루살렘
디본
가사
헤브론
염해
아르논강
아랏
모 압
브엘세바
호르마
이에아바림
애굽시내
세렛시내
에 돔
보스라
고센
라암셋
블레셋길
수르광야
숙곳
엘람
수르길
가데스바네아
호르산
부논
온
신(zin)광야
왕의 대로
애
놉
바란광야
비하히롯
애굽길
오봇
굽
마라
엘랏(에시온게벨)
엘림
신(s in)광야
하세롯
디베라
기브롯핫다아와
르비딤
시내산
아말렉
범 례
블레셋길
애굽길
수르길
왕의 대로
출애굽
예상경로
수로

그런데 출애굽기에서 이스라엘이 통과한 시나이 반도는 사막이다. 경질 석회암과 연질 석회암이 대부분이며 북 동부는 모래 언덕으로 덮여 있다. 강우량은 연 10센티미터 정도이며, 식물은 가시나무와 잡목만 있고, 낮 기온은 섭씨 38도까지 올라가다가 밤 기온은 7도까지 내려가는 등 사람이 살기에 적합하지 않다. 출애굽 여정으로 알려진 다음의 지명들이 오늘날 지명으로 정확히 어디인지 라암셋 외에는 밝혀지지 않았다.

나일강 원천의 신 크눔

1. 라암셋 ; 이스라엘이 출발한 곳으로 고센 땅에 있다(12:37, 민 33:3). 히스코스의 수도로도 알려지며 오늘날의 칸티르이다.
2. 숙곳 ; 이스라엘이 처음 장막을 친 곳이며 라암셋에서 남쪽으로 37 킬로미터 떨어진 곳으로 고대 도시 티에쿠를 가리킨다고 한다(12:37, 민 33:5).
3. 에담 ; 숙곳을 떠나 두 번째 장막을 친 곳이며, 애굽어로 성(헤템).을 가리킨다(13:20, 민 33:7).
4. 비하히롯 ; 바다와 믹돌 사이에 있었으며, 고대 운하체계와도 관련이 있었던 것 같다(14:2, 민 33:7).
5. 홍해 ; 수에즈만이나 넓고 쓴 호수 혹은 지중해와 홍해 사이의 여러 운하 중의 하나를 가리킬 수 있다(14:21, 민 33:8).
6. 마라 ; 홍해를 벗어나 수르(Shur) 광야로 들어가 사흘 길에 있던 쓴 오아시스 로서 모세가 나뭇가지를 넣어 달게 했다(15:23). 시내 반도 전역에는 염분을 함유한 쓴 오아시스가 많다.
7. 엘림 ; 물 샘 열둘과 종려나무 칠십 주가 있던 오아시스로서 페이란 와디일 가능성이 있다(15:27, 민 33:11).
8. 신(Sin) 광야 ; 엘림과 시내산 사이의 지역으로 백성이 음식 때문에 불평하자 만나와 메추라기가 내린 곳이다(16:1-36).
9. 르비딤 ; 모세가 반석을 쳐서 물이 나게 했고, 아말렉과 싸울 때 아론과 훌이 모세의 팔을 들어 올려 이겼으며, 모세의 장인 이드로가 찾아온 곳이다(17:1-18:12).
10. 시내 산(호렙산) ; 이스라엘이 일 년간 머무르며 율법을 받고 성막을 완성한 곳, 모세가 최초로 하나님의 부르심을 받았던 곳이기도 하다(3:1, 19:1-2).

창조의 신 소벡

망자의 수호신 아누비스

신들의 전령 토트

〈문화〉

창세기에서 히브리 민족의 일신론과 대조를 이룬 것은 메소포타미아와 가나안의 다신론이었다. 출애굽기에서는 애굽의 다신론과 신격화된 왕권이 일신론과 대조를 이루고 있다. 출애굽기의 저자는 애굽에 내려진 재앙들과 모세가 일으킨 기적 이야기를 통해 야훼 외에는 신이 없으며, 세상을 주관하는 분이 곧 히브리 민족의 하나님인 것을 강조하고 있다. 예컨대 열 가지 재앙은 모두 애굽의 신들에게 내려진 것이다. 모세의 지팡이로 만든 뱀이 애굽의 마술사들의 지팡이로 만든 뱀을 잡아먹는 이야기는 코브라로 상징되는 바로의 권력이 야훼의 종 모세의 권위에 굴복하게 되는 것을 보여준다.

이 이야기는 애굽의 왕 바로가 메소포타미아 지역의 왕들과 달리 신으로 받들어졌으며, 애굽 인들이 나일 강을 비롯하여 수많은 자연을 신으로 섬겼던 다신교적 문화가 배경이 되어있다. 모세와 바로의 대결로 나타난 일신론과 다신론의 투쟁은 홍해를 건너와서도 여전히 계속되었다. 비록 애굽 인들이 시나이 반도까지 따라오지 못했지만, 이스라엘 백성들의 삶속에 자리 잡은 다신교적 풍습은 결국 시내산 아래에서 송아지 우상을 만드는 사건으로 드러났기 때문이다.

출애굽기에는 히브리 민족의 종교와 삶의 근간이 되는 계명들과 성막제도가 나온다. 그것들은 모두 인격적 신인 야훼 하나님의 신성과 관계있으며, 야훼와 언약 관계에 있는 이스라엘 민족의 정체성 확립을 위한 것이었다. 예를 들면 야훼 하나님은 눈에 보이지 않는 하나님이므로 신상을 만들어서는 안 된다든가, 애굽에서 이스라엘을 구원하신 하나님을 기념하기 위해 유월절을 지켜야 한다는 것 등이다. 유월절은 이스라엘 최초로 제정된 축제로서 정체성 유지의 대표적 절기가 되었다.

참고로 애굽의 신들을 도표로 정리해본다.

이 름	맡은 일	형상/동물
겝	지상 신, 누트의 남편, 오시리스의 아버지	인간
네 크 베 트	상 애굽(Upper Egypt)의 여신	독수리
누트	하늘 여신, 겝의 아내	
라	태양, 지구, 하늘의 신, 마아트의 아버지,민족 신	매의 머리 인간
마 아 트	정의의 여신, 라의 딸	인간
무 트	태양의 눈, 아몬의 아내	독수리, 인간
민	생식력과 번식의 신	인간
베스	출생시 보호, 번식의 신	꼬리 달린 인간
와제트	파라오의 수호신	코브라
세크메트	전쟁과 질병의 여신	사자 머리 인간
셀켓	생명의 수호신, 죽은 자를 보호	전 갈
세트	혼돈, 사막, 폭풍, 곡물의 신, 오시리스의 형제	
소디스/하피	나일 홍수의 신	젖가슴 남자
소벡	창조의 신	악어
아누비스	죽은 자를 영화롭게 하는 신	자칼 머리
아문	공기의 신, 테베의 신, 국가 신	숫양과 거위
이히	인도하는 신	송아지
하피	생명과 풍요를 주는 신	나일강
아툼	최초의 창조 신	뱀-인간
아피스	다산/풍요를 보장	황소
에조	삼각주/하 애굽(Lower Egypt)의 여신	코 브 라
오시리스	죽음의 신, 죽은 자를 다스림, 생명과 식물의 신	인간
이시스	생명, 치료의 신, 겝의 딸	인간
케프리	최초의 신, 떠오르는 태양	풍뎅이/파리
크눔	나일 강을 준 신, 인류를 창조한 신	숫양 머리 인간

터무디스	다산과 풍년의 여신, 운명을 관장	뱀
토트	지혜, 달, 역사의 신, 신들의 전령	따오기, 원숭이
토어리 스	다산 및 해산하는 여인의 여신	하마
프타	창조의 신, 장인들의 신	인간
하토르	천상 여신, 사랑, 춤, 술의 여신	암소
헤 켓	최초의 여신, 다산	개 구 리
호루스	천상의 신, 파라오의 수호신	매
슈	바람의 신	깃털
세네헴	수확 풍요의 신	메뚜기머리 인간
파 라 오	인간 세계를 다스림, 사후에 오시리스가 됨	코 브 라

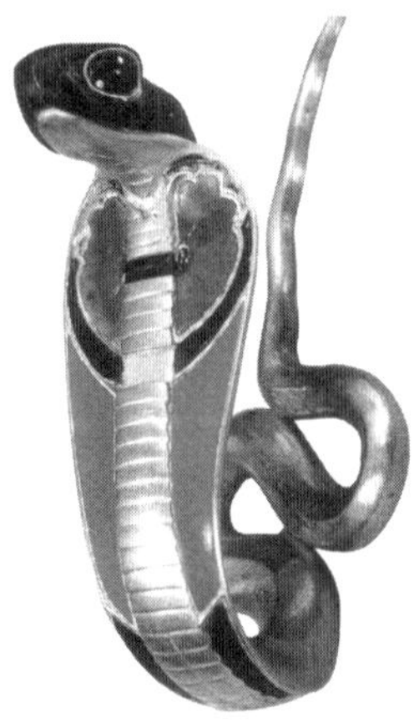

파라오의 수호신 와제트

〈문학 양식〉

출애굽기는 대부분이 역사 서술(historical narratives)로 되어 있고, 시내산에서 받은 계명과 성막제조법에 관한 부분은 구약율법에 속한다. 출애굽기에 나오는 역사서술 또한 창세기에서 보았던 것처럼 시내산 계명과 조화를 이루고 있다. 예를 들면 이집트에서 나오던 날 이스라엘이 경험한 유월절(Pass over)은 매년 지켜야 할 절기와 맏배에 관한 대속규정으로 성문화 되고 있다(34:18-20). 그리고 애굽 사람들에게서 학대받았기 때문에 다른 민족의 나그네를 압제하지 못하도록 금지하고 있다(22:21). 물론 창세기에 기록된 설화들에서 보여준 교훈이 출애굽기에서 계명으로 성문화 된 것들이 많다. 그것은 처음부터 창세기가 출애굽기와 분리된 책이 아니었다는 사실을 반영하는 것이다.

구약 율법은 성격상 종주 계약(Suzerainty Covenant)에 속한다. 종주계약이란 높은 계층의 인물과 낮은 계층의 인물 사이에 맺어지는 일종의 봉신 계약과 같은 것으로서 헷 족속들의 문서에서 두드러지게 나타나고 있다. 종주계약 문서에는 일정한 순서가 있는데 1) 계약 당사자들의 이름 2) 계약 체결의 이유 3) 의무조항 4) 상벌 조항(축복과 저주) 등이다. 출

20:1-17은 종주계약의 전형적인 순서를 따르고 있다. 예컨대 야훼 하나님이 이스라엘에게 일방적으로 계약을 체결하시는 이유가 그들을 애굽에서 구원했기 때문이라는 것이다. 그런데 종주 계약은 쌍방 계약과 달라서 한 번 계약이 체결되면 일방적으로 파기될 수 없는 것이 특징이다. 이스라엘이 하나님과 계약을 맺은 다음 일방적으로 의무조항을 위반할 경우 상벌 규정에 따라 저주가 내려질 뿐 계약관계가 파기되지는 않는다는 점이다. 이스라엘 역사에서 예언자들이 시대마다 누누이 강조한 것이 그 부분이었다. 시내산에서 이스라엘과 야훼 하나님 사이에 맺은 언약은 세월이 흘러도 여전히 유효하다. 후손들이 일방적으로 의무조항을 지키지 않을 경우 응분의 징계를 받게 되었던 것이다.

인도하는 신 이히

〈원 청중과 원 독자〉

출애굽기의 원 청중들은 창세기의 원 청중들과 같다. 창세기와 출애굽기가 모두 같은 시기에 같은 장소에서 씌어졌다고 보이기 때문이다. 출애굽기의 원 청중들은 모세와 함께 애굽에서 나와 시내산에 도착한 제 1세대 이스라엘 백성들일 것이다. 원 독자들은 광야에서 태어났거나 출애굽 당시 간난 아이였다가 성인이 된 제 2세대 이스라엘 백성들일 것이다. 그렇게 보는 이유는 제 1세대 이스라엘 백성들이 시내산에 도착한 이후 모세로부터 이스라엘의 모든 제도와 법규를 받는 기간 동안 창세기의 설화들을 들었을 것이기 때문이다. 그리고 말로 선포된 설화와 법규들은 모세가 40년 광야 생활을 끝내고 요단 동편에서 죽기 전 기록으로 남겨져, 제 2세대 이스라엘 백성들에게 전달되었을 가능성이 크기 때문이다.

<주제와 관점>

출애굽기의 주제는 내용상 크게 세 가지 – 하나님의 구원(권능), 하나님과의 언약 체결(율법), 성막제도(예배) – 이다. 이 세 가지 대 주제가 다음과 같은 신학적 관점과 함께 설화 형태로 소개되어 있다.

1) 이스라엘의 구원자 하나님
2) 초자연적 섭리로 인도하시는 하나님
3) 택한 백성과 언약을 맺으시는 하나님

4) 경배 받기에 합당하신 하나님
5) 가나안 땅을 예비하신 하나님

이런 관점들이 잘 드러나 있는 부분들은 다음과 같다.

1) 하나님은 고통 중에 부르짖는 이스라엘을 불쌍히 여기셨다.
2) 모세라는 인물을 선택하시고, 훈련하시고, 사용하셨다.
3) 이스라엘을 억압하는 바로와 애굽의 신들에 재앙을 내리셨다
4) 홍해를 건넌 이후 시내산에 도착하기까지 기적적인 돌보심이 있었다.
5) 시내산에서 택한 백성들에게 율법을 주시며 언약을 맺으셨다.
6) 성막을 통해 백성 가운데 거하시며 경배 받으신다.
7) 가나안 원주민들과 구별되게 살 것을 반복해서 강조하신다.

〈기록 목적〉

아마도 다음과 같은 이유에서 이 책이 기록되었을 것이다.

첫째, 애굽의 압제에서 구원하신 하나님을 잊지 않고 섬기게 하기 위해 썼을 것이다.

둘째, 하나님과 맺은 시내 산 언약을 후손들이 대대로 지키게 하기 위해 썼을 것이다.

셋째, 성막을 통해 하나님께 경배하므로 열방 중에 구별된 민족이 되게 하기 위해 썼을 것이다.

〈특징〉

1. 창세기에서 시작된 야훼 하나님에 대한 신학이 보다 심화되고 있다. 야훼가 단순히 히브리 민족의 신이 아니라 열방과 세계를 다스리는 참 신이라는 사실이 강조되고 있는 것이다. 창세기의 요셉 이야기에서부터 시작된 이 주제는 10재앙으로 바로를 무릎 꿇게 한 사건에서 절정에 이른다. 그리고 홍해를 육지같이 건너고 시내 광야를 무사히 통과하는 이야기에서 마무리 되고 있다. 또한 야훼의 형상을 돌이나 나무에 새기는 것, 우상제조와 숭배가 금지되고 있다. 또한 야곱의 집안에 우상이 있었던 것과 대조해 볼 때 신학적인 깊이가 더해지고 있다고 할 수 있다.

2. 히브리 민족의 정체성 확립에 초점이 맞춰져 있다. 안식일을 포함한 각종 연중 절기들을 지키도록 성문화 되고 있을 뿐 아니라, 성막제도를 통한 야훼 숭배가 표준화 되고 있다. 예를 들어 오직 제사장을 통해 성막에서 제사 드릴 수 있게 한 것은 족장들이 아무 곳에서나 제단을 쌓던 때와 사뭇 다른 것이다. 뿐만 아니라 삶의 전반에 걸쳐 시행될 법령을 제정한 것은 가나안 원주민들의 다신교적 삶을 모방하지 않도록 하는데 의의가 있다.

3. 출애굽기에 나오는 하나님의 구원 설화들은 시편 저자들의 단골 메뉴가 되었다. 또한 하나님을 떠난 이스라엘을 향해 예언자들이 민족적 회개를 촉구하는 근거가 되었다.

4. '물'이 전체 설화들을 이어주는 '소재'로 사용되고 있다. 먼저 이스라엘의 남자 아기들이 나일 강물이 삼켜지고, 모세는 물에서 건짐 받는다. 모세는 미디안 광야에서 여성 목자들을 남성 목자들의 횡포로부터 지켜주고 우물물을 사용하게 했다가 신부를 얻는다. 야훼 하나님이 내린 재앙으로 나일 강물은 피가 되며, 애굽 군대가 이스라엘을 쫓아오다가 홍해 물에서 수장된다. 시나이 반도에 들어선 이스라엘은 마라에서 쓴 물을 만나지만 나뭇가지를 던져 달게 만들어 마신다. 엘림에서는 종려나무 칠십 주와 물 샘 열둘을 만난다. 르비딤에서는 반석을 쳐서 나온 물을 마시고 새 힘을 얻는다. 모세는 이스라엘이 시내 산 아래에서 만든 금송아지를 빻아 가루로 만들어 물에 타 마시게 하였다.

2. 내 용

〈구조와 요절〉

출애굽기는 전체 40장, 3부로 구성되어 있으며, 다음과 같은 이야기들로 구성되어 있다. 그리고 이 책의 내용을 가장 잘 요약하고 있는 요절은 아래와 같다.

제 1부 - 이스라엘을 구원하시는 여호와

1) 모세를 부르시는 하나님(1:1-4:31)

2) 모세를 보내시는 하나님(5:1-12:36)

3) 모세를 통해 구원하시는 하나님(12:37-18:27)

제 2부 - 이스라엘과 언약을 맺으시는 여호와

1) 언약을 맺으시는 하나님(19:1-24:18)

2) 성막을 계시하시는 하나님(25:1-31:18)

3) 이스라엘이 언약을 어김(32:1-34:35)

제 3부 - 이스라엘의 경배를 받으시는 여호와
이스라엘이 하나님께 재 헌신함(35:1-40:38)

요절

"그들은 내가 그들의 하나님 여호와로서 그들 중에 거하려고 그들을 애굽 땅에서 인도하여 낸 줄을 알리라 나는 그들의 하나님 여호와니라"(29:46)

대단원	이스라엘을 구원하시는 여호와	이스라엘과 언약을 맺으시는 여호와	이스라엘의 경배를 받으시는 여호와
소단원	1:1-4:31 모세를 부르시는 하나님	19:1-24:18 언약을 맺으시는 하나님	35:1-40:38 이스라엘이 하나님께 재 헌신함
	5:1-12:36 모세를 보내시는 하나님	25:1-31:18 성막을 계시하시는 하나님	
	12:37-18:27 모세를 통해 구원하시는 하나님	32:1-34:35 이스라엘이 언약을 어김	
주제	여호와의 능력	여호와의 언약	여호와의 영광
지리적 배경	이집트와 시내 광야	시내산	
기록 연대	주전 15세기 혹은 13세기		
기록 장소	시내산		

〈해 설〉

제 1부 – 이스라엘을 구원하시는 여호와

1) 모세를 부르시는 하나님(1:1–4:31)

א. 택한 백성을 보호하시는 야훼 하나님의 권능과 압제자의 좌절이 대조되어 있다. 이스라엘이 학대를 받을수록 더욱 번성한 것이나, 하나님이 산파들에게 은혜를 베풀어 이스라엘을 번성하게 한 것은 모두 하나님의 권능을 보여준다(1:12, 20). 바로는 중노동으로 히브리 민족의 출산율을 감소시키려 했지만 실패했고, 산파를 동원하여 남아들을 살해하려 했지만 역시 실패했다.[3] 최종적으로 남자 아기를 나일 강에 익사시키라는 명령을 내렸지만, 바로 그 명령 때문에 모세가 바로의 공주의 아들로 입적될 수 있었다. 더 나아가 모세는 두 번이나 하나님의 권능을 체험하였으며(4:1-7), 이스라엘 백성들도 모세를 통해 일어나는 이적을 보았다(4:29-31). 특히 모세가 자신의 힘을 의지해서 스스로 민족의 지도자로 자처했을 때 살인과 도피생활로 막을 내릴 수밖에 없었던 이야기는 출애굽이 전적으로 야훼 하나님의 구원임을 반증하는 것이다. 모세라는 이름은 이집트어로 '낳다'는 의미의 동사 '메스'에서 왔다. 출애굽기의 저자는 이집트 식 이름 모세를 '건져내다'는 의미의 히브리어 동사 '마샤'의 분사형으로 소개하여 '건져냄'이라는 의미로 소개했다.

3) "그 자리를 살펴서 아들이거든 죽이고"(출 1:16)에서 '그 자리'를 직역하면 '쌍돌'(오브나임)이다. 즉 히브리 여인들이 돌 위에 앉아 해산했던 것을 알 수 있다. 이스라엘이 오랫동안 살았던 이집트의 해산풍속과 매우 흡사하다. 이집트 여인들은 동서남북을 상징하는 네 개의 벽돌(메스 케네트) 위에 앉아 출산했다.

ב. 야훼 하나님이 조상들과 맺은 언약을 성취하고 있다는 사실이 강조되고 있다. 첫째, 하나님이 이스라엘 백성들을 돌보신 것은 조상들과 맺은 언약을 기억했기 때문이라고 되어있다(2:24-25). 둘째, 불타는 가시덤불에서 모세를 만난 야훼 하나님은 조상들과 맺은 언약에 근거해서 이스라엘을 구원하려고 한다는 사실을 반복적으로 밝히고 있다(3:6-9, 15, 16-17). 이것은 이스라엘로 하여금 야훼 하나님의 언약을 성실히 지켜야 한다는 사실을 강조하는 것이다.

이집트 콤 옴보 신전
(메스 케네트 위에서 해산하는 여인 부조)

여기서 야훼 하나님이 모세에게 '신을 벗으라' 고 하신 명령을 이집트의 관습과 비교해보면 흥미롭다. 이집트에서 파라오들은 통치자이자 대사제로서 지성소에 들어가 신과 대면한다. 그때 파라오는 신 앞에서 신을 벗는다. 예를 들어 주전 2800년경에 만들어진 나르메르 화장판에는 파라오가 신에게 포로들을 제물로 드릴 때 신을 벗고 있는 장면이 새겨져 있다. 물론 이스라엘의 제사장들도 성막에 맨발로 들어간다. 그런 점에서 모세가 하나님 앞에서 신을 벗었다는 것은 파라오처럼 통치자이자 대사제로 부르심을 받았다는 의미로 해석될 수 있다. 실제로 모세는 아론을 대제사장으로 위임할 때까지 통치자이자 대사제 역할을 수행했던 것이다.

ג. 모세를 부르신 이야기에는 해석에 있어서 흥미로운 부분들이 있다.

첫째, 하나님의 이름이다. 하나님은 '야훼' 가 이스라엘이 대대로 기억할 하나님의 이름이라고 알려주었다(3:15). 그것은 그 이름이 이스라엘 민족과의 관계 속에서 사용될 고유명사라는 사실을 보여준다. 그리고 그 이름의 뜻은 '스스로 있는 자' 이다(3:14). 그런데 "나는 스스로 있는 자니라" 는 말은 히브리어 성경에 אהיה אשר אהיה(에흐예 아세르 에흐예)라고 되어 있다. 이 말을 직역하면 "나는 나다(I am that I am)" 혹은 "나는 나일 것이다(I'll be that I'll be)"가 된다. 여기서 "스스로 있는 자"는 אהיה(에흐예)인데 "나는(I am)" 혹은 "나이다(I am)"로 번역할 수 있다. 이 단어는 일인칭 단수에 쓰는 경우이며, 삼인칭 남성 단수로 바꿀 경우 אהיה(예흐예)로서 하나님의 고유명사인 '야훼' 가 된다. 그러니까 하나님은 자신을 אהיה로 부르시고, 인간들은 그를 יהוה로 부르게 된 것이다.

신약성서에는 예수 그리스도가 자신을 이 이름으로 부른 사실이 기록되어 있다(부록 참조).

둘째, 숙소로 돌아간 모세를 야훼 하나님이 죽이려고 한 사건이다(4:24). 그 이유는 모세의 아내 십보라가 아들에게 즉석 할례를 행하자 하나님이 모세를 살려준 일을 통해 설명된다. 모세는 뜻밖의 장소에서 하나님의 부르심을 받기까지 아들에게 할례를 행하지 않았다. 아마도 이스라엘 자손이라는 사실조차 잊어버린 채 살고 싶었는지도 모른다(2:14, 4:1) 그것은 하나님이 아브라함에게 명령하신 창 17:14에 대한 명백한 위반이었다.

셋째, 요셉을 알지 못하는 새 왕(1:8)은 제 19왕조의 세티 I를 가리킨다고 볼 수 있다. 요셉을 몰랐다는 것은 요셉의 공적과 그의 후손들에 대한 예우를 인정하지 않고 적대시하기로 결정했다는 것을 가리킨다. 그가 그렇게 태도를 바꾼 것은 셈 계열의 힉소스 왕조를 무너뜨린 애굽 본토 출신의 파라오였기 때문이었다. 전쟁이 일어날 경우 이스라엘이 적들의 편에 설까 두려워했다는 사실(1:10)이 이를 뒷받침해준다.

국가 신 아문

ד. 모세를 부르신 하나님의 이야기는 지도력(leadership)에 관한 이야기이다. 이스라엘의 지도자는 다른 민족의 지도자처럼 신이나 신의 대리자가 아니라는 것이다. 그는 일반 백성과 다를 바 없이 야훼의 명령을 솔선수범하는 자이다. 그러나 그의 지도력이 하나님께로부터 왔으므로 일반 백성들이 그에게 순종해야 한다. 따라서 모세가 지도자로 세워지는 이야기에 하나님의 선택과 부르심이 들어있다. 이것은 단순히 광야를 행진하는 동안 이스라엘이 모세에게 순종해야 한다는 의미를 넘어 그가 기록한 글들이 그의 입을 통해 전해진 하나님의 명령과 같은 권위를 가진다는 것을 의미한다.

나일강의 신 하피

1) 모세를 보내시는 하나님(5:1-12:36)

케프리
태양신의 아침 이름

א. 야훼 하나님이 누구인가를 보여주는 것이 이야기의 핵심이다(7:5, 17, 10:1-2). 이야기의 진행에 따라 야훼가 참 신이라는 사실이 이스라엘 백성에게나 바로 왕에게나 새롭게 인식되고 있다. 처음에 출애굽의 기대를 가지고 하나님께 경배했던 이스라엘 백성들도 바로가 순순히 그들을 보내주지 않자 모세와 아론을 원망하고 야훼의 약속을 더 이상 들으려 하지 않았다(4:31, 5:21, 6:9). 바로는 야훼의 존재를 인정하지 않으려 했지만(5:2, 17). 시간이 흐름에 따라 점점 인정하게 되었다(8:9,25-28, 9:27-28, 10:16-17, 12:31-32). 이스라엘 백성들도 애굽에 재앙이 내려지는 과정에서 야훼에 대한 믿음이 깊어졌다(12:27-28). 이것은 이스라엘이 전능하신 야훼 하나님을 섬기도록 하려는 목적에서 기록된 것이다.

ב. 야훼의 말씀이 강조되고 있다. 이스라엘의 출애굽은 야훼 하나님의 말씀대로 진행되었다(6:1, 7:3-4, 13, 19-20). 마치 창조 이야기에서 "하나님이 가라사대… 그대로 되니라"는 식으로 바로의 마음이 굳어지거나, 재앙이 임하였다(9:35). 또한 출애굽이 조상들과 맺은 언약의 성취라는 점이 강조되고 있다(6:4-5,8). 야훼의 말씀이 강조된 것은 이스라엘 백성들이 하나님께로부터 받은 계명들을 지키도록 동기를 주기 위한 것이다.

양육의 신 하토르

ג. 이스라엘과 야훼의 관계가 강조되고 있다. 하나님은 이스라엘을 내 백성이라고 부른다(5:1, 6:7, 7:4, 8:1, 21, 9:1, 13, 10:3-4). 그것은 선민 이스라엘을 향한 야훼의 특별한 관심과 돌보심을 보여주며, 하나님께 대한 이스라엘의 책임을 강조하는 것이다. 흥미로운 것은 바로도 애굽인들을 "내 백성"이라고 부르는 것이다(8:8, 9:27, 12:31). 그리고 야훼는 이스라엘과 애굽 백성들을 구별하신다(8:22-23, 9:4,25-26, 10:23, 11:6-7). 그러니까 이스라엘은 야훼 하나님의 백성으로서 바로의 백성인 애굽 사람의 땅에서 살 것이 아니라 약속의 땅 가나안에서 살아야 한다는 것이다. 그리고 최초의 절기-유월절-에 대한 명령은 이스라엘이 대대로 야훼 하나님과의 관계 속에서 살아야 한다는 사실을 각인시켜주는 것이다.

ד. 애굽에 내려진 재앙은 애굽 신들의 무능함을 드러낸다(12:12). 그것은 이스라엘로 하여금 다신교의 허구에 빠지지 않도록 경계하기 위해 기록된 것이다.

정의의 여신 마아트

우선 모세의 지팡이로 만든 뱀이 애굽 술사들의 지팡이로 만든 뱀을 잡아먹은 것은 바로의 권위에 대한 제압이다. 코브라는 통치권의 상징으로서 애굽의 예술에 흔히 사용되는 소재이며, 매와 함께 바로의 왕관 이마부분에 장식되어 있었다.

첫째, 나일 강이 피가 된 재앙은 '모든 인간에게 생명을 주는 나일 강의 신 하피'에 대한 제압이다. 나일 강이 매년 넘쳐서 땅을 비옥하게 만들기 때문에 애굽의 생명수로 간주되었으며, 제물을 바치는 신들 가운데 하나가 되었다. 나일 강이 이처럼 신격화 된 것은 너무 적게 넘치거나 너무 많이 넘쳐도 기근이 오기 때문이었다. 따라서 애굽에서 나일 강이 매년 범람하는 것은 '하피 신의 도착'으로 알려졌다. 그리고 나일 강은 오

생식의 신 민

하늘 신 누트, 공기의 신 슈, 대지의 신 겝

번식의 신 베스

시리스 신의 생명의 피로 여겨졌다. 그 강물이 피가 되어 모든 생물이 썩어버린 것은 크눔 혹은 하피 신과 오시리스 신에 대한 모독이었다.

둘째, 개구리 재앙은 개구리 머리를 한 창조의 신 '헤켓' 에 대한 제압이었다. 출산을 관장한다고 알려진 이 여신도 야훼의 저주 앞에서 개구리들의 번식을 효과적으로 통제하지 못했다.

셋째, 이 재앙은 땅의 신 '겝' 을 야훼가 제압했다는 표시이다. 왜냐하면 모세가 땅의 티끌을 치자 곧 티끌이 이가 되어 애굽 사람들과 가축에 올랐기 때문이다.

넷째, 파리/풍뎅이 재앙은 '케프리' 신에 대한 제압이다. 케프리는 '아툼' 혹은 '라' 신의 현현으로 알려졌으며, 애굽 제사장들은 풍뎅이 모양의 부적을 지니고 있었다.

다섯째, 돌림병/탄저병 재앙은 황소의 신 '아피스' 와 암소의 신 '하토르' 을 제압한 것이다. 이집트에서는 황소를 미이라로 만들어 매장한 대형 묘지가 발굴 되었는데, 황소의 상징은 곧 바로의 상징이었다. '아문의 찬가' 에는 바로와 황소의 구별이 어려울 정도로 동일시 되어있다.

여섯째, 악성 종기 재앙은 질병과 치료의 신 '세크멧'에 대한 제압이다. 바로의 마술사들도 악성 종기 재앙으로부터 벗어나지 못한 것은 애굽 치료의 신 '세크멧'의 무능함을 보여주는 것이다.

일곱째, 우박 재앙은 하늘의 여신 '누트'를 친 것이다. '누트'는 태양신 '라'의 어머니로서 저녁이면 태양을 삼켰다가 아침에 다시 출산하는 것으로 여겨졌다. 그리고 누트 여신은 하늘에서 내리는 재앙에 대해 땅을 보호하는 것으로 믿어졌기 때문에 애굽 인들의 신앙에 큰 손상을 주었을 것이다. 특히 우박으로 인해 삼과 보리가 상했다고 했는데(9:31), 삼은 미이라를 싸는 일과 의복 만드는 재료였기 때문에 심각한 수급불균형을 가져왔을 것이다.

전쟁과 질병의 여신 세크메트

여덟째, 메뚜기 재앙은 '세네헴' 신에 대한 제압이다. 수확과 풍요의 상징인 메뚜기가 온 땅의 식재료를 다 먹어치운 것은 애굽 신화의 아이러니를 보여준다.

아홉째, 흑암 재앙은 태양 신 '라'를 친 것이다. 동식물의 생장을 좌우하는 태양 빛은 신성시하기에 적합한 것이었다. 애굽의 왕들은 자신을 '태양의 아들'로 불렀다.

오리시스

열째, 장자가 죽는 재앙은 애굽의 최고 신 '바로'에 대한 제압이다. 인간 신 '바로'는 장자승계를 통해 영원히 숭배될 대상이었다. 따라서 장자가 죽은 것은 '바로' 숭배의 종말을 뜻한다. 그리고 죽은 자에게 생명을 준다는 신 '이시스'가 허무한 신인 것을 보여준다. 바로 왕에 대한 제압과 관계해서 한 가지 생각해 볼 점은 바로의 이름들이 전혀 기록되지 않은 것이다. 즉, 요셉을 알지 못하는 새 왕(세티 I), 바로의 공주, 모세와 대결했던 바로(람세스 II)의 이름이 따로 기록되지 않은 것이다. 이것은 예언자들이 앗수르의 왕 '산헤립'이나 바벨론 왕 '느부갓네살'의 이름을 사용한 것과 대조적이다. 왕국 시대에 이르러서도 솔로몬의 장인 바로(21왕조의 시아문: 왕상 3:1), 히스기야 시대의 바로(왕하 18:21)도 이름이 기록되지 않았다. 단지 요시야 왕을 죽인 바로(느고: 왕하 23:29)의 이름만 예외적으로 기록되어 있을 뿐이다. 아마도 그것은 애굽 문화를 극도로 경계하는 오경 저자의 관점이 다른 성서 저자에게도 그대로 받아들여졌기 때문인 것으로 보인다.

이시스

호루스

이외에도 애굽의 전차부대가 홍해 가운데 수장된 것은 폭풍의 신 '세트'에 대한 제압이다. 아이러니하게도 애굽의 전차부대는 '세트' 신전에서 바로 내려다보이는 바다에서 수장되었다. 그들을 보호해야할 신이 오히려 이스라엘이 홍해를 건너도록 도왔으며 그들을 수장했다. 이스라엘이 홍해를 무사히 건넌 것은 폭풍이 밤새 불어 바닷물을 갈랐기 때문이다.

열 재앙이 애굽의 신들을 제압한 것이라는 해석과 반대로 자연현상이었을 뿐이라는 설도도 있다. 강물이 피가 된 것은 나일 강이 상류에서 진흙을 싣고 왔기 때문이며, 그 결과 탄저병이 생겨 물고기가 폐사하고, 생존을 위해 사람들의 주거지로 뛰어든 개구리들도 이미 전염되어 있었기 때문에 죽었고, 그 죽은 개구리들 때문에 이와 파리가 생겨났고, 이로 인해 감염된 풀을 먹은 가축에게 전염병이 돌았고, 자연히 사람들도 감염되었다는 것이다. 드물기는 하지만 우박은 애굽에서 나타나는 현상이고, 메뚜기 떼도 가끔씩 볼 수 있으며, 흑암은 리비아 사막의 모래 폭풍으로 인한 현상이라고 주장한다. 그러나 사람과 가축의 장자가 죽은 현상은 설명하지 못한다. 그런데 이스라엘이 애굽에서 나오던 밤 문설주와 인방에 양의 피를 칠한 것을 보면 출애굽이 돌연적인 사건으로 발생한 것이 분명하다. 그것은 모든 애굽 가정의 장자들이 죽음을 경험한 것 같은 특별한 사건이 있었다는 것을 반증해준다. 그러면 만약에 아홉 재앙이 자연현상이라면 열 번째 재앙은 어떤 자연현상인 것인가?

ה. 모세를 부르신 하나님 이야기에는 해석 상 흥미로운 구절이 있다. "내가 아브라함과 이삭과 야곱에게 전능의 하나님으로 나타났으나 나의 이름을 여호와로는 그들에게 알리지 아니하였고"(6:3)의 해석이다. 이 말을 얼핏 보면 마치 아브라함과 이삭과 야곱이 야훼의 이름을 몰랐다는 것처럼 느껴진다. 그러나 겔 20:5-12을 읽어보면 하나님의 이름이 출애굽 사건과 관계해서 야훼로 알려지는 의미를 알게 된다. 즉, 엘 샤다이(전능자) 하나님은 아브라함과 이삭과 야곱의 후손들을 번성케 하시는 하나님이다(창 17:1-2, 35:11, 48:3-4). 그와 반면에 야훼 하나님은 조상들과 맺은 언약을 성취하시는 계약의 신이다(3:15). 따라서 야훼는 택한 백성과의 계약

문서에 사용하는 이름인 것이다(호 12:5). 그러니까 언약의 성취단계에 있지 않았던 아브라함과 이삭과 야곱에게 야훼의 이름이 체험적으로 인식되지 않았을 것은 분명한 이치이다. 그런 관점에서 위의 구절을 의역하면 이렇게 될 것이다. "내가 아브라함과 이삭과 야곱에게 전능의 하나님으로 나타났으나 나의 이름을 여호와로는 그들에게 깨닫게 하지 아니하였고"

3) 모세를 통해 구원하시는 하나님(12:37-18:27)

마침내 이스라엘 백성들은 애굽을 빠져나왔다. 그들이 요셉의 해골을 가지고 나온 것은 야훼의 언약이 성취되었다는 사실의 증거이다(13:19). 그것은 조상들에게 나타났던 야훼 하나님이 시간의 간격을 뛰어 넘어 그들의 하나님이 되고 있다는 것을 의미한다. 이제 야훼는 언약의 성취로서 그들을 애굽의 손아귀에서 구원하기 시작한다.

א. 야훼 하나님의 초자연적 구원이 강조되고 있다.

첫째, 구름기둥과 불기둥으로 갈 길을 인도하며, 낮의 더위와 밤의 추위를 막아주셨다.

둘째, 강력한 동풍으로 바닷물을 갈라 이스라엘이 홍해를 건너게 해주었으며, 동풍이 물러가게 하여 애굽의 전차부대를 홍해에 수장하셨다.[4)]

셋째, 수르(Shur) 광야에서 목말라 죽게 된 이스라엘 백성들에게 마라의 쓴 물을 달게 만들어 마시게 하셨다.

넷째, 열두 오아시스와 종려나무 일흔 그루가 있는 엘림으로 인도하셨다.

다섯째, 신(Sin) 광야에서 굶주린 이스라엘 백성들에게 만나와 메추라기로 먹이셨다.

여섯째, 르비딤에서 목마른 이스라엘 백성들에게 반석을 쪼개 물을 먹이셨다.[5)]

일곱째, 아말렉 족속과의 전쟁에서 기적적인 승리를 거두게 하셨다.

이처럼 야훼 하나님의 구원이 강조된 것은 이스라엘의 구원자는 야훼밖에 없으며, 야훼만을 섬겨야한다는 진리를 원 독자들에게 각인시키기 위한 것으로 보인다. 따라서 설화 속에 야훼 하나님이 누구인지 알도록

4) 이집트의 웨스트카 파피루스 6, 12-13에는 물에 빠진 목걸이 펜던트를 찾기 위해 사제가 주문을 외워 6미터 깊이의 물을 끌어올려 반대쪽과 포개 12미터가 되게 했다는 기록이 있다.

5) 하가다에는 광야 40년 동안 이 바위가 계속 따라온 것으로 되어 있다. 바울도 고린도 교회에 보낸 편지에서 그 바위를 '따르는 반석(following rock)'으로 불렀다(고전 10:4).

직간접적 화법으로 말하고 있다.

"여호와께서 오늘 너희를 위하여 행하시는 구원을 보라"(14:13).
"나는 너희를 치료하는 여호와임이라"(15:26).
"너희가 여호와께서 너희를 애굽 땅에서 인도하여 내셨음을 알 것이요"(16:6).
"내가 여호와 너희의 하나님인줄 알리라 하라 하시니라"(16:12).
"이제 내가 알았도다. 여호와는 모든 신보다 크시므로 이스라엘에게 교만하게 행하는 그들을 이기셨도다 하고"(18:11).

반석을 치는 모세
(샤갈 작)

ㄷ. 이스라엘 백성들의 불평과 불신, 모세를 비롯한 지도자들의 신앙이 대조를 이루고 있다.

첫째, 추격해오는 바로의 군대를 보고 이스라엘이 모세를 원망하면서 애굽의 노예 시절을 그리워했지만, 모세는 야훼 하나님의 행하시는 구원을 보도록 흥분한 군중을 진정시켰다.

둘째, 마라의 쓴 물을 만났을 때 백성은 모세를 원망했고, 모세는 기도했다.

셋째, 신 광야에서 굶주림에 시달렸을 때 백성은 모세와 아론과 야훼를 원망했지만(16:8), 모세와 아론은 야훼의 약속을 백성들에게 선포했고 기적의 떡과 고기를 먹게 했다.

넷째, 르비딤에서 마실 물이 없어 고생했을 때 백성은 모세를 원망하고 야훼를 시험했지만(17:2), 모세는 하나님의 명령대로 반석을 쳐서 물이 나게 했다.

다섯째, 아말렉 족속이 싸움을 걸어왔을 때 모세는 하루 종일 기도로 하나님의 도우심을 구하고 이스라엘 백성들이 승리를 얻게 했다.

이처럼 백성들과 모세의 대조적 태도가 기록된 것은 원 독자들이 가나안에 들어가서 출애굽 1세대의 불신과 불평을 답습하지 않도록 경고하기 위한 것이다. 그리고 하나님을 신뢰하는 지도자에게 순종하라는 권면의 의미도 담겨있다.

2. 이스라엘 민족의 정체성 확립이 강조되어 있다. 이것이 중요했던 이유는 애굽에서 살았던 오랜 세월동안 다신교적 문화가 이스라엘 백성 가운데 자리 잡았기 때문이다. 그리고 민족 정체성을 확립하지 않고 가나안에 들어갈 경우 자칫 가나안 원주민들의 다신교적 문화에 동화되어 버릴 소지도 다분했다. 무엇보다 급했던 것은 애굽에서 함께 나온 타민족들과의 동질성 확보였을 것이다(12:38). 그들은 이스라엘 백성들과 혈통, 역사, 전통, 풍습이 모두 달랐기 때문에 가나안을 향한 여정에서 마찰을 일으키게 되거나, 잘못된 방향으로 여론을 조성할 가능성이 컸던 것이다.

첫째, 유월절, 무교절, 안식일(16:23-30)을 지키게 하므로 정체성을 확립하고 있다. 출애굽기의 원 독자들은 유월절과 무교절의 전통을 물려받았으며, 그것을 지켜야 하며, 후손들이 지키도록 교육할 책임을 받았다. 유월절의 핵심은 어린 양의 피로 장자의 생명을 구원한 것, 하나님의 능력으로 애굽에서 구원받은 것을 기념하는 것이다. 흥미로운 것은 아브라함의 혈통적 후손이 아닌 자들도 지킬 수 있도록 한 것이다. 아브라함을 하란에서 부르시며 약속하신 하나님의 구원과 축복이 전 세계인들을 향한 것임을 재확인한 것이다.

> "너희와 함께 거류하는 타국인이 여호와의 유월절을 지키고자 하거든 그 모든 남자는 할례를 받은 후에야 가까이 하여 지킬지니 곧 그는 본토인과 같이 될 것이나 할례 받지 못한 자는 먹지 못할 것이니라 본토인에게나 너희 중에 거류하는 이방인에게 이 법이 동일하니라 하셨으므로"(12:48-49).

둘째, 애굽의 영향력으로부터 벗어나게 함으로써 정체성을 확립하고 있다. 다시 말해 애굽의 풍요로움, 애굽의 다신교적 종교관으로부터 벗어나야 할 것이 강조되고 있다.

> "너희가 오늘 본 애굽 사람을 영원히 다시 보지 아니하리라"(14:13).
>
> "애굽 사람들이 나를 여호와인줄 알리라"(14:18).
>
> "우리가 애굽 땅에서 고기 가마 곁에 앉아 있던 때와 떡을 배불리

춤추는 미리암 ▶

먹던 때에 여호와의 손에 죽었더라면 좋았을 것을 너희가 이 광야로 우리를 인도하여 내어 이 온 회중이 주려 죽게 하는도다"(16:3).

"당신이 어찌하여 우리를 애굽에서 인도하여 내어서 우리와 우리 자녀와 우리 가축이 목말라 죽게 하느냐"(17:3).

셋째, 자치 역량을 기르므로 정체성 확립을 꾀하고 있다. 이스라엘 백성들이 애굽에서 살던 400여 년 동안 스스로 분쟁을 조정하거나 해결하지 못했다. 그들은 애굽 관리들의 지시와 명령을 따르기만 하면 되었다. 그 결과 그들이 광야를 통과하는 3개월 동안 크고 작은 문제의 해결을 모두 모세에게 의존하려 했던 것이다. 비록 모세의 장인 이드로의 충고를 따른 것이기도 했지만, 이미 이스라엘 백성의 자치행정에 대한 필요성은 더 이상 미룰 수 없는 이슈였다. 따라서 모세는 열 명 단위, 오십 명 단위, 백 명 단위, 천 명 단위로 행정 조직을 세분화하고 책임자를 세워 관리하게 했다.

ㄱ. 야훼의 말씀이 강조되고 있다. 그가 말씀하시면 바다가 갈라지기도 하고 다시 합쳐지기도 하며, 마라의 쓴 물을 달게 만들 재료를 얻게 되며, 하늘에서 만나와 메추라기가 내려오고, 반석에서 생수가 흘러나오며, 아말렉과의 전쟁에서도 승리하게 된다. 뿐 아니라 야훼는 말씀을 통해 이스라엘 백성들의 신앙을 연단하신다. 그것은 원독자들이 하나님의 언약을 성실히 지켜야 하는 이유를 설명해준다.

“이르시되 너희가 너희 하나님 여호와의 말을 들어 순종하고 내가 보기에 의를 행하며 내 계명에 귀를 기울이며 내 모든 규례를 지키면 내가 애굽 사람에게 내린 모든 질병 중 하나도 너희에게 내리지 아니하리니 나는 너희를 치료하는 여호와임이라”(15:26).

ㄷ. 이스라엘의 출애굽 이야기에서 해석상 흥미로운 부분들을 살펴본다.

첫째, 애굽에서 나온 이스라엘 백성들의 숫자가 남자 장정만도 육십만이나 되었다는 구절이다(12:37). 그러니까 아이들과 여인들과 노인들까지 합치면 200만은 족히 넘었을 것이라는 이야기가 된다. 그 정도의 숫자가 광야 사십 년 동안 먹고 마시는 문제는 하나님의 기적으로 해결했다 치더라도 여러 가지 의문을 낳는다. 그 많은 숫자가 어떻게 하룻밤에 가축들을 끌고 홍해를 다 건너갈 수 있었을까? (14:20, 27) 이스라엘 백성들이 통과했던 곳으로 추정되는 곳에서 토기 조각 등 고고학적 유물이 왜 대량으로 발견되지 않은 것일까? 왜 사람과 가축의 배설물로 만들어진 토양층은 발견되지 않은 것일까? 물론 고고학적 발굴이나 합리적 역사 재구성이 성서 기록의 진정성을 판가름하는 기준이 되는 것은 아니다(고고학적인 발굴 성과가 없다고 성서의 역사 서술이 허구라고 단정 짓는 것은 논리의 비약이다). 어쩌면 지금까지 알려진 노정과 다른 코스로 시나이 반도를 통과했을 지도 모른다. 그럼에도 불구하고 출애굽 이스라엘의 인구가 200만 가량 되었을 것이라고 보는 데는 무리가 있다. 그러면 600개의 그룹으로 보는 것은 어떤가? 육십만으로 기록된 히브리어 본문을 그대로 옮겨 놓으면 육백 천(셰쉬 메아 엘레프)이 된다. 여기서 1000으로 번역된 ‘엘레프’는 그룹 혹은 단위 부대로 번역이 가능하다(수 8:12).[6] 그러나 이 해석 또한 민수기에서 60만의 숫자가 열두 지파별로 구체적으로 나와 있는 것과 조화가 되지 않는 어려움이 있다. 학자들의 추산에 의하면 주전 13세기 이집트의 인구는 100만에서 150만 정도이며, 이스라엘 민족이 살았던 하이집트에는 약 30만에서 50만 정도가 살았다고 한다. 그 중에서 이스라엘 민족처럼 이방인으로 사는 인구는 3만에서 5만 정도로 추산한다.

6) 여호수아가 벧엘과 아이 사이에 매복 시킨 군인은 ‘오천 명’ 혹은 ‘다섯 부대’이다. 지형의 특성상 5000명을 매복시켰다기보다 5개 단위 부대를 매복시켰다고 보는 것이 옳다.

둘째, 이스라엘이 애굽에 거주한지 사백삼십 년 만에 나왔다는 기록이다(12:40). 이 구절과 솔로몬의 성전 건축 연도(왕상 6:1)를 대조해보면 출애굽 연도가 주전 1445년이 된다. 다시 말해 출애굽 시점은 성전을 건축하기 시작한 해 즉, 솔로몬의 즉위 4년(주전 966)으로부터 480년 전이라는 것이다. 따라서 출애굽 시기가 해양 민족의 출현으로 애굽의 국력이 극도로 쇠약해진 주전 13세기였을 것이라는 이론이 보다 설득력을 가진다.

셋째, 유월절 어린 양이 예수 그리스도의 예표(typology)로 제시되고 있다는 점이다.

1) 유월절 어린 양이 장자의 생명을 대속하기 위해 희생된 것처럼 예수 그리스도가 자기 백성들에게 생명을 주기 위해 희생되었다.
2) 유월절 어린 양이 각자의 가축 가운데서 선택된 것처럼 예수 그리스도는 자기 백성 가운데서 선택되었다.
3) 어린 양의 흠결 여부를 살피기 위해 닷새 동안(12:5-6) 살펴야 했던 것처럼 예수 그리스도는 마지막 한 주간을 예루살렘에 머물면서 종교 지도자들에게서 시험을 받았다.
4) 어린 양이 도살되는 바로 그 날, 그 시간에 그리스도가 십자가에서 처형되었다(12:6).
5) 어린 양의 뼈가 꺾이지 않은 것처럼(12:46), 그리스도의 뼈도 꺾이지 않았다(요 19:36).

넷째, 야훼의 영광이 구름 속에 나타났다는 표현이다(16:10). 야훼의 영광은 주로 구름 속에서 빛의 형태로 나타나는데, 그 구름을 '셰키나' 의 구름이라고 부른다.[7] 그 구름은 시내산에서 모세가 율법을 받을 때(24:16-17), 성막을 준공하던 날(40:34), 솔로몬이 성전 낙성식을 거행하던 날(대하 5:14) 임했다. 신약 시대에 와서 예수 그리스도의 제자들은 변화산 위에서 그 영광의 구름을 보았다(마 17:5). 그러니까 마태가 '빛난 구름' 속에서 나는 음성을 들었다고 말한 것은 하나님의 임재에서 나오는 음성을 들었다는 뜻이다. 그 의미는 곧 예수 그리스도가 하나님의 아들이라는 선언이 하나님께로부터 비롯되었음을 강조하는 것이다.

7) 여호와의 영광이 머무른다고 해서 '세키나' 라고 불렀다. '거주하다' '머무르다' 는 의미의 동사 '샤칸' 의 명사형이다.

제 2부 – 이스라엘과 언약을 맺으시는 여호와

애굽 땅 고센을 출발한 이스라엘 백성은 3개월 만에 시내 산에 이르렀다(19:1). 그것은 모세와 맺으신 언약의 성취였다(3:12). 모세는 야훼 하나님과 이스라엘 사이의 중재자로서 다섯 번이나 산에 올랐다(19:3, 20, 24:9, 15, 34:4). 이스라엘은 이제 시내 산자락에서 하나님을 예배하는 법과 하나님의 백성으로 살아가는 법을 배우게 되었다.

1) 언약을 맺으시는 하나님(19:1-24:18)

시내산에서 율법을 받는 모세
(자말 디바니 작)

א. 야훼 하나님께로부터 받은 계명은 판례법이자 필연법이며, 율법이자 언약이다.

첫째, 시내 산 계명은 고대 근동의 법전에서 흔히 보이는 "만일… 경우"라는 판례법과 십계명으로 대표되는 "…할지니라"의 필연법으로 구성되어 있다. 그런데 필연법의 경우 다른 나라의 법전에는 거의 나오지 않는 희귀한 경우이다. 필연법은 십계명(20:1-17), 제단 설치법(20:22-26), 기타 금기사항(22:18-23:9), 절기법(23:10-19)이고, 판례법은 노예 관련법(21:1-11), 폭행에 관한 법(21:12-27), 손해배상에 관한 법(21:28-22:15), 결혼관련 배상에 관한 법(22:16-17)이다.

둘째, 율법이자 종수 언약(suzerainty covenant)의 성격을 띠고 있다. 따라서 언약 체결의 당사자와 내용, 체결방식들이 기록되어 있다. 1) 언약의 당사자(19:3) 2) 언약체결의 배경과 전망(19:4-6) 3) 언약 체결의 의식상 준비(19:7-15) 4) 언약 체결의 장소(19:16-25) 5) 언약의 내용과 상벌조항(20:1-23:33) 6) 언약의 비준(24:1-11) 7) 언약문서의 수여(24:12-18)

ב. 일신론(monotheism)을 핵심으로 하는 종교법이 기초가 되어 있다.

첫째, 야훼 외에 신이 없다는 계명은 모든 계명에 앞서는 것이며(20:3),

반복적으로 강조되었고(23:13, 24, 32-33), 다른 신을 섬기는 자와 무당에게는 죽음이 선고되었다(22:18, 20).

둘째, 우상 제조가 금지되었다(20:4-5). 비록 야훼 하나님을 섬기기 위한 목적이라고 할지라도 우상 제조는 허용되지 않았다. 왜냐하면 하나님을 형상화하는 것은 하나님을 그 물체와 동등한 자리에 놓는 결과가 되기 때문이었다(20:22-23). 그것은 야훼 하나님의 권위를 깎아 내리는 행위이자 물신숭배 행위이기도 했다. 눈에 보이지 않는 야훼 하나님을 굳이 설명하자면 '말씀하시는 신' 혹은 '언약을 이루시는 신' 이었다.

이것과 관련해서 자연을 가지고 삼위일체 하나님을 설명하려는 시도들을 생각해본다. 성부, 성자, 성령을 태양의 본체와 열과 빛으로, 계란의 껍질과 흰자와 노른자로, 물과 얼음과 수증기로, 클로버 풀의 세 잎, 나무의 뿌리와 줄기와 잎 등으로 비유하는 것은 차라리 하지 않은 만 못하다. 그것들은 삼위(three persons)가 각각 완전한 하나님이며(1/3 하나님이 아니다), 한 분(one substance)을 이루고 있다는 진리를 오히려 왜곡시킨다.

제 칠일
(야엘 에를리흐만 작)

"거룩하신 이가 이르시되 그런즉 너희가 나를 누구에게 비교하여 나를 그와 동등하게 하겠느냐 하시니라"(사 40:25).

셋째, 야훼의 이름을 함부로 사용하는 자는 정죄되었다. 즉, 야훼의 이름과 권위는 오직 경외의 목적으로 사용되어야 했다. 따라서 호기심을 충족하기 위해 야훼가 계신 곳-시내 산으로 접근하는 자에게는 죽음이 선고되었다(19:12-13, 21-22, 24). 이것은 장차 만들어질 성막의 성소에 일반인들의 출입이 금지되는 계명으로 성문화 된다.

넷째, 안식일을 지키므로 야훼를 창조주로 섬기게 하였다. 고대 근동의 일부 지역에서 일곱째 되는 날에 휴식하는 풍습이 이스라엘의 안식일 준수에 직접적인 영향을 주었는지 알 수 없다. 적어도 이스라엘의 안식일이 모세 이후에 야훼 하나님만 섬기는 의미의 관습으로 자리 잡은 것은 확실하다(20:9-11). 이 안식일 계명은 6일 창조 후 하나님의 안식에 기원을 두고 있다.

ㄷ. 나그네에 대한 환대(hospitality)가 강조되고 있다. 즉, 나그네들에게도 안식일에 쉬게 해주어야 하며(20:10, 23:12), 이방인 나그네를 학대하지 말도록 경고하고 있다(22:21). 이스라엘이 나그네를 환대해야 하는 이유로서 한때 애굽에서 나그네였던 이스라엘의 역사를 상기시키고 있고(23:9), 안식년에 저절로 맺히는 열매를 나그네들이 먹을 수 있게 배려하고 있다(23:11, 레 25:6-7). 그런데 아브라함이 보여준 나그네에 대한 환대(창 18:1-8)는 지금까지 지켜 내려오는 근동의 풍습이다(창 19:1-3, 24:12-14). 이것이 모세를 통해 성문화됨으로써 유대인을 통한 하나님의 복이 이방으로 흘러갈 수 있는 신학적 토대를 마련하고 있다. 이미 유월절 준수 규정에는 나그네들도 본토인과 같이 할례를 받고 유월절 식사에 동참할 수 있게 한 바 있다(12:43-49). 다시 말해 신약 시대에 와서 복음이 이방으로 퍼져나가는 것은 전혀 새로운 일이 아니었던 것이다. 그런 의미에서 그리스도를 믿는 이방인들과 함께 식사하던 베드로가 예루살렘에서 온 유대인 신자들을 두려워한 나머지 슬그머니 자리를 피한 것은 바울에게 도저히 받아들일 수 없는 사건이었다(갈 2:12-13).

ㄹ. 시내 산에서 야훼 하나님과 맺은 언약에는 해석상 흥미로운 부분들이 있다.

첫째, 제단의 장소에 관한 것이다(20:24). 우선 "내가 내 이름을 기념하게 하는 모든 곳에서 네게 임하여 복을 주리라"의 의미이다. 얼핏 이것은 야훼가 지정하는 특정 장소에서 제단을 쌓도록 규정한 말씀과(신 12:5, 11) 모순되는 것 같이 보인다. 그러나 이들이 시내 산을 떠나 계속 광야를 행진해야 했던 상황을 생각하면 이해할 수 있다. 신명기의 말씀은 가나안 땅에 들어간 이후의 상황을 염두에 둔 약속이며, 출애굽기의 약속은 여전히 광야를 이동 중인 상황에서 주어진 약속이기 때문에 '모든 곳'이란 표현이 사용되었던 것이다.

둘째, 제단의 재료에 관한 것이다(20:24, 25). 즉, 제단은 흙 혹은 자연석으로 만들어야 했다(신 27:5-6). 여기서 흙은 광야 행진 중에 쉽게 구할 수 있는 재료이며, 돌은 가나안 땅에 지천으로 널려있는 재료이다. 그런데 왜 흙이나 다듬지 않은 돌을 사용하게 했을까? 이것에 대한 대답은 간단하다. 자연석으로 쌓을 수 있는 제단의 규모는 다듬은 돌로 쌓는 제단에 비해 상대적으로 작고 초라할 수밖에 없을 것이다. 따라서 웅장한 규모의 제단이 자칫 눈에 보이지 않는 야훼 하나님을 섬기는 일에 방해가 될 것이라는 우려 때문이다. 실제로 나중에 솔로몬이 다듬은 돌로 지은 웅장한 규모의 성전과 놋으로 만든 제단은 사람들의 마음을 야훼 하나님께로부터 멀어지게 만들었으며(겔 8:5-18), 헤롯이 증축한 화려한 성전도 사람들의 마음을 임박한 하나님의 심판에 둔감하게 만드는 것이 되었다(눅 21:5-6).

셋째, 제사장의 의복에 관한 것이다(20:26). 이방의 제사장들은 때로 나체로 제사를 드리기도 했으며, 이집트의 파라오들도 신전 안에서 나체에 에봇 하나만 걸치고 제사를 드리기도 했다. 그와 대조적으로 이스라엘의 제사장들은 겉옷뿐 아니라 속바지까지 입지 않으면 속죄 받지 못한 채 죽음을 맞도록 경고되었다(28:42-43).

넷째, 모세가 이스라엘의 열 두 지파대로 열 두 기둥(마체바)을 세운 것이다(24:4). 모세는 야훼 하나님과의 언약 체결을 위해 백성들의 자발적 헌신을 약속 받고나서(24:3) 하나님이 말씀하신 모든 규례들을 책에 기록하였다(24:4). 그리고는 제단을 쌓은 것과 별개로 기둥(마체바)을 세웠다. 여기서 모세가 세운 열 두 기둥은 야곱이 세운 기둥과 다른 의미로 이해되어야 한다. 제단을 마주 보도록 세워졌을 열 두 기둥은 하나님께 헌신하는 열 두 지파를 상징하는 것이다.

ה. 십계명에는 이집트인들의 내세관과 상응하는 내용들이 들어 있다. 이집트 사람들은 죽은 후 오시리스 신 앞에 가서 생전에 자신이 죄악을 행하지 않았음을 고백해야 한다고 믿었다. 소위 부정고백(negative confession)이다. 이 또한 출애굽기의 저자가 이집트 문화를 잘 알고 있는 사람이라는 것과 출애굽이 실재했었음을 보여주는 증거라고 할 수 있다.

십계명	부정고백(BoD 125)
다른 신을 섬기지 말라	
우상을 만들지 말라	
하나님의 이름을 함부로 부르지 말라	Ram IV: 나는 멘데스의 숫양의 이름으로 맹세하지 않았습니다. 나는 타테넨의 이름을 발설하지 않았습니다
안식일을 지켜라	
부모를 공경하라	Ram IV: 나는 내 아버지에게 대들지 않았습니다. 나는 내 어머니를 무시하지 않았습니다
살인하지 말라	B 5: 나는 사람을 죽이지 않았습니다. A: 나는 사람을 죽이지도, 죽이라고 명령하지도 않았습니다
간음하지 말라	B 19: 나는 다른 사람의 아내와 사랑을 나누지 않았습니다 B 27: 나는 남색(동성애)을 하지 않았습니다
도적질하지 말라	B 2: 나는 강탈하지 않았습니다 B 4: 나는 훔치지 않았습니다
거짓 증언하지 말라	B 9:나는 거짓말을 하지 않았습니다
이웃의 소유를 탐내지 말라	B 3:나는 탐욕을 부리지 않았습니다

2) 성막을 계시하시는 하나님(25:1-31:18)

א. 성막의 의미는 하나님이 자기 백성 가운데 거하신다는 것이다. "내가 그들 중에 거할 성소를 나를 위하여 짓되"(25:8) 다시 말해 성막의 기

에일랏의 성막 실물 크기 모형

본 개념은 제사 드리는 장소가 아니라 함께 하시는 하나님을 위한 상징적 처소이다. 성막 위에 주야로 머물러 있는 세키나의 구름이 그것을 잘 말해준다. 제사는 성막에 거하시는 하나님과 만나는 수단일 뿐이다(29:42-43). 제사장들은 제사 드리는 일 외에도 성막에서 할 일이 많았다. 성소에 등불이 꺼지지 않게 하는 일이나, 신선한 떡을 올려놓는 일, 향을 사르는 일 모두가 하나님의 임재를 상징적으로 보여주기 위해 제사장들이 해야 하는 일이었던 것이다. 더 나아가 국가의 중대사에 관해 하나님의 의중을 묻는 것은 성의를 착용한 대제사장의 몫이었다. 그러면 하나님이 자기 백성 가운데 거하신다는 것은 무슨 의미였던가? 그것은 왕이신 하나님이 이스라엘을 다스리시며, 보호하시며, 먹이신다는 의미였다(왕상 6:13, 겔 43:7-9).

ב. 성막은 조립식 건물이었다. 광야를 행진하면서 언제라도 해체했다가 다시 세우는 작업을 반복해야 했으므로 그럴 수밖에 없었다. 본체와 뜰의 외벽을 지지하는 기둥 등 모든 구조물이 조립식으로 만들어져 탈착이 가능했다. 그뿐 아니라 성막의 기구들을 언제라도 운반할 수 있도록 부착된 고리에 채를 꿰어둔 채로 사용했다. 성막은 가로 22.5m 세로 45m 즉, 22.5m의 정방형 두 개를 붙여놓은 모양의 320평 뜰에 세워졌다. 성막의 본체는 가로 4.5m 세로 13.5m 높이 4.5m 크기의 방이었으며, 아카시아 나무에 정금으로 싸서 바른 벽으로 구성되었고, 넓이 4.5m 높이 4.m의 휘장으로 성소와 지성소를 구분했다. 지성소는 높이, 가로, 세로가 4.5m인 정육면체의 방이었다. 거기에는 출입구나 창문이 없이 밀폐된 곳이었다. 성소와 지성소로 구성된 본체의 지붕은 서로 다른 재료(베, 염소털, 숫양, 해달)로 만든 네 개의 차양으로 덮었으며, 바닥은 자연 상태 그대로 두었다. 성막뜰의 입구는 10.5m 넓이의 동쪽으로 열린 한 곳 밖에 없었다.

제단

ג. 성막에 사용된 기구들은 다음의 7가지가 전부였다. 성막 안의 모든 기구에는 향 기름을 발랐으며, 지성소 법궤 앞에는 소량의 향 가루를 두었다. 그것은 가축을 도살할 때 발생하는 피 냄새와 사체를 태울 때 나오는 연기와 냄새가 성소와 지성소에 배어 악취가 나지 않도록 하려는 의도였던 것으로 보인다.

1) 성막 뜰 입구의 제단(가로, 세로 2.25m 높이 1.35m 아카시아 나무에 놋을 입힌 것)
2) 본체와 제단 사이에 있는 물두멍(놋대야)
3) 성소에 들어설 때 정면에 놓였던 분향 단(가로 세로 40cm 높이 90cm 아카시아 나무에 금을 입힌 것)
4) 왼쪽에 놓였던 일곱 가지의 순금 등대(메노라)
5) 오른쪽에 놓였던 떡 상(가로 90cm 세로 45cm 높이 67.5cm 아카시아 나무에 금을 입힌 것)
6) 지성소 안에 놓였던 법궤(가로 113cm 높이 세로 75cm 아카시아 나무에 금을 안팎으로 입힌 것)와 법궤의 뚜껑(속죄소, 시은소/ 순금으로 만들었으며, 서로 마주보는 두 그룹 천사가 네 날개를 높이 들어 속죄소를 덮는 순금 형상이 법궤 뚜껑에 부착되어 있다)
7) 휘장은 성소와 지성소를 분리한다. 휘장은 인간 세상을 하나님 계신 곳과 분리하는 하늘을 상징한다. 다시 말해 우주의 수직 축을 수평으로 누인 것이 성막 구조이다. 따라서 휘장 앞의 분향단에서 피어오르는 연기는 구름을 상징한다.[8)]

물두멍

8) 존 H. 왈튼, 창세기 1장의 잃어버린 세계(그리심, 2011), 쪽을 참고할 것.

ㄱ. 대제사장은 특별한 의복을 입었다. 머리에는 관(모자)을 썼는데 '여호와께 성결'이라고 쓴 금패가 달린 청색 띠를 이마에 둘렀다. 겉에는 허리띠가 달린 에봇(앞치마)을 입었는데 이스라엘의 열 두 지파를 상징하는 열 두 보석이 달린 흉패를 가슴 부위에 부착했다. 그 흉패에는 '우림'과 '둠밈'이라는 보석이 들어있는 주머니가 달려있었다. 에봇에는 좌우 두 개의 호마노(onyx)가 달린 어깨띠가 서로 연결되어 있었는데 그 보석에 이스라엘 열 두 지파의 이름을 여섯 씩 연장자 순서로 새겨 넣었다. 에봇 아래에는 반소매 원피스 푸른 색 에봇 받침 겉옷을 입었고 치마 자락에 석류와 금방울을 달았다. 에봇 받침 겉옷 아래에는 가는 베로 만든 긴소매 원피스 속옷을 입었고, 그 아래에는 허리에서 허벅지 까지 내려오는 속바지(팬티)를 입었다. 신발은 신을 수 없었다. 성소나 지성소에 제사장을 위한 의자도 없었다. 그곳은 겸손히 야훼 하나님을 섬기는 곳이었으며, 가능한 한 오래 머무르지 않아야 하는 곳이었기 때문이다.

성막 본체

대제사장의 의복과 관계해서 한국 교회에 널리 퍼진 해석 하나를 생각

분향단

해본다. 그것은 대제사장이 지성소에 들어갈 때 위에서 설명한 의복을 입고 들어갔다는 것이다. 그리고 혹시 그곳에서 하나님께 저주받아 죽을 지도 모르기 때문에 발목에 성소의 바깥과 연결된 밧줄을 묶고 들어갔다고 한다. 에봇 아래에 달린 석류와 금방울이 스치는 소리가 "딸랑 딸랑"하고 나면 살아있는 것으로 간주하고, 소리가 나지 않으면 즉시로 밧줄을 당겨 시체를 끌어내려고 했다는 것이다. 왜냐하면 대제사장 외에는 아무도 지성소에 들어갈 수 없기 때문에 시체를 끌어내지 못하면 곤란해지기 때문이다. 이와 같은 해석은 출 28:35과 레 10:1-7을 한데 뒤섞어 지어낸 이야기에 불과하다. 성경이나 유대인의 문헌 어디를 보아도 발목에 밧줄을 묶고 들어갔다는 이야기가 없으며, 레 16:1-4을 보면 에봇과 흉패와 황금패가 부착된 머리띠는 다 벗고 지성소에 들어가게 되어있다.

떡상

> "거룩한 세마포 속옷을 입으며, 세마포 속바지를 몸에 입고 세마포 띠를 띠며, 세마포 관을 쓸지니 이것들은 거룩한 옷이라 물로 그의 몸을 씻고 입을 것이며"(레 16:4)

ㅁ. 위임식을 통해 아론과 그의 아들들이 제사장으로 세워졌다(29:1-46). 그들의 일과는 아침저녁으로 야훼 하나님께 번제(burnt offering)를 올려드리는 일이었다. 아론의 집안이 제사장 가문으로 세워졌다는 것은 다른 지파나 가문에서 제사장이 나올 수 없다는 것을 의미한다. 분열 왕국 시대에 이르러 북 이스라엘의 여로보암이 일반인들을 제사장으로 세운 것이 대대로 선지자들에 의해 정죄되었던 것을 보면 알 수 있다. 그런데 아론의 가문이라고 할지라도 다윗 이후로는 사독의 후손만이 대제사장 자격이 있는 것으로 간주되었다. 사독은 아론의 셋째 아들 엘르아살 계통이다.

등대와 제사장

ㅂ. 야훼의 영광이 계속 나타나고 있다(24:16-17, 29:43). 그것은 이스라엘 백성들이 야훼를 경배해야 하는 이유와 방법을 동시에 보여주는 것이다. 신성한 숫자인 7도 반복되고 있다(24:16, 21:2, 22:30, 25:37, 29:35, 37, 31:15-17). 아울러 안식일을 지키기도 할례처럼 민족의 정체성을 지키는 표로서 신성시 되고 있다. 안식일 준수 명령은 출애굽기에 나오는 계명 가운데 가장 빈번하게 나오는 것이다(16:23-30, 20:8-11, 31:13-17, 34:21, 35:2-3).

ז. 성막 제도와 관련된 본문에는 해석상 흥미로운 구절들이 들어있다.

밥궤와 속죄소

첫째, 속죄소이다(25:17-22). 속죄소는 법궤의 뚜껑인 동시에 두 천사의 펼쳐진 날개 끝이 서로 만나는 형상이다. 즉, 아래는 평평하고 위는 의자 같은 모습이다. 그런데 야훼 하나님이 거기서 대제사장을 만나고, 이스라엘이 행할 일을 명령하겠다고 한 점을 주목할 필요가 있다. 구약 성서를 보면 야훼 하나님이 보좌에 앉으셨다는 표현과 그룹 사이에 앉으셨다는 표현이 교차적으로 사용된다.

"내가 보니 왕좌가 놓이고 옛적부터 계신 이가 좌정하셨는데"(단 7:9)

"내가 본즉 주께서 높이 들린 보좌에 앉으셨는데 그의 옷자락은 성전에 가득하였고"(사 6:1)

"여호와께서 그룹 사이에 좌정하시리니"(시 99:1)

"그 궤는 그룹들 사이에 좌정하신 만군의 여호와의 이름으로 불리는 것이라"(삼하 6:2)

"그룹 사이에 좌정하신 이여 빛을 비추소서"(시 80:1)

대제사장의 의복

이처럼 야훼 하나님은 그룹 천사가 펼친 날개를 의자로 삼아 발을 법궤 위에 놓고 앉아 세상을 다스리는 분으로 묘사되고 있다. 이것은 고대 이집트에서 국제조약 같은 중요한 문서를 신상의 발아래 놓아두었던 풍습과 흡사하다. 그러니까 중요문서를 넣어둔 상자는 신의 발판이기도 했던 것이다. 심지어 이집트에서는 신의 형상을 채로 꿴 상자에 넣어 행진했는데 실제로는 상자밖에 보이지 않았다. 속죄소 혹은 시은소로 번역된 단어 카포레트(כפרת)에는 속죄나 은혜 베푼다는 의미는 들어있지 않고 '발이 놓이는 장소'라는 의미가 들어있다. 실제로 다윗은 "여호와의 언약궤 곧 우리 하나님의 발판을 봉안할 성전"(대상 28:2)이라고 표현하였으며, 미상의 시편 저자는 언약궤를 발견했을 때를 상기하면서 "우리가 그의 계신 곳으로 들어가서 그의 발등상 앞에서 엎드려 예배하리로다"(시 132:7)고 고백했다. 이처럼 야훼가 그룹 사이에 앉아 이스라엘의 대표자와 만나주겠다는 것은 신의 발판으로 사용하는 상자를 사이에 두고 인간과 신이

12보석 흉패
(오씨 얄론 작)

만나는 고대 이집트의 문화와 몹시 닮았다.

둘째, 우림과 둠밈의 기능이다(28:30). 우선 이 두 돌이 제사장의 의복 중 판결 주머니 안에 있었고, 대제사장이 야훼 하나님께 물을 때 사용했다는 사실(민 27:21)이 중요하다. 이 돌들은 당면한 문제에 대해 하나님이 대제사장의 질문에 응답하시는 방편이었던 것이다. 이것은 마치 이방의 왕들이 국가 중대사에 화살이나 희생제물의 간을 가지고 신의 뜻을 묻는 것과 같았다(겔 21:21). 그런데 이 돌들이 어떤 식으로 야훼 하나님의 뜻을 알려주었는지 성경은 구체적으로 알려주고 있지 않다. 다만 우림(빛들)과 둠밈(완전)의 이름으로 볼 때 긍정적인 응답이 임할 때는 우림이 빛나고 둠밈이 함께 색채의 조화를 이룸으로써 이중(완전)으로 확인이 가능했을 것이고, 부정적인 응답이 임할 때는 두 돌이 다른 반응을 보인다든가 했을 것이라고 추측할 수밖에 없다. 우림과 둠밈이 사용된 용례는 성경에 여러 번 나온다.

1) 사울이 블레셋을 추격해도 좋은지 야훼께 물었을 때 대답을 얻지 못했다(삼상 14:37). 이 설화의 70인역 14:41에는 우림과 둠밈이 직접 언급되어 있다.

> "사울이 아뢰었다. 이스라엘의 하나님이신 주여 오늘 당신의 종에게 응답하지 않으시니 어떻게 된 일입니까? 이스라엘의 하나님 여호와여 그 허물이 나에게나 나의 자식 요나단에게 있다면 우림이 나오게 하시고, 그 허물이 주의 백성 이스라엘에게 있다면 둠밈이 나오게 하십시오. 그러자 요나단과 사울이 뽑히고 백성은 제외되었다."

2) 다윗이 그일라를 치는 문제로 하나님께 두 번이나 물었을 때 같은 답을 얻었다(삼상 23:2, 4). 그것은 아히멜렉의 아들 아비아달이 가지고 온 에봇(우림과 둠밈 포함) 때문에 가능했다(삼상 23:6).

3) 다윗은 아비아달에게 에봇을 가져오게 해서 사울이 공격해올 것인지, 그일라 사람들이 자신을 사울에게 넘길 것인지 물어서 긍정적인 대답을 얻었다(삼상 23:9-12).

4) 다윗은 아비아달에게 에봇을 가져오게 해서 아말렉 군대를 추격해서 승리할 수 있는지 물었고 긍정적인 답을 얻자 추격을 시작했다(삼상 30:7-9).

5) 사울은 하나님께 버림 받은 후 우림으로 응답을 받지 못했다(삼상 28:6).

6) 다윗은 사울이 죽은 후 유다의 한 성읍으로 올라가도 좋은 지 야훼께 물어 긍정적인 답을 얻었다(삼하 2:1).

7) 유다가 포로에서 돌아왔을 때 우림과 둠밈은 더 이상 존재하지 않았다(느 7:64-65).

이상을 요약하면 우림과 둠밈은 국가적인 당면 중대사에 대해 국가의 지도자가 야훼의 뜻을 물을 때 대제사장이 사용하는바 일종의 점치는 돌이었다고 할 수 있다.

셋째, 인구조사를 받은 사람으로부터 성전 세를 걷고 있다는 점이다(30:11-16). 성전 세는 속전(ransom money)의 성격을 띠고 있다. 그것을 내야 인구조사로 인한 질병에서 벗어날 수 있다(12, 16절). 인구조사와 질병은 무슨 상관이 있을까? 사무엘서를 보면 다윗이 말년에 인구조사를 했기 때문에 전염병이 돌았다는 기록을 읽게 된다(삼하 24:10-15). 그것을 보면 아마도 모세 당시부터 인구조사가 재앙을 불러온다는 생각이 민간에 퍼져있었던 것이 아닌가 한다. 인구조사와 재앙 개념이 연결된 것은 그것이 조세부담과 병역의무로 이어져 민간인들에게 해로운 결과를 낳았기 때문일 것이다. 따라서 성전 세에 관한 본문을 교회당 건축헌금에 모든 교인이 참여해야 한다는 슬로건의 기초로 삼는 것은 무리가 있어 보인다.

넷째, 성막이 예수 그리스도를 예표(typology)하고 있다는 점이다. 먼저 요한이 예수 그리스도에 대해 진술한 것을 살펴본다.

> "말씀이 육신이 되어 우리 가운데 거하시매 우리가 그의 영광을 보니 아버지의 독생자의 영광이요 은혜와 진리가 충만하더라"(요 1:14).

여기서 '우리 가운데 거하시매'를 직역하면 '우리 가운데 장막을 치시매'이다. 그리고 그 장막을 치신 분이 신성으로 충만하다고 묘사하고 있다. 즉, 하나님이 우리와 함께 거하셨던 것이다. 그것은 오래 전 이사야가 예언한바 이스라엘이 받을 축복이었고, 마태는 그것을 예수 그리스도에게 적용했던 것이다.

> "보라 처녀가 잉태하여 아들을 낳을 것이요 그의 이름은 임마누엘이라 하리라 하셨으니 이를 번역한즉 하나님이 우리와 함께 계시다 함이라"(마 1:23).

3) 이스라엘이 언약을 어김(32:1-34:35)

시내산 아래에서 모세를 기다리던 이스라엘 백성들은 마침내 지루함을 참지 못하고 금송아지 우상을 만들어 축제를 시작했다(32:4-6). 당연히 야훼와 맺은 언약을 깨뜨리는 행위였다(24:3). 그 결과 하나님께 헌신한 레위 지파에 의해 3000 명이 목숨을 잃고, 여호와의 징계를 받았다(32:28, 35).

א. 금송아지가 도대체 무엇이었으며, 왜 만들었을까? 모세는 그것을 이스라엘이 자기들을 위해 만든 금신(우상)이라고 불렀다(32:31). 아론은 그것이 이스라엘을 애굽 땅에서 인도하여 낸 신(야훼)이며, 그 앞에 번제와 화목제를 드리며 먹고 노는 것을 여호와의 절일(축제)라고 불렀다(32:4-6). 그런데 금으로 만든 그 송아지는 히브리어로 암송아지(עגל)를 가리킨다. 그것은 아름답고 건강한 특급 제물이었으며(히 9:13), 용의자를 찾지 못하는 살인 사건과 무관함을 맹세할 때 사용하는 값비싼 대속물이었다(신 21:3-4). 그리고 그 암송아지가 산 채로 사용되었을 때는 밭 갈고, 연자 맷돌을 돌리고, 추수 단을 나르는 등의 힘든 일에 적격이었다. 붉은 색을 띠는 암송아지는 시체로 인해 부정하게 된 자들을 씻는 비누원료로 사용되기도 했다(민 19:2-9).

풍요의 신 아피스

E. W. Faulstich에 의하면 그들이 금송아지를 만들어 섬겼던 날은 애굽의 달력으로 새해 첫날이었다고 한다. 애굽인들은 새해 첫날 별자리를

보고 황소(암소)의 신 '아피스' 신을 섬겼기 때문이다. 흥미로운 것은 이스라엘 백성들이 만든 금송아지를 복수 형태 – these are your gods – 로 부른 것이다(32:4, 8). 그것은 야훼를 다신교적 관점에서 바라보았음을 보여준다. 즉, 야훼가 황소 신과 함께 애굽에서 나왔다는 식의 생각인 것이다. 이집트학을 연구하는 일부 학자들은 이집트의 황금송아지 신 '이히(인도하는 신)'가 '야훼'와 언어유희를 이루는 것으로 보기도 한다. 비록 그 사건은 모세의 지도력 아래에서 일단락되었지만 나중에 북 왕국 이스라엘의 여로보암에 의해 다시 국가적 종교형태로 살아나게 된다(왕상 12:25-33).

ב. 모세의 중재로 이스라엘과 야훼 하나님과의 언약이 갱신되었다. 그에 앞서 모세는 먼저 이스라엘 백성들이 하나님께 용서받도록 자정운동을 벌였다.

1) 십계명 돌 판을 깨뜨림 ; 인간 편에서 언약을 깨뜨린 것에 대한 상징적 행동
2) 송아지를 파괴함 ; 우상은 반드시 파괴되어야 하나님께 나아갈 수 있음
3) 우상을 빻은 물을 마시게 함 ; 죄에 대한 책임을 요구
4) 형제를 도륙하게 함 ; 언약을 어긴 동시에 이교 신을 섬긴 자에 대한 형벌
5) 죄 용서를 간구함 ; 언약의 성취가 전적으로 하나님께 달려있음을 인정

그런 다음 다시 한 번 언약이 수여되는 절차를 밟는다(34:1-35). 먼저 하나님의 이름과 성품이 선포되고(5-7절), 언약을 성실히 지킬 경우에 받을 혜택이 명시되며(10-11절), 다른 신을 섬기므로 언약을 배반하게 되지 말 것과(12-17절), 3대 절기를 지키므로 하나님을 기억할 것(18-24절)과 부대조항들(25-26절)과 언약의 확인(27-28절)이 기록되었다.

ג. 계명들이 신적 기원을 가지고 있다는 사실이 강조되었다.
첫째, 계명을 기록한 모세는 하나님과 직접 이야기한 사람이었다(33:7-11).

둘째, 십계명을 기록한 돌비는 하나님이 직접 손으로 쓴 것이었다(31:18).

셋째, 모세는 하나님이 알아주는 사람이었다(33:17).

넷째, 모세는 하나님의 영광을 보았다(33:18-23).

다섯째, 모세가 하나님과 대화한 결과 얼굴에 광채가 났다(34:29-35).

ㄷ. 다음의 본문들에는 해석하기에 흥미로운 부분이 들어있다.

첫째, 하나님의 자기소개서이다.

> "여호와께서 그의 앞으로 지나시며 선포하시되 여호와라 여호와라 자비롭고 은혜롭고 노하기를 더디하고 인자와 진실이 많은 하나님이라"(34:6).

여기에서 '인자와 진실'은 하나님의 성품으로서 히브리어로 '헤세드 베에메트(חסד ואמת)'이다. 그런데 요한이 예수 그리스도를 소개한 요 1:14에는 '은혜와 진리'가 나온다. 헬라어로 '카리토스 카이 알레테이아스(χάριτος καὶ ἀληθείας)'이다. 이것은 히브리어 '헤세드 베에메트'의 헬라어 번역인 것이다. 그러니까 요한은 예수 그리스도가 야훼 하나님인 것을 말하고 있는데 '인자와 진실이 많은(라브)'이라는 어귀가 '은혜와 진리가 충만(플레레스)'과 같은 말인 것을 알 수 있다.[9)]

9) 구약 성경의 본문을 '은혜와 진리가 충만한'으로 신약 본문과 같이 번역하든지, 신약의 본문을 구약 본문처럼 '인자와 진실이 많은'으로 번역해서 용어 상 통일성을 갖게 하는 편이 좋을 것이다.

둘째, 모세의 얼굴에 광채가 난 것이다. 그런데 광채(카란)와 뿔(케렌)은 발음상의 차이일 뿐 표기상 차이가 없다. 이것을 뿔로 번역한 라틴어 사본을 읽고 미켈란젤로는 성 베드로 사원의 모세 상을 조각할 때 머리에 뿔이 달린 모습으로 만들고 말았던 것이다. 그러나 고린도 교회에 보낸 바울의 편지를 보면 모세의 얼굴에 뿔이 난 것이 아니라 영광의 광채가 났다는 것을 알 수 있다(고후 3:7-18).

제 3부 – 이스라엘의 경배를 받으시는 여호와

시내 산자락에 머무른 지 9개월, 애굽을 떠나온 지 꼬박 일 년 만에 이스라엘 백성들은 성막을 완성했다. 금송아지를 만들어 언약을 깨뜨렸던 그들이 성막 건설을 통해 하나님께 재 헌신하게 되었다.

성막에 사용된 싯딤나무

이스라엘이 하나님께 재 헌신함(35:1-40:38)

א. 이스라엘 백성들이 만든 성막에는 다음과 같은 의미가 들어있다.

첫째, 자원해서 바친 예물들을 가지고(36:5-7) 하나님의 설계도대로 만들었다(39:43). 하나님의 설계도에는 틀림이 없었고, 자원자들의 헌신에도 모자람이 없었다. 그것은 하나님에게서 내려온 말씀에 헌신할 때 하나님의 임재를 경험할 수 있다는 예배의 원리를 보여준다.

둘째, 하나님은 스스로 영광 가운데 계시는 분이다. 성막을 낙성하는 날에 하나님의 영광이 충만하여 모세가 거기 들어갈 수 없었다는 것은, 인간 편에서 드리는 제물의 양이나 제사의 절차 때문에 하나님이 영광 받으시는 것이 아니라는 예배의 원리를 보여준다. 오늘날 인위적인 요소가 많을수록 하나님께 더 큰 영광을 돌릴 수 있다고 믿는 일부 그리스도인들의 생각과 거리가 먼 것이다. 하나님은 나의 정성 때문에 영광 받으시는 것이 아니다. 오히려 죄인들을 당신의 영광 가운데 불러 예배하게 하시므로 회복시키신다.

셋째, 하나님은 택한 백성 가운데 계시며 갈 길을 인도하신다. 백성들의 필요를 아시며, 채우신다. 때때로 험한 환경으로 인도하시는 것도 당신의 완전한 계획 가운데 일부이다. 중요한 것은 어디로 가느냐가 아니라 누구와 함께 가느냐이다.

ב. 일곱(7)이라는 숫자가 강조되어있다. 제사장 예복을 만들 때(39:1, 5, 7, 21, 29, 31)와 성막을 만들 때(40:19, 21, 23, 25, 27, 29, 32) 모두 야훼께서 명

령하신 대로 만들었다고 7번 선언하고 있다. 7이 완전을 상징하는 신성한 숫자인 것을 생각할 때 '완전한 순종' '야훼의 완전한 계획' '신성한 옷' '신성한 텐트'의 의미를 강조한 것으로 보인다.

〈토의 과제〉

1. 출애굽기의 3대 주제를 간단히 정리해보십시오

2. 10재앙을 차례대로 쓰십시오. 이 재앙들은 원 청중 혹은 독자들에게 유일신 야훼 하나님에 대해 무엇을 가르쳐주고 있다고 생각합니까?

3. 성막의 구조를 그린 다음 7 기구들을 배치해 보십시오

4. 성막이 원 청중 혹은 원 독자들에게 어떤 의의가 있었을 것이라고 생각합니까?

5. 출애굽기를 연구하면서 가장 인상 깊었던 것이 무엇입니까?

레위기

레 1:1 첫 단어를 표지로 삼은 14세기 히브리어 성경 레위기

레위기

레위기는 이스라엘 백성들이 야훼 하나님과 동행하는 예절(manner)에 대해 기록한 책이다. 애굽을 떠나 시내 산에 도착했던 이스라엘은 하나님과 언약을 맺고 계명을 받았으며, 성막을 짓고 야훼 하나님과 동행할 준비를 마쳤다. 이제 그들에게 필요한 것은 야훼 하나님과 어떤 예절로 사귀며 살아가느냐 하는 구체적 지침이었다. 초월하시며 인격적이신 야훼 하나님을 그의 속성(character)에 어울리는 예절로 대해야 할 교본(manual)이 필요했던 것이다. 그렇기 때문에 레위기에는 야훼 하나님의 거룩함(holiness)에 초점을 맞춘 제사법, 제사장제도, 정결규례, 절기와 축제 관련 규칙 등이 나와 있다. 그동안 레위기는 70인 역의 제목 때문인지 '레위인들을 위한 책' 혹은 '제사장들을 위한 교본'으로 알려져 왔다. 그러나 내용상 레위인 혹은 제사장들에게 제한된 부분보다 일반인들에게 적용되는 부분이 더 많은 것이 사실이다. 따라서 레위기가 일반인들과는 상관없는 책이었다고 하기보다 일차적으로 레위인과 제사장들이 숙지해야 할 책인 동시에 일반 이스라엘 백성들에게도 가르쳐야 하는 책으로 이해하는 것이 좋다.[1)]

1) 레위기의 히브리어 제목은 1:1의 첫 단어 '부르셨고'(12:37-18:27) ויקרה(바이크라)에서 따온 것이다. 1:2a를 보면 야훼 하나님이 이스라엘 자손을 향하여 말씀하고 있다는 것을 알게 된다.

1. 배경

〈지리와 역사〉

레위기는 모세 오경의 편집순서 뿐 아니라 시간적으로도 출애굽기와 민수기 사이에 있는 책이다. 시내 산에 도착한 이스라엘 백성들은 출애굽 후 일 년 만에 성막을 완성하였다(출 40:17). 이듬해 첫째 달(아빕)에는 유월절을 지켰으며(민 9:1-5), 둘째 달 첫째 날에 인구 조사를 시작하였고(민 1:1-4), 둘째 달(이이얄) 스무 날에 가나안으로의 행진을 시작하였다(민 10:11-12). 시간적인 순서로 볼 때 레위기에 나오는 제사장 위임예식은 성막을 완성한 직후 유월절을 지키기 직전에 거행했던 것으로 보인다(8:1-36, 출 40:12-16). 레위기에는 아론의 두 아들-나답과 아비후-이 다른 불을 담아 여호와께 분향하려다 죽은 사건이 나온다(10:1-7). 따라서 레위기는 제사장 위임 예식과 두 제사장의 비극적 죽음 사건이 있은 후, 인구조사와 함께 광야 행진을 시작하기 전에 기록된 책이라고 보아야 하는 것이다. 그리고 지리적인 배경도 출애굽기와 마찬가지로 시내 산자락 최초로 성막이 세워졌던 곳이라고 할 수 있다.

〈문화〉

이스라엘의 달력, 절기, 제사법을 먼저 살펴본다.

▶달력

종교력	농사력	현대	옛명칭	포로후명칭	참조구절	농사절기	축제
1	7	3-4	아비브	니 산	출 12:2 느 2:1	늦은비, 삼추수 보리추수 시작	14 유월절 15-21무교절
2	8	4-5	시브 (꽃)	이이야르	왕상 6:1	건기시작, 보리추수	14 유월절 15-21무교절
3	9	5-6		시반	에 8:9	밀 추수	6 오순절
4	10	6-7		담무스	겔 8:14	포도 익음	
5	11	7-8		아브	왕상 6:1	무화과, 올리브 익는 계절	
6	12	8-9		엘룰	느 6:15	포도, 대추야자 여름무화과수확	
7	1	9-10	에다님 (물)	티쉬리	왕상 8:2	이른비, 쟁기질 일년농사 마감	1 나팔절 10 속죄일 15-21 초막절

종교력	농사력	현대	옛명칭	포로후명칭	참조구절	농사절기	축제
8	2	10-11	불(비)	마케쉬반 헤쉬반	왕상 6:38	겨울무화과수확 밀, 보리 파종	
9	3	11-12		기슬래	슥 7:1	파종	25 수전절
10	4	12-1		데벳	에 2:16	우기시작	
11	5	1-2		스밧	슥 1:7	과수농사 시작	
12	6	2-3		아달	스 6:15	살구꽃, 감귤류 수확	13-15 부림절

제사법

1) 제사법의 기원

레위기에 나오는 제사제도는 메소포타미아 지역 혹은 아라비아 지역의 제사와 상당히 다르다. 예를 들어 동물의 전체 혹은 일부를 완전히 불살라 드리는 번제와 화목제의 제물개념이 메소포타미아와 아라비아 지역의 제사에서는 전혀 나타나지 않는다. 그리고 속죄를 위한 제사도 근동에서는 찾아볼 수 없고,[2] 제단이 곧 신을 위한 식탁의 개념이었다는 점에서도 이스라엘의 제사와 기원을 달리한다. 그들은 소와 양 뿐 아니라 새, 생선, 과일, 단 음료와 떡까지 바쳤다. 바벨론 홍수 설화에 나오는 우트나피쉬팀의 다음과 같은 말이 메소포타미아 지역 제사의 단면을 잘 보여준다.

> "나는 향로를 7개씩 두 번 놓고 그 위에 갈대와 백향목과 도금양을 태웠다. 신들이 그 향기를 맡고 마치 파리 떼처럼 제물을 바치는 자 주위로 몰려들었다"

2) 속죄제와 다른 개념의 '보상제물'이 있었다. 이것은 신들의 분노와 복수를 막으려고 하거나 나쁜 운명을 피하려고 할 때 짐승의 모양을 한 밀가루 반죽을 빚어 바치는 것이었다. 그럴 경우 신들이 '보상제물'에게 재앙을 내리고 제물 바치는 자를 위험에서 건져준다는 것이다. 대개 제물 드리는 자가 주문을 외거나 '보상제물'을 파괴하는 등의 행위가 수반되었다.

▶절기

이름	날짜	참조구절	특징	의의
안식일	매 7일	레 23:1-3	일체의 노동금지, 성회로 모임	창조주 하나님 인정 출애굽 기념 할례와 같은 비중
유월절 무교절	니산 14 니산15-21	레 23:4-8	14일과 21일에 성회 7일간 무교병 먹음	출애굽 기념
오순절 맥추절	시반 6, 유월절 50일째	출 23:1, 신 16:9-12	안식일, 예물 레 23:15-21	시내 산 율법수여 기념(2세기 랍비)
나팔절	티쉬리 1	레 23:23-25	안식일, 성회, 신년	9일간 용서와 사과
속죄일	티쉬리 10	레 23:26-32	안식과 금식, 속죄제 아사셀 염소	대제사장이 지성소에 들어가 피 뿌림
초막절 수장절	티쉬리 15-21	레 23:33-43	7일간 초막에서 생활	광야생활 회고 일 년 농사 감사
수전절	기슬래 25	요 10:22	빛의 절기(하누카)	주전 164년 마카비 성 전정화 기념
부림절	아다르 14	에 9:16-19	회당에서 에스더서 읽음	페르시아에서 구원받은 기념
안식년	매 7 년째	레 25:1-7	농사금지, 빚 탕감	토지를 쉬게 함
희년	매 49 년째	레 25:8-24	자유선포, 원주인에게 토지반환, 농사금지, 빚 탕감, 야훼께 감사	빈부격차 해소 야훼 주권 인정

• 나팔절에서 속죄일 전날까지를 '야밈 노라임'(두려운 날들)이라고 부른다.
신약성경 마 5:23-26, 6:14-15, 18:21-35은 이 기간과 관계된 구절들로 보인다.

메소포타미아 지역에서 성결과 서원을 위한 제사의 경우 짐승의 일부를 태워 바치고 제단에 희생제물의 피를 발랐다. 그러나 그것과 이스라엘의 모든 제사에서 피를 제단 사면에 끼얹은 것과의 상관관계를 찾기는 어렵다. 고대 아라비아인들의 경우 짐승을 잡아 가족과 친지가 함께 제물을 나눠먹고 그 피를 돌기둥에 발랐다는 것도 이스라엘 화목제사의 기원으로 보기 어렵다.

오히려 이스라엘의 제사는 고대 가나안 인들의 제사와 관련이 깊다. 그들의 제사에는 번제와 화목제가 있었으며, 주전 14세기 고대 우가릿(Ugarit) 도시 라스 샤므라에서 발굴된 제사 기록에서 밝혀진 단어들 – dbch, shlmm – 은 화목제물을 뜻하는 히브리어-제바흐, 쉴렘-와 흡사하기 때문이다. 왕하 5:17을 보면 아람 장군 나아만은 그동안 번제(올라)와 희생제사(제바흐)를 다른 신에게 드려왔으나 앞으로는 여호와께만 드리겠다고 약속하고 있으며, 왕상 18장을 보면 엘리야가 바알 신에게 드리는 제사와 같은 제사를 준비하고 있다. 그리고 왕하 10:18-27을 보면 예후가 가나안 원주민들의 제사법을 따라 드릴 것이라고 약속하는 부분에서 번제(올라)와 희생제사(제바흐)가 나온다.

레위기 이전에 기록된 이스라엘의 제사 문화의 배경을 살펴보면 아래와 같다.

첫째, 노아는 야훼께 번제(올라)를 드렸다(창 8:20).
둘째, 아브라함은 이삭을 번제(올라)로 드리도록 믿음의 시험을 받았으나, 준비된 숫양으로 번제(올라)를 드렸다(창22:2).
셋째, 야곱은 베델에서 돌기둥에 전제물(네셰크)을 부어 제사 드렸고(창 35:14), 브엘세바에서 희생제사(제바흐)로 제사 드렸다(창 46:1).
넷째, 모세는 하나님과의 언약을 맺으면서 번제(올라)와 화목제(제바흐 쉴라밈)를 드렸다(출 24:5).
다섯째, 아론과 이스라엘 백성들이 금송아지를 만들어 놓고 번제(올라)와 화목제(쉴라밈)를 드렸다(출 32:6).

2) 제물의 가치

이스라엘의 제사는 제물의 가치에 있어서 다른 민족의 제사와 확연히 구별된다.

א. 이방 종교에서의 제물은 신과의 합일 수단 혹은 신을 먹이는 수단이었다. 예를 들어 이방 종교에서 희생 제물의 피를 제단에 묻히거나 마시는 것은, 자신의 생명을 대신하는 짐승의 생명이 피로써 신과 접촉하므로 제물 드리는 자의 생명이 신과 합일되는 의미였다. 그리고 신들을 먹임으로써 신으로부터 더 큰 축복을 기대하는, 일종의 주고받기(Do ut Des) 의식이었다. 그러나 이스라엘의 제사에서 피를 제단에 쏟는 것은 야훼와 제물 드리는 자의 합일을 의미하는 것이 아니라 제물의 소유권이 야훼 하나님께 있다는 것을 시인하는 행위였다. 그리고 이스라엘의 제사에서 소제나 전제 혹은 진설병은 결코 야훼의 음식이 아니었다. 삿 6:18-22에서 기드온이 제물로 바친 음식을 야훼의 사자가 모두 태워버렸다는 내용이나, 삿 13:15-20에서 삼손의 아버지 마노아가 제물 음식을 준비하려고 할 때 야훼의 사자가 거절하면서 야훼께 번제(올라)를 드리라고 한 것을 볼 때 알 수 있다.

모세는 이방 민족의 신들에 대한 야훼의 말씀을 다음과 같이 소개한다.

> "또한 그가 말씀하시기를 그들의 신들이 어디 있으며 그들이 피하던 반석이 어디 있느냐 그들의 제물의 기름을 먹고 그들의 전제의 제물인 포도주를 마시던 자들이 일어나 너희를 돕게 하고 너희를 위해 피난처가 되게 하라 이제는 나 곧 내가 그인 줄 알라 나 외에는 신이 없도다 나는 죽이기도 하며 살리기도 하며 상하게도 하고 낫게도 하나니 내 손에서 빼앗을 자가 없도다"(신 32:37-39).

시편의 저자 가운데 한 사람이었던 아삽은 다음과 같은 시로써 그 점을 분명히 했다.

> "내가 가령 주려도 네게 이르지 아니할 것은 세계와 거기에 충만한 것이 다 내 것임이로다 내가 수소의 고기를 먹으며 염소의 피를

마시겠느냐"(시 50:12-13)

ᄃ. 이스라엘의 제물은 선물과 화목과 속죄의 의미를 가진 독특한 것이었다.

첫째, 야훼 하나님께 드리는 선물이었다. 이것은 왕과 봉신관계 혹은 주인과 소작농과의 관계에서 바쳐지는 조공이나 세와는 거리가 먼 것이다. 즉, 모든 것을 주신 야훼께 감사하는 마음으로 자원해서 드리는 선물인 것이다. 다윗이 "나와 내 백성이 무엇이기에 이처럼 즐거운 마음으로 드릴 힘이 있었나이까 모든 것이 주께로 말미암았사오니 우리가 주의 손에서 받은 것으로 주께 드렸을 뿐이니이다"(대상 29:14)라고 고백한 것과 같다. 기본적으로 모든 제사는 필연법이 아니라 판례법이었다. 다시 말해서 "너희 중에 누구든지… 드리려거든…소의 번제이면…" "누구든지 소제의 예물을 드리려거든… 화덕에 구운 것으로 소제의 예물을 드리려거든…" "사람이 만일 화목제의 제물을 드리되…로 드리려거든" 식으로 설명되었다.

제물 드리는 사람은 자신의 소유 일부를 야훼께 선물로 드려 잃어버리는 대신에, 야훼와의 관계 속에 여전히 머물러 그 분의 은총을 기대하게 된다. 또한 야훼는 제물이 필요해서가 아니라 선물을 받으므로 해서 자신이 베푼 은총에 감사하는 자와의 관계에 스스로 묶인다.[3] 소제물을 의미하는 '예물(민하)'이 제물의 대명사로 쓰이게 된 것이 제물의 정신을 잘 보여주고 있으며, 제사의 기초가 되는 번제(올라) 또한 자원 제사라는 점이 그것을 말해준다. 예컨대 동물을 바칠 때 그 머리에 안수하는 것이나 주인이 직접 도살하는 것이 제물의 성격을 잘 말해준다. 그것은 제물 바치는 사람의 소유물이라는 표시이다. 세계적 레위기 연구가 밀그롬에 따르면, 거기에는 죄의 전가와 같은 의미가 들어있지 않다. 그리고 동물을 태워 없앤다든지, 밀가루나 빵, 유향 같은 음식물을 태워 없앤다든지, 포도주나 기름을 부어 없애는 의미는 더 이상 제물을 물리거나 다른 용도로 사용할 수 없게 만든다는 것이다. 거기에는 제물 바치는 사람의 자아 소멸 등의 명상적 요소도 개입되어 있지 않다. 더 나아가 제물을 태워 없애는 의미는 야훼께 드리는 선물이 눈에 보이는 영역에서 눈에 보이지

3) 이집트의 신전 벽화에는 대개 파라오가 신에게 제물을 바치는 부조가 새겨져 있다. 때때로 그 제물 중에 마아트(정의의 여신)도 포함된다. 파라오는 풍요를 기원하며 주고받기 식의 제물을 바친 것이 아니라 신의 은총에 감사하고 신의 뜻 - 질서를 수행했다는 보고를 올리고 있는 것이다.

않는 영역으로 옮겨가는데 있다. 번제(올라)라는 단어가 연기가 올라가는 것을 의미한다는 사실을 보면 알 수 있다.

둘째, 야훼 하나님과의 화친 혹은 공동체 정신을 의미했다. 그것은 화목 제물의 일부가 야훼께 불살라지고 나머지는 거룩한 공동체 식사로 제물 드린 사람이 함께 먹었다는 데서 드러난다. 마치 이삭이 아비멜렉의 일행과 함께 조약을 맺고 음식을 함께 나누었던 것이나(창 26:26-31), 야곱이 라반의 가족들과 언약의 공동식사를 했던 것과 같다(창 31:43-55). 그러니까 이스라엘 백성들은 야훼 하나님께 화목 제물(제바흐, 쉘라밈)을 드림으로 그 분과의 공동체 정신(계약) 속에 기쁘게 머무르려 했던 것이다.

셋째, 속죄와 화해를 의미했다. 하나님과의 언약을 깨뜨렸을 경우 원상을 회복하기 위해서는 반드시 속죄가 이루어져야 했다. 따라서 피와 함께 드려지는 모든 제물에는 이미 속죄와 화해의 가치가 들어 있었다.

> "육체의 생명은 피에 있음이라 내가 이 피를 너희에게 주어 제단에 뿌려 너희의 생명을 위하여 속죄하게 하였나니 생명이 피에 있으므로 피가 죄를 속하느니라"(레 17:11).

제물 드리는 자가 속죄의 제물을 먹을 수 없었던 이유는 간단했다. 그것이 드려지기 전에는 야훼 하나님과 화해가 이루어지지 않았기 때문이었다. 그러므로 속죄제 다음으로 드려지는 화목제의 제물은 제물 드리는 자가 함께 먹을 수 있었던 것이다. 그러나 야훼 하나님과 진정한 화해가 이루어지기 위해서는 속죄 제물을 드린 다음 악행을 그치고 의롭게 살아가는 태도가 반드시 필요했다.

> "헛된 제물을 다시 가져오지 말라 분향은 내가 가증히 여기는 바요 월삭과 안식일과 대회로 모이는 것도 그러하니 성회와 아울러 악을 행하는 것을 내가 견디지 못하겠노라…너희는 스스로 씻으며 스스로 깨끗하게 하여 내 목전에서 악한 행실을 버리며 행악을 그치고 선행을 배우며 정의를 구하며 학대 받는 자를 도와주며 고아를 위하여 신원하며 과부를 위하여 변호하라 하셨느니라"(사 1:13, 16-17).

〈원 청중과 원 독자〉

레위기의 원 청중과 원 독자들은 출애굽기의 원 청중과 원 독자들과 같다. 그러나 레위기에 기록된 일부 내용은 분명 제사장들만을 위한 것이다(6:8-7:21, 10:8-15, 16:2-28, 21:1-23, 22:1-16). 따라서 레위기의 원 청중 혹은 원 독자들은 제사장 그룹과 그들을 포함한 전체 백성으로 나누어 생각하는 것이 좋다.

〈주제와 관점〉

레위기의 대 주제는 '하나님과 동행하는 거룩한 삶' 이다. 이 대 주제가 제사를 통한 성결, 깨끗한 삶을 통한 성결, 절기 준수를 통한 성결이라는 세 가지 주제로 나누어져 있다. 그리고 이 주제들은 다음과 같은 신학적 관점을 통해 설화와 법전이 섞인 형태로 소개되어 있다.

1) 거룩하신 야훼 하나님은 이스라엘 가운데 거하신다.
2) 거룩하신 하나님과 동행하는 매너는 거룩함이다.
3) 제사는 하나님과의 만남을 통해 거룩함을 회복하게 해준다.
4) 정결은 하나님과의 만남을 위해 거룩함을 유지하게 해준다.
5) 절기는 하나님과의 만남을 통해 거룩함이 새로워지게 해준다.
6) 야훼 하나님과의 만남은 이웃 사랑으로 완성된다.
7) 야훼 하나님과 맺은 언약은 순종과 불순종 여부에 따라 상벌로 성취된다.

〈기록목적〉

첫째, 야훼 하나님을 모시고 사는 이스라엘 백성들이 거룩함을 유지하도록 가르치기 위해 썼을 것이다.

둘째, 야훼 하나님을 섬기는 민족 공동체가 질서와 사랑으로 연합할 수 있도록 격려하기 위해 썼을 것이다.

셋째, 제사장들을 중심으로 한 민족의 지도자들이 공동체의 정체성을 유지하는데 앞장서도록 권면하기 위해 썼을 것이다.

〈특징〉

1. 창세기에서 시작된 야훼 하나님에 대한 신학이 점점 더 깊어지고 있다. 다시 말해서 창세기에서 창조주 하나님은 출애굽기에서 이스라엘의 구원자로 소개되었다가, 레위기에서는 이스라엘 가운데 거하시며 예배를 받으시는 하나님으로 소개되고 있다.

2. 레위기는 이상적인 국가에 대한 설계도이다. 하나님이 백성 가운데 계시며, 그가 계시는 곳의 주변은 정결하다. 그리고 야훼 하나님을 섬기는 백성들은 질서가 있고 서로 사랑하며 빈부격차 없이 평등하다. 그 대표적인 것이 희년제도로서, 이스라엘 백성들은 정기적으로 재산상의 빚이나 신분상의 속박에서 풀려나 완전한 자유와 평등을 누리게 된다. 이런 이상향에 대한 아이디어는 에스겔의 환상에서 훨씬 파격적으로 재현된다(겔 40-48장). 그리고 에세네파들의 작품으로 보이는 쿰란 성전 두루마리(Temple Scroll)에서 다시 한 번 확인 된다.[4] 그리고 요한 계시록의 마지막 부분에서도 약간 다른 형태로 기록된다(계 21-22장). 레위기의 이상향이 다른 문서들에 나오는 것과 뚜렷이 다른 점은 인간의 불완전과 죄를 염두에 두고 있다는 사실이다. 레위기의 이상 국가 설계도는 이상과 현실이 절묘하게 조화를 이루고 있다는 점에서 특별하다.

4) 겔 45:1-8에 나오는 지극히 거룩한 곳과 거룩한 곳의 구별 아이디어는 성전 두루마리에서 그대로 재현되고 있다.

3. 26장에 나오는 상벌 규정은 레위기가 전형적인 종주 계약문서라는 사실을 다시 한 번 보여준다. 특히 자녀를 잡아먹을 정도의 배고픔, 전염병, 전쟁, 흉년이 임할 것에 대한 예언은 이스라엘 역사에서 그대로 이루어졌다. 따라서 레위기가 변경될 수 없는 언약이라는 것을 확인할 수 있다.

4. 전통적으로 이스라엘 사람들은 자녀들에게 레위기를 먼저 가르친다. 그 이유는 '아이들은 정결하고, 제사도 정결하다. 따라서 정결한 것이 정결한 것을 공부하도록 해야 한다' 는 것이다.[5] 그런데 아이들에게 제일 먼저 레위기를 가르친다는 것은 그만큼 종교와 삶에 있어서 기본적인 지침서라는 이유도 될 것이다. 앞서 살펴본 것처럼 레위기는 하나님과의 관계 뿐 아니라 개인의 성결한 삶에 대한 책임과 이웃에 대한 의무까지 모두 포함하는 교과서와 같다.

5) 미드라쉬, 레위기, 라바. 7:2

"나는 너희 하나님이 되려고 너희를 애굽 땅에서 인도하여 낸 여호와라 내가 거룩하니 너희도 거룩할 지어다"(11:45).

"원수를 갚지 말며 동포를 원망하지 말며 네 이웃 사랑하기를 네 자신과 같이 하라 나는 여호와이니라"(19:18).

5. 레위기의 법전은 판례법과 필연법이 섞여있다. 예를 들면 제사법과 정결법은 판례법이고, 절기와 관계된 법은 필연법이다. 제사법이 판례법이라는 것은, 제물이 자원하는 마음으로 드려지는 것이라는 사실을 보여주는 것이다.

2. 내용

〈구조와 요절〉

레위기는 전체 27장, 2부로 구성되어 있다. 헤이스(J. H. Hayes)에 의하면 레위기는 12개의 요약문에 의해 12개의 작은 단락으로 나누어져 있으며, 36개의 "야훼께서 말씀하셨다"는 선언이 들어있다(요약문; 7:37-38, 10:20, 11:46-47, 12:7b-8, 14:54-57, 15:32-33, 16:34b, 21:24, 23:44, 24:23b, 26:46, 27:34). 12나 36이나 모두 신성한 숫자들의 조합으로서 레위기가 주도면밀하게 기록되었음을 보여주는 예들이다. 16장의 속죄일과 25장의 희년제도는 전체 레위기에서 두 개의 봉우리를 이루고 있으며 26장의 상벌규정은 결론부에 해당한다. 레위기에도 출애굽기처럼 설화와 법전이 교대로 들어있는 것을 보게 된다. 법전은 1-7장, 11-15장, 17:1-24:9, 25-27장이며, 설화는 8-10장, 16장, 24:10-23이다.

제 1부 - 제사와 정결한 삶으로 하나님과 만남(1:1-16:34)

1) 제사법(1:1-7:38)
2) 제사장의 위임(8:1-10:20)
3) 정결법(11:1-15:33)
4) 대속죄일(16:1-34)

제 2부- 절기와 책임 있는 삶으로 하나님과 동행(17:1-27:34)

1) 일반 백성들의 책임 있는 삶(17:1-20:27)
2) 제사장들의 책임 있는 삶(21:1-22:33)
3) 절기와 성회(23:1-25:55)
4) 축복과 저주(26:1-46)
5) 헌금과 헌물(27:1-34)

요절

"나는 너희의 하나님이 되려고 너희를 애굽 땅에서 인도하여 낸 여호와라 내가 거룩하니 너희도 거룩할지어다"(11:45).

대단원	소단원		주제	기록 연대	기록 장소
제사와 정결한 삶으로 하나님과 만남	1:1-7:38	제사법	제사와 제사장	주전 15세기 혹은 13세기	시내산
	8:1-10:20	제사장의 위임			
	11:1-15:33	정결법	정결한 것과 부정한 것		
	16:1-34	대 속죄일	민족적 속죄		
질기와 책임 있는 삶으로 하나님과 동행	17:1-20:27	일반 백성들의 책임 있는 삶	일반 법규와 절기		
	21:1-22:33	제사장들의 책임 있는 삶			
	23:1-25:55	절기와 성회			
	26:1-46	축복과 저주	권면		
	27:1-34	헌금과 헌물			

〈해설〉

제 1부 – 제사와 정결한 삶으로 하나님과 만남

1) 제사법(1:1–7:38)

성막을 건설한 다음(출 40:33) 야훼로부터 임한 말씀이다. 성막에서 누가 어떻게 제사 드릴 것인지 구체적인 지침을 말하고 있다. 문단을 나누어보면 1:1-5:19까지는 소위 5대 제사 – 번제(1:1-17), 소제(2:1-16), 화목제(3:1-17), 속죄제(4:1-5:13), 속건제(5:14-6:7) – 가 소개되어 있고, 6:1-7:38까지는 위의 5대 제사에 대해 제사장들이 알아야 할 보충규례(번제를 위한 제사장의 규례; 6:8-13/ 소제를 위한 보충 규례; 6:14-23/ 속죄제를 위한 보충 규례; 6:24-30/ 속건제를 위한 보충 규례; 7:1-6/ 화목제를 위한 보충 규례; 7:11-21)와 일반 이스라엘 백성들을 위한 부가적 보충 규례(7:22-36)가 추가되어 있다.

그런데 일반적으로 분류된 5대 제사에서 소제만 독립적으로 드려지는 경우가 적었으므로(23:9-14) 4대 제사라고 보는 것이 낫다. 그리고 소제를 제외한 나머지 제사의 공통점은 모두 피를 동반한 희생동물의 제사라는 점이다. 번제와 화목제는 죄와 무관하게 드려지는데 비해 속죄제와 속건제는 죄 때문에 드려진다. 또한 번제와 화목제가 자발적으로 드려지는 데 비해 속죄제와 속건제가 의무적으로 드려진다.

그리고 제물을 가리키는 용어가 다양하고 의미구분이 명확하지 않으며, 같은 단어로 다른 제물을 가리킬 수 있다는 점에서 주의를 요한다. 예컨대 1장에서 '번제'는 히브리어로 '올라'인데 불로 드리는 모든 제물(화제)을 가리키는 '잇쉐(1:9, 13, 17)'와 같이 쓰인다. 그런데 제단에서 태워지지 않는 전제나 제사장 몫(7:30, 35-36)과 진설병(24:7, 9)도 '잇쉐'이다. 그리고 번제가 하나님께 바치는 '예물'이라는 점에서 '코르반(1:2, 3, 10, 14)으로 불리는데 코르반은 희생제물이 아닌 것도 가리킬 수 있다(민 7:3,12). 그리고 희생 제물을 뜻하는 '제바흐'는 화목제물을 가리킬 경우 '제바흐 쉴라밈'으로서 특정한 의미로 사용된다.

א. 번제(עלה, 올라)는 '올라가다' 는 뜻을 가진 어근에서 파생된 단어이다. 제물을 태워 연기가 하늘로 올라가는 것으로부터 만들어진 단어로서 가죽을 벗기고 피를 쏟아낸 희생 동물을 몽땅 태워버리는 제사 혹은 제물을 의미한다. 제물로 드릴 짐승은 소, 송아지, 양, 염소, 새 가운데서 제물 드리는 자가 임의로 선택할 수 있었다. 그것들은 제사법의 규정에 따라 정결한 상태여야 했으며, 제물 드리는 자가 제물의 머리에 안수하고 직접 도살했다(새의 경우는 제사장이 도살) 제사장은 도살된 짐승의 피를 받아 제단 사면에 끼얹고, 제물의 가죽을 벗기고 살을 여러 조각으로 잘라내었다. 그리고 그것을 단 위에 올려놓으면 제물 드리는 자가 내장과 정강이를 씻었으며, 제사장이 이를 모두 태웠다. 번제 중 가장 대표적인 것은 아침저녁으로 두 번 드리는 상번제(올라 타미드)였으며(6:9, 12, 출 29:38-42), 제사장의 할 일 가운데 '여호와께로서 내려온 불 – 신불(9:24) – 을 관리하여 꺼지지 않게 하는 것이었다(6:9).

첫째, 번제(Burnt Offering)로 드릴 제물의 머리에 안수하는 것은 죄의 전가와 상관이 없다. 만약에 제물 드리는 사람의 죄가 짐승에게 옮겨가도록 하기 위해 안수한다면 그 제물은 흠 있는 것이 되어 야훼께 드려지지 못할 것이다. 흥미로운 것은 새처럼 손에 들고 오는 제물 – 곡식, 금전 – 의 경우에는 안수하지 않고 줄로 끌고 오는 짐승에만 안수한다는 점이다. 그것은 제물의 머리에 안수하는 행위가 제물의 주인이라는 것을 나타내는 섯이다. 왜냐하면 제물은 자신의 소유 가운데서 바쳐야 하기 때문이다.

둘째, 집비둘기나 산비둘기 가운데서 드리도록 규정한 새의 제물을 제사장이 직접 도살한 것은 피의 양이 적기 때문이다. 즉, 제물 드리는 자가 도살할 경우 피를 제단으로 가져올 수 없기 때문이다. 제단은 일반인들이 접근할 수 없는 장소였다. 그리고 1:16에 '그 더러운 것' 혹은 '깃털' 은 꽁지의 깃털을 잡아당겨 내장과 항문을 함께 뽑은 것을 말한다.[6] 제단에서 칼을 사용하지 못하게 한 규정에 따라 새의 목은 제사장이 손톱(?)으로 따고, 내장은 그런 식으로 제거하고, 피는 제사장이 직접 제단 아래에 흘렸던 것이다. 그리고 몸을 아주 찢지 말라는 이유는 제물이 초라해 보이지 않도록 제물 드리는 자를 배려하라는 명령이었던 것으로 보

6) J. Milgrom. *Leviticus I-16*, p. 169-171.

인다. 새는 가난한 사람들이 드리는 제물이었기 때문에 아주 찢어 조각을 낼 경우 초라해 보인 나머지 제물 드리는 사람의 마음을 상하게 할 수도 있었을 것이다.

셋째, 피를 제단 사면에 끼얹게 한 것은 생명의 주인이 하나님이라는 사실을 강조한 것이다. 피가 제단에 닿은 순간부터 제사가 시작된다고 보는 이유도 그것이 하나님께 귀속되기 때문이다.

넷째, 번제는 자원해서 야훼께 드리는 선물이다. 따라서 부자나 가난한 자가 각자의 형편에 따라 드릴 수 있었다. 구약 성서에서 양이나 염소가 가장 많이 언급되는 것은 소가 부자들의 번제물이고, 새가 가난한 사람들의 번제물이었던 것에 비해 서민들이 바치기에 부담스럽지 않았던 가축이었기 때문이다.

ב. 소제(מנחה, 민하)는 '선물'을 가리키는 단어이다. 창 4:3-4에서 가인과 아벨이 바친 각각 다른 제물에 이 단어가 함께 사용되었다는 사실이 이를 말해준다. 그러나 레위기에서는 곡식제물(Cereal Offering)을 가리키는 말로 한정해서 사용하고 있다. 소제를 드리는 방식은 두 가지였다. 하나는 고운 (밀)가루 제물을 굽지 않고, 기름을 붓고, 유향을 곁들인 제물이다. 이 제물 가운데 밀가루 한 줌과 유향 전체를 제단 위에서 태워 바치고, 나머지는 제사장의 몫이 되었다(2:1). 또 하나는 고운 (밀)가루를 같은 방식으로 반죽한 다음 번철(구이판)이나 화덕(흙 솥)에 구워드리는 제물이다. 이것 역시 일부는 제단에서 태워 바치고 나머지는 제사장의 몫이 되었다(2:4-10). 모든 소제에는 누룩과 꿀을 넣지 말고 소금을 쳐야 했다. 2:14-16에서는 곡식의 첫 이삭(비쿠림) 제물도 소제와 같이 취급되었다. 이 소제물은 첫 이삭(여물기 전의 이삭)을 볶아 찧은 다음 기름과 유향을 넣고 반죽하여 제단에서 태워 바치도록 했다. 일반 소제가 자원 제물이었던 것에 비해 이 첫 이삭 제물은 의무 제물이었다. 소제도 아침저녁으로 야훼께 항상 드리는 제사(민하 타미드)였다(6:20, 단 9:21, 12:11). 그러나 왕하 16:15을 보면 아침에는 번제를 드리고 저녁에는 소제를 드렸던 것을 알 수 있다.

첫째, 번제가 목축하는 사람들이 드리는 제사였다면, 소제는 농사짓는 사람들이 드리는 감사 제물이었다. 그리고 가난한 사람들도 드릴 수 있는 가장 대중적인 제사였다. 심지어 가난한 사람들은 소제를 속죄 제물로도 드릴 수 있었다(5:11-13). 가난한 사람들은 새와 밀가루로 번제와 소제와 속죄제를 드릴 수 있었던 것이다.

둘째, 소제도 번제처럼 야훼께 올려 드리는 향기로운 냄새의 화제(잇쉐)였다. 그런데 향기로운 냄새는 고대 근동에서 신들을 위한 음식을 차려놓고 각종 향기를 피웠던 데서 유래한 표현이다. 제물이 신의 음식이라는 개념은 사라지고 용어만 남게 된 것이다.

셋째, 한글 개역성경에서 기념물(2:16)로 번역된 '아즈카라타흐'의 정확한 의미는 밝혀지지 않았다. 제물 드리는 사람의 이름을 하나님이 기억하게 한다는 의미일 수도 있고, 기억할 만한 담보물이라는 의미일 수도 있다.

넷째, 누룩과 꿀을 섞지 않고 소금을 치게 한 것은 상징적이다. 누룩은 부패하는 것을 연상시킬 수 있으며, 꿀(단 과즙)[7]도 부패하기 쉬운 액체이기 때문이다. 그런 의미에서 소금을 치도록 한 것은 부패를 방지한다는 점에서 적절한 규정이라고 할 수 있다. 따라서 그 소금이 하나님의 언약의 소금이라고 부연 설명되었던 것이다(2:13). 소제물을 드릴 때마다 언약을 지키시는 하나님을 마음에 새기는 동시에 제물 드리는 자가 하나님의 언약을 지키며 살도록 다짐하는 것이다.

ㄷ. 화목제(זבח שלמים, 제바흐 쉘라밈)는 제물 드리는 자가 제물을 먹을 수 있는 제사이다. 제사가 드려지는 과정은 번제와 마찬가지이지만 새를 드릴 수 없는 것이 다르며, 짐승은 암수 구별 없이 드릴 수 있었다. 하나님께 태워 드리는 부분은 내장 안팎에 붙은 기름과 콩팥, 양으로 드릴 경우 기름진 꼬리가 추가되었다. 성서에서 기름은 피와 마찬가지로 생명의 일부로 간주되었다(3:17). 화목 제물은 특별한 감사(토다); 7:12-15/자원 예물, 낙헌제(느다바); 7:16/서원, 제물(네데르); 7:16의 세 가지 동기에서 드려졌다. 제사장 몫은 가슴(트누파)과 오른쪽 뒷다리(트루마)였다. 가슴은 요제로 뒷다리는 거제로, 일단 하나님 앞에 들어 올렸다가 내려놓았다. 나머지 부위는 제물 드리는 자의 몫이었다.

7) 꿀로 번역된 '드바쉬'가 벌꿀을 의미한 것은 삿 14:8밖에 없다. 벌꿀을 가리키는 단어는 '야아르'(삼상 14:26, 아 5:1)과 '노페트'(잠 5:3, 24:13, 27:7 아 4:11)이 따로 있다. 가나안을 젖과 꿀이 흐르는 땅으로 표현했을 때는 아마도 무르익은 대추야자의 끈적끈적한 과즙이 땅에 고인 것을 의미했을 수도 있다(내하 31:5 참소)

첫째, 화목제(Peace Offering)에는 많은 의미가 들어있다. '제바흐 쉴라밈' 을 직역하면 '평화의 제물' 이다. 그것은 감사, 자원, 서원 갚음 등의 제물 드리는 동기를 보여준다. 그러나 제물 드리는 사람이 제물의 일부를 먹는다는 점에서 하나님과의 화목을 나타낸다. 그리고 자신 뿐 아니라 제사장과 이웃과 함께 나누어 먹는다는 점에서 평화 공동체의 식사와 같은 성격을 띠기도 한다. 화목 제물의 기름이 "화제(잇쉐)로 여호와께 드리는 음식이니라"(3:11)고 한 것은 고대 근동에서 제물이 신에게 바쳐지는 음식으로 표현된 용어가 그때까지 남아있었던 것으로 보인다.

둘째, 화목제에는 나눔의 정신이 강조되어 있다. 예를 들어 감사 제물은 그 날에 다 먹어야 했는데(7:15), 소를 바쳤을 경우 처음부터 일가족의 식사만을 예상하지는 않았을 것이다. 자원제와 서원제의 고기도 이튿날까지는 다 먹어야 했으므로 양과 염소를 바쳤다고 해도 이웃과 더불어 나누어 먹어야 했을 것이다.

셋째, 한글 개역성경에서 '양' (3:6)으로 번역된 쫀' (צאן)' 은 양과 염소로 구성된 양떼를 가리킨다. 그러니까 7절과 12절에서 '만일…(כשב, 케세브)이면' '만일…염소(עז, 에즈)이면' 이라고 했던 것이다.

ד. 속죄제(חטאת, 하타아트)는 죄를 정화하는 제사 가운데 하나이다. 히브리어 '하타아트' 는 원래 대인관계에서 지은 죄를 의미했으나, 하나님께 지은 죄를 가리키는 말로 폭넓게 사용되었다. 그리고 '하타아트' 는 죄를 없애는 제물을 의미하기도 한다. 속죄 제물(Sin Offering)은 대상에 따라 조금씩 달랐다. 제사장이나 이스라엘 회중의 속죄를 위해서는 흠 없는 수송아지를 드려야 했고, 족장을 위한 속죄에는 흠 없는 수 염소를, 평민을 위한 속죄에는 흠 없는 암 염소 혹은 어린 암 양이 필요했다. 만약 가난한 평민의 경우에는 산비둘기나 집비둘기 두 마리를 구해서 속죄제와 번제로 드리면 되었다. 그것도 여의치 않으면 기름과 유향을 넣지 않은 밀가루를 바치면 되었다. 제사법도 조금씩 달라서 제사장과 이스라엘 회중의 속죄를 위해서는 피를 지성소 휘장 앞에 일곱 번 뿌리고, 남은 피를 제단 뿔 네 귀퉁이에 바르고 제단 밑에 다 쏟았다. 족장과 평민을 위한 속죄에서는 휘장 앞에 뿌리는 순서가 생략되었다.

첫째, 제물의 머리에 손을 얹어 안수하는 것은 죄의 전가와 상관없다. 만약 범죄자의 죄가 제물에게 옮겨졌다면 부정한 것이 되어 제사장들이 먹을 수 없었을 것이다. 그것은 속죄 제물이 제사장들에게 지극히 거룩한 음식으로 간주된 규례와 배치되는 것이다(6:22).

둘째, 속죄 제물로 정화될 수 있는 죄는 증언을 숨긴 행위(5:1), 부정한 것과 접촉하여 부정하게 된 상태(5:2-3), 경솔하게 내뱉은 맹세(5:4)이다. 그와 반면 아래에 나오는 죄들은 속죄 제물로 용서받지 못했다. 즉, 우상숭배(레 20:2-3), 무당(출 22:18), 거짓 예언(출 22:18), 여호와의 이름을 훼방(레위 24:14), 안식일 훼방(출 31:14), 부모 구타 혹은 거역(출 21:15), 살인(레 24:17), 납치(출 21:16), 간음(레 20:10), 근친상간 및 부정한 성행위(출 22:19, 레 18장), 부정과 강간(레 21:9, 신 22:21, 25), 거짓 증거(신 19:16-19), 유월절에 유교병 먹기(출 12:15-19), 속죄일 지키지 않는 것(레 23:29-30), 피를 먹는 것(레 7:22, 17:14), 여호와께 드려야 할 부분을 먹는 것(레 7:25), 정해지지 않은 장소에서 짐승을 잡는 것(레 17:4-9), 부정한 몸으로 화목 제물을 먹는 것(레 7:20-21, 22:34), 성물을 고의적으로 만지는 것(민 4:15), 정해진 시한을 넘겨 화목 제물을 먹는 것(레 19:8), 성막을 더럽히는 것(민 19:13-20), 거룩한 관유나 향을 잘못 사용하는 것(출 30:32-38)은 속죄 제물로 용서받을 수 없었다.

셋째, 속죄에 있어서 피의 중요성이 부각되어 있다. 죄의 결과로 맞이야 할 죽음은 희생 제물의 피로써 갚아야 하는 것이다. 그러나 황소와 염소의 피는 인간의 죄를 씻을 수 없다. 위에 열거한 죄들은 더 나은 속죄의 제물을 필요로 하고 있다.

> "염소와 송아지의 피로 하지 아니하고 오직 자기의 피로 영원한 속죄를 이루사 단번에 성소에 들어가셨느니라"(히 9:12).

넷째, 회개의 필요성이 강조되고 있다. 죄는 하나님을 불편하시게 하며, 하나님과의 관계를 깨뜨리며, 민족 공동체가 함께 고통 받게 만든다. 그러므로 회개할 마음만 있으면 밀가루를 가지고도 제물로 바쳐 죄를 정화시킬 수 있게 되어있다.

ה. 속건제(אשם, 아샴)은 하나님께 지은 죄(מעל, 마알)에 대해 배상하는 제사이다. 속건제를 가리키는 단어 '아샴'은 죄책감을 느낀다는 말에서 유래한 것이다. 원래 속건제(Guilt Offering)는 '마알'에 대해서 변상하는 제물을 의미했으나 점차 범위를 넓혀서 대인관계에서 범한 실수에 대한 배상 제물에도 적용되었다. 성막의 기물을 파손하거나 제사장의 몫을 범하였을 때(5:14-16, 21:22)와 다른 사람의 소유물을 범하였을 때(6:1-7) 드리는 제물이다. 속건 제물로는 흠 없는 수양을 바치는 외에 배상해야 할 물건 값의 20%를 더해서 갚아야 했다. 속건 제물은 속죄 제물과 마찬가지로 제사장 몫이었으며, 함께 드린 소제물도 그의 차지였다. 속건 제물을 드리는 경우는 이외에도 십일조나 첫 열매를 바치지 않은 경우(27:10-14, 30-33)가 해당되었다. 그런데 속죄제와 속건제는 구별이 명확하지 않다. 같은 죄에 대해서도 '하타아트'와 '아샴'이 드려지도록 말하고 있다. 예를 들어 경솔하게 맹세한 죄에 대해 '핫타아트'를 바쳐야 하며(5:1, 4), 거짓 맹세를 한 사실을 알았을 경우 '아샴'을 바쳐야 한다(5:22). 게다가 '하타아트'가 '아샴'으로 불리는 경우가 많다(5:6, 7).

2) 제사장의 위임(8:1-10:20)

시간적으로 1:1-7:38의 제사법 설명 다음에 일어난 일들이 기록되어 있다. 지금까지 이스라엘 백성들은 성막과 제사장 의복을 만들었으며(출 40:33), 제사법에 대해 교육을 받았다. 이제 남은 것은 제사장을 세워 제사를 집전하게 하는 일이었다. 문단을 나누어보면 8:1-36까지는 제사장 위임예식이 기록되어 있고, 9:1-24까지는 제사장이 첫 번 집전한 제사, 10:1-20은 아론의 두 아들-나답과 아비후-이 불의의 사고로 죽은 이야기와 슬픔을 딛고 일어서는 아론의 이야기가 설화 형태로 기록되어 있다.

א. 제사장 위임에 관한 지침은 이미 제사장의 의복이나 성막 건설에 관한 지침과 함께 주어져 있었다(출 29:1-46). 8:1-36은 이미 주어진 그 명령을 따라 제사장 위임예식을 행한 이야기이다. 제사장 위임예식 이야기에는 "야훼께서 모세에게 명령하신 대로" 집행했다는 선언이 7번 나온다(4, 9, 13, 17, 21, 29, 36). 제사장의 의복을 만들었을 때나(39:1, 5, 7, 21, 29, 31),

성막을 지었을 때(40:19, 21, 23, 25, 27, 29, 32)와 마찬가지로 하나님의 명령에 완전히 순종하여 집행되었으므로 완전하고 신성하다는 사실이 강조되어 있다.

첫째, 제사장 위임예식(installation rite)은 엄밀히 말해서 설립예식(founding rite)이라고 할 수 있다. 왜냐하면 아론의 다음 세대 제사장들을 세울 때도 반복된 예식이 아니었기 때문이다.[8] 따라서 모세는 제사장이 아닌 인물로 묘사된다. 그가 아론과 아들들을 위한 제사장 위임예식을 집전했음에도 불구하고 본인은 위임 받은 장본인이 아니었기 때문이다. 오히려 모세는 이집트의 파라오처럼 대사제와 통치를 겸하는 직분을 수행했다고 할 수 있다.

8) 김의원, 신학지남 99, p. 44-71.

둘째, 제사장이 되는 과정은 평민 신분을 벗어나는 단계 → 예비 단계 → 제사장 신분이다. 여기서 평민 신분을 벗어나는 단계는 옷을 벗음 → 목욕 → 세마포 속옷을 입고 뜰에 서 있음으로 성립된다. 중간단계는 예비 제사장들의 머리와 성막과 기구들에 기름을 바름 → 겉옷을 입히고 모세가 위임 제사를 드림 → 피를 찍어 예비 제사장들의 오른쪽 귀 볼과 엄지손가락과 엄지발가락에 바름 → 피를 예비 제사장들의 옷에 뿌림으로 끝난다. 이제부터 그들은 제사장 신분이 되며, 위임예식에서 드려진 제물을 성막에서 먹음으로 위임절차가 모두 끝난다. 이것은 고대문화에서 폭넓게 발견되는 통과의례의 절차와 같다. 통과의례의 절차는 출발상태로 돌아오는 과정으로서 문둥병 환자가 일상으로 복귀하는 과정에서 잘 묘사된다.

셋째, 기름 부음(משׁח, 마솨흐)은 특수한 일을 위해 야훼 하나님께로부터 선택된 자를 구별하기 위해 행해졌다. 즉, 제사장(출 40:13, 15), 왕(삼상 10:1, 16:3, 왕상 1:39, 왕하 9:6), 선지자(왕상 19:16)에게 기름을 부어 직무를 수행하게 했다. 이처럼 기름 부음 받은 자를 '(משׁיח, 마시아흐)라고 부르며, 이사야와 같은 선지자들이 예언한 '그 구원자'는 하마시아흐(המשׁיח)라고 부르는 한 사람이다. 그는 성령으로 기름 부어진 왕이며 제사장이며 선지자이다.[9]

9) 예수 그리스도가 다윗의 후손인 것은 왕의 신분을, 하나님과 인간의 중보자 된 것은 대제사장의 신분을(히 2:17, 5:1-10, 7:26-28), 하나님의 뜻을 선포하는 자 된 것은 모세가 예언한 그 선지자임을 나타낸다(신 18:15, 행 3:22-24).

> "주 여호와의 영이 내게 내리셨으니 이는 여호와께서 내게 기름을 부으사 가난한 자에게 아름다운 소식을 전하게 하려 하심이라 나를 보내사 마음이 상한 자를 고치며 포로 된 자에게 자유를 갇힌 자에게 놓임을 선포하며 여호와의 은혜의 해와 우리 하나님의 보복의 날을 선포하여 모든 슬픈 자를 위로하되"(사 61:1-2).

예수 그리스도는 자신을 바로 그 '마시아흐'로 증언했는데(눅 4:18-21), 마시아흐를 헬라어로 번역하면 그리스도이다.

ב. 칠일 동안 지속된 제사장 위임예식이 끝나고 8일째 되던 날 아론과 그의 아들들은 자신들과 백성들을 위한 첫 제사를 집전하도록 명령 받았다. 그것은 속죄제(15절)와 번제와(16절) 소제와(17절) 화목제(18-21절)였으며, 백성과 제사장을 위한 속죄제를 위해서 성소에 들어가 피를 뿌리고 제단 뿔에 피를 바르는 의식을 거행했다.

첫째, 아론 자신을 위한 속죄제(8-11절)를 먼저 드려야 했던 것은 하나님과 인간의 중재자로서 제사장 자신도 죄인이라는 사실을 보여준다. 그것은 아론의 뒤를 이은 제사장 누구도 온전한 중재자가 될 수 없음을 보여준다. 그와 대조적으로 예수 그리스도는 온전한 대제사장이었다.

> "그는 저 대제사장들이 먼저 자기 죄를 위하고 다음에 백성의 죄를 위하여 날마다 제사 드리는 것과 같이 할 필요가 없으니 이는 그가 단번에 자기를 드려 이루셨음이라 율법은 약점을 가진 사람들을 제사장으로 세웠거니와 율법 후에 하신 맹세의 말씀은 영원히 온전하게 되신 아들을 세우셨느니라"(히 7:27-28)

둘째, 아론이 모든 제사를 마치고 회막에서 나와 백성들을 축복할 때 하늘에서 불이 내려와 제물을 살랐던 것은 제사의 신적 권위를 높여주는 것이다. 그것은 야훼의 응답인 동시에, 하나님의 불을 사용해서 제물을 태운다는 의의를 가진다. 이스라엘의 역사를 보면 다윗(대상 21:26), 솔로몬(대하 7:1), 엘리야(왕상 18:37-38)의 제단에 야훼의 불이 임했던 사건들을 볼 수 있다.

ㄹ. 제사장 위임예식 직후 아론의 두 아들-나답과 아비후-이 성소 앞에서 야훼 하나님의 불에 타 죽는 끔찍한 사건이 발생했다. 그 일은 성막 준공과 제사장 위임예식이라는 축제 분위기를 공포와 슬픔으로 바꾸어 놓았다. 분명히 그들의 잘못은 야훼 하나님의 신불이 아닌 다른 불(가사용)을 향로에 담은데 있었다. 제사장 직무를 시작하는 첫 날 그것 때문에 죽고 말았다(10:1, 2).

첫째, 그들이 실수하게 된 원인은 술에 있었던 것으로 보인다(10:8-11). 그들은 야훼를 가까이 하는 자 즉, 야훼와의 사이에 다른 중재자가 없는 사람들이었다(10:3). 따라서 그들이 야훼 앞에서 저지른 죄에 대해 용서받을 길이 없었던 것이다.

둘째, 아론과 그의 남은 아들들-엘르아살과 이다말-은 가족의 죽음에 대해 슬퍼하거나 회막 바깥으로 나갈 수 없었다. 왜냐하면 그들은 공적으로 하나님과 인간의 중재자로 기름 부어진 사람들로서 사적인 일로 방해받아서는 안 되었기 때문이다. 이 규칙은 나중에 자신을 스스로 성결하게 바친 나실인에게도 적용되었다(민 6:1, 7). 나실인의 정결은 대제사장에게 요구되는 수준이었다.

셋째, 아론이 회중을 위해 속죄제물로 드린 염소고기를 먹지 않고 불태워 버린 일이다. 모세는 아론의 가족이 그것을 먹지 않았다고 화를 내었으나 아론은 더 나은 신학적 견해를 제시해서 그를 설득했다. 즉, 속죄제물을 드린 회막 뜰이 제사장들의 시체로 부정하게 되었기 때문에, 제물로 바쳐졌던 고기 또한 부정하게 되어 먹을 수 없었다는 것이다. 여기서 볼 수 있는 것은 속죄 제물로 바쳐졌던 고기가 부정하게 될 경우 먹을 수 없다는 것이다. 일반적인 경우 속죄제물은 부정하지 않은 것으로 간주되었음을 알 수 있다. 만약 널리 알려진 속설처럼 속죄제물의 머리에 안수하는 행위가 죄의 전가를 의미한다면 제사장들이 부정하게 된 고기를 먹을 수 없을 것이다.

3) 정결법(11:1-15:33)

10장에서는 나답과 아비후의 갑작스런 죽음과 연관된 제사장의 정결법과 음식 규정이 설명되었다. 11장부터는 전체 이스라엘 백성을 위한 음식 규정과 정결법이 소개되고 있다. "그리하여야 너희가 거룩하고 속된 것을 분별하며 부정하고 정한 것을 분별하고"(10:10)라는 명령은 정결 규례에 대한 기초가 된다. 정결법과 관계된 본문의 문단을 나누어보면 11장은 먹을 수 있는 동물과 먹을 수 없는 동물의 목록, 12장은 산모에 대한 정결규정, 13-14장은 피부병과 곰팡이 관련 정결규정, 15장은 유출 병 관련 정결규정에 대해 기록한 것이다.

א. 첫 번째 정결 규례는 동물 식재료에 관한 것이다(11장). 이것과 관계해서 많이 알려진 히브리어 단어는 카셰르(כשר)이다. 영어권에서 코셔(kosher)라고 부르는 이 단어는 합법적이라는 뜻의 형용사이다. 이 단어로부터 '합법적인 음식'이라는 의미의 케셔룻(כשרות)이 나왔다. 음식 규정(10:10)에서 사용된 '부정한(unclean) 것'과 '정한(clean) 것'의 히브리어 단어는 '타메(טמא)'와 '타홀(טהור)'이다.

첫째, 정한 것과 부정한 것을 가려먹는 규례는 도덕적으로 깨끗하게 살아가는 것에 대한 상징이다. J. Milgrom이 제시한 이 이론(moral symbolic theories)에 따르면 이스라엘이 다른 민족과 도덕적으로 구별되게 살기 위한 훈련으로 음식 규정이 주어진 것이다. 다시말해 이스라엘 백성들이 음식 규정을 철저히 지킴으로써 도덕 규정 또한 철저히 지킬 수 있도록 길들여진다는 것이다. 그에 따르면 거룩하게 사는 것과 관련한 구분은 성전-이스라엘 땅-온 세상, 제사장-이스라엘 평민-온 세상사람, 제물-케셔룻-세상의 모든 동물이다. 이 해석은 "내가 거룩하니 너희도 거룩할지어다"(11:44-45)로 반복된 말씀에 비추어 음식규정이 거룩하신 하나님과 동행하기 위해 이스라엘이 지켜야 할 규례로 밝히고 있다는 점에서 설득력을 가진다. 그리고 10:10, 11:47에서 '거룩한 것과 속된 것' 그리고 '부정한 것과 정한 것'이 쌍을 이루고 있다는 점에서 합리적 설명이라고 할 수 있다.

하롯 샘

이 이론 이외에 전염병과 소화불량을 방지하기 위한 것이었다는 위생적 이론(hygienic theories), 보기에 흉하거나 죽음을 연상시키는 것을 피했다는 심미적 이론(aesthetic theories), 되새김질로 말씀의 명상을 연상시키는 것을 선호했다는 상징적 이론(symbolic theories)은 일부 동물에는 부분적으로 맞지만 다른 동물에는 전혀 맞지 않는다. 중요한 것은 네 발 짐승, 물고기, 새, 곤충, 파충류를 막론하고 식재료로 사용할 수 없는 것들의 목록이 분명히 나와 있다는 점이다. 다시 말해서 식재료 취사선택의 기준만 제시한 것이 아니라 구체적 이름까지 명시되어 있어서 실천하기 어렵지 않았다.

둘째, 만약 사람이나 그릇 혹은 의복이 부정한 동물이나 동물의 사체와 접촉했을 경우 저녁까지만 부정하다가 목욕이나 세척 혹은 파괴를 통해 정결을 회복할 수 있게 했다. 이것은 정결법이 제사장의 도움 없이 평민 스스로 지킬 수 있는 법이라는 것을 보여준다. 단지 제사장은 미리 그것들을 가르치기만 하면 되었다. 이것과 관계해서 11:46, 47에서 '규례'로 번역된 '토라(תורה)'는 제사장이 백성에게 가르칠 내용(교훈)을 가리키는데, 나중에 모세 오경을 가리키는 말로 전용되었다.

흥미로운 것은 파충류의 사체가 샘이나 웅덩이에 떨어졌을 경우 물을 부정하게 하지 못했다는 사실이다(11:36). 그러나 질그릇, 축축한 식물, 그릇에 담긴 물, 물에 젖은 씨앗(식용), 화덕 혹은 화로에 떨어지면 그것들이 모두 부정하게 된 것으로 간주했다(11:33-38). 질그릇이나 화덕 혹은 화로는 모두 물을 흡수하기 좋은 것이었으므로 축축한 식물 혹은 그릇의 물과 같이 취급된 것은 자연스러운 일이었다. 그러면 샘과 웅덩이 물은 왜 부정하게 취급되지 않았을까? 그 이유는 샘이나 웅덩이(우물, 저수조)[10]가 부정을 씻기 위한 장소로 사용되어야 했기 때문이다. 이스라엘 역사를 보면 이처럼 고인 물(מקוה, 미크베)이 정결예식을 위해 매우 중요하게 취급되었음을 알 수 있다.

ㄴ. 두 번째 정결 규례는 산모를 위한 것이었다(12장). 애굽에서 페르시아를 거쳐 인도에 이르기까지 고대 사회에서 출산한 여인은 부정한 상태에 있다고 여겨졌다. J. Milgrom에 의하면 이스라엘에서는 피를 생명의

10) 샘은 자연적인 수원이며, 웅덩이는 사람의 손으로 만든 수원인데, 둘 다 자연적으로 생겨나는 물을 담고 있다. 이런 물을 살아있는 물(מים חיים 마임 하임)라고 부르며(14:5, 15:13), 정결예식(ritual bath)을 하기에 합법적이다. 정결예식에 쓸 생수가 되는 조건은 물의 유입과 배수가 이루어지는 곳에 있는 물이어야 한다. 그런 점에서 시냇물이나 강의 상류는 최상급 정결예식 장소였으며, 고인 물(מקוה)은 그 다음이었다.

근원으로 보았기 때문에 생리를 한다든지 출산을 통해 피가 나오는 것은 죽음의 상징으로 보아 부정하게 취급했다. 그렇다고 해서 출산 자체를 부정한 것으로 간주했던 것은 아니다. 자녀를 생산하는 것은 하나님의 선물이자 축복이었다(시 127:3). 그러나 출산 과정에서 산모의 몸으로부터 피가 유출되었기 때문에 남자 아이를 낳았을 경우는 7일, 여아를 낳았을 경우는 14일이 지나야 정결하게 되는 것으로 간주했다. 성전에 출입하는 등의 종교 활동을 위해서는 남아출산의 경우 33일을, 여아출산의 경우 66일을 더 지나야 했다. 이것은 앞서 음식 규정에서 본 것처럼 구분된 단계를 거쳐 거룩함에 이르는 과정이었다. 즉, 출산으로 인해 부정한 단계(7일, 14일) → 정결한 단계(33일, 66일) → 종교 활동의 거룩한 단계로 구분되었던 것이다. 이것 역시 통과의례의 절차로 이해될 수 있다.

산모가 정결 기간이 끝나면 번제와 속죄제를 드리게 했는데, 가난한 사람의 경우 비둘기 두 마리로 번제와 속죄제를 드릴 수 있었다. 예수 그리스도가 탄생했을 때 마리아가 비둘기 두 마리로 제사 드리려 했던 것은 그녀가 가난했음을 보여주는 예라고 할 수 있다(눅 2:24).

ג. 세 번째 정결 규례는 악성피부병(psoriasis)에 관한 것이다(13-14장).

첫째, 한글 개역 성경(개정포함)에 '문둥병(leprosy)'으로 번역된' 짜라아트(צרעת)'는 한센 씨 병이 아니다. 13:30의 '옴(itch)'과 13:39의 '어루러기(tetter)'와 13:47의 '의복의 색점'과 14:44의 '집의 색점(곰팡이)'도 '짜라아트'라고 부르기 때문이다. 특히 '옴'과 '어루러기'는 '네테크(נתק)'와 '보하크(בהק)'로 부르면서도 '짜라아트'로 진단하는 것으로 보아 '짜라아트'가 피부와 의복과 벽에서 점점 퍼져가는 증상을 총괄하는 단어였음을 알 수 있다. 그런데 짜라아트에 걸린 피부는 '눈과 같이 되었다'(출 4:6, 민 12:10, 왕하 5:27)는 묘사에 주의할 필요가 있다. 구약 성서에서 눈은 흰색(시 51:7, 사 1:18)의 상징이었으며, 양털처럼 날리는 것(시 68:14, 147:16)으로 묘사되었다. 따라서 짜라아트 환자는 아마도 피부가 하얗게 벗겨져 조각조각 날리는 질병을 앓았던 것으로 보인다. 이 질환이 만약에 한센 씨 병(Hansen's disease)이었다면 자연치유 되기 어려웠을 것이다. 그러나 짜라아트의 경우는 자연치유 되는 경우가 많았던 것을 알 수 있다(13:17, 23, 34, 37, 14:1-32). 신약 성경에 나오는 문둥병 환자는 짜라아트 환자일 수도 있고, 한센 씨 병일 수도 있다. 고고학자 시몬 깁슨이 2000년 시온산 기슭의 옛 아겔다마 공동묘지에서 발견한 수의는 1세기 유대 땅에도 한센 씨 병 환자들이 있었을 가능성을 시사해준다.[11] 깁슨에 의하면 알렉산더의 군대가 인도를 침공하는 과정에서 한센씨 병이 유럽과 근동으로 전염되었다고 한다.

11) 시몬 깁슨, 예루살렘의 예수, 청림, 2009.

둘째, 짜라아트 환자는 부정한 자로 간주되어 주거지로부터 격리되어 살아야 했으며, 사람과 마주칠 경우 옷을 찢고 머리를 풀고 윗입술을 가리고 "부정하다, 부정하다"라고 외치며 접촉을 피해야 했다(13:45-46). 일시적으로 짜라아트 병에 걸렸던 미리암(민 12:15), 아람 군대의 진영을 찾아갔던 네 명(왕하 15:5),[12] 웃시야 왕(15:5) 모두 격리된 채 살아야 했다. 짜라아트 환자들이 나을 때까지 격리된 채 살아야 했던 이유는 야훼 하나님의 징벌로 간주되었기 때문이다. 짜라아트에는 '치다, 쓰러뜨리다'는 의미가 들어있으며, 실제로 미리암과 웃시야는 야훼가 쳤기 때문에 짜라아트에 걸린 것으로 묘사되었다.

12) 네 명의 짜라아트 환자가 아람 군대에 항복하러 갔던 이유는 먹을 것을 얻기 위해서이기도 했지만, 아람의 경우 이스라엘처럼 짜라아트 환자의 사회생활을 엄격히 제한하지 않았기 때문이기도 하다. 아람의 군대 장관 나아만은 짜라아트에 걸려 있었음에도 사회생활 뿐 아니라 종교생활마저 자유로웠다(왕하 5:1,17).

셋째, 짜라아트 환자가 자연치유 되었을 때는 다음의 일정한 단계를 거쳐 복권되었다.

1) 제사장이 진찰하여 확인함. 짜라아트 환자와 접촉해도 제사장은 부정하게 되지 않음.
2) 살아있는 새 한 마리를 잡아 살아있는 물(흐르는 물)이 든 질그릇에 피를 떨어뜨린 다음 백향목(붉은 색이 나는 삼목; cedar)과 홍색 실과 우슬초(꽃박하; marjoram)에 찍어 일곱 번 나은 사람에게 뿌림[13] 살아있는 나머지 새를 놓아줌(모두 붉은 색이었다).
3) 치유된 사람은 옷을 빨고, 전신면도하고, 목욕하고, 주거지에 들어와 집밖에서 일주일을 머물러야 함.
4) 일곱 째 되는 날 다시 전신면도하고 목욕하므로 정결하게 됨.
5) 제사장은 속건제와 속죄제와 번제와 화목제를 드림. 이때 제사장은 속건제물의 피와 특정한 기름을 나은 사람의 오른쪽 귀와 엄지손가

13) 사람에게 피를 뿌리는 것은 제사장 위임예식(8:30)의 한 순서였다. 짜라아트에 걸렸다가 나은 사람도 피를 신체에 바른다든가(14:14), 일주일을 기다려야 한다든가(14:8) 하여 제사장의 위임과 비슷한 통과의례 과정을 밟았다.

락과 엄지발가락에 발라주고, 이마에 기름을 발라줌. 가난한 사람은 어린 수양 대신에 새를 제물로 드릴 수 있음.

여기서 짜라아트에 걸렸던 사람이 부정한 단계(1, 2, 3) → 정결한 단계(4) → 거룩한 단계(5)를 거쳐 하나님과 만나는 거룩한 삶으로 복권되는 것을 볼 수 있는데, 산모의 정결과정과 같은 원리로 통과의례를 치르는 것을 알게 된다. 가옥에 생겼던 짜라아트의 경우 1, 2단계만 치르고 정결하게 되었다.

ד. 네 번째 정결에 관한 규례(15장)는 유출병(discharge)과 관계된 것으로서 히브리어로 "그의 몸에서 흐르면"이란 뜻의' 자브 미바사로(זב מבשרו)' 로 표현되어 있다. 여기서 '몸' 은 '생식기' 의 완곡한(euphemistic) 표현이다. 유출병은 '성병(1-15)' '정액배설(16-18)' '여인의 생리(19-24)' '혈루증(25-30)' 으로 구분되었다. 유출병은 음식 규정과 함께 정결 규례의 중심축을 이룬다. 왜냐하면 음식 규정은 식탁과 관계되어 있고, 유출병은 잠자리와 관계되어 있기 때문이다.

1) 유출병이 있는 사람과 신체적 접촉 혹은 기구를 통한 간접 접촉이 있었던 사람은 저녁때까지(하루 종일) 부정한 사람으로 간주되었으며, 목욕을 하므로 정결한 상태로 돌아올 수 있었다(1-12절).

2) 유출병이 있었던 사람이 나을 경우 7일을 기다렸다가 의복을 빨고 목욕한 후, 두 마리 새를 번제와 속죄제로 드리면 정결한 상태로 돌아올 수 있었다(13-15절).

3) 정액을 배설한 사람 혹은 잠자리를 함께 한 남녀는 모두 저녁까지 부정했으며, 목욕한 후 정결한 상태로 돌아올 수 있었다(16-18절).

4) 생리하는 여인과 신체적 접촉 혹은 간접적으로 접촉했던 사람은 저녁까지 부정했으며, 목욕한 후 정결한 상태로 돌아올 수 있었다. 생리 중인 여인과 동침한 사람은 일주일 동안 부정한 상태로 간주되었다(19-24절).

5) 혈루증을 앓는 여인과 접촉된 자는 저녁까지 부정했으며, 목욕한 후 정결한 상태로 돌아올 수 있었다. 그리고 혈루증이 나은 여인은 일주일 후 새 두 마리를 번제와 속죄제로 드린 후에 정결한 상태로 돌아올 수 있었다(25-30절).

첫째, 여인의 생리와 남자의 사정(emission of semen)까지 모두 부정하게 취급된 것은 생명이 빠져나오는 것으로 간주되었기 때문이다.[14] 생명의 근원인 피가 다량 나오는 것이나, 생명을 탄생시킬 씨앗이 빠져나오는 것은 죽음을 연상시켰던 것이다. 유출과 관계해서 대제사장은 일 년에 한 번 지성소에 들어갈 때 부정한 상태가 되지 않기 위해 전날 밤 잠을 자지 않으려고 애썼다. 왜냐하면 잠자리에서 무의식중에 몽정하게 되면 대속죄일(욤 키푸르) 임무를 수행하지 못하게 되어 국가적으로 큰 문제가 되기 때문이다. 그리고 현대 이스라엘에서 보수적 유대인들은 지금도 한 달에 보름을 아내와 동침하지 않는다. 왜냐하면 아내의 생리 기간(밋다) 일주일에다 확인 기간(토호라) 7일을 더 보태어 지키기 때문이다. 이 기간 중에는 잠자리를 같이 하지 않을 뿐 아니라 손도 잡지 않으며, 몸이 불편한 아내가 일어나도록 도와주지도 않는다. 그 뿐 아니라 보수적 가정의 여인들은 여성 검사관에게 가서 회당에 출석하도록 정결하게 되었다는 확인을 받아야 한다. 그들은 폐경이 되어서야 프라이버시를 보장받는다.

14) 히브리어로 쉬크바트 자라(정액)를 직역하면 "씨앗을 쏟아낸 것"이다.

둘째, 침상의 정결이 강조되어 있다. 15장에서 직접 침상을 언급한 것만도 여섯 번이나 되고(4, 5, 21, 23, 24, 26절) 간접적 표현도 네 번이나 나온다(16, 17, 18, 20절). 그런데 침상이라는 단어(משכב 미쉬카브)와 성막(14,29, 31절)이라는 단어(משכן 미쉬칸)는 철자 하나가 다를 뿐이다. 그리고 이 둘은 정결과 거룩함이라는 개념으로 연결되어 있다. 이는 명백히 언어유희를 통해 잠자리의 정결규례를 가르치려는 의도라는 점을 드러낸다.

4) 대 속죄일(16:1-34)

대 속죄일의 규례는 나답과 아비후의 죽음 이후에 주어졌다. 지정된 날 지성소에 들어와 야훼를 만나는 예절을 가르치면서 주어진 것이다. 대속죄일에 관한 본문의 문단을 나누어보면 A. 야훼의 명령(1-2a) B. 제사준비(2b-10) C. 제사 절차(11-28) B' 대속죄일 규례(29-34a) A'. 야훼의 명령 집행(34b) 즉, A-B-C-B'-A'의 교차 대구(chiastic parallelism)의 구조로 기록되었다는 사실을 알 수 있다. 그러니까 대 속죄일의 핵심은 유대력 7월 10일에 드려지는 제사(11-28)에 있는 것이다. 제물로는 속죄제물을 위한 수염소 둘, 번제물을 위한 수양 하나, 수송아지 하나였다.

א. 대제사장은 대 속죄일에 세 번 지성소에 들어갔다. 그가 지성소에 들어갔다 나오기까지 모든 백성과 제사장들은 회막 밖에서 기다려야 했다.

1) 자신과 가족을 위해 속죄제물 수송아지를 잡은 다음, 번제단의 불을 취해 향과 함께 지성소에 들어가 피운다. 이때 향연이 속죄소를 가려서 죽음을 면해야 하며, '야훼' 라는 발음으로 성호를 부를 수 있었다고 한다(16:11-13).

2) 지성소에서 뒷걸음쳐 나온 다음(유대 전승) 수송아지의 피를 가지고 다시 들어가 속죄소 위에[15] 뿌리고, 속죄소 앞에 일곱 번 뿌린다(16:14).

3) 백성들의 죄를 위해 속죄제물 수염소 하나를 잡은 다음 피를 가지고 들어가 이스라엘 백성들의 부정과 죄로 부정하게 된 지성소와 회막을 정화시키기 위해 수송아지 피를 뿌렸을 때처럼 뿌린다. 다시 뒷걸음쳐 나와 제단의 네 귀퉁이 뿔에 피를 바르고 제단위에 일곱 번 뿌려 이스라엘 백성들의 죄로 말미암은 부정을 정화시킨다(16:15-19).

15) 한글 개역 성경에 '속죄소 동쪽' (14)이라고 번역되어 있는 히브리어 본문은 'על־פני הכפרת' 즉, '속죄소 위에' 이다.

아사셀 염소에게 안수하는 대제사장

ב. 대 속죄일에는 산 염소 하나를 광야로 보냈다(16:20-28). 그 염소는 백성의 모든 죄를 지고 가는 속죄양(scapegoat)이었으며, 아사셀에게 보내기 위한 것이었다(16:8,10, 26). 그 염소는 이스라엘의 죄를 멀리 운반하는 도구였으며, 염소를 끌고 광야로 갔던 사람도 부정하게 되어 의복을 빨고 목욕한 후에야 정결해져서 주거지로 돌아올 수 있었다. 신약시대에는 기드론 시내 건너 히르카니아 절벽 아래로 염소를 떨어뜨렸다. 전승에 의하면 어느 해에 아사셀 염소가 광야로부터 다시 예루살렘으로 돌아온 적이 있다고 한다. 그것은 이스라엘의 죄가 다시 돌아온 것을 의미했다. 그 다음부터는 아사셀 염소가 죄를 지고 확실히 죽게 하기 위해 규정을 바꾸었다고 한다.

첫째, 아사셀(עזאזל 아자젤)을 절벽으로 해석하는 것은 옳지 않다. 비록 신약시대에 와서 아사셀을 절벽에서 떨어뜨리기는 했지만 오경이 기록되었을 때는 없던 풍속이다. 그리고 아사셀이 절벽을 가리키는 보통명사가 아닌 이유가 있다. 염소 두 마리 중 하나는 여호와를 위하여, 또 하나는 아사셀을 위하여 뽑기 때문이다(8절). 다시 말해서 아사셀은 여호와처럼 고유명사로 이해해야 한다. 아사셀은 어떤 귀신을 가리킬 가능성이 높다. 아람어 번역(페쉬타)과 타르굼과 에녹서는 아사셀이 광야로 추방된 잡귀의 왕으로 보았다. 이것은 무인지경 외딴 곳이 귀신들의 거처라는 이스라엘의 민속신앙과도 어울린다(사 13:21, 토빗 8:3, 마 12:43). 이스라엘 사람들은 광야의 불모지는 식물이 열매를 맺도록 하나님이 활동하지 않으시는 곳이며, 아사셀이 거기에 사는 마귀라고 생각하였다.[16] 예수 그리스도의 가르침에도 귀신이 사람에게서 나간 후 물 없는 곳으로 다니며 쉬기를 구했다는 내용이 나온다(눅 11:24). 여기서 물 없는 곳은 생명이 없는 곳 즉, 하나님이 역사하시지 않아 귀신이 살기에 합당한 곳이다.

16) 롤랑 드보 저, 이 양구 역, 구약시대의 종교풍속, 나단 p. 264.

아사셀을 위한 속죄염소와 비슷한 풍속이 바벨론의 니산월 5일 신년 축제에서 거행된다. 즉, 신전의 부정을 정화하기 위해 도살한 수양의 사체를 문질러 피를 묻힌 다음 마술사와 도살자가 수양의 머리와 몸통을 가지고 유프라테스 강에 던진다. 그리고 무인 지경의 시골로 사라졌다가 축제가 끝난 12일 이후에 나타나는 것이다. 그 외에도 짜라아트 환자의 정결의식에 산 새 한 마리를 날려 보내는 절차도 이와 비슷하다. 17:7을 보면 결국 아사셀을 위한 속죄 염소는 기원을 알 수 없는 채 민간신앙에 들어와 있었으며(대하 11:15), 야훼 종교에 맞게 변용되었던 것으로 보인다.

광야로 가는 아사셀

둘째, 아사셀 염소의 머리에 대제사장이 두 손으로 안수하여 이스라엘의 모든 불의와 죄를 그 머리에 얹는다(21절). 여기에 들어있는 신학적 의미는 죄의 전가(imputation)이다. 따라서 안수 받은 염소에게 백성의 모든 죄가 옮겨지게 되고, 그 염소는 그 죄를 멀리 옮겨가게(transport) 되는 것이다(22절). 세례자 요한이 예수 그리스도를 향해 "보라 세상 죄를 지고 가는 하나님의 어린 양이로다"(요 1:29)라고 했을 때 바로 이 속죄양(scapegoat) 개념을 적용시켰던 것이다. 바울도 이 속죄양과 전가의 개념으로 그리스도를 설명했다. 그러니까 인간의 죄는 그리스도에게로 옮겨지고, 그리스도의 의가 신자들에게 옮겨지는 것이다.

> "하나님이 죄를 알지도 못하신 이를 우리를 대신하여 죄로 삼으신 것은 우리로 하여금 그 안에서 하나님의 의가 되게 하려 하심이라" (고후 5:21).

시편의 저자는 속죄양을 통한 죄용서의 개념을 시각적으로 표현했다.

"동이 서에서 먼 것같이 우리 죄과를 우리에게서 멀리 옮기셨으며" (시 103:12)

이처럼 대 속죄일에 대제사장이 아사셀 염소에게 두 손으로 안수하는 것은(21절) 평민이 일반 제물의 머리에 한 손으로 안수하는 것(1:4, 3:2, 4:4)과 의미가 다른 것이다.

ג. 아사셀 염소를 광야로 보내고 나서 대제사장은 세마포 옷을 벗고 목욕한 다음 자신과 백성을 위해 번제물을 드렸다. 흥미로운 것은 대제사장이 속죄일에 자신을 위해 정화작업을 할 필요가 없었다는 것이다. 다시 말해서 제단과 회막과 지성소까지 피를 뿌려 부정으로부터 정화시켰지만 정작 자신은 성막의 부정으로부터 영향을 받지 않은 것으로 묘사되어 있다. 고작 그는 세마포 옷을 입기 전후로 목욕했을 뿐인데, 부정을 정화시키는 의미는 아니었다. 심지어 아사셀 염소를 광야로 데리고 갔던 사람도 정화작업을 해야 했지만 백성의 모든 죄를 염소의 머리에 안수하여 실었던 자신은 그것으로부터 부정을 타지 않았다. 이것은 제사장들이 짜라아트를 앓는 사람 혹은 감염된 집을 검사한 후에 정화작업을 할 필요가 없었던 것과 같은 원리이다. 다시 말해 제사장들이 임무를 수행하는 과정에서 부정(타메)과 접촉해도 부정을 타지 않았다는 것을 말해준다. 이것은 장차 예수 그리스도가 수많은 환자들이나 부정한 사람들과 신체적 접촉이 있었음에도 스스로 군중으로부터 격리되거나 정화작업을 할 필요가 없이 정결 상태를 유지하는 것처럼 묘사된 이유가 된다.

"바리새인들이 보고 그의 제자들에게 이르되 어찌하여 너희 선생은 세리와 죄인들과 함께 잡수시느냐 예수께서 들으시고 이르시되 건강한 자에게는 의사가 쓸 데 없고 병든 자에게 라야 쓸 데 있느니라"(마 9:11-12).

"열두 해 동안이나 혈루증으로 앓는 여자가 예수의 뒤로 와서 그 겉옷 가를 만지니"(마 9:20).

"예수께서 일일이 그 위에 손을 얹으사 고치시니"(눅 4:40).

제 2부 – 절기와 책임 있는 삶으로 하나님과 동행 (17:1–27:34)

1) 일반백성들의 책임 있는 삶(17:1–20:27)

도살한 짐승의 피 사용금지(17:1-16), 부도덕한 성관계 금지(18:1-30), 십계명의 부연설명(19:1-37), 극형과 처벌규정(20:1-27)에 대한 내용이 들어있다.

17장은 도살과 피에 관한 규정이다. 식용으로 짐승을 도살한 경우 반드시 피를 회막에 가져오고, 기름을 제단에 태운 후에야 먹도록 했다(4절). 단, 사냥한 짐승은 회막으로 가져오기 어려우므로 피를 들에 쏟고 흙으로 덮도록 했다(13절). 피를 제단 밑에 쏟아야 하는 것은 생명의 근원인 피가 하나님 앞에서 죄와 죽음의 연결고리를 끊어주기 때문이다(11절). 이스라엘의 초대 왕 사울은 블레셋과의 전쟁에서 얻은 가축을 백성들이 아무데서나 잡아서 피 째 먹는 것을 막기 위해 임시 제단을 쌓았다(삼상 14:32-35). 본문 7절을 보면 이스라엘 백성들은 숫염소 귀신(아사셀?)에게 바친 제물을 화목제물 삼아 먹었던 것 같다.

18장은 성도덕에 관한 규정이다. 간음하지 말라는 계명의 구체적 지침이 근친결혼 금지에 초점을 맞추어 기록되어 있다(1-20절). 아울러서 자녀를 인신제사 드리는 일과 동성결혼(homo sex), 수간(animal sex)에 대해서도 강력히 경고하고 있다(21-23절). 흥미로운 것은 성적 부도덕이 애굽과 가나안 원주민들 사이에 널리 퍼져있었고(3절), 그것 때문에 가나안 원주민들이 심판을 받아 쫓겨나게 되었다는 것이다(25절). 레위기 저자는 '그 땅도 더러워졌으므로…스스로 그 주민을 토하여 내느니라' 고 묘사했다. 사람이 죄를 지으면 땅도 함께 부패하고, 땅이 죄인을 토하여 낸다는 신학적 해석이 다시 나온 것이다(창 6:12, 15:16).

19장은 출 20장에 나왔던 십계명이 부연 설명되고 있다. 예를 들면 1계명(4절), 2계명(4, 31절), 3계명(12절), 4계명(3,30절), 5계명(3절), 6계명(16절), 7계명(20-22, 29절), 8 계명(11,13, 35-36절), 9계명(11, 16절), 10 계명(5-8, 9-10절)이 중심축을 이루고 있다. 그리고 이스라엘이 거룩하게 살아야 할 이유로서 하나님이 거룩한 분이기 때문이라는 표현이 16번이나 반복되어 있다(2, 3, 4, 10, 12, 14, 16, 18, 25, 28, 30, 31, 32, 34, 36, 37절). 이스라엘 가운데 거하시는 하나님과 동행해야 하기 때문에 이방 풍속과 구별되게 살아야 한다는 것이다. 그것은 이웃과 더불어 평화롭게 살아가는 것과 결코 다르지 않다. 예수 그리스도는 18절 말씀을 인용해서 하나님 사랑과 이웃 사랑이 율법의 핵심이라고 가르쳤다(마 22:40). 흥미로운 것은 부모공경을 명령하면서 하나님께 대한 태도를 의미하는 '경외'를 사용했다는 점이다(3절) 그리고 이례적으로 어머니를 먼저 부르고 있다. 그것은 어머니(3절)가 노인(32절)처럼 약자이기 때문일 것이다. 부모 공경에 대한 명령은 하나님 경외의 명령과 한데 묶어져 있다는 점에서도 중요성이 드러나고 있다(32절).

가축을 다른 종자와 교배시키거나 밭에 두 종류의 씨앗을 함께 뿌리거나 두 종류의 재료로 만든 옷을 입지 말라는 것(19절)은 우생학의 원리를 무시하는 것이 아니라 일종의 금기이다. 다른 종끼리 섞지 못하게 함으로써 사람과 짐승이 성관계를 가지지 못하도록 경고하는 의도가 들어 있었을 것이다.

20장은 처벌에 관한 규정이다. 극형에 처해야 하는 죄(1-16절)와 하나님에 의해 처벌되는 죄(17-21절)에 대한 목록이 기록되어 있다. 이런 죄들은 속죄제를 드려 용서받을 수 없다. 이처럼 극형과 중형에 처해질 죄목이 기록된 것은 범죄 예방의 교육목적이 첫째이다. 그리고 개인의 범죄로 인해 사회 전체가 피해를 입지 않도록 하려는 치유목적이 그 다음이라고 볼 수 있다(22절).

2) 제사장들의 책임 있는 삶(21:1-22:33)

제사장들은 평민보다 더 가까이서 야훼를 섬긴다는 점에서 더 엄격한 성결이 요구되었다(21:6, 8). 그중에서 대제사장은 가장 엄격히 자신의 성결을 책임지도록 요구되었다. 따라서 그 내용을 요약해보면 제사장 가족의 장례(21:1-6), 제사장의 결혼(21:7-9), 대제사장 가족의 장례(21:10-12), 대제사장의 결혼(21:13-15), 제사장 가문의 장애인(21:16-24), 제사장의 음식 규정(22:1-9), 제물을 먹을 수 있는 평민규정(22:10-16), 화목제물의 보충규정(22:17-33)이 기록되어 있다.

א. 일반 제사장들은 가족의 장례에 한해서 시신과의 접촉이 허용되었다. 그러나 머리털을 밀거나, 수염을 깎거나, 살을 베는 등의 이방풍속을 따르지 못하게 했다. 제사장들은 처녀와만 결혼할 수 있었으며, 제사장의 딸이 성적으로 부도덕한 경우 극형에 처하게 했다.[17] 대제사장은 가족의 장례에도 참석하지 못하게 했으며, 이스라엘의 처녀와만 결혼할 수 있었다. 이처럼 가족의 죽음에 대한 대제사장의 처신규정은 나실인으로 서원한 평민에게 그대로 적용되었다(민 6:7). 신약 시대에 이르기까지 나실인의 서원 풍습은 이어졌다(행 18:18). 그리스도를 따르라는 명령을 받고 부친의 장례를 먼저 염려하는 사람에게 "죽은 자들로 자기의 죽은 자들을 장사하게 하고 너는 가서 하나님의 나라를 전파하라"(눅 9:59)고 하신 예수님의 말씀은 나실인의 장례규정을 떠올리게 한다. 그리스도의 제자들은 대제사장이나 나실인처럼 하나님을 섬기는 일에 최우선을 두고 일체의 긴급한 사적 용무로부터 자유로워야 한다는 의미가 들어 있는 것으로 보인다. 더구나 그 장례가 죽은 지 일 년 된 자의 골장을 가리켰을 때는 신학적인 문제까지 담고 있었다.

ב. 제사장 가문의 장애인이 제사장직을 수행하지 못하게 한 것(21:16-24)은 흠 없는 제물을 드리게 한 규정과 부합된다(22:17-25). 만약에 장애인 제사장이 제사를 집전하게 되면 평민들이 장애 입은 제물을 가져오는 사태를 막을 수 없었을 것이다. 그런데 그들도 제물-지극히 거룩한 음식을 먹을 수 있게 한 것을 보면, 장애인을 비하하려는 의도가 전혀 들어있지 않다는 것을 알 수 있다(21:22). 오늘날 그리스도교에서는 동물 제사를 드리지 않으므로 장애인 성직자에 대해 문호가 개방되어 있는 것이다.

17) 돌로 쳐 죽인 다음 시체를 불살라 버리라는 명령이며, 화형을 시키라는 의미가 들어 있지 않다. 수 7:25을 보면 아간을 석형에 처한 후 소유와 함께 불사른 것을 알 수 있다. 이때 불은 파괴의 상징이다.

ג. 제물 규정에 있어서 갓 태어난 짐승의 새끼(수놈)가 적어도 일주일을 어미와 같이 있게 한 다음에 잡을 수 있게 한 것이나, 어미와 새끼(암놈)를 같은 날에 잡지 못하게 한 것은 제물 드리는 자의 마음이 비정해지지 않게 할 뿐 아니라 가난한 사람들에 대한 배려로 보인다(22:27-28).

3) 절기와 성회(23:1-25:55)

제사와 정결 규정으로 매일의 삶에서 하나님과 동행하는 매너를 가르친 레위기 저자는, 이제 야훼가 다스리는 이상 국가에서의 연중행사(23장)와 7년 주기의 대 축제(25장)에 대해 이야기한다. 그 이야기의 중심에 성막과 일상생활에서 야훼 하나님을 섬기는 이야기(24장)가 들어있다.

א. 일곱 절기(מועד 모에드)가 소개되고 있다. 이 절기들에는 성회로 모였는데 23장에서 11번이나 반복해서 강조되고 있다. 이 가운데서 안식일을 제외한 절기는 모두 추수와 관계가 있다. 유월절과 무교절은 곡식의 첫 열매가 익는 초실절과 맞물려 있고, 오순절은 곡식추수를 끝내는 봄의 축제이며, 나팔절과 속죄일과 초막절은 과일추수를 끝내는 가을 축제와 관계되어 있다.

1) 매 칠일 째 되는 날은 안식일(שׁבת 샤바트)로서 일체의 노동이 금지되고, 성회로 모여야 했다(3-4절)

2) 아빕월 14일은 유월절(פסח 페사흐)로서 성회로 모여야 했는데, 춘분 지나서 첫 보름달이 뜨는 저녁이었다.

3) 아빕월 15일부터 21일까지 7일 동안 무교절(הג המצות 하그 하마쪼트)로 지켜야 했는데 마지막 날은 성회로 모였다. 그런데 무교절 기간 중 안식일 다음 날은 곧 첫 이삭을 바치는 초실절(בכור 비쿠르)이었다. 이때 보리의 첫 이삭 한 단을 제사장에게 가져가서 안식일 다음날에 야훼께 요제(트누파)로 드려야 했다. 이것은 햇곡식을 야훼께 먼저 드리고 나서 먹는다는 취지였다. 종교적으로는 야훼 하나님의 구원을 감사하는 절기로서, 애굽을 나오던 날 무교병을 먹었던 것을 기념하는 의미가 들어있다. 어쩌면 무교절의 풍습은 이스라엘의 조상들이 가나안에서 살 때부터 있었는지도 모른다.

4) 초실절로부터 50일째 되는 날 오순절(שׁבועת 샤부오트)를 지켜야 했다. 오순절(칠칠절)은 보리와 밀-곡식추수가 끝난 것을 감사하는 축제이다. 당연히 노동을 금하고 성회로 모였다. 그리고 추수할 때 떨어진 이삭은 가난한 사람과 외국인 나그네들을 위해 남겨두게 했다. 사사 시절 모압 땅에서 나오미가 룻을 데리고 온 때가 바로 이 시기였다(룻 1:22, 2:23, 3:7). 오늘날 초정통파 유대인 남자들이 귓가에 머리털을 깎지 않고 기르는 이유는 23:22의 명령 때문이다. "너희 땅의 곡물을 벨 때에 밭모퉁이까지 다 베지 말며"라는 명령은 '페아(모퉁이)' 법이라고 부른다. 그들은 페아법을 몸으로 기억하려는 것이다. 오늘날도 유대인들은 이 명령을 따라 오순절에 세계적으로 기아가 심한 곳에 곡물을 보낸다.

5) 유대력 7월(티쉬리 월) 첫날은 나팔절(יום תרועה 욤 트루아)로서, 나팔을 불어 농사력의 첫 해가 시작되는 것을 기념하고 성회로 모이며 노동을 금지하였다. 아빕월이 종교력으로 새해 첫 달이 된 것은 요시야 왕 이후였다(왕하 23:22).

6) 7월 10일은 대 속죄일(יום הכפורים 욤 하키푸림)로서 성회로 모였다.

7) 7월 15일부터 22일까지는 초막절(חג הסכות 하그 하수코트)로 지켰으며, 첫날과 마지막 날은 성회로 모였다. 초막절은 농사력으로 새해에 들어 있어서 지난해의 수확을 감사하고 새해 농사를 위해 이른 비가 내려올 것을 기대하는 연중 가장 큰 축제였다. 종교적으로는 출애굽 시절 광야에서 초막을 짓고 살았을 때 야훼 하나님의 돌보셨음을 기억하는 의미가 들어있다. 신약시대에 와서는 초막절 8일째를 '쉐미니 아쩨레트'(기우제)로, 9일째를 '심핫 토라'(토라안독축일)로 지켰다.

신약시대 아그립바 왕은 오순절에 7대 작물의 첫 열매를 황금대접에 담아 성전으로 직접 가져와 백성들의 환심을 샀다.

ב. 성막의 등불을 저녁부터 아침까지 켜 둘 것과 진설병을 항상 놓아둘 것이 명령되었다(24장). 흥미로운 것은 진설병(לחם פנים 레헴 파님)을 직역하면 '얼굴의 떡' 이 된다는 점이다(출 25:30, 35:13, 39:36, 삼상 21:6, 왕상 7:48, 대하 4:19). 진설병을 놓는 상을 직역해도 '얼굴의 상' (민 4:7)이 된다. 모세가 하나님이 친히 가나안으로 함께 가주시도록 간구하는 대목에서 '얼굴이 가주시도록' 간구하고 있다(출 33:15). 그러니까 얼굴은 곧 하나님 자신을 가리키는 용어가 되어있다. 따라서 제사장이 백성을 축복할 때도 '야훼의 얼굴을 비추시기를' 간구했던 것이다(민 6:25).

2. 안식년과 희년에 관한 규례가 25장에 기록되어 있다. 이 규례는 단순히 7년째와 49년째에 지켜야 할 일에 관한 것이 아니다. 안식년에 삼년치의 열매를 거두게 하겠다는 야훼의 약속은(20-22) 안식년 준수의 핵심이 야훼를 신뢰하는데 있음을 보여준다. 또한 안식년에 저절로 맺는 열매를 가난한 자들을 위해 선용할 수 있게 함으로써 공동체의 연합을 꾀하도록 하고 있다. 희년에 관한 규정은 다른 민족에게서 유래를 찾아볼 수 없는 놀라운 것이다. 모든 백성이 기본 재산과 자유를 되찾게 해줌으로써 빈부격차를 해소하고 계층 간의 위화감을 말소하는 혁신적 제도이다. 그것 뿐 아니라 땅의 소유권이 하나님께 있으므로 누구라도 영원한 소유권을 주장할 수 없게 만들고 있다.

희년이 되기 전에라도 형제의 잃어버린 재산과 자유를 되찾는데 친척들이 적극적으로 나설 것을 명령하고 있다(23-28). 흥미로운 것은 형제의 잃어버린 재산을 찾아주기 위해 형제의 아내와 동침해서는 안 된다는 법(18:16)도 유보되고 있다(신 25:5-10). 오히려 형제의 아내를 취하지 않는 자에게 공개적으로 모욕을 주게 하고 있는 것이다. 유다의 아들 오난은 그 의무를 고의적으로 회피하다가 하나님의 저주를 받아 죽기까지 했다(창 38:8-10).

안식년과 희년에 관한 해석은 신약에 와서 보다 포괄적이며 영적인 것이 되고 있다. 예수 그리스도는 희년과 메시아에 대한 이사야의 예언을 자신에게 적용했다. 그럼으로써 전인적인 구원을 가져오는 희년이 자신에 의해 성취됨을 선포했던 것이다.

> "선지자 이사야의 글을 드리거늘 책을 펴서 이렇게 기록된 데를 찾으시니 곧 주의 성령이 내게 임하셨으니 이는 가난한 자에게 복음을 전하게 하시려고 내게 기름을 부으시고 나를 보내사 포로된 자에게 자유를, 눈 먼 자에게 다시 보게 함을 전파하며 눌린 자를 자유롭게 하고 주의 은혜의 해를 전파하게 하려 하심이라 하였더라 책을 덮어 그 맡은 자에게 주시고 앉으시니 회당에 있는 자들이 다 주목하여 보더라 이에 예수께서 그들에게 말씀하시되 이 글이 오늘 너희 귀에 응하였느니라 하시니"(눅 4:17-21).

흥미로운 것은 희년이 오십 년째 7월 10일 즉, 대속죄일에 전국적으로 나팔을 불므로 시작된다는 점이다(25:8-12). 희년이 속죄를 통해 하나님과 완전한 화해가 이루어진 직후에 효력을 발생한다는 점에서, 진정한 구원이 예수 그리스도의 대속적 죽음으로 말미암을 것을 예표하고 있는 것이다.

4) 축복과 저주(26:1-46)

종주계약(suzerainty covenant)에 나오는 전형적인 상벌조항이다. 이 조항의 핵심은 하나님과 이스라엘과의 관계 형성에 있다.

> "나는 너희 중에 행하여 너희 하나님이 되고 너희는 내 백성이 될 것이라 나는 너희를 애굽 땅에서 인도해내어 그들에게 종된 것을 면하게 한 너희의 하나님 여호와니라 내가 너희의 멍에의 빗장을 부수고 너희를 바로 서서 걷게 하였느니라"(12-13).

> "내가 그들의 하나님이 되기 위하여 민족들이 보는 앞에서 애굽 땅으로부터 그들을 인도하여 낸 그들의 조상과의 언약을 그들을 위하여 기억하리라 나는 여호와니라"(45).

그리고 하나님과의 관계형성에 있어서 핵심 단어는 '걷다(הלך 할라크)' 이다. 이스라엘이 하나님의 뜻을 따라 '길어가면(준행하면)' (3) 하나님이 그들 가운데 '걸어가실(행하실)' (12) 것이다. 그러나 하나님의 뜻을 거슬러 걸어가면(23, 27) 하나님도 그들과 반대 방향으로 걸어가실 것(24, 28) 것이다.

흥미로운 것은 이스라엘이 앞으로 벌을 받게 될 때 겸손히 회개하는 모습을 '할례 받지 아니한 그들의 마음이 낮아져서' 라고 표현한 것이다(41). 이것은 할례가 마음에까지 행해져야 한다는 신학적 관점에 기초를 놓는 말씀이다(렘 4:4). 사도 바울은 할례가 마음에 행해질 때 하나님께로부터 칭찬이 있을 것을 가르쳤다(롬 2:29).

5) 헌금과 헌물(27:1-34)

근본적으로 자원 정신이 강조되고 있다. 심지어 하나님께 서원하여 바쳤더라도 형편이 여의치 않으면 20%의 가산금을 물고 가축이나 부동산을 되찾을 수 있도록 하고 있다. 그러나 의무적으로 바쳐야 하는 것들이 있다. 첫째로 가축이나 사람의 처음 난 것의 값, 둘째로 온전히 바친 것(הרם 헤렘), 셋째로 십일조(מעשר 마아세르)이다. 이 중에서 사람의 장자에 대한 성소의 은 5세겔(민 18:15-16)은 5세 이하 남아를 기준으로 산정한 값이다. 그리고 온전히 바친 것은 사람의 경우 사형에 해당하는 죄를 지은 자-예를 들어 다른 신에게 제사 드리는 자이며(출 22:20), 재물의 경우 완전히 파괴(진멸)하여 하나님께 바치는 것이다. 흥미로운 것은 아간처럼 헤렘에 손대는 자도 헤렘이 된다는 것이다(수 7:12, 15).

헌금 혹은 헌물과 관계해서 성전 소유 부동산의 자산 규모를 살펴볼 필요가 있다. 누구든지 땅이나 집을 야훼께 바쳤다가도 희년 전에 도로 물릴 수 있게 한 규정을 보면 종교부지가 그렇게 넓지 않도록 했던 조치라는 사실을 알 수 있다. 이것은 당시 애굽과 근동의 신전 소유지가 광대했던 것과 대조적이다. 그것은 오늘날 대형 교회들의 부동산 소유실태와도 크게 대조가 된다.

〈토의 과제〉

1. 레위기의 3대 주제가 무엇입니까?

2. 5대 제사와 그 의의에 대해 정리해보십시오

3. 정결 규례의 3대 영역은 음식, 출산, 질병입니다. 레위기에 정결 규례가 자세히 나온 이유가 무엇인지 하나님의 나라 관점에서 설명해보십시오

4. 대 속죄일에 대제사장이 해야 할 일을 순서대로 적어보십시오

5. 7대 절기를 간단히 정리해보십시오

6. 평민과 제사장과 대 제사장에게 요구되는 정결 수준이 달랐던 이유가 무엇이라고 생각합니까? 그것이 성막과 어떤 관계가 있었겠습니까?

7. 레위기 연구에서 가장 인상 깊었던 것이 무엇이라고 생각합니까?

민수기

민 1:1 첫 단어를 표지로 삼은 14세기 히브리어 성경 민수기

민수기

민수기는 시내 산에서 출발한 이스라엘 백성들이 모압 평지에 이르기까지의 여정을 지리적 배경에 따라 회고한(retrospect) 책이다. 시내 광야에서 야훼 하나님의 백성으로 거듭 난 이스라엘은 인구조사를 끝으로 가나안을 향한 여정을 이어갔다. 그러나 거듭되는 백성들의 불평으로 가나안 남쪽으로의 진입에 실패했으며, 지도자 그룹의 내분까지 겹치면서 출애굽 1세대는 38년의 방황과 함께 광야에서 모두 죽는다. 하지만 그들의 자녀들-출애굽 2세대는 부모 세대의 우려와 달리 가나안 원주민들의 저항을 모두 제압하고 마침내 요단 동편 땅을 차지하게 된다. 이 책의 히브리어 제목 '광야에서(במדבר 베미드바르)' 가 그것을 한마디로 잘 말해준다. 한글 성경의 제목 '민수기' 는 이 책에 두 번 나오는 출애굽 1,2 세대에 대한 인구조사를 제목으로 삼은 70인 역의 번역본을 따른 것이다.

1. 배경

〈지리와 역사〉

민수기는 모세 오경의 편집 순서 뿐 아니라 시간적으로도 레위기와 신명기 사이에 일어난 일을 기록한 책이다. 출애굽 2년 첫 달 성막준공 → 2년 첫 달 1일~8일 제사장 위임예식에 이은 나답과 아비후의 죽음(레 9-10장, 민 6:22-8:26) → 첫 달 14-21일 유월절 지킴(민 9:1-5) → 둘째 달 1일 인구조사 시작(민 1:1) → 둘째 달 20일 행군시작(민 10:11)의 순서로 연결되어 있다. 바란 광야에서의 방황을 거쳐 모압 평지에 도착하기까지의 일들이 기록되어 있는 것을 보아 신명기와 함께 기록된 것으로 보인다. 이때는 이미 아론과 미리암 같은 지도자들이 출애굽 1세대 이스라엘 백성들과 함께 모두 세상을 떠난 후였고, 원 청중들은 어릴 적 애굽에서 나왔거나 광야에서 태어난 사람들로 세대교체가 되어있었다. 따라서 지리적인 배경은 시내 산에서부터 아카바 만을 따라 북상하여 가데스바네아까지와, 가데스바네아에서 바란 광야를 거쳐 요단 동편 모압 평지에 이르기까지의 여정이 된다.

1. 다베라 : 악한 말로 하나님을 원망하다가 불 심판을 받은 곳(11:3)
2. 기브롯 핫다아와 : 음식을 인해 탐욕을 부리다가 재앙으로 죽은 사람들을 장사지낸 곳(11:34)
3. 하세롯 : 모세를 비방한 미리암이 7일간 짜라아트에 걸렸던 곳(11:35, 12:15-16)
4. 에시온 게벨 : 시내 반도 북서쪽 끝에 홍해(아카바 만)와 맞닿은 항구도시(33:35)
5. 가데스 : 정탐꾼들을 보내 가나안 땅을 탐지한 곳이며 미리암이 죽은 곳이기도 하다. 신(Zin) 광야에 있다(14:25-26, 20:1, 33:36).
6. 호르 산 : 가데스 동쪽, 아론이 죽은 곳(20:22-29, 33:37-39)
7. 부논 : 호르 산 남쪽 에돔 광야에 있다(33:42).
8. 오봇 : 에돔 땅에 있으며 왕의 대로(king's highway)가 지나가는 곳(21:10, 33:43)
9. 이예아바림 : 사해 남단으로 들어가는 세렛 강 남쪽의 도시(21:11, 33:44)
10. 헤스본 : 아모리 족의 왕도(21:26)
11. 에드레이 : 비신 왕 옥과 이스리엘이 씨운 곳(21.33-35)
12. 모압 평지 : 여리고 맞은 편, 요단강을 건너기 전 최종 집결지(22:1)

〈원 청중과 원 독자〉

민수기의 원 청중과 원 독자들은 모두 출애굽 2세대 이스라엘 백성들이다. 그들은 창세기, 출애굽기, 레위기의 원 청중이었던 출애굽 1세대와 여러 면에서 달랐다. 1세대 이스라엘 백성들은 애굽에서 태어나 자랐기 때문에 끊임없이 애굽에서의 삶을 그리워하며 돌아가고 싶어 했으나, 광야에서 태어나 자란 그들은 가나안에 들어가는 것이 꿈이었다. 부모 세대와 달리 그들은 지도자에게 순종하면서 전쟁의 위험까지 감내했고, 마침내 요단 동편 땅을 차지했다. 이제 남은 것은 요단 서편 땅을 차지하는 것이었지만, 모세는 그들을 도와 요단강을 건너갈 수 없었다. 따라서 모세는 요단 서편 땅을 차지하도록 그들을 격려하는 동시에, 부모 세대의 과오를 되풀이하지 않도록 경고해야할 필요를 느꼈을 것이다. 민수기는 그런 배경에서 기록되었다.

〈주제와 관점〉

민수기의 대 주제는 구세대의 실패와 신세대의 성취이다. 이 주제가 시내 산에서부터 모압 평지에 이르는 여정을 배경으로 그려져 있다. 특히 구세대의 불평과 낙담, 지도자 그룹의 내분, 우상 숭배와 음행, 야훼 하나님의 심판이 신세대의 정복 전쟁과 승리, 이스라엘 땅의 경계, 신세계에서의 질서에 대한 전망이라는 소주제와 대조되어 있다. 민수기는 다음과 같은 신학적 관점과 함께 기록된 것이다.

1) 야훼 하나님은 이스라엘의 왕이시다. 그는 전쟁에서 승리를 주시며, 필요한 것을 공급하시며, 거역하는 자들을 징계하시며, 약속의 땅으로 인도하신다.
2) 야훼 하나님은 이스라엘 백성들이 지도자의 권위에 순종하므로 그와 동행하기를 원하신다.
3) 야훼 하나님은 이스라엘 백성들이 정결한 삶으로 그를 경외하게 되기를 원하신다.

〈기록 목적〉

첫째, 야훼 하나님을 신뢰하므로 요단강 서편 가나안 땅을 차지하도록 격려하기 위해 썼을 것이다.

둘째, 신세대의 지도자들인 여호수아와 엘르아살의 권위에 복종하고, 광야에서 엎드러진 구세대의 전철을 밟지 않도록 경고하기 위해 썼을 것이다.

셋째, 가나안 땅을 차지한 후에도 후손 대대로 언약의 하나님을 섬기고 성별되게 살도록 교훈하기 위해 썼을 것이다.

〈특징〉

1. 창세기에서 시작된 하나님 나라의 신학이 절정에 이르고 있다. 창

세기에서 야훼 하나님은 아브라함을 통해 한 나라(민족)를 세울 계획을 계시한다(창 12:1-3). 그 민족은 장차 가나안 땅을 차지하고 살게 될 것이었다(창 15:13-16). 출애굽기에서 야훼 하나님은 그 민족을 애굽에서 건져낸 다음 그의 나라를 세우기 원한다. "세계가 다 내게 속하였나니 너희가 내 말을 잘 듣고 내 언약을 지키면 너희는 모든 민족 중에서 내 소유가 되겠고 너희가 내게 대하여 제사장 나라가 되며 거룩한 백성이 되리라"(출 19:5-6).

따라서 이스라엘 백성들은 하나님의 백성이 되기 위한 계약의 절차를 밟는다(출 19:8-14, 24:1-11). 그들은 일종의 상견례를 통해 왕이 되실 야훼 하나님의 권위와 영광을 두려움으로 바라보았다(출 19:18-19, 24:17-18). 그들은 왕의 거처(성막)를 지었으며, 왕의 영광이 구름 기둥과 불 기둥에 나타나는 것을 보았다. 그리고 왕의 백성으로 살아가야 할 규례와 제도를 배웠다. 레위기에서 그들은 제사법과 정결법과 절기에 관한 법을 배움으로써 하나님의 나라 백성으로 살아갈 준비를 마쳤다.

민수기는 야훼 하나님을 모시고 약속의 땅으로 행군하는 이스라엘이 왕의 다스리심에 반역하다가 징벌을 받아 광야에서 최후를 마쳤던 역사를 기록하고 있다. 흥미로운 것은 시내 산에 이르기 전에도 이스라엘은 애굽에서 사는 것이 더 낫다는 불평을 종종했었다(출 14:10-13, 16:3, 17:3, 7). 그때 야훼 하나님은 오히려 애굽 사람을 홍해에 수장시키고, 만나와 메추라기와 마실 물을 공급해주었을 뿐 이렇다 할 징계를 하지 않았다. 그런데 시내 산을 출발하여 가데스 바네아에 이른 그들이 애굽으로 돌아가자고 외쳤을 때는, 38년을 광야에서 방황하다가 죽는 가혹한 벌이 선고되었던 것이다. 그것은 야훼 하나님을 왕으로 모시고 사는 백성이 되기 전과 이후가 다르다는 것을 보여주고 있다. 시내 산 이후 그들은 왕이신 야훼 하나님께 순종하는 백성이어야 했다. 시내 산 이후의 이스라엘은 단순히 각종 새로운 제도와 법을 가진 백성이 아니라 왕이신 하나님을 모시고 사는 하나님 나라의 백성이었던 것이다.

이스라엘의 왕이신 하나님의 보좌가 대열 선두에서 행진한다.

2. 민수기에서 이스라엘 백성들은 왕이신 야훼 하나님의 군대였다. 그들이 광야에서 성막을 중심으로 친 진은 애굽 왕 라암세스의 군진(military

camp)과 매우 흡사했다.[1] 두 번에 걸쳐 시행된 20세 이상의 남자에 대한 인구조사도 명백히 전투 인력에 대한 확보였다. 그리고 언약궤와 속죄소를 맨 앞에 두고 행진한 것은 전쟁 수호물(war palladium)을 앞세우고 행진하는 고대 풍습을 보여주고 있다.

1) Yadin, Y. *The Art of Warfare in Biblical Lands*, London, Weidenfield and Nicolson, p. 236-267.

> "궤가 떠날 때에는 모세가 말하되 **여호와여 일어나서** 주의 대적들을 흩으시고 주를 미워하는 자가 주 앞에서 도망하게 하소서 하였고 궤가 쉴 때에는 말하되 **여호와여** 이스라엘 종족들에게로 **돌아오소서** 하였더라"(민 10:35-36).[2]

2) 여호와여 일어나소서(קוּמָה יְהוָה 쿠마 야훼), 여호와여 돌아오소서(שׁוּבָה יְהוָה 슈바 야훼)는 승리를 기원하며 올리는 기도이다.

그런 점에서 가나안으로 들어가는 남쪽 입구-가데스 바네아에서 정탐꾼을 파견한 것은 군사행동을 위한 최종 준비였음은 두말할 필요가 없다(13:17-19). 따라서 일부 정탐꾼의 말을 듣고 낙심한 나머지 애굽으로 돌아가려고 한 것은 명백한 항명이자 적전 분열이었다. 군사행동을 단행할 것인가 말 것인가는 그들이 결정할 문제가 아니었다. 새로운 지도자를 뽑아 애굽으로 돌아가려고 한 것은 왕이신 야훼 하나님에 대한 정면 도전이었으며, 아브라함 이후 민족 공동체에 자리 잡은 가나안 정복의 염원을 송두리째 부정하는 행위였던 것이다. 더구나 그들은 가나안 점령을 눈앞에 두고 있었던 처지였다. 따라서 전쟁을 거부한 자들이 가나안에 들어갈 수 없게 한 것은 당연한 조치였다. 다시 말해서 전쟁을 원치 않았기 때문에 전쟁에 참가하지 못하게 했으며[3], 전쟁을 고의적으로 거부했기 때문에 전쟁으로 얻을 땅에 대해 아무런 권리를 갖지 못하게 한 것이다.

3) 기드온은 미디안과의 전투를 앞두고 두려워 떠는 자를 모두 귀가조치 시켰다(삿 7:3).

그리고 지도자의 권위에 대한 도전을 엄격하게 다룬 것은 적어도 광야를 행진하는 동안 이스라엘이 군대와 같은 조직이었음을 보여준다. 따라서 미리암처럼 출애굽 유공자나(12:1-15) 250명의 평민 지도자와 같은 유력 인사들(16:1-35)일지라도 하나님이 세운 모세와 아론의 권위에 도전하는 자들은 즉결처분을 받았다.

3. 왕이신 야훼 하나님의 백성을 향한 사랑과 그의 영광이 강조되고 있다. 이스라엘 백성들은 시내 산 계약 이전에 보여준 것과 마찬가지로 끊임없이 불평하고 반역했지만, 모세는 하나님의 인자(חסד 헤세드)에 의

지해서 사죄를 간구한다(14:19). 야훼는 그들의 반역을 사죄하며, 자신의 영광이 온 세계에 충만할 것을 선포한다. 그리고 출애굽 2세대 이스라엘이 가나안 땅에 마침내 들어가게 될 것을 맹세한다(14:20-38). 야훼의 인자와 영광(כבד 케보드)은 민수기 전체를 흐르는 중요한 신학적 관점이다.

2. 내 용

〈구조와 요절〉

민수기는 전체 36장, 2부로 구성되어 있다. 밀그롬(Jacob Milgrom)에 의하면 민수기는 서로 다른 55개의 작은 본문(textual units)로 구성되어 있다.[4] 다양한 장르의 글-법전, 설화, 시, 인구조사 목록이 지리적 배경을 따라 기록되어 있다. 그리고 이 글들은 26장의 두 번 째 인구조사 목록을 전후로 크게 둘로 나누어진다. 전반부는 출애굽 1세대의 광야여정을 중심으로 기록되어 있고, 후반부는 출애굽 2세대의 요단 동편 정복을 중심으로 기록되어 있다. 민수기에는 길고 짧은 시들이 많이 나온다(6:24-26, 10:35, 23:18-24, 24:3-9,15-19).

4) Jacob Milgrom, *Numbers*, The JPS Torah Commentary, *The Jewish Publication Society*, 1990

제 1부 - 가나안에 들어가지 못한 구세대

1) 첫 인구조사와 레위인(1:1-4:49)
2) 행진을 위한 준비(5:1-10:10)
3) 불평과 저항(10:11-18:32)
4) 구세대의 멸망(19:1-25:18)

제 2부 - 가나안에 들어간 신세대

1) 이차 인구조사와 신세대(26:1-30:16)
2) 요단 동쪽을 얻음(31:1-36:13)

요절

"너희는 그 땅을 정탐한 날 수인 사십 일의 하루를 일 년으로 쳐서 그 사십 년간 너희의 죄악을 담당할지니 너희는 그제서야 내가 싫어하면 어떻게 되는지를 알리라 하셨다 하라"(14:34)

대단원	소단원	지리적 배경	기록 연대	기록 장소
가나안에 들어가지 못한 구 세대	1:1-4:49 첫 인구조사와 레위인	시내산	주전 15세기 혹은 13 세기	모압평지
	5:1-10:10 행진을 위한 준비			
	10:11-18:32 불평과 저항	광야		
	19:1-25:18 구세대의 멸망			
가나안에들어간신세대	26:1-30:16 2차 인구조사와 신세대	모압 평지		
	31:1-36:13 요단 동쪽을 얻음			

이스라엘의 지파별 진 배치도(민 2장)

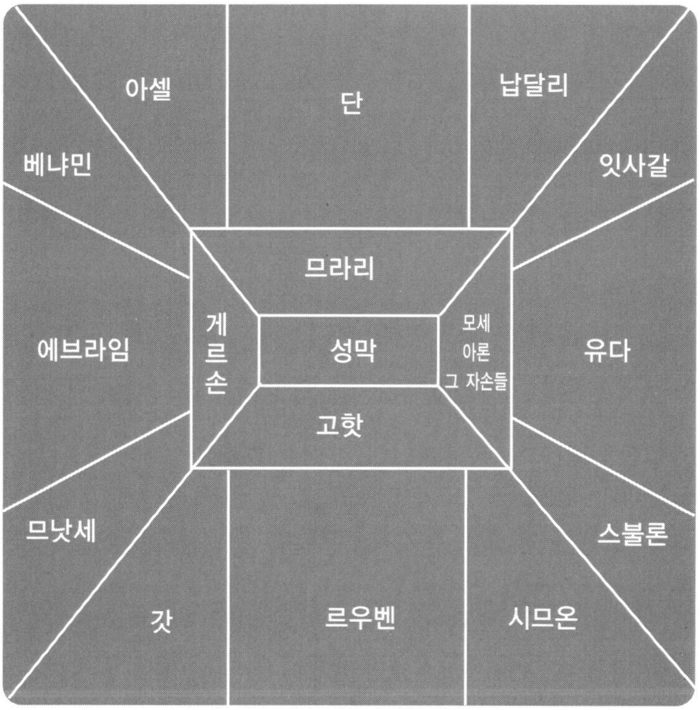

이스라엘의 지파별 행진 순서(민 10장)

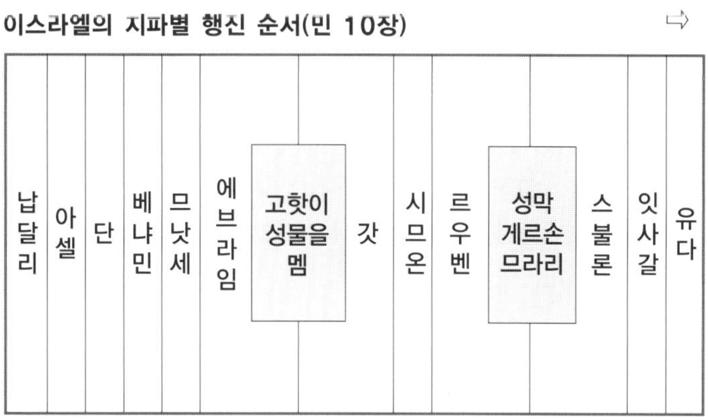

〈해설〉

제 1부 – 가나안에 들어가지 못한 구세대

1) 첫 인구조사와 레위인(1:1-4:49)

열 두 지파별 20세 이상 남자-병역의무 대상자(1:3)의 목록과 병역 의무를 면제받은 레위인의 임무 규정(1:1-54), 지파별 행군 배치도(2:1-30), 레위 지파에 대한 인구조사와 가문별 임무 규정(3:1-4:49)이 기록되어 있다.

א. 인구조사에는 20일이 채 걸리지 않았던 것으로 보인다(1:18, 10:11). 만약 기록된 통계수치에서 1000을 단위부대(אלף 엘레프)로 볼 수 있다면 르우벤 지파의 경우 46개의 그룹으로 구성된 500명(1:21), 유다 지파는 74개의 그룹으로 구성된 600명(1:27)으로 볼 수 있을 것이다. 그렇게 되면 603,550명(1:46, 2:32)으로 기록된 총 수는 원래 598개의 그룹으로 구성된 5500명의 남자로 볼 수 있다. 아마도 기록 과정에서 그룹 단위의 엘레프와 천 단위의 엘레프가 서로 혼동을 일으켜 603,550 명이 된 것으로 볼 수 있다. 그렇게 된다면 아마도 애굽을 떠난 이스라엘 인구는 약 2만 명이었을 것이다.[5] 만약 그 해석이 옳다면 이스라엘 백성들이 왜 그토록 아말렉과의 전쟁에서 고전했는지(출 17:8-16) 그리고 가나안 사람들과의 전쟁을 두려워했는지(민 13:31-14:4) 짐작할 수 있다.

5) 성경배경주석 구약, IVP, p. 201.

ב. 레위 인들은 성막의 외곽을 경계하고 아론의 아들들은 성막 내부를 경계하여 외인의 침범시 처형하도록 명령되었다(1:51, 3:10). 평상시에 레위 인들은 가문-게르손, 고핫, 므라리-을 따라 맡겨진 성물을 운반하고 관리하며(1:50), 아론의 아들들은 제사장 본연의 임무에 충실하게 했다. 아마도 레위 인들은 같은 레위의 후손이면서 제사장 직무를 독점한 아론 가문에 대해 처음부터 불만을 품었던 것으로 보인다. 그들 가운데 일부가 르우벤 지파의 후손과 동맹을 맺고 모세와 아론의 권위에 반기를 들게 된다(16:1). 반란에 앞장선 고라는 레위 인 중에서도 성물을 어깨에 메고 운반

해야 하는 직무를 맡은 고핫 가문 사람이었다(7:9). 다른 가문의 레위 인들은 성막 구조물을 수레로 운반했던 것이다(7:6-8). 르우벤 지파는 장남 지파로서 인구조사 목록에도 첫 부분에 기록되어 있지만, 행군 서열에서 유다에 선도권을 빼앗긴 것에 불만을 품었던 것으로 여겨진다.

ב. 레위 지파는 영적 의미에서 장남 지파로 간주되었다(3:41) 그들은 야훼 하나님께 봉사하기 위해 바쳐졌으며(8:5-26), 나머지 지파들의 장남 숫자와 비교해서 속전이 바쳐졌다(3:46-51). 따라서 그들 가운데 일부가 장남 지파로서 충분히 대우받지 못하고 있다는 느낌을 받았던 것은 자연스런 현상이었다.

2) 행진을 위한 준비(5:1-10:10)

설화와 규례가 섞여 있다. 부정한 사람을 진 밖으로 격리시킨 일(5:1-4), 이스라엘 각 지파의 지도자들이 성막준공 기념 헌물 드린 일(7:1-89), 레위 인들을 하나님께 드린 일과 레위 인 직무 규정(8:5-26), 두 번째 유월절 지킨 일과 유월절 준수 규정(9:1-14), 구름 기둥에 대한 설화(9:15-23)와 죄에 대한 배상금 규례(5:5-10), 의심 받는 아내에 대한 재판 절차(5:11-31), 나실 인의 서원에 관한 규례(6:1-21), 제사장의 축복 기도 규례(6:22-27), 성막의 등대 제작 및 관리 규정(8.1-4), 신호나팔 제작과 사용 규정(10:1-10)이 나와 있다.

א. 부도덕을 의심 받는 아내에 관한 규정은 유프라테스 강 북부 마리에서 발굴된 '신성재판(trial by ordeal)'에 관한 문헌과 유사하다. 고대 근동에는 민수기에 나오는 것처럼 시죄법(ordeal) – 피고를 위험에 처하게 함으로써 신이 무죄한 자를 보호하게 하는 법 – 이 흔히 시행되었다.[6] 민수기에는 저주의 글을 쓴 두루마리를 물두멍(놋대야)에서 떠온 물에 빤 다음, 성막 바닥의 먼지를 타서 의심 받는 여인이 자신의 결백을 맹세하는 저주의 말과 함께 마시게 하는 것으로 시행했다. 이때 만약 피고가 유죄이면 배가 부어오르고 넓적다리가 마르게 되며, 무죄이면 안전하게 임신한다는 것이다. 여기서 배가 부어오르고 넓적다리가 마른다는 표현은 완곡어법이다. 히

6) 시죄법은 지금도 아마존의 원시림에 사는 부족들에서 행해지고 있다. 예를 들면 갑자기 누구가가 죽었을 때, 저주의 주술을 걸었다고 의심 받는 사람이 높은 나무에서 뛰어 내려도 치명상을 입지 않을 경우 무죄로 인정되는 경우이다.

브리어 본문을 직역하면 '창자가 부어오르고 허벅지가 떨어져나간다' 이다. 즉, 배(창자)와 넓적다리(허벅지)는 여인의 자궁과 생식기를 의미한다. 따라서 여인이 만약에 남편 아닌 사람의 씨를 잉태했을 경우 유산하게 된다는 뜻이다. 여기에서 작용하는 것이 신성한 물과 먼지, 저주의 글과 말이다. 그런데 민수기의 시죄법(ordeal)은 불과 독약 등을 사용하는 다른 나라의 것처럼 치명적이지 않다. 단순히 유죄 여부를 판단하기 위한 절차일 뿐 무죄한 피고의 안전이 보장되고 있다는 점이 특징이다.

ב. 제사장의 축복기도(6:24-26)는 가장 오래된 표준 기도문이다. 1979년 예루살렘 힌놈의 골짜기에서 발견된 25cm 길이의 은제 두루마리에는 이 제사장 기도문이 기록되어 있었다. 그 물건은 아마도 무덤에 부적으로 넣어준 것으로 보인다. 주전 6-7세기의 것으로 추정되는 이유 가운데 하나는 바벨론 포로 이전의 선형 히브리어 서체로 되어있기 때문이다. 이로써 입만 열었다 하면 민수기 제사장 문서가 바벨론에서 돌아온 제사장 무리들이 주전 3-4세기에 기록한 것이라고 말하던 문서설 신봉학자들의 주장이 무색해졌다.

3) 불평과 저항(10:11-18:32)

시내 광야를 출발한 이스라엘이 일차 가나안 진입에 실패하고, 지도자 그룹의 내분까지 겹쳐 방황하게 되는 이야기가 실려 있다. 구체적으로는 행군 순서대로 출발(10:11-30), 다베라와 기브롯 핫다아와에서 백성들이 불평함(11:1-34), 하세롯에 도착함(11:35), 모세를 원망하던 미리암이 짜라아트에 걸림(12:1-15), 바란 광야에 도착함(12:16), 가데스 바네아에서 가나안을 정탐한 자들의 보고를 듣고 이스라엘이 좌절함(13:1-14:45), 각종 규례들(15:1-41), 지도자 그룹의 내분과 백성들의 동요(16:1-17:13), 제사장과 레위인의 직무(18:1-32)가 나와 있다.

א. 모세의 처남 호밥이 모세의 길잡이가 되었다. 출애굽기 2장에서는 모세의 장인이 르우엘이라고 했고, 3장에서는 이드로라고 했으며, 여기서는 호밥이라고 나와 있다. 그런데 장인을 가리키는 히브리어 호텐(חותן)

은 처남 혹은 처 할아버지를 부르는 호칭이기도 했다. 모세의 처가 식구 중 젊은 사람이 모세를 따라 가나안에 들어왔을 가능성을 생각해볼 때(삿 4:11) 모세의 장인은 이드로였으며, 르우엘은 처 할아버지였으며, 호밥은 처남이었던 것으로 보인다. 그리고 호밥의 후손들은 겐 사람으로 불려졌으며, 이스라엘 역사에서 때때로 결정적 역할을 해내게 된다(삿 4:17-22, 대상 2:55, 왕하 10:15-17, 렘 35:1-19, 느 3:14).

ב. 애굽을 떠나 시내 광야에 오기까지 있었던 일과 비슷한 설화들이 기록되어 있다. 구체적으로는 백성들의 불평(출 15:22-26, 민 11:1-3), 음식 부족에 대한 불평(출 16장, 민 11:4-15, 31-35), 모세의 과중한 업무 부담으로 인한 조력자 선출(출 18장, 민 11:16-30), 아말렉에 대한 공격(출 17:8-16, 민 14:39-45) 이야기들이다. 출애굽기에서의 불평과 민수기에서의 불평 사이의 차이는 백성들의 잘못에 대한 하나님의 조치이다. 출애굽기에는 백성들의 불평에 대해 아무런 징계가 내려져 있지 않고 오히려 전쟁에서 승리를 얻게 하는 것으로 되어있지만, 민수기에는 불평할 때마다 징계가 내려지며 전쟁에서도 패배를 경험하게 된다. 이것은 앞서 살펴본 대로 시내 산 계약이후 이스라엘이 왕이신 야훼 하나님의 백성이 되었기 때문에 왕의 법으로 처벌을 받는 것이다. 왕의 군대로서 가나안에 진입하는 이스라엘이 전쟁을 거부할 때 군법으로 다스려지는 것을 의미한다.

ג. 칠십 인의 장로들에게 예언의 영이 임한 일과 미리암이 짜라아트에 걸린 일이 나란히 기록되어 있다. 70인의 장로들은 오늘날 일종의 정훈장교 혹은 군종병과 같은 역할을 한 것으로 보인다. 흥미로운 것은 모세가 구스 여인을 취한 일을 아론과 미리암이 함께 비난했음에도 유독 미리암만 하나님께 징계를 받았던 일이다. 미리암이 징계를 받은 이유는 모세의 권위에 도전했기 때문이었다(12:2-8). 야훼 하나님의 말씀에 의하면 미리암이나 70인의 장로들이 받은 예언의 영은 모세가 하나님과 교통하는 방식보다 차원이 낮은 것이었다. 그런 관점에서 생각해보면 미리암이 모세를 비방했던 이유를 짐작할 수 있다. 그녀는 70인 장로(선지자)의 등장으로 자신의 입지가 좁아졌다고 느꼈던 것 같다. 미리암은 적어도 70 장로보다 우월한 위치에 있는 모세처럼 대우 받기를 원했던 것이다. 하지

만 그녀의 동기가 무엇이었든지 간에 가나안 정복 전쟁을 눈앞에 두고 있는 시점에서 군 조직의 최고 지휘관의 권위를 깎아내리는 언행을 한 것은 용서받을 수 없었다.

ד. 열 명의 정탐꾼들의 말을 듣고 낙심한 나머지 따로 지도자를 세워 애굽으로 돌아가를 원했던 출애굽 1세대들에게 광야에서 죽을 것이 선고되었다. 야훼 하나님은 그들을 즉결처분하기 원했으나(14:11), 모세의 중보기도로 40년의 유예기간을 준 것이다. 흥미로운 것은 출애굽 1세대의 명단에 모세와 아론이 들어있다는 점이다(14:30). 그것은 모세가 가나안에 들어가지 못한 이유를 간접적으로 설명해준다. 모세는 출애굽 세대의 대표자였던 것이다. 또한 그들에게 내려진 징계의 관점에서 볼 때, 가나안에 들어가지 못할 것이라고 선동한 죄는 광야에서 지은 그 어떤 죄보다 컸다는 것을 알게 된다. 다시 말해서 다른 죄들은 지엽적이고 일시적인 것들이었지만, 가나안에 들어가지 못할 것이라며 애굽으로 돌아가려고 했던 죄는 고의적이며 근본적인 것으로서 죄질이 무거운 것이었다. 왜냐하면 그것은 왕이신 야훼 하나님의 계획과 능력을 뿌리째 부정하는 것이었으며, 모세를 지도자로 세운 야훼의 권위를 고의적으로 훼방하는 일이었기 때문이다. 그러나 고대인들의 수명에 비추어 볼 때 모세나 아론이나 출애굽 1세대들은 수명 단축의 징계를 받은 것은 아니었다.[7)]

7) 아담과 하와가 하나님의 계명을 어기고도 오래 살았던 것 과 같은 이치라고 할 수 있다. 아담과 하와는 에덴에서 살지 못하게 되었고, 출애굽1세대는 가나안에서 살 수 없었던 것뿐이다.

ה. 이스라엘 백성들의 옷단에 술(צצית 찌찌트)을 달게 했다. 그것은 하나님의 계명을 잊지 않고 행하여 거룩하게 살겠다는 상징적 장치였다. 그것은 고대 근동지방의 사람들이 걸치는 겉옷의 풍속에 야훼 종교의 신앙적 의미를 부가한 것이었다. 여기서 술의 색깔이 청색인 것은 하늘-보좌를 상징한다. 그런데 찌찌트의 히브리어 자음을 숫자 값으로 환산하면 모두 600이 된다(צ는 90x2, י는 10x2, ת는 400). 그리고 찌찌트에 달려 있는 여덟 개의 실과 다섯 개의 매듭의 숫자를 모두 합치면 토라에 보존된 613개의 계명과 일치하는 숫자가 된다고 유대인들은 설명한다. 게다가 한 술 더 떠서 옷단 귀에 술을 만들 때 다섯 개의 매듭 사이에 긴 끈을 다른 끈에 7번, 8번, 11번, 13번 감는다. 이때 7+8+11의 합계는 26이 되어 야훼를 나타내는 히브리어 자음(יהוה)의 숫자 값이 된다. 그리고 나

머지 13은 '하나'를 뜻하는 '에하드(אחד)'의 자음 숫자 값이다. 따라서 26과 13이라는 두 숫자를 통해서 "하나님은 한 분이시다(יהוה אחד)"는 신명기의 쉐마(신 6:4-9)를 상기시키고 있다.[8)]

신약시대에 와서도 이 풍속은 계속되었으며(마 23:5), 사람들이 예수의 옷자락에 손을 대기 원했던 것은 의로운 자의 찌찌트에서 능력이 나온다고 믿었기 때문이다(마 14:36). 대표적인 예가 열 두 해를 혈루증으로 고생하던 여인이었는데, 그 여인도 다른 사람과 마찬가지로 병고침을 받았다(막 5:27-29).

ㄱ. 모세와 아론의 권위에 도전했던 일당들, 그들에게 동조했던 백성들에 대한 징계가 기록되어 있다. 사건은 레위 지파 고핫의 손자가 아론의 제사권 독점에 반기를 들고, 르우벤 지파 사람 다단, 아비람, 온은 모세의 지도력에 제동을 걸며, 유력 인사 250명은 반란 주동자들을 등에 업고 성막에서의 분향권에 도전하므로 일어났다. 그 결과 고라와 다단의 일당이 서있던 땅이 꺼지면서 가족들이 재산과 함께 산채로 매몰되는 참상을 빚었다. 유력 인사 250명은 나답과 아비후의 전철을 밟아 야훼의 불에 타 죽고 말았다. 동조했던 백성들은 악성 전염병으로 급사했다. 흥미로운 것은 반란 주동자 250명이 들고 있던 향로를 녹여서 제단을 싸는 철판을 만든 것이다. 그것은 세사 드리러 회막에 나아오는 보든 평민들에게 제사권이 아론의 후손에게 있다는 인식을 심어주기에 충분했다. 전염병이 도는 현장에 대제사장 아론이 향로를 들고 죽은 자와 산 자 사이에 섰을 때 염병이 그쳤다. 이것은 대제사장의 중보 기능과 부정한 것에 오염되지 않는 특성을 보여준다. 여기서 한 가지 생각할 점은 고라의 자손들이 모두 죽지는 않았다는 것이다. 시편에는 고라 자손의 저작이 여럿 들어 있고, 이스라엘 건국의 아버지 사무엘 또한 고라 자손이다(대상 6:22, 37-38). 민 16:32-33에서 고라에게 속한 모든 사람이 다 죽었다고 한 진술과 배치되는 듯하다. 흥미로운 것은 모세가 고라와 다단과 아비람의 장막에서 떠나라고 명령한 다음 남은 자들이 다단과 아비람의 가족이었다는 사실이다(민 16:26-27). 어쩌면 고라 자신조차 반역죄에서 돌아선 것은 아니었을까.

8) 왕대일, 이 법대로 할 것이라, 그 말씀 1999. 5월호, p 42.

4월에 벌써 익은 아몬드(샤케드)

ז. 아론 가문의 제사장 직분이 다시금 확인 되고 있다. 흥미로운 것은 열 두 지파의 족장들에게서 지팡이 하나씩을 가져다 지성소에 갖다 놓은 것이다. 지파를 뜻하는 마태(מטה)는 지팡이를 뜻하기도 한다는 점에서 언어유희가 이루어지고 있다. 물론 지팡이는 지도자의 권위를 상징하는 것이다. 따라서 아론의 지팡이에서만 싹이 나고 꽃이 피고 열매가 맺었다는 것은 제사권이 그의 가문에만 주어진 것임을 나타낸다. 그런데 살구나무로 번역된 (שקד 샤케드)는 아몬드 나무이다. 과육을 먹는 살구나무와 씨를 먹는 아몬드는 다르다. 샤케드(아몬드)는 1월 말에서 2월초에 꽃이 핀 다음 10주후에 열매가 익는다. 따라서 가장 먼저 익는 열매가 아론의 지팡이에 맺혔다는 것은 그가 지파 중에 영적으로 먼저 된 자(장자)임을 보여주는 것이다. 뿐만 아니라 살구(아몬드)꽃은 성막의 등대 받침 모양이기도 하다(출 25:33). 예레미야는 하나님의 부르심을 받았을 때에 언약을 지키시는(שקד 쇼케드) 하나님을 상징하는 살구나무(샤케드) 가지를 보았다(렘 1:11).

ח. 제사장의 직무를 평민들이 넘보지 말 것과 제사장들과 레위 인들의 수고에 대한 보수가 기록되어 있다(18장). 레위 인에 대한 보수는 처음 언급되는 것으로서, 그동안 레위 인들이 일정한 보수를 받지 못한 채 봉사해왔다는 추측을 하게 한다. 이제부터 일반인들이 드리는 십일조는 레위인의 몫이 되며, 레위 인들이 그 십일조의 십일조를 제사장의 몫으로 돌리게 되었다.

4) 구세대의 멸망(19:1-25:18)

신(צן 찐)광야에서부터 모압 평지에 이르기까지의 여정에서 주어진 규례와 사건들이 기록되어 있다. 구체적으로 살펴보자면 장례식과 관련된 정결 규례(19:1-20), 미리암의 죽음(20:1), 므리바 물에서 모세와 아론의 실수(20:2-13), 에돔 왕의 방해로 진로를 바꿈(20:14-21), 아론의 죽음(20:22-29), 네게브 거주 가나안 원주민과의 두 번째 싸움에서 승리함(21:1-3), 놋 뱀을 만들어 불 뱀에게 물린 자를 고침(21:4-9), 요단 동편을 점령함(21:10-35), 거짓 선지자 발람의 꼬임에 빠짐(22:1-25:18) 등이 기록되어 있다.

א. 붉은 암송아지의 재로 비누를 만들어 사용할 것이 명령되었다. 출애굽 1세대가 몇 명이었든지 간에 40 년의 세월 동안 계속 죽었기 때문에 늘 시체와 접촉하여 부정하게 된 사람들이 생겨났다. 그리고 시체와 접촉하여 부정하게 된 사람이 정결 예식을 행하지 않을 경우 여호와의 성막을 더럽히는 신성모독의 죄를 범한 것과 같이 취급되었다(19:13) 신약 시대에 이르기까지 유대인들은 붉은 암송아지의 재로 만든 비눗물을 유월절 절기 때 예루살렘으로 들어오는 순례객들을 위해 사용했다. 예루살렘으로 올라오는 길에 평토장한 무덤의 시체와 접촉되었을 경우 자칫 성전을 부정하게 할 수 있었기 때문이다. 그리고 이 암송아지는 신약 시대에 와서 인간의 모든 더러움과 죄를 씻으신 예수 그리스도를 미리 보여준다.

붉은 암송아지로 재를 만들어 부정을 씻음

붉은 암송아지	예수 그리스도
붉은 색은 정결케 하는데 사용하는 피를 상징	그의 피가 정결케 함(히 9:11-14)
새끼를 낳지 않은 어린 암소	예수는 생명을 낳음(요 11:25)
다른 목적에 사용되지 않았다	하나님의 일을 위해 오심(요 6:38)
진 밖으로 끌어내어 잡음	예루살렘 영문 밖에서 죽음
완전한 속죄를 위해 일곱 번 뿌림	예수는 완전한 속죄를 주심(롬 8:1,2)
암송아지의 모든 것을 불사름	모든 것을 이루심(히 10:4,14,18)
잿물로 씻지 않은 부정한 자는 백성 중에서 끊어짐	예수를 고의적으로 부정하는 자는 구원받지 못함(히 6:6, 10:29)

ב. 미리암과 아론의 죽음은 구세대 멸망의 상징적 사건이었다. 특히 아론의 대제사장 직분이 엘르아살에게 승계된 결과, 자연스럽게 출애굽 2세대 지도자가 이스라엘 백성의 전면에 등장하게 되었다. 이제 남은 것은 모세의 지도력이 여호수아에게 승계되는 일뿐이었다.

ג. 므리바 물에서 모세와 아론이 실수한 것은 출애굽 1세대의 멸망이

라는 구도 속에서 이해되어야 한다. 그 일이 아니더라도 그들은 가나안에 들어가지 못하게 되어 있었다. 따라서 단순히 그 일 때문에 모세가 벌을 받아 가나안에 들어가지 못했다고 생각할 필요가 없다. 모세와 아론이 바위를 명하지 않고 친 것은 군중들의 불신을 책망하기 위한 것이었다. 모세와 아론이 “반역한 너희여 들으라 우리가 너희를 위하여 물을 내랴”(20:10)라고 한 것은 반석에서 물이 나올 것을 이미 알았기 때문이다. 모세와 아론이 바위를 쳐도 물이 나오는데 하물며 하나님이 물을 주시지 못하겠느냐는 뜻이 그 속에 담겨있는 것이다. 그러나 그들은 하나님의 말씀대로 반석을 명하여 물을 내지 않았다. 그렇게 했더라면 하나님의 거룩하심을 드러내었을 것이다. 그런데 모세가 반석을 쳐서 물이 나게 한 이곳의 므리바는 출 17:1의 므리바와 다르다. 출애굽기의 므리바는 신(סין)광야에 있고, 민수기의 므리바는 찐(צין)광야에 있다. 그런데 ‘므리바’라는 이름이 같은 것은 이스라엘 백성들이 둘 다 물 때문에 하나님과 다툰 장소이기 때문이다.[9)]

9) 므리바(מריבה)의 뜻은 ‘다툼’이다.

ד. 에돔 왕에게 모세가 사신을 보내어 부탁한 것은 왕의 대로(kings highway)로 통과하게 해달라는 것이었다. 왕의 대로는 아카바 만의 항구 에시온 게벨에서 북쪽으로 보스라 → 길하레셋 → 디본 → 메드바 → 랍바 → 다메섹으로 이어지는 요단 동편의 국제 무역로였다. 이 길을 왕의 대로라고 부른 것은 각 지역의 왕들이 장악하고 있는 주요도로였기 때문이다. 그러나 에돔 왕은 모세의 약속-밭이나 포도원으로 지나가지 않고, 우물물도 마시지 않고, 왕의 대로를 벗어나지 않겠다는-을 믿지 않았다. 그것은 유목 민족을 대하는 정착 민족의 한결같은 심정이었다(21:22-23). 그 많은 사람과 가축이 지나가면서 농작물 혹은 식수에 피해를 주지 않을까 염려했던 것이다. 그러나 모세는 에돔 왕이 물리력을 동원해서 길을 막을 때 그들과 전쟁하지 않았다.

ה. 모세가 놋 뱀을 만들어 장대에 단 사건은 예수 그리스도가 죄인을 구원하기 위해 십자가에 달려 죽는 일을 미리 보여준 것이다(요 3:14, 12:32-33). 불 뱀에게 물린 사람들이 놋 뱀을 보고 생명을 건진 것처럼, 사람(아담)을 통해 들어온 죽음이 사람(예수)을 통해 정복되는 것이다. 그러나

모세가 만든 놋 뱀은 주술의 대상이 되어 히스기야 왕이 없애기까지 민간 신앙에 자리 잡게 된다(왕하 18:4). 출애굽 이스라엘이 통과한 딤나 지역에는 구리 광산이 있었으며, 뱀 신을 위한 신전이 세워져 있었다. 뱀은 그 맹독 때문에 생명과 죽음을 관장하는 신 혹은 치료의 신으로 알려졌다. 신약 시대를 사는 우리들에게 있어서도 자칫 본질을 떠난 십자가가 이스라엘 백성들이 섬겼던 놋 조각(느후스단)처럼 영적 성장을 가로막는 걸림돌이 될 수도 있다는 점에 유의해야 한다.

느보산 정상에 세워진 모세 기념교회 놋뱀 조형물

ו. 네게브에 거주하는 가나안 원주민에 대한 승리(21:1-3), 요단 동편 아모리 왕 시혼과 바산 왕 옥에 대한 승리(21:21-35)는 야훼 하나님의 약속이 출애굽 2세대들을 통해 성취되기 시작하는 것을 보여주는 사건들이다. 이미 이스라엘은 요단 동편 땅을 점령했다. 이제 남은 것은 요단강 서편을 얻는 일뿐이었다.

ז. 거짓 선지자 발람의 이야기가 길게 기록된 것은 이스라엘에 대한 야훼 하나님의 사랑이 절대적이라는 것을 보여주기 위함이다. 다시 말해 야훼 하나님의 백성은 어떤 마술과 저주로도 깨뜨릴 수 없다는 것이다. 그와 동시에 이스라엘이 다른 신을 섬기게 되면 야훼의 진노를 사서 멸망할 수밖에 없다는 진리를 보여주고 있다. 신구약 중간기에 생겨난 열심당(셀롯인)은 비느하스가 야훼의 질투심으로 질투하여 배교자를 처단하므로 민족을 구원했던 것처럼 매국노를 하나님의 질투심으로 질투하여 처단한다는 의미에서 열심(질투)이라는 이름을 사용했다.

짤라프(백화채)

이스라엘 성서식물원 로고
(네오트 케두빔)

10) 유대인들은 짤라프 나무를 "나무들 중의 나무"로 여긴다. 이스라엘의 성서식물원(네오트 케두밈)의 로고 마크가 짤라프 나무인 것도 그런 이유이다. 짤라프의 영어 이름은 caper이며 관목나무의 일종으로서 백화채로 번역된다. 열매는 올리브처럼 절여서 먹는다.

제 2부 – 가나안에 들어간 신세대

1) 이차 인구조사와 신세대(26:1-30:16)

출애굽 2세대들이 가나안 땅을 얻기 전 조직과 제도를 정비하고 있다. 두 번째 인구조사(26:1-65), 딸들에 대한 상속법(27:1-11), 여호수아가 모세를 대신할 새로운 지도자로 세워짐(27:12-23), 절기법(28:1-29:40), 서원에 관한 규례(30:1-16)가 기록되어 있다. 그런데 27장에 나오는 슬로브핫의 딸들이 누구인가 생각해볼 만한 가치가 있다. 그들의 아버지 '슬로브핫'은 '자기 죄로 죽었다'고 했다. 그의 이름은 '짤라프 + 하드'로서 '짤라프 나무를 뾰족하게 하는 사람' 즉, 짤라프 나무와 관계된 일을 하는 사람이었다. 짤라프 나무는 이스라엘 전역에서 자라는 나무로서 '나무 중의 나무'라는 별명이 있을 정도로 번식력이 강하다.[10] 그의 이름과 관계해서 출애굽 여정에서 죽은 사람이 하나 있다. 민 15:32-36에서 안식일에 나무하다가 붙잡혀 죽은 사람이다. 그가 안식일에 했던 행위는 '메코쉐쉬 에찜' 즉, 나뭇가지를 줍거나 모으는 것이었다. 같은 단어가 사르밧 과부가 나뭇가지를 줍는 행동을 묘사할 때 사용되었다(왕상 17:10, 12). 랍비 아키바는 민수기 15장의 그가 슬로브핫이라고 해석했고, 나뭇가지를 모은 것은 불을 피우려 했기 때문이며, 안식일을 범한 죄에 해당한다고 보았다.

흥미로운 것은 출애굽 2세대의 숫자가 1세대의 숫자에 비해 1,820명이 모자란 601,730명이었다는 것이다. 그리고 두 번째 인구조사의 목적 가운데 하나는 가나안 땅의 분배를 위한 준비였다(26:52-56). 다시 말해 인구조사와 족보의 가치는 병역의무이행과 재산권보호에 있었다.

2) 요단 동쪽을 얻음(31:1-36:13)

요단 동편에서 모압과 미디안에 대한 보복전쟁의 승리(31:1-54), 므낫세 지파의 절반과 르우벤 지파와 갓 지파가 요단 동편 땅을 얻음(32:1-42), 애굽에서 모압까지의 여정 회고(33:1-49), 가나안 정복의 원칙과 땅 분배의 원리(33:50-34:29), 레위 지파에 준 성읍과 도피성(35:1-34), 결혼한 여인에 대한 상속 규례(36:1-13)가 기록되어 있다.

א. 정복 전쟁이 정당화 되어있다. 앞서 네게브에 거주하는 가나안 원주민들과 전쟁을 벌였던 것은 이스라엘 백성 몇 사람이 포로로 잡혔기 때문이었다(21:1). 아모리 왕 시혼을 궤멸시키고 수도 헤스본을 빼앗은 것도 먼저 공격해왔기 때문이며(21:23), 바산 왕 옥을 파멸시킨 것도 먼저 공격해왔기 때문이었다(21:33). 그리고 미디안을 멸족시키다 시피 한 것도 미디안 족속이 발람을 먼저 사주했기 때문이었다(22:7). 하지만 이스라엘은 피해 규모 이상으로 전쟁을 확대하여 적국의 모든 도시를 빼앗고 주민을 쫓아내었으며(21:25, 35), 모든 남자를 다 죽였으며(31:7), 요단 동편의 땅들에도 그렇게 하도록 명령 받았다(33:51-53). 이것은 고대 사회에서 국가 간 전쟁이 신들의 대리전쟁 양상이었으며, 이스라엘도 예외가 아니었다는 것을 보여준다. 가나안을 향해 가는 이스라엘은 야훼의 의자를 상징하는 언약궤를 앞세우고 행진하는 군대였던 것이다. 야훼와 다른 신이 한 장소에 공존할 수 없듯이 이스라엘이 거주하는 땅에 다른 민족이 있을 수 없었다. 그것은 맹목적 인도주의와 거리가 멀었다. 만약에 다른 민족과 화친하게 된다면 그들의 신을 포기하고 야훼의 백성이 되는 방법밖에 없었던 것이다.

ב. 레위 인들을 위한 성읍이 총 48개, 그 중에 도피성(city of refuge)이 요단 강 서쪽과 동쪽에 각각 세 개씩 총 6개 주어졌다. 도피성은 과실치사 혐의자가 피살자의 가족들에 의해 피의 보복을 당하지 않도록 지정된 곳이다. 그것은 또 한 번 무죄한 피가 땅에 흐르지 않게 하기 위한 조치이다. 만약 혐의자가 고의로 살인한 것이 아니면 대제사장이 살아있을 때까지 도피성에서 안전히 살 수 있으며, 대제사장이 죽은 다음에는 자기 소유의 땅으로 돌아가 살 수 있게 했다. 이것은 신약 시대에 와서 대제사장 되신 예수 그리스도의 죽음으로 죄인들이 자유를 얻게 되는 예표가 되었다.

♪. 이스라엘의 국경이 최종 확정되었다. 남쪽으로는 에돔 곁의 신(찐) 광야에서 염해를 거쳐 애굽 시내까지, 서쪽으로는 지중해, 북쪽으로는 호르 산에서 하맛까지, 동쪽으로는 갈릴리 동편 해안에서 요단강을 따라 염해에 이른다.

〈토의 과제〉

1. 민수기의 기록 목적을 대 주제에 맞추어 정리해보십시오

2. 광야에서 불평하고 저항했던 사람들에게 징계가 내려졌던 기록이 원독자들에게 어떤 의의가 있었을 것이라고 생각합니까?

3. 민수기에서 그리스도를 예표하고 있는 두 상징적 동물이 무엇입니까? 그 의의를 간단히 정리해보십시오

4. 인구조사는 이스라엘 백성들에게 어떤 의무와 권리를 의미하는 것입니까?

5. 민수기 연구에서 가장 인상 깊었던 것이 무엇입니까?

신명기

신 1:1 첫 단어를 표지로 삼은14세기 히브리어 성경 신명기

신 명 기

신명기는 요단강을 건너기 전 이스라엘 백성들에게 준 모세의 설교이다. 이스라엘 백성들은 이미 요단 동편 땅을 점령하고 일부 지파에게 땅을 분배했다. 이제 남은 일은 아직 땅을 분배받지 못한 지파들을 위해 요단 서편 땅을 점령하는 일이었다. 그것은 도전의 시작이기도 했다. 왜냐하면 그들에게는 이전에 경험해보지 못한 새로운 삶이 기다리고 있었기 때문이었다. 즉, 새로운 지도자-엘르아살과 여호수아-의 영도를 받아야 했고, 더 이상 거친 광야에서 행군하지 않고 풍요로운 가나안에 정착하여 살게 되었으며, 가나안의 다신교적 문화와 접촉하게 되었기 때문이다. 모세는 그들이 가나안에 정착하면서 출애굽 여정에서 함께 하신 야훼 하나님을 잊어버리게 될까 가장 염려했던 것으로 보인다. 하나님을 잊어버린다는 것은 민족의 정체성을 잃어버리는 것을 의미했다. 따라서 신명기에는 이스라엘 백성들이 출애굽의 역사와 야훼 하나님의 계명을 잊어버리지 않도록 당부하는 모세의 권면으로 가득 차있다. 이 책의 히브리어 제목 '말씀들(הדברים 하드바림)' 이 그 내용을 한마디로 잘 말해준다. 한글 성경 제목 '신명기' 는 '두 번째 말씀들' 이란 의미의 70인 역 제목 '듀테로노미온' 에 대한 번역이다. 70인 역 성경이 이 책의 제목을 '두 번째 말씀' 으로 정한 것은 출애굽기에 나온 야훼의 계명이 다시 이 책에서 반복되어 있으며, 가나안에 들어간 다음에도 반복(복사)해서 지켜야할 말씀이기 때문이다(17:18).

1. 배 경

〈지리와 역사〉

신명기는 모세 오경의 편집 순서 뿐 아니라 시간적으로도 민수기에 기록된 사건 다음의 일을 기록한 책이다. 즉, 요단 동편 땅에서 아모리 왕

시혼과 바산 왕 옥을 죽인 다음 가나안에 들어가기 전 모세가 준 설교이다(1:4). 신명기는 모세의 마지막 설교를 기록한 책인 것이다(34:1-8). 지리적으로는 아라바 즉, 요단 건너편 염해 남동쪽의 모압 땅을 배경으로 하고 있다(1:1, 5). 그것은 민수기의 마지막 구절 "이는 여리고 맞은 편 요단가 모압 평지(광야)에서 여호와께서 모세를 통하여 이스라엘 자손에게 명령하신 계명과 규례니라"(36:13)를 보아서도 알 수 있다. 이 책의 초반부에 길게 나와 있는 것처럼 이스라엘 백성들은 호렙산에서 모압 평지까지의 역사를 경험했다. 특히 요단 동편 땅을 점령하는 과정에서 야훼 하나님이 주신 승리를 만끽했다. 가나안 땅을 얻게 되리라는 야훼의 언약은 므낫세 반 지파와 갓 지파와 르우벤 지파가 헬몬 산에서부터 아르논 강까지의 지역-골란, 바산, 길르앗, 모압 지역을 차지함으로써 절반이 성취되었다. 이제 그들은 요단강을 건너기 위한 지점-모압 평지에서 모세의 마지막 설교를 듣고 있다.

〈원 청중과 원 독자〉

신명기의 원 청중과 원 독자들은 모두 출애굽 2세대 이스라엘 백성들이다. 그들은 이미 요단 동편 땅을 얻었으며, 이제 막 요단강을 건너려하고 있다. 하지만 그들은 시내 광야에서 야훼 하나님의 임재를 경험하고 언약을 맺은 당사자들이 아니었다. 그저 부모 세대로부터 계명과 각종 사회제도를 물려받았을 뿐이었던 것이다. 그리고 시내 산을 출발해서 요단 동편을 차지하기까지의 역사에 대해 잘 알지도 못했다. 가나안에 정착하고 살면서 유무형의 다신교적 원주민 문화에 동화 될 가능성이 컸다. 따라서 그들이 광야에서의 역사를 잊어버리거나, 시내 산에서 받은 계명을 지키지 않게 되거나, 다신교 문화에 동화된 나머지 야훼 하나님을 떠나게 될 수 있었다. 그들이 모압 평지에서 바알 신 제사에 참여하고 모압 여인들과 간음했던 일은 앞으로 일어날 일의 예조와도 같았다.

달리 표현하자면 마치 그들은 수련회를 마치고 삶의 현장으로 돌아가는 수련회 참가자들과 같았다. 수련회에서의 삶은 영적 수련에만 집중하도록 일상생활을 떠나 있으며, 통제된 일과 속에서 움직이기 때문에 사고와 행동을 영적인 규범에 맞추기가 쉽다. 그러나 일단 일상의 삶으로 돌아가면 상황은 달라진다. 영적 수련에만 집중할 수 있는 환경이 아니며, 통제 받지 않는 일과이기 때문에 수련회에서처럼 사고와 행동을 영적 규범에 맞추기가 어려워진다. 그처럼 이스라엘 백성들이 광야에서 경험한 바 통제된 집단생활은 민족의 정체성을 가지고 살아가게 하는 강제효과가 있었다. 하지만 통제가 느슨한 가나안에서의 정착생활은 자칫 하나님의 백성으로서의 규범을 지키기 어렵게 만들 것이었다. 그들은 광야에서의 역사를 기억하고, 시내 산 언약을 지키며 살아야 할 이유를 되새길 필요가 있었다. 그런 점에서 모세가 그들을 다시 시내 산 언약에 헌신하게 한 것은 의미심장한 일이었다(29:1-2). 마치 폐회 예배를 통해 수련회에서 받은 은혜를 되새기며 일상생활에서도 변함없이 영적인 삶을 영위하겠다고 다짐하는 것과 같았다. 신명기는 광야에서의 수련회를 정리하는 모세의 폐회 예배 설교이다.

〈주제와 관점〉

신명기의 대 주제는 야훼의 계명을 지켜 행함이다. 그리고 이 대 주제는 광야 생활의 회고, 시내 산 언약의 재 선포, 언약의 재 비준이라는 소주제들로 구성되어 있다. 이것을 세대의 관점에서 본다면 구세대의 불순종(1:1-4:43), 신세대의 헌신(4:44-26:19), 다음 세대의 교육(27:1-34:12)이라는 차원에서 반복적으로 강조되고 있다. 그리고 신명기는 다음과 같은 신학적 관점과 함께 기록된 책이다.

1) 야훼 하나님은 이스라엘의 왕이시다. 따라서 왕이신 하나님께 순종하면 형통하게 되고, 거역하면 심판을 받게 된다.
2) 시내 산 언약은 삶의 현장에서 이스라엘이 대대로 지켜 행해야 할 규범이다. 언제나 다음 세대에 계승되도록 가르쳐야 한다.
3) 이스라엘은 제사와 성결한 삶을 규범으로 삼은 신정국가이다. 다신교적 이방의 풍속을 따라가면 패망하게 된다.

〈기록 목적〉

위에서 살펴본 주제와 관점에 비추어 볼 때 신명기는 다음과 같은 목적에서 기록된 것으로 보인다.

첫째, 이스라엘 백성들이 광야에서와 같이 가나안에 정착한 다음에도 야훼 하나님을 왕으로 모시고 살도록 권면하기 위해 썼을 것이다.

둘째, 신정국가로서의 이스라엘이 가나안 원주민이나 인접 국가들과 구별되게 살도록 경고하기 위해 썼을 것이다.

셋째, 약속의 땅을 유업으로 받은 이스라엘이 후손 대대로 계명을 지켜 형통하게 되도록 교육하게 하기 위해 썼을 것이다.

〈특징〉

1. 모세가 하나님의 말씀을 전달하는 선지자로 묘사되어 있다. 이것은 출애굽기, 레위기, 민수기에서 야훼 하나님과 백성의 중재자로 묘사된 모습과 사뭇 다른 것이다. 신명기에서 그는 시내 산 언약을 다시 한 번 선포하고 가르치며, 지키도록 권면하는 율법의 스승이다. 뿐만 아니라 그는 백성의 죄 때문에 고난 받고 죽는 선지자이다(4:21-22). 그런 점에서 모세는 장차 야훼께서 일으키실 자신과 같은 그 선지자의 전형이다(18:15-17). 그 선지자는 백성의 죄 때문에 고난 받고 죽는 모세와 닮았다는 점에서 예수 그리스도를 가리킨다고 볼 수 있다.

2. 신명기는 시내 산 언약에 대한 모세의 설교이기 때문에 출애굽기에 기록된 계명과 약간씩 차이가 난다. 시내 산 언약에서는 원칙이 강조되어 있는 반면 신명기 법전에는 실천에 초점이 맞춰져 있기 때문이다. 시내 산 법전이 야훼 하나님으로부터 모세가 받은 율법이라면, 신명기는 모세의 설교를 통해 이스라엘 백성들이 받은 율법이라고 할 수 있다. 따라서 학자들은 흔히 신명기를 '모세적인 율법(Mosaic law)'이라고 부른다. 그것은 신명기에 나오는 율법이 모세에 의해 수사학적으로 재구성된 것임을 의미한다. 예를 들면 신명기의 뼈대를 이루고 있는 12-26장의 법전은 십계명의 해설이다. 구체적으로 살펴보자면 십계명을 지켜야 할 이유(12:1), 제 1계명의 해설(12:2-28), 제 2계명의 해설(12:9-13:18), 제 3계명의 해설(14:1-21), 제 4계명의 해설(14:22-16:17), 제 5계명의 해설(16:18-18:22), 제 6계명의 해설(19:1-22:8), 제 7계명의 해설(22:9-23:18), 제 8계명의 해설(23:19-24:7), 제 9 계명의 해설(24:8-25:4), 제 10계명의 해설(25:5-16), 헌물을 통한 신앙고백, 계명을 지키는 자의 복(26:1-19)이 기록되어 있다.

1) 특히 야훼 하나님 외에 다른 신이 없다는 가르침은 신명기를 관통하는 주요 관점이다.

3. 신명기는 모세 오경의 요약 혹은 결론과도 같은 책이다. 예를 들면 창세기에서 시작된 야훼 하나님의 창조주 되심과[1] 이스라엘의 왕 되심에 대해 부연 설명되어 있다. 한 나라에 두 왕이 있을 수 없는 것처럼 하나님 외에 다른 신을 이스라엘이 섬길 수 없는 것이다. 그리고 이스라엘의 역사(1-4장), 규례와 법도(12-26장), 언약 체결(29-30)이라는 민족 정체성의 삼 대 요소가 다 들어있다. 따라서 신명기는 구약 성서 가운데 단연 '책 중의 책'이라고 할 수 있다. 왜냐하면 구약의 뼈대를 이루는 것이 오경이고, 오경 중의 핵심은 신명기이기 때문이다. 이것을 가장 극적으로 보여주는 사건이 바로 요시야 시대에 발견된 율법 책(왕하 22:8, 11) 혹은 언약 책(왕하 23:2)이다. 이 책을 신명기로 보는 이유는 무엇보다도 저주 조항 때문이다(왕하 22:16-19). 그리고 요시야가 백성들로 하여금 야훼 하나님과 다시 언약을 맺도록 한 것이 신명기 29장에서 모세가 출애굽 2세대 이스라엘로 하여금 야훼 하나님과 언약을 맺도록 한 사례를 본받은 것으로 보이기 때문이다.

또한 신명기는 에스라의 개혁 운동 교과서였다(느 8:1-18). 바벨론 포로 생활에서 돌아온 유다 백성들의 민족 정체성을 일깨워주기에 그만큼 좋은 책이 없었기 때문이다. 요세푸스가 신명기를 헬라어로 '폴리테이아(헌법)'으로 번역한 것도 바로 이런 이유 때문이었던 것으로 보인다. 학자들은 오늘날과 같은 신명기의 최종 형태가 에스라에 의해 완성되었을 것으로 본다. 그런 점에서 에스라는 랍비 유대교의 창시자이다.

무엇보다도 신명기는 예수 그리스도가 애용하신 책이다. 광야에서 사탄에게 시험 받았을 때 세 번이나 신명기에 나오는 구절을 암송하므로 물리쳤고(8:3, 6:13,16), 율법사에게 시험을 받았을 때에도 신명기 말씀을 인용하여 대답했다(6:5, 마 22:35-37). 산상 보훈은 신명기에 대한 그리스도의 해설이며, 그의 생애는 신명기 가르침의 적용이었다.

2) Thomson, *Deuteronomy*, p. 72.

4. 신명기에는 야훼 하나님이 주신 땅이라는 표현이 25번이나 나온다.[2] 그것은 약속의 성취를 통해 언약의 하나님을 기억하게 하려는 의도로 풀이된다. 그와 동시에 가나안 땅이 도전과 유혹의 땅이라는 의미도 된다. 이스라엘이 그저 가나안 땅에 들어가기만 하면 되는 것이 아니라는

것이다. 그들은 가나안 원주민들의 다신교적 문화를 경계해야 했으며, 일신교적 풍습을 견지하도록 힘써야 했다. 그렇지 않을 경우 오히려 야훼가 주시는 땅은 그들에게 고통을 안겨주는 시련의 땅이 될 것이었다. 최악의 경우 그들은 그 땅에서 쫓겨날 수도 있었다.

5. 신명기는 하나님의 계명을 지키는 것이 생명을 얻는 길로 묘사하고 있다. "그리하면 너희가 살 것이요" "네가 잘되고 장수 하리라" "네 생명의 날이 길리라" "네가 살겠고" 등의 반복되는 표현이 그것을 말해준다. 따라서 전통적으로 이스라엘은 생명을 주는 책으로서 토라에 대한 개념을 갖고 있다. 생명(영생)은 순종(행위)에 대한 상급으로 얻게 된다고 생각하는 것이다. 그리고 내세의 영생보다는 현세에서 유대인답게 살며 복을 누리는 것을 생명으로 이해한다. 그런 관점에서 볼 때 토라에 따라 살지 못하는 이방인의 삶은 죽은 것-생명이 없는 것이다. 유대교가 율법의 실천에 초점을 맞추고 있는 바로 그 이유이다.

2. 내 용

〈구조와 요절〉

신명기는 전체 34 장, 4부로 구성되어 있다. 신명기에는 서로 연결이 되지 않은 것처럼 보이는 조각 글들이 섞여 있어 문단 나누기가 쉽지 않을 뿐 아니라, 다양한 형태의 구조 분석이 가능하다. 그러나 모세의 서로 다른 세 편의 설교가 시작되는 부분들을 중심으로 나누어 보면 아래와 같은 구조로 되어 있는 것을 알 수 있다. 12-26장에 십계명의 해설이 들어 있고, 신명기의 뒷부분에 모세의 노래 두 편이 수록되어 있는 것이 특징이다(32:1-52, 33:2-29).

제 1부 -모세의 첫 번째 설교; 이것이 말씀이다(1:1-4:43)

1) 지난날을 기억하라(1:1-3:29)
2) 너희는 지켜 행하라(4:1-43)

제 2부 - 모세의 두 번째 설교; 이것이 율법이다(4:44-28:68)

1) 십계명을 지켜 행하라(4:44-11:32)

2) 십계명 해설(12:1-26:19)

3) 복과 저주(27:1-28:68)

제 3부 - 모세의 세 번째 설교; 이것이 언약이다(29:1-30:20)

제 4부 - 언약의 세대 계승(31:1-34:12)

1) 언약의 보존(31:1-29)

2) 복과 저주의 노래(32:1-52)

3) 유언의 노래(33:1-29)

4) 모세의 죽음(34:1-12)

〈요절〉

"이스라엘아 네 하나님 여호와께서 네게 요구하시는 것이 무엇이냐 곧 네 하나님 여호와를 경외하여 그의 모든 도를 행하고 그를 사랑하며 마음을 다하고 뜻을 다하여 네 하나님 여호와를 섬기고 내가 오늘 네 행복을 위하여 네게 명하는 여호와의 명령과 규례를 지킬 것이 아니냐"(10:12-13).

<table>
<tr><th>대단원</th><th>소단원</th><th>주제</th><th>요점</th><th>기록연대</th><th>기록장소</th></tr>
<tr><td rowspan="2">첫 번째 설교;
이것이 말씀
이다</td><td>1:1-3:29
지난날을 기억하라</td><td rowspan="2">언약의 역사</td><td rowspan="2">구세대의
불순종</td><td rowspan="10">주전
15세기
혹은
13세기</td><td rowspan="10">모압
평지</td></tr>
<tr><td>4:1-43
너희는 지켜 행하라</td></tr>
<tr><td rowspan="3">두 번째 설교;
이것이 율법
이다</td><td>4:44-11:32
십계명을 지켜 행하라</td><td rowspan="2">언약의
조항들</td><td rowspan="2">신세대의
헌신</td></tr>
<tr><td>12:1-26:19
십계명 해설</td></tr>
<tr><td>27:1-28:68
복과 저주</td><td rowspan="2">언약의
비준</td><td rowspan="6">다음
세대를 위한
교육</td></tr>
<tr><td>세 번째 설교;
이것이 언약
이다</td><td>29:1-30:20
후손들에게 가르치라</td></tr>
<tr><td rowspan="4">언약의
세대계승</td><td>31:1-29
언약의 보존</td><td rowspan="4">영속적
언약</td></tr>
<tr><td>32:1-52
복과 저주의 노래</td></tr>
<tr><td>33:1-29
유언의 노래</td></tr>
<tr><td>34:1-12
모세의 죽음</td></tr>
</table>

〈해 설〉

제 1부 –모세의 첫 번째 설교; 이것이 말씀이다 (1:1–4:43)

이것이 말씀이다(אלה הדברים 엘레 하드바림)는 표현은 모세의 첫 설교를 소개하는 말이자 신명기의 제목이다(1:1).

1) 지난날을 기억하라(1:1–3:29)

모세의 첫 번째 설교는 역사를 통해 얻는 교훈으로 시작한다. 구체적으로는 모세가 모압 평지에서 율법을 설명하게 된 경위(1:1-8), 신 광야에서 행정 지도자들을 세운 일(1:9-18), 가데스 바네아에서의 가나안 진입 실패(1:19-46), 형제의 나라 - 에돔, 모압, 암몬과 전쟁하지 않음(2:1-25), 아모리 왕 시혼과 바산 왕 옥을 죽이고 요단 동편 땅을 차지함(2:16-3:11), 므낫세 반 지파와 갓 지파와 르우벤 지파에게 요단 동편 땅을 분배한 일(3:12-22), 가나안 땅에 들어가게 해달라는 모세의 청원이 거절된 일(3:23-29)이 기록되어 있다. 시간적으로 40년에 걸쳐 일어난 일들의 요약이다.

א. "모세가 율법을 설명하였더라"(1:5)는 표현은 신명기가 처음부터 성문 율법이 아니라, 이미 주어진 율법에 대한 설교였음을 보여준다. 그래서 설교자 모세의 사상과 신앙이 강하게 투영되어 있다. 야훼의 명령을 따라 호렙산을 출발한 이스라엘이 불과 11일 만에 가나안 입구에 도착했으나, 들어가지 못했던 실패의 역사에 대한 해석인 것이다. 단순히 가나안 진입에만 실패했던 것이 아니라, 그로부터 40년의 세월을 광야에서 유랑했던 고난의 역사가 들어있다. 그와 반면 요단 동편 왕들을 정복하고 땅을 차지한 역사도 들어있다. 다시 말해 출애굽 1세대 이스라엘의 불순종이 가나안 진입 실패와 40년의 방황을 가져왔고, 순종하는 2세대 이스라엘을 통해 하나님의 언약이 성취되기 시작하는 현실이 기록되어 있는

것이다. 따라서 모세가 율법을 설명하게 된 이유는 원 청중들이 과거의 쓰라린 역사로부터 교훈을 얻게 하는데 있음을 알 수 있다. 그렇기에 신명기에는 단순히 율법에 대한 설명이 아닌 "하라" "하지마라"는 식의 권고가 자주 반복되어 있다.

ב. 신(Sin) 광야에서 지도자를 세운 일(1:9-18)이 기록된 이유도 율법에 대한 지식의 중요성을 강조하기 위해서이다. 출 18:21에서 지도자의 자격은 "재덕이 겸전한 자 곧 하나님을 두려워하며 진실하며 불의한 이익을 미워하는 자"였다. 그러나 신명기 본문에는 "지혜와 지식과 경험이 많은 자"(1:13)로 되어 있다. 출애굽기에서는 신앙과 덕성과 기능에 초점이 맞춰져 있으나, 신명기에는 지혜와 지능과 지식이 강조되어 있는 것이다. 이것은 야훼 하나님의 율법에 대한 지각 능력, 깨달음을 통해 얻은 지식, 실천경험이 중요하다는 것을 의미한다. 1:15에서 조장(패장)으로 번역된 히브리어 '쇼테림(שטרים)'을 아람어 역본과 70인 역본에서 모두 '서기관'으로 번역한 사실도 흥미롭다. 그것은 신명기에서 야훼의 율법을 잘 아는 자를 행정 관리들로 세워야 한다는 원칙과 잘 어울린다.

ג. 가데스 바네아에서 가나안 진입에 실패했을 뿐 아니라 아모리 족속과의 싸움에서 대패한 일도 기록되었다(1:19-46). 실패의 역사를 반복하지 않도록 경고하기 위한 것이다. 흥미로운 것은 모세가 가나안에 들어가지 못한 이유가 이스라엘의 범죄 때문인 것으로 묘사된 점이다(1:37). 즉, 모세는 백성의 죄 때문에 고난 받는 선지자로서 장차 그와 같은 선지자의 전형이 된다(18:15). 그리고 이스라엘이 아모리 족속에게 패배한 장소가 호르마(חרמה)였다는 것도 의미심장한 표현이다(1:44). 호르마는 이스라엘이 아모리 족속과 바산 백성들에게 행한 일 – 진멸(חרם 헤렘)에서 나온 단어이다(2:34, 3:3). 이것은 일종의 언어유희로서 야훼의 언약을 불신하고 거역했을 때는 진멸(헤렘) 당했으나, 순종했을 때는 적들을 오히려 진멸(헤렘)시킬 수 있었다는 것이다.

ד. 여호수아의 지도력이 야훼 하나님께로부터 온 것임을 밝히고 있다(1:38, 3:28). 요단강을 건너 가나안을 정복하는 과정에서 출애굽 2세대 이

스라엘 백성들이 여호수아의 지도력에 순복하게 하기 위해서이다. 출애굽 1세대들이 야훼 하나님을 불신하고 지도자-모세와 아론에게 반항했던 역사를 되풀이 하지 않도록 경고하는 의미가 들어있는 것이다. 그런데 모세가 요단 서편을 바라본 곳이 비스가 산인지 느보 산인지(3:27, 32:49, 34:1) 궁금해 하는 사람들이 많다. 느보 산과 비스가 산은 아바림 산맥 가운데 예벨 샤이한의 두 봉우리로서 요단강에서 12km, 봉우리끼리 서로 2km 떨어져 있다. 비스가(680m)는 느보(800m)보다 낮지만 북서쪽에 위치해 있기 때문에, 날씨가 좋으면 요단 강 건너 뿐 아니라 북쪽으로 160km 떨어진 헬몬 산도 볼 수 있다. 모세는 가나안 전경을 관찰하기 위해 두 산 정상에 다 올랐던 것으로 보인다. 비스가 산에 두 번(3:27, 34:1), 느보 산에 한 번(32:49) 올랐던 것 같다.

ה. 야훼 하나님은 이스라엘 백성들보다 앞서 걸으시는 분으로 묘사되고 있다(1:30). 하나님은 이스라엘 백성들이 행진할 곳과 머무를 곳과 차지할 곳으로 먼저 걸어가신다. 그러므로 두려워할 필요가 없는 것이다. 흥미로운 것은 '걷다' 와 '실천하다' 가 같은 단어 '할라크(הלך)' 이다. 그러니까 하나님이 이스라엘보다 앞서 걸으시기(인도하시기) 때문에, 이스라엘은 하나님의 인도(교훈)를 따라 걸으면(실천하면) 되는 것이다.[3)]

3) 토라(교훈)에 대한 행동지침을 '할라카(הלכה)' 라고 부르는 이유가 여기에 있다.

2) 너희는 지켜 행하라(4:1-43)

직설법적 명령(1, 2, 6, 9, 15, 16-19, 23, 40)과 설득적인 권면이 적절히 섞여져 있다(3-5, 7-8, 14, 20-22, 24-31, 32-39) 규례와 법도를 지키는 의의(1-8), 형상 없이 시내 산에 나타나셨던 야훼 하나님에 대한 회고(9-14), 우상숭배 금지 경고(15-40), 요단 동편 도피성 지정(41-43)이 기록되어 있다.

א. 규례와 법도가 강조되어 있다(1, 5, 8) 규례(החקים 하후킴)는 성문화된 필연법(apodictic law)을 가리키고, 법도(המשפטים 하미슈파팀)[4)]는 전통과 관습으로 확인되는 판례법(case law)을 가리킨다. 규례와 법도를 지켜야 하는 이유는 약속의 땅을 얻어 오래 살기 위해(1), 거역하는 자가 받을 심판을 면하기 위해서(3-4), 지혜로운 삶이기 때문에(6), 야훼의 은총을 받은

4) 미슈파팀은 '쇼페트(재판관)' 의 판결에 의한 것이라는 의미를 가지고 있다.

나라이기 때문에(7), 열방의 법 가운데 탁월한 것이기 때문이다(8). 여기서 '듣다' 는 단어는 '샤마(שׁמע)' 인데, 단순히 듣는 것이 아니라 마음으로 받아들이는 태도를 가리킨다. 따라서 본문에는 명령과 권고가 적절히 섞여져 청중들의 실천을 유도하고 있다.

ב. 시내 산에 임하셨던 야훼 하나님을 회고하고 있다(9-14). 십계명은 불길 가운데 형상 없이 소리로만 임하신 야훼의 명령이라는 것이다. 실제로 신명기의 청중들 가운데 여호수아와 갈렙을 제외하고는 아무도 시내 산 경험을 하지 못했다. 모세는 자신의 경험담을 통해 야훼 하나님을 섬기는 방법이 그의 계명을 지키는 것임을 강조하고 있다. 형상을 만들지 않고 하나님을 섬기는 것의 기원을 말함으로써, 청중들이 그 전통을 이어 나가기를 바라고 있는 것이다.

ג. 우상숭배와 자연숭배에 빠지지 않도록 경고하고 있다(15-40). 세분하여 살펴보면 일체의 우상제조와 숭배금지(15-18), 자연숭배 금지(19), 우상숭배의 결과로 망하게 될 것과 회개의 필요성 강조(20-31), 야훼 하나님은 유일한 신이므로 우상숭배와 자연숭배에 빠지지 말 것(32-40)을 역설하고 있다. 이처럼 모세가 출애굽기에서와 달리 우상숭배나 자연숭배의 위험에 대해 실례를 들어 강조하는 이유는 원 청중들이 조만간 가나안에 들어가서 만나게 될 문화이기 때문이다. 모세의 첫 번째 설교의 최종 결론에 속하는 본문에는 세 가지 중요한 신학적 관점이 정리되어 있다.

1) 야훼 하나님 이외에 다른 신이 없다(35,39).
2) 야훼 하나님은 이스라엘의 구원자(왕)이다(37-38).
3) 야훼 하나님의 규례와 명령을 지키는 것이 살 길이다(40).

흥미로운 것은 이스라엘이 장차 우상숭배 죄 때문에 우상숭배 나라에 끌려가게 될 것과, 회개할 경우 다시 돌아오게 될 것이 약속되어 있다는 점이다(25-31). 이 약속 때문에 많은 학자들은 신명기가 포로기에 기록된 책이라고 생각한다. 그러나 예언의 영으로 충만했던 모세가 미래를 예견하지 못했으리라는 법이 없다. 그리고 누군가 우상숭배 죄를 회개하도록 촉구하기 위해서 굳이 가나안에 들어갈 이스라엘의 미래를 전망하는 식으로 기록해야할 이유가 없다. 만약에 그런 책을 써야할 이유를 가진 사람이 있다면 주전 6세기 포로기간의 우국지사들이 아니라, 가나안에 함께 들어가지 못하는 안타까움에 젖어있는 모세 자신이 될 것이다.

ㄱ. 요단 동편에 거주하는 지파들을 위해 세 개의 도피성이 지정되었다(41-43). 남쪽에서부터 르우벤 지파를 위한 베셀, 갓 지파를 위한 길르앗 라못, 므낫세 반 지파를 위한 바산 골란이었다. 도피성 기록이 모세의 첫 번째 설교의 끝부분에 나와 있는 이유가 무엇일까? 요단 동편 지파들에게 약속의 땅에서의 삶은 이미 시작되었으므로, 가장 시급한 문제가 해결되기를 바랐던 것이다. 즉, 실수로 다른 사람을 죽게 만든 사람의 피가 약속의 땅에 흘러서는 안 된다는 것이다. 무죄한 사람의 피가 땅을 적시게 되는 것은 생명의 주인이신 야훼 하나님을 모독하는 것으로서, 우상숭배의 죄를 범하는 것이나 다를 바 없기 때문이다. 요단 서편 지파들을 위한 도피성은 아직 지정되지 않았다. 그것은 요단강을 건너가서 가나안 땅을 얻은 다음에 여호수아가 할 일이었기 때문이다(수 21:13, 21, 32). 이런 사실을 보더라도 신명기는 요단강을 건너기 전에 기록된 책이다.

시내산 - 에벨 무사

제 2부 – 모세의 두 번째 설교; 이것이 율법이다 (4:44-28:68)

'그리고 이것이 율법이다(וזאת התורה 뵈조트 하토라)' 는 말로 시작하는 모세의 두 번째 설교에는 호렙 산에서 받은 십계명을 가나안에 들어가서도 지키라는 명령(4:44-11:32), 십계명과 관련된 제반 법규의 해설(12:1-26:19), 가나안에 들어가서 다시 한 번 언약에 헌신할 것과 그에 따른 복과 저주(27:1-28:68)가 나와 있다.

주전 2100년대 우르 남무의 달신 신(Sin)의 대제사장 하샤마르의 원통형 도장

1) 십계명을 지켜 행하라(4:44-11:32)

모세의 두 번째 설교 서론에 해당하는 본문에는 십계명을 두 번 받게 된 경위와 가나안에 들어가서도 십계명을 지켜야 할 이유가 기록되어 있다. 구체적으로 살펴보자면 처음 십계명을 받았던 배경의 회고와 가나안에 들어가서 십계명을 지켜야 할 이유 설명(4:44-9:5), 처음 받았던 십계명 돌 판을 깨뜨리고 두 번째 십계명 돌 판을 받은 배경 회고와 가나안에 들어가서 십계명을 지켜야 할 이유가 설명되어 있는 것이다(9:6-11:32). 십계명을 받았던 과거의 회고가 두 번, 가나안에 들어가서의 일에 대한 전망이 두 번 기록되어 문맥의 균형을 맞추고 있다. 특히 5:6-21에는 십계명 전문-하나님이 직접 말씀하신 호렙 산 계명이 들어있다.

א. 호렙 산[5]에서 받은 십계명이 곧 원 청중들의 십계명이라는 사실이 강조되어 있다.

첫째, 신명기 전체에 27번 나오는 '오늘' 이라는 단어가 본문에 14번(5:1,24, 6:6, 24, 7:11, 8:11, 9:1, 3, 10:13, 11:1, 13, 26, 27, 28) 등장하고 있다. 오늘 모세가 설명하는 십계명은 과거에 받은 계명이지만, 미래에 변함없이 지켜져야 하는 계명인 것이다. 따라서 신명기의 말씀을 읽는 독자들에게는 영원한 현재-오늘 지켜야 하는 명령이 된다.

둘째, 호렙 산에서 십계명을 받은 당사자들이 모세와 신명기의 원 청

5) 호렙산이란 이름보다 더 오래된 이름은 시내산이다. 시내산은 달신(신) 숭배의 장소라는 의미에서 '나의 신' 이란 뜻을 가지고 있다. 호렙은 단순히 '건조한 장소' 라는 뜻이다. 야훼가 임재한 장소에 '시내' 라는 이름을 사용하기 거북했던지, 호렙으로 바꾸었을 것이다(주원준, 한님성서연구소, 구약성경과 신들 76쪽)

가나안 7대작물

밀

보리

포도

무화과

중들이라는 사실을 '우리' 라는 단어로 표현하고 있다. '우리' 라는 대명사는 십계명 배경을 설명하는 5:2-3에 다섯 번이나 나오고 있다. 그리고 가나안에 들어갈 원 청중이 바로 호렙 산에서 우상을 만들어 하나님을 격노하게 만든 장본인들이라는 의미에서 '네가' 혹은 '너희가' 라는 대명사가 출애굽 1세대와 2세대를 가리켜 구분 없이 사용되었다. 그런데 가나안에 들어갈 원 청중들을 호렙 산에서 십계명을 받은 세대와 동일시하는 것은 히브리 민족의 독특한 사고방식에서 이해해야 한다. 히브리 민족은 조상의 경험을 자신들의 것으로 받아들인다. 예를 들어 히브리서 저자가 "또한 십분의 일을 받는 레위도 아브라함으로 말미암아 십분의 일을 바쳤다고 할 수 있나니 이는 멜기세덱이 아브라함을 만날 때에 레위는 이미 자기 조상의 허리에 있었음이라"(히 7:10)고 한 것이나, 사도 바울이 아담에게 속한 자는 아담이 경험한 죽음을 물려받지만 그리스도께 속한 자는 그리스도가 경험한 생명을 물려받는다고 가르친(롬 4:17-19) 것과 같다. 히브리 민족의 이런 사고방식을 이해하지 못하면 모세의 신명기 원 청중 가운데는 불붙는 호렙 산을 보았던 출애굽 1세대의 일부가 포함되어 있었다는 웃지 못 할 해석을 하게 된다. 그러니까 모세가 '우리' 혹은 '너희' 라는 대명사의 사용을 통해 말하고자 했던 것은 신명기의 원 청중들이 십계명 준수 의무의 당사자라는 사실을 천명함과 동시에 조상들의 실수를 반복하지 않도록 하려는 경고였던 것이다. 따라서 가나안에 들어간 다음 세겜 골짜기에서 언약에 대한 헌신예식을 행하도록 명령하고 있다(11:29). 언약은 실천 당사자들을 위해 주어진 것이기 때문이다.

ב. 가나안 땅에 대한 소개가 들어 있다. 밀, 보리, 포도, 무화과, 석류, 감람나무, 꿀 등 가나안의 7대 작물과 철과 동의 2대 광물(8:8-9), 가나안의 지형과 지질 및 우기(rainy season)에 대해 설명하고 있다(8:7, 11:10-17). 그 땅은 옥토이며(8:10), 젖과 꿀이 흐르는 땅이다(6:3, 11:9). 그들은 크고 아름다운 도시에서 풍요롭고 편리한 생활을 즐기게 될 것이었다(6:10-11). 하지만 그 땅은 그들이 통과했던 시내 광야처럼 여전히 시험의 땅이 될 것이다(8:2, 16). 왜냐하면 풍요로운 생활 때문에 야훼 하나님을 잊어버리고 계명을 지키지 않게 되어 징계를 받을 수 있기 때문이었다. 그것이 바로 모세가 가나안 땅의 아름다움에 대해 칭찬하는 한편 경고해마지 않았

던 이유였다.

> "여호와께서 너희에게 진노하사 하늘을 닫아 비를 내리지 아니하여 땅이 소산을 내지 않게 하시므로 너희가 여호와께서 주신 아름다운 땅에서 멸망할까 하노라"(11:17).

석류

이 구절에서 야훼는 비를 내리시는 하나님이다. 모세는 창조 이야기에서 이미 야훼가 비를 내리시는 하나님이라는 사실을 밝혔다(창 2:5). 다시 말해 가나안 땅에 비를 내리는 신은 바알이 아니라 야훼라는 것이다. 가나안 땅에서 우기 철에 비가 오지 않는다는 것은 곧 모든 생명체의 죽음을 의미했다(왕상 17:12, 18:5). 왜냐하면 요단강을 제외한 대부분의 강과 시내는 계절천(wadi)으로서 건기에는 물이 흐르지 않았기 때문이다. 그나마 늘 물이 흐르는 요단강은 요단 협곡 아래에 위치해 있어서 관개나 목축 용수로 사용하는데 한계가 있었다. 따라서 비와 이슬이 내리지 않는다는 것은 저주 그 자체였다(왕상17:1, 삼하 1:21). 그러므로 원 독자들은 비와 이슬을 필요로 하는 가나안에 들어가서도 야훼 하나님을 떠나지 말도록 경고를 받고 있다.

감람(올리브)

꿀(대추야자)

ג. 가나안에 들어간 이후 야훼 하나님을 잊지 말도록 반복적으로 강조하고 있다(6:12, 7:19, 8:2, 11, 14, 18, 19). 가나안을 얻은 후 자기도취에 빠질 수 있기 때문이었다. 따라서 가나안을 얻게 되는 것이 이스라엘 민족의 우월성 때문이 아니라는 점을 강조하고 있다. 가나안 사람들보다 수적으로 우세하거나(7:7), 더 의롭거나(8:5), 수완이 좋기 때문이 아니라는 점(8:17)을 열거하고 있는 것이다. 오히려 그들은 광야에서 하나님을 여러 번 시험했으며, 목이 곧은(고집 센) 백성이었다(9:6, 10:16). 그럼에도 불구하고 가나안을 얻게 되는 것은 오직 조상들과 맺은 언약을 이루시는 하나님의 성실하심 때문이었다(6:23, 7:8,13, 8:18, 9:5). 그들이 하나님을 잊지 않는 방법은 마음에 새기고, 자녀들에게 부지런히 가르치며, 모든 행동의 기준을 계명에 두며, 손목과 미간과 문설주와 대문에 붙여두는 것이었다(6:6-9).

ד. 다신교 문화에 물든 원주민들을 몰살(חרם 헤렘)시킬 것이 명령되었

다(7:2, 16, 23, 24). 이것은 인종차별과 정복전쟁을 정당화하기 위한 교리적 기반이 아니다. 이스라엘이 만약 다신교에 물들 경우 그들도 원주민처럼 몰살(헤렘)될 것을 경고했기 때문이다(7:4, 26, 8:19, 20). 만약 '헤렘'이 민족 간의 정복전쟁을 위한 명분이라면 이스라엘의 하나님 야훼가 자기 백성을 몰살(헤렘)시키지 않을 것이다. 이것은 레위기에 나오는 정결 규례의 관점에서 이해되어야 한다. 즉, 이스라엘 땅(ארץ ישראל 에레쯔 이스라엘)은 야훼의 장막이 있는 거룩한 곳이다. 따라서 이곳에는 온갖 더러운 것(טמא 타메)이나 가증한 것(תועבה 토에바)이 있어서는 안 된다. 부정한 것들은 정결하게 되는 절차를 통해 제거되어야 하며, 가증한 것들은 파괴되어야 한다. 우상들은 가증한 것이며, 우상 숭배자 또한 가증하기 때문에 파멸시켜야 하는 것이다(7:25-26). 호렙 산에서 이스라엘이 금송아지 우상을 만들었을 때 우상과 함께 우상숭배자들을 처형한 것이나, 모압 평지에서 바알 신에게 제사 드린 자들을 처형한 것이 그 예에 속한다.

ה. 십계명(עשׂרת הדברים 에세렛 하드바림)에는 숫자가 붙어있지 않다(5:6-21, 10:4). 십계명에 대한 종파별 구분이 조금씩 다르다.

순서	유대교	천주교	개신교
1	나는 주 하나님이다	다른 신을 두지 말라	다른 신을 두지 말라
2	다른 신을 두지 말라	하나님의 이름 훼방금지	우상을 만들지 말라
3	하나님 이름 훼방금지	안식일을 지키라	하나님 이름 훼방금지
4	안식일을 지키라	부모를 공경하라	안식일을 지키라
5	부모를 공경하라	살인하지 말라	부모를 공경하라
6	살인하지 말라	간음하지 말라	살인하지 말라
7	간음하지 말라	도적질 하지 말라	간음하지 말라
8	도적질 하지 말라	거짓 증거하지 말라	도적질 하지 말라
9	거짓 증거하지 말라	이웃의 재물을 탐내지 말라	거짓 증거하지 말라
10	탐내지 말라	이웃의 아내를 탐내지 말라	탐내지 말라

ו. 이스라엘 남자들이 기상과 취침 시에 암송하는 ‘쉐마’ 가 들어 있다(6:4-5). ‘쉐마’ 는 ‘듣다’ 를 의미하는 동사(שְׁמַע)의 연계형으로서 ‘이스라엘아 들으라(שְׁמַע יִשְׂרָאֵל)’ 로 시작하는 문장의 첫 단어이다. 6:4하부터 5절까지 이어지는 쉐마를 히브리어로 옮겨보면 “야훼 엘로헤이누 야훼 에하드 붸아하브타 엩 야훼 엘로헤이카 베콜 레바브카 우베콜 납세카 우베콜 메우데카”[6]이다. ‘쉐마’ 에 얽힌 재미있는 이야기 가운데 압권은 단연 힐렐의 결혼이다. 주전 1세기에 활동했던 힐렐은 랍비 유대교의 성경해석에 기초를 놓은 사람으로서, 바울의 스승이었던 가말리엘의 증조부가 된다. 그는 늘 제자들에게 결혼 첫 날 밤에 쉐마를 암송하지 않아도 무방하다고 말해주곤 했다. 혹시 깜빡 잊고 쉐마를 암송하지 못했다가 가지게 될 죄책감을 덜어주기 위한 조치였던 것이다. 그런데 힐렐은 랍비가 된 다음 늦은 나이에 결혼을 했다. 제자들은 힐렐이 첫 날 밤에 쉐마를 암송했는지 궁금했다. 힐렐은 뜻밖에도 쉐마를 암송했노라고 간단히 대답했다. 쉐마를 암송하지 않아도 되는 줄 알고 있었지만 잠자리에 들기 전에 기억이 났다는 것이다. 이것은 이스라엘 남자들에게 쉐마가 어느 정도 중요하게 취급되고 있는지 보여준다. 쉐마의 핵심은 이스라엘의 하나님 야훼에 대한 신앙고백과 하나님의 법을 지키는 태도이다. 예수 그리스도는 율법사의 시험에 쉐마를 암송하며 대답했던 것이다(마 22:35-38).

6) יְהוָה אֱלֹהֵינוּ יְהוָה אֶחָד וְאָהַבְתָּ אֵת יְהוָה אֱלֹהֶיךָ בְּכָל־לְבָבְךָ וּבְכָל־נַפְשְׁךָ וּבְכָל־מְאֹדֶךָ

ז. 마음에 할례를 행할 것-목을 곧게 하지 말 것이 상소되었다(10:16) 쉐마에 나오는 것처럼 하나님을 사랑하는 태도가 율법을 지키는 근본정신인 것을 보여주는 것이다.

> “네 하나님 여호와께서 네 마음과 네 자손의 마음에 할례를 베푸사 네게 마음을 다하며 뜻을 다하여 네 하나님 여호와를 사랑하게 하사 네게 생명을 얻게 하실 것이며”(신 30:6).

> “유다인과 예루살렘 주민들아 너희는 스스로 할례를 행하여 너희 마음 가죽을 베고 나 여호와께 속하라 그리하지 아니하면 너희 악행으로 말미암아 나의 분노가 불 같이 일어나 사르리니 그것을 끌 자가 없으리라”(렘 4:4).

"오직 이면적 유대인이 유대인이며 할례는 마음에 할지니…"(롬 2:29)

2) 십계명 해설(12:1-26:19)

모세의 두 번째 설교 본론에 해당하는 본문에는 십계명에 대한 해설이 주축을 이루고 있다. 그리고 하나님께 드리는 헌물을 통해 신앙을 고백하도록 권고하고 있다. 구체적으로 살펴보자면 십계명을 지켜야 할 이유(12:1), 예배드리는 장소를 중심으로 제 1 계명의 해설(12:2-28), 우상숭배척결을 중심으로 제 2계명의 해설(12:9-13:18), 정결규례를 중심으로 제 3계명의 해설(14:1-21), 절기를 중심으로 제 4계명의 해설(14:22-16:17), 부모처럼 존중되어야 할 권위자를 중심으로 제 5계명의 해설(16:18-18:22), 피 흘리는 일과 관계된 모든 일을 중심으로 제 6계명의 해설(19:1-22:8), 정상적이지 않은 성관계와 그 결과를 중심으로 제 7계명의 해설(22:9-23:18), 재물과 인권을 중심으로 제 8계명의 해설(23:19-24:7), 송사를 중심으로 제 9계명의 해설(24:8-25:4), 계대결혼과 상거래를 중심으로 제 10계명의 해설(25:5-16), 추수감사와 십일조 헌물을 통한 신앙고백, 계명을 지키는 자의 복(26:1-19)이 들어 있는 것이다.

א. '자기 이름을 두시려고 하나님의 택하신 곳' 이라는 표현을 통해 합법적인 종교 처소로서의 중앙 성소(central sanctuary)가 강조되고 있다(12:5, 11, 14, 18, 21, 26, 14:2, 23, 24 ,25, 15:20, 16:2, 6, 7, 11, 15, 16, 17:8, 10, 15, 18:6, 26:2). '하나님이 자기 이름을 두시려고 택하신 곳' 으로서의 중앙 성소는 법궤가 안치된 성막이 세워질 곳을 가리키며, 일체의 제사행위가 그곳에서만 이루어져야 할 것을 의미한다. 그와 동시에 중앙 성소가 아닌 지방 성소(산당)를 파괴해야 할 것을 암시하는 것이다. 그러나 '택하신 곳' 의 지명은 구체적으로 밝히지 않고 있다. 이미 축복과 저주를 선포할 장소로서 그리심 산과 에발 산을 지정하고 있는 것에 비해 이례적이라고 할 수 있다(11:29). 그 이유는 간단하다. 땅위에 세워진 야훼의 장막은 단지 이름을 두실 상징적 처소에 불과하며, 하늘이 진정한 야훼의 거처이기 때문이다(신 26:15). 이것은 솔로몬의 예루살렘 성전 낙성식 기도에서 여실

히 드러난다(왕상 8:30, 32, 34, 36, 39, 43, 45, 49). 야훼 하나님은 이방 신들처럼 신전을 거처로 삼지 않는다. 따라서 신전이 옮겨지거나 파괴되어도 야훼 하나님의 영광이 훼방을 받지 않는다. 이 같은 중앙 성소 개념은 이스라엘 역사에서 권력의 향배, 예언자들의 활동과 밀접한 관계가 있었다.

첫째, 중앙 성소는 권력의 향배에 좌우되었다. 가나안에 들어가 성막이 최초로 세워진 곳은 실로였으며, 사사 시대 350년을 지나도록 제사 드리는 중앙 성소였다(수 18:1, 삼상 1:3, 4:3). 그러나 다윗이 이스라엘 최고 권력자가 되면서 예루살렘으로 성막 기구들이 옮겨지게 되고, 솔로몬이 성전을 지으면서 예루살렘은 야훼의 '이름을 두실 곳'으로 선포된다(왕상 8:29) 뿐만 아니라 중앙 성소 개념은 분열 왕국 시대 남 유다와 북 이스라엘의 민감한 사안이 된다. 예를 들어 중앙 성소를 얻지 못한 북 이스라엘의 초대 왕 여로보암은 민심이 이반될 것을 두려워한 나머지 벧엘과 단을 성소화했다. 그에 따른 레위 인들의 저항을 원천봉쇄하기 위해 평민으로 제사장을 삼기까지 했던 것이다(왕상 12:25-33). 남 유다도 중앙 성소의 개념을 놓고 언제나 왕과 지방 호족 사이에 힘겨루기 현상을 보였다. 지방 호족(방백)들은 백성들이 산당에서 제사 드리는 것을 용인했으며, 왕들은 중앙 성소를 고집할 수밖에 없었다. 그것은 경제권의 장악과도 무관하지 않았다. 권력의 무게 중심이 왕에게로 쏠리면 산당 제거작업이 이루어졌고, 지방호족에게로 넘어가면 산당제사가 다시 살아나곤 했던 것이다. 예를 들어 어린 나이에 왕이 된 요아스는 성전을 수리하여 중앙 성소를 강화하였으나 산당을 없애지 못했다(왕하 12:1-3). 대조적으로 히스기야와 요시야 같은 왕들이 과감히 산당들을 제거할 수 있었던 것은 권력 기반이 든든했기 때문이었다(왕하 18:1-5, 23:4-20).

둘째, 중앙 성소는 예언자들의 활동과 밀접한 관계가 있었다. 벧엘에 세워진 금송아지 제단을 맹렬히 규탄했던 무명의 예언자로부터 열왕기의 저자에 이르기까지 모든 예언자들은 중앙 성소를 옹호했다(왕상 13:1-10, 15:14,26, 16:19,31, 왕하 3:3, 13:2, 14:24, 15:9,18,24,28,35, 16:4). 이 중앙 성소의 개념은 신명기에서 야훼 하나님의 현존을 의미하는 '여호와의 앞(리프네 야훼 יהוה לפני)'이라는 말의 동의어로 묘사되었다(12:7,12,18, 14:23,26, 15:20, 16:11,

18:7, 19:17, 24:4,13, 26:5, 10, 13). 중앙 성소와 관계해서 예레미야는 예루살렘 성전이 더 이상 그 역할을 하지 못하게 될 것이라고 예언했다(렘 7:12-15). 에스겔은 한 술 더 떠서 하나님의 영광이 예루살렘 성전을 떠나 바벨론 그발 강가 포로 된 유다 백성들의 거주지 가운데로 옮기셨다고 예언했다(겔 10:18-22). 이사야는 하나님의 상징적 처소로서의 성전이 더 이상 의미가 없게 될 것을 예언하면서 이방 땅에도 성전이 세워질 것을 예언했다(사 66:1, 19:19-21). 말라기는 이방 땅에서 하나님께 제물을 드리게 될 날이 올 것을 예언했다(말 1:10-11). 예수 그리스도는 지상에서의 성소 개념 자체를 부정했다.

> "여자여 내 말을 믿으라 이 산에서도 말고 예루살렘에서도 말고 아버지께 예배할 때가 이르리라… 하나님은 영이시니 예배하는 자가 영과 진리로 예배할지니라"(요 4:21, 24).

ㄷ. 가난한 자들에 대한 배려가 구체적인 지침을 통해 강조되고 있다. 우선 신명기는 가난한 사람들이 항상 곁에 있다는 인식을 심어주는데, 예수 그리스도의 가르침에도 이것이 나온다(15:11, 마 26:11).

첫째, 안식년(면제년)이 될 때마다 빚을 탕감해주도록 명령하고 있다(15:1-2). 그 결과 가난한 사람들이 없어지며, 면제 해주는 사람도 빚지지 않고 살게 될 것이다(15:5, 6). 안식년(면제년)이 가까웠다고 해서 빌려주기를 거절하는 것도 야훼께 죄를 짓는 것이 된다(15:9). 흥미로운 것은 안식년이 가까운 때에 빚지러 오는 사람을 악한 눈으로 바라보아서는 안 된다는 것이다. 그는 재물을 모으기에만 급급한 수전노이다(잠 28:22). 그와 반면에 다른 사람을 구제하는 자는 선한 눈을 가진 자이다(잠 22:9). 그리고 담보물을 잡고 돈을 빌려줄 때 빚지는 사람이 담보물을 선택하도록 하며, 겉옷을 맡긴 사람에게는 해가 지기 전에 돌려주어 덮고 자도록 배려해야 했다(15:10-13). 그것은 가난한 자들에 대한 배려인 동시에 하나님의 거하시는 땅에서 일체의 악과 더러움을 제거하려는 정결규례 정신에서 비롯된 것이다. 소위 쉬미타(שמטה) 법으로 알려진 안식년 부채 탕감법은 신명기에만 나와 있다. 출 23:10-11, 레 25:1-7에서 안식년에 휴경하도록 하는 법 대신에 나온 것이다. 어쩌면 후대에 와서 모세의 법이 지켜지게 하기 위해 보완된 규정일 지도 모른다.[7]

둘째, 제물을 먹을 때에 이웃과 함께 나누어 먹도록 명령하고 있다. 즉, 처음 난 것을 야훼께 바칠 때(15:19-23), 오순절과 초막절에 추수한 곡식과 과일의 예물(16:9-17), 매 삼년 마다 드리는 십일조를 레위 인과 나그네와 고아와 과부가 배불리 먹도록 해주어야 했다(26:12).

셋째, 죽은 형제의 아내에 대한 의무를 다하도록 명령하고 있다(25:5-10). 계대결혼(levirate marriage)이라고 부르는 이 제도는 가난한 형제의 집안에 대한 배려이다. 왜냐하면 이 법이 상속자 없이 죽은 형제의 재산을 보호하려는 장치이기 때문이다. 가난한 형제에게 돈을 빌려줄 때 이자를 받지 않도록 한 규정과 이와 맥을 같이 한다(23:19-20). 이 제도는 아마도 가나안에 들어간 지 얼마 되지 않아서 제대로 지켜지지 않았던 것으로 보인다. 그 좋은 예가 룻의 남편이 될 수 있었던 사람의 이야기에 나온다. 신명기에서 그 의무를 다하지 않은 사람의 얼굴에 침을 뱉고 신을 빼앗아 버리며 모욕을 주라고 한 명령이 사사 시대가 끝나기도 전에 벌써 옛 풍습으로 취급되고 있기 때문이다(룻 4:7-8). 신명기의 규례대로라면 룻의 아들 오벳은 전 남편 말론의 이름으로 입적되어야 했지만 보아스의 가계에 편입된 것도 그 예라고 할 수 있다. 신명기의 법이 지켜지지 않은 세대에서 보아스의 선행에 대한 일종의 보상이었던 셈이다.

넷째, 가난한 일군에 대한 품삯을 당일에 지급하도록 명령되었다. 그렇게 하지 않는 자는 야훼께 죄를 짓는 것으로 간주되었다(24:14-15). 주의 동생 야고보는 그런 자들이 심판의 대상이라고 정죄했다.

> "보라 너희 밭에서 추수한 품꾼에게 주지 아니한 삯이 소리 지르며
> 그 추수한 자의 우는 소리가 만군의 주의 귀에 들렸느니라"(약 5:4).

다섯째, 나그네와 고아의 송사를 억울하게 하지 말며, 과부의 옷을 전당잡지 못하도록 규정하였다(24:17-18).

7) 김익태, 네오-앗시리아 경제제도(주전 8-7세기) 반대 정책(Counter-Porgram)의 일환으로서의 쉬미타법(신 15:1-11)의 이해, 예루살렘 학회 2011년 제 1차 학술 세미나, 예루살렘 학회, 2011, 1-4쪽

여섯째, 곡식과 과일을 추수할 때 가난한 사람들이 먹을 것을 남겨주도록 규정했다(24:19-22). 레위기 23장에 나온 '페아법'에 대한 반복 선언이다.

ג. 사형에 처해야 할 죄의 목록이 열거되어 있다. 구체적으로, 거짓 선지자와 꿈꾸는 자(13:2-5, 18:20), 다른 신을 섬기도록 꼬이는 자(13:6-18), 천체를 섬기는 자(17:2-7), 재판장과 제사장의 판결에 불복하는 자(17:8-13), 고의로 살인한 자(19:11-13), 부모의 징계에 순종하지 아니하는 자(21:18-21), 혼전 순결을 지키지 않은 사실을 숨긴 채 결혼한 여자(22:13-21), 간음한 유부녀와 남자(22:22), 약혼한 상태에서 다른 남자와 동침한 여자와 남자(22:23-24), 약혼한 여자를 추행한 강간범(22:25-27), 유괴범과 인신 매매범(245:7)이다. 이들을 처형할 장소로 성문-공개적인 장소가 지정된 것은 교육적인 효과를 고려한 탓으로 보인다. 이처럼 사형에 해당하는 죄가 기록된 것은 하나님이 거주하시는 땅에서 부정한 것과 가증한 것을 제거하려는 정결 사상에서 비롯된 것이다(25:16).

ד. 전쟁에 관한 규정이 열거되었다. 구체적으로, 제사장이 먼저 임마누엘을 선언하고 격려(20:1-2), 징집 면제자를 돌려보냄(20:3-9), 가나안에서 멀리 떨어진 성읍과 전쟁 혹은 화친할 경우(20:10-15), 가나안 원주민들은 화친을 맺지 말고 진멸할 것(20:16-18), 전장에 있는 과일 나무는 베지 말고 양식으로 사용할 것(20:19-20), 여자 포로를 아내로 맞아들이는 법(21:10-13)이 기록되어 있다. 여기서 전장에 있는 과일 나무를 베지 말도록 한 전투 수칙은 세계에서 유래를 찾아볼 수 없는 것으로서, 이스라엘을 침공했던 열강들의 행태와 선명하게 대조된다. 과일나무는 하나님이 주신 선물-음식의 공급원으로서 파괴 대상이 아이었던 것이다. 이 계명은 안식년에 저절로 난 것을 가난한 자들과 들짐승들이 먹게 한 규정과 일맥상통한다.

ה. 왕에 관한 규정이 기록되어 있다(17:14-20). 구체적으로는, 동족 가운데서 선출할 것(20:15), 왕은 병마와 아내와 재물을 많이 두지 말고 애굽을 의지하지 말 것(17:16-18), 신명기 복사본을 읽고 연구하고 행하여 백성

의 본이 될 것(17:20)이 명령되었다. 나중에 솔로몬은 신명기의 왕에 관한 규정에서 하지 말라고 한 것을 다 범하게 된다. 그는 바로의 사위가 되었을 뿐 아니라 곳곳에 전차부대를 위한 병마를 많이 두었으며(왕상 4:26, 9:15-19, 10:26-29), 재물을 늘리는데 힘을 쏟았고(왕상 9:26-28, 10:14-25), 아내를 천 명이나 두었다(왕상 11:1-8).

ㄱ. 헌물과 함께 신앙고백을 드리도록 명령되었다. 토지소산의 첫 열매를 드릴 때에 하나님의 베풀어 주신 은혜에 감사드리고(26:1-11), 십일조 드릴 때에 구제의 명령에 순종했음을 고백해야 했다(26:12-15). 특별히 가난한 자들을 위한 십일조는 약속의 땅이 젖과 꿀이 흐르는 땅이 되도록 야훼의 복이 임하는 조건이었다. 여기서 흥미로운 것은 자신들의 과거에 대한 고백이다(26:5-10). 26:5의 '방랑(유리)하는 아람 사람' 은 야곱을 가리키는데, 원래 그들은 농경민족이 아니었기 때문에 토지소산과 거리가 멀었다는 것이다. 그러나 이제 땅에서 나는 곡식과 과일을 마음껏 먹을 수 있게 된 것을 감사하라는 것이다. 만약에 대한민국 영토나 영해에서 석유가 펑펑 쏟아져 나오는 날이 온다면 우리도 이렇게 고백할 수 있지 않을까?

> "우리는 언제나 다른 나라에서 석유를 사오던 민족으로서 유류파동을 수없이 겪었으나 이제 하나님께서 복을 주시므로 물처럼 흔하게 쓰게 되었습니다."

과거의 가난을 생각할 때 진정 오늘의 감사가 마음으로부터 우러나오게 되는 것이다.

3) 복과 저주(27:1-28:68)

모세의 두 번째 설교 결론부에 해당하는 본문은, 가나안에 들어간 다음 세겜 골짜기에서 언약 체결의식을 행하도록 구체적으로 명령하고 있다(27:1-26). 그리고 이스라엘의 순종과 불순종 여부에 따라 임할 복과 저주를 구체적으로 예언하고 있다. 나중에 바벨론의 침공으로 예루살렘이

망하게 되었을 때 신 28장의 저주가 모두 임한 것을 예레미야 애가에서 확인할 수 있다. 흥미로운 것은 왜 세겜 골짜기에서 언약 체결예식을 행하도록 거듭 명령하고 있느냐는 것이다(11:29). 아마도 이스라엘의 조상 아브라함이 가나안에 들어와 최초로 하나님을 위해 제단 쌓은 곳이기 때문일 것이다(창 12:5-7). 세겜은 야곱이 땅을 매입한 곳이며(창 33:18-19), 회개의 증표로 모든 이방 신상을 버리고 의복을 정결하게 갈아 입은 곳이기도 하다(창 35:1-4). 가나안에 들어간 다음 여호수아는 모세의 명을 따라 세겜 골짜기의 북쪽에 있는 에발 산과 남쪽에 있는 그리심 산에서 각각 저주와 축복을 선포하고 백성들이 아멘으로 화답하는 언약 체결의식을 행하게 된다(수 8:30-35). 그리고 세겜은 요단 서편의 삼대 도피성 가운데 하나가 되고(수 20:7), 여호수아가 죽기 전 백성들을 다시 한 번 언약에 헌신시킨 곳이며(수 24:25-28), 요셉의 뼈를 장사지낸 곳이다(24:32). 그런 이유로 이스라엘 역사에서 세겜은 성소로 자리 매김을 받게 된다. 나중에 예수 그리스도가 사마리아 여인을 만난 수가 성은 세겜 유적지에서 얼마 떨어져 있지 않은 곳에 세워진 신흥 도시였다. 그 때문에 그 여인은 그리심 산에 세워졌다가 마카비 지도자 요한 힐카누스에 의해 주전 129년에 무너진 사마리아인들의 성전에 대해 예수께 힐문했던 것이다(요 4:20).

흥미로운 것은 하나님의 저주 가운데 가뭄, 극심한 식량부족, 전쟁, 포로로 끌려감 등이 이스라엘 역사에서 계속 반복되었다는 점이다. 이것은 예언자들이 신명기를 자기 시대에 적용했던 증거가 된다. 이스라엘 역사를 살펴보면 악한 왕들이 다스리던 시기에 이런 저주가 임했던 것을 알 수 있다. 예를 들어 어머니가 자식을 잡아먹을 것이라는 예언은(28:53-57)은 북 이스라엘 왕 아합의 아들 요람 시대에 성취되었다(왕하 6:26-29).

제 3부 – 모세의 세 번째 설교; 이것이 언약이다 (29:1–30:20)

“이것이 언약의 말씀이다(אלה דברי הברית 엘레 디브레 하브리트)”로 시작하는 모세의 세 번째 설교에는 모압 평지에서 맺은 언약 체결의식이 주제로 등장하고 있다. 그리고 불순종에 따른 저주(29:16-29), 징계 가운데서 회개할 때 임할 회복(30:1-10)의 소주제들이 대조를 이루고 있다. 29장에 나오는 시내 산에서부터 모압 평지에 이르기의 역사에 대한 회고와 30장에 나오는 미래에 대한 전망이 대조를 이루고 있다. 그리고 시내 산 언약체결과 모압 평지 언약 체결이 대조를 이루고 있는 것이 특징이다.

א. 언약 체결은 한 시대의 사건이 아니라 현재 진행 중인 이슈임을 밝히고 있다(29:1, 14-15). 그러니까 호렙 산에서 맺은 언약을 회고하며 모압 평지에서 다시금 언약을 맺는 것이다. 현재 이스라엘 백성은 과거에 하나님과 언약을 맺은 세대의 후손인 동시에, 미래의 세대들로 하여금 하나님의 언약에 헌신하도록 이끌 책임 있는 조상이며, 스스로 언약에 헌신해야 할 당사자라는 것이다. 언약은 영원하기 때문이다. 언약에 기록된 복과 저주(הברכה והקללה 하브라하 뵈하클랄라)도 지속적으로 성취될 것이므로 생명과 복을 얻도록 언약을 지켜야 하는 것이다.

ב. 미래에 있을 회복이 약속되고 있다. 장차 이스라엘이 언약의 저주대로 먼 나라에 끌려갈지라도 돌아오게 될 것을 전망하고 있는 것이다. 따라서 “돌아오다(שׁוב 슈브)”가 일곱 번이나 반복되어 있다(30:1, 2, 3x2, 8, 9, 10). 흥미로운 것은 이스라엘이 마음을 다하여 하나님께로 돌아오면(30:2,10), 하나님도 돌아오시고(30:3), 그들이 포로에서 돌아오게 하시며(30:5), 모든 복이 돌아오게 하신다는 것이다(30:9-10). 예언자들은 이 신명기 약속에 근거해서 유다가 포로에서 돌아오게 될 것을 힘 있게 외쳤다.

"여호와께서 말씀하시니라 보라 내가 야곱 장막의 포로들을 돌아오게 할 것이고 그 거처들에 사랑을 베풀 것이라 성읍은 그 폐허가 된 언덕 위에 건축될 것이요 그 보루는 규정에 따라 사람이 살게 되리라"(렘 30:18)

"보라 그 날 곧 내가 유다와 예루살렘 가운데에서 사로잡힌 자를 돌아오게 할 그 때에"(욜 3:1)

제 4부 – 언약의 세대 계승(31:1–34:12)

신명기의 마지막 부분인 본문에는 언약의 보존(31:1-29), 복과 저주의 노래(32:1-52), 유언의 노래(33:1-29), 모세의 죽음(34:1-12)이 들어 있다. 모세는 죽기 전에 야훼 하나님으로부터 이스라엘이 언약을 배신할 것에 대해 들었다(31:17). 그래서 그는 여호수아를 격려하였으며(31:7-8), 매 7년째 초막절에 온 이스라엘에게 낭독하게 하였으며(31:10-13), 신명기 말씀을 언약궤 곁에 보관하게 하고(31:26), 저주의 노래를 만들어 그들이 하나님의 징계를 받은 사실을 깨닫게 해주고자 했던 것이다. 여기에 모세의 애절한 심정이 들어있다. 모세는 자기가 떠나고 남은 자리에, 자기가 세운 후계자와 자기가 기록한 율법책과 자기의 노래와 유언이 남게 되기를 원했던 것이다.

א. 저주의 노래에는 해석상 흥미로운 구절들이 들어있다.

첫째, 야훼 하나님을 반석으로 묘사한 것이다(32:4, 15, 18, 31). 이방의 신들도 반석으로 묘사되어 있다(32:30, 37). 반석은 안전함과 자유를 의미하며 구원자를 기리킨다. 이람과 아모리 사람의 이름에서 이방 신들에 대해 사용된 것으로 보아 이방 문화적 표현으로 보인다.

둘째, 야훼 하나님의 이름이 '지극히 높으신 자(עליון 엘리욘)'로 소개되었다. 그런데 이 명칭은 다른 어떤 이방 민족의 문헌에서도 발견되지 않았다.

셋째, 야훼 하나님이 독수리에 비유되었다(32:11-12, 출 19:4). 하지만 동물학자들은 독수리가 새끼를 날개에 업었다가 떨어뜨린 다음 다시 받는 행동을 관찰하지 못했다고 한다. 게다가 매나 독수리들은 어미가 둥지에서 멀리 떠난 다음 첫 비행을 한다고 알려져 있다. 따라서 이것은 메소포타미아의 <에타나 이야기>에서 "독수리가 에타나를 싣고 날다가 반복해

상 이집트 수호신 네크베트

서 떨어뜨리고는 다시 자기 날개로 붙잡아 준다"는 이야기와 흡사하다. 또한 상 이집트의 독수리 여신 네크베트가 수호여신이면서 왕족의 탄생을 도와준다는 신화를 연상하게 해준다. 야훼 하나님이 이스라엘을 인도해 애굽에서 나오는 과정을 네크베트에 비유한 이야기가 될 수 있다. 그런 점에서 11절은 독수리 날개로 애굽에서 양육된 것과 어울리고, 12절은 애굽에서 나왔을 때 독수리 날개의 하나님(출 19:4) 야훼 외의 어떤 신도 함께 하지 않았다는 내용과 어울린다. 실제로 "날개로 보금자리를 어지럽히며"는 "날개로 보금자리를 보호하며"로 해석이 가능하다.

넷째, 여수룬(32:15)은 히브리어 '예슈룬(ישרון)'을 음역한 것으로서 '의로운 자'라는 의미를 갖고 있다. 이 이름은 이스라엘을 시적으로 표현할 때 사용되었다(민 23:10, 사 44:2). 또한 이 단어는 예루살렘을 가리키는 말로도 사용되었다. 따라서 33:5은 "여수룬에 왕이 있었도다"보다 "여수룬에서 왕이 되셨도다"로 번역하는 것이 더 낫다. 그리고 33장에서 미래의 일을 과거 시제로 표현하고 있는 점을 감안한다면 하나님이 예루살렘에서 이스라엘의 왕이 되실 것을 말하고 있다고 보아야 한다.

ב. 신명기에서 법궤는 하나님의 임재를 상징하는 장소보다 언약을 보존하는 장소로 소개된다. 그것은 가나안에 들어간 다음에도 야훼와의 언약을 지키도록 명령하는 신명기 전체의 주제와 잘 맞아 떨어진다. 따라서 법궤를 가리키는 명칭도 언약궤가 되고 있는 것이다(31:25-26).

ג. 모세의 죽음과 관계된 34장은 후대에 기록된 것이다. 아마도 그 부분은 신명기가 오늘날과 같은 형태로 전해지게 된 것과 무관하지 않은 사람의 작업일 것이다. 그는 모세가 사명을 다하고 세상을 떠난 것과 모세와 같은 선지자가 더 이상 일어나지 못했음을 말함으로써 신명기의 가치를 드높이고 있다.

〈토의 과제〉

1. 신명기의 기록 목적을 3대 주제에 비추어 정리해보십시오

2. 신명기의 법전이 출애굽기에 나온 것과 조금씩 차이가 나는 이유가 무엇이라고 생각합니까? 원 청중과 원 독자들이 처한 상황에 비추어 설명해 보십시오.

3. 모세가 모압 평지에 이른 출애굽 2세대들을 향해 호렙산에서 십계명을 받은 당사자처럼 말하고 있는 이유가 무엇이라고 생각합니까? 조상과 관련된 히브리 민족의 독특한 사고방식에 비추어 설명해보십시오. 또한 그 사고방식이 우리와 동떨어진 시대와 공간에서 이루어진 그리스도의 구원을 우리에게 적용하는 원리를 어떻게 설명해주고 있다고 생각합니까?

4. 가난한 사람들을 배려하도록 한 계명에서 하나님의 어떤 성품에 대해 알 수 있습니까?

5. 신명기 연구에서 가장 인상 깊었던 것이 무엇입니까?

출애굽기 (샤갈 작)

부 록

모세 오경과 그리스도

예수 그리스도와 모세 오경을 연관 짓는다는 사실이 대부분의 그리스도인들에게는 부자연스러운 일일 지도 모른다. 왜냐하면 모세 오경은 율법과 행위에 초점이 맞춰져 있고, 그리스도의 생애와 가르침은 은혜와 믿음에 기초한 것이라고 생각하기 때문이다. 기껏해야 모세 오경에 기록된 율법은 그리스도가 오기 전에 몽학선생(school master, custodian) 역할을 했을 뿐(갈 3:24), 율법의 마침이 되신 그리스도 이후에는 더 이상 가까이하지 않아도 되는 것처럼 생각하기 쉽다(롬 10:4).[1] 게다가 유대문화를 경험하지 못한 대부분의 그리스도인들은 모세 오경의 가르침을 이해하기 조차 쉽지 않다. 더 나아가 모세 오경은 예수 그리스도를 십자가에 못 박아 죽인 유대인들의 사상적 기초라는 거부감마저 가지고 있기 일쑤이다.

그러나 그리스도가 유대인으로 태어나서 유대인의 전통을 지켰으며, 율법을 문자적으로 지키도록 가르쳤다는 사실을 먼저 생각할 필요가 있다. 뿐만 아니라 예수 그리스도는 사역의 우선순위를 유대인들의 구원에 두었던 것이다.

> "때가 차매 하나님이 그 아들을 보내사 여자에게서 나게 하시고 율법 아래에 나게 하신 것은"(갈 4:4)

> "내가 율법이나 선지자를 폐하러 온 줄로 생각하지 말라 폐하러 온 것이 아니요 완전하게 하려 함이라 진실로 너희에게 이르노니 천지가 없어지기 전에는 율법의 일점일획도 없어지지 아니하고 다 이루리라 그러므로 누구든지 이 계명 중의 지극히 작은 것 하나라도 버리고 또 그같이 사람을 가르치는 자는 천국에서 지극히 작다 일컬음을 받을 것이요 누구든지 이를 행하며 가르치는 자는 천국에서 크다 일컬음을 받으리라 내가 너희에게 이르노니 너희 의가 서기관

1) 바울은 이방 그리스도인들과 유대 그리스도인들의 구원에 있어서 율법의 가치를 설명했다. 율법과 구원과의 관계에 대해서는 김인철, 그리스도교의 기원과 신약의 배경(근간 예정)에서 '바울의 신학과 윤리'를 참조할 것.

과 바리새인보다 더 낫지 못하면 결코 천국에 들어가지 못하리라"
(마 5:17-21)

"예수께서 이 열둘을 내보내시며 명하여 이르시되 이방인의 길로도 가지 말고 사마리아인의 고을에도 들어가지 말고 오히려 이스라엘 집의 잃어버린 양에게로 가라"(마 10:5-6)

그리스도와 모세 오경을 연관 지어 생각해야 할 또 하나의 이유는 신약 성경의 저자들이 모세 오경의 구절들을 인용 혹은 해석해서 예수 그리스도의 신분과 사역을 설명하고 있다는 점이다. 그러니까 신약 성경에 기록된 그리스도를 제대로 알기 위해 모세 오경의 관련 구절들을 이해할 필요가 있다. 그것은 예수 그리스도가 구약 성경을 보는 관점에서도 분명히 드러나고 있다.

"너희가 성경에서 영생을 얻는 줄 생각하고 성경을 연구하거니와 이 성경이 곧 내게 대하여 증거하는 것이니라"(요 5:39)

"또 이르시되 내가 너희와 함께 있을 때에 너희에게 말한 바 곧 모세의 율법과 선지자의 글과 시편에 나를 가리켜 기록된 모든 것이 이루어져야 하리라 한 말이 이것이라 하시고 이에 그들의 마음을 열어 성경을 깨닫게 하시고"(눅 24:44-45)

마지막으로 그리스도와 모세 오경을 연관 지어 생각해야 할 이유는 복음서의 배경이 되는 제 2 성전시대 유대교가 모세 오경에 뿌리를 두고 있기 때문이다. 예수 그리스도가 활동할 당시의 성전제도, 유대교 종파들, 메시야 대망사상, 종말론적 세계관, 토라 실천운동, 정결운동 등은 모두 모세 오경에 뿌리를 두고 있는 것이다.

"어떤 관리가 물어 이르되 선한 선생님이여 내가 무엇을 하여야 영생을 얻으리이까 예수께서 이르시되 네가 어찌하여 나를 선하다 일컫느냐 하나님 한 분 외에는 선한 이가 없느니라 네가 계명을 아나니 간음하지 말라, 살인하지 말라, 도둑질하지 말라, 거짓 증언하지 말라, 네 부모를 공경하라 하였느니라 여짜오되 이것은 내가 어려서부터 다 지키었나이다 예수께서 이 말을 들으시고 이르시되 네게 아직도 한 가지 부족한 것이 있으니 네게 있는 것을 다 팔아 가난한 자들에게 나눠 주라 그리하면 하늘에서 네게 보화가 있으리라 그리고 와서 나를 따르라 하시니"(눅 18:18-22)

제 2 성전시대의 유대교

복음서를 읽어가노라면 신약 시대의 유대교가 모세 오경에 기록된 것과 상당 부분 다르다는 사실을 알게 된다. 그 이유는 모세 이후 사사시대를 거쳐 왕국시대와 포로 이후 제 2 성전시대에 이르기까지의 1400년 역사에 익숙하지 않기 때문이다. 그럼에도 불구하고 예수 그리스도 당시 유대교의 특징을 살펴보면 잃어버린 역사의 퍼즐들을 찾아낼 수 있다.

1. 정결실천 운동

정결 규례(laws of purification)는 모세 오경의 중요 가르침으로서 이스라엘 민족의 정체성을 보여주는 것 중의 하나이다. 구체적으로, 음식 규정, 정결예식(ritual bath), 정결 관련 제사, 환자의 격리와 회복절차, 이방인과의 분리[2] 등은 신약시대에도 여전히 지켜지던 것들이다. 오히려 주전 1세기부터 미크베에서의 정결예식이 더 강조되었다. 이 운동은 바리새파가 주도하였는데, 예수 그리스도와 논쟁을 벌였던 바리새인들의 단골 이슈가 정결실천에 관한 세부규정이었다는 점만 보더라도 알 수 있다. 비록 바리새파가 당시 유대교를 대표하지는 않는다고 할지라도, 상공업에 종사하는 서민 출신의 그들이 산헤드린 공회의 절반 의석을 차지하고 있었다는 점에서 중요한 단초를 제공한다. 극단적인 경우이기는 하지만 쿰란 공동체 사람들은 외부와의 접촉을 극도로 꺼리며 상종하지 않으려 했고, 권력자들은 그네들끼리, 성전에서 일하는 레위인(하베림?)들은 정결상의 이유로 일반인들과 식탁 교제를 하지 않았다. 이처럼 정결실천 운동은 예수 그리스도가 활동할 당시 제 2 성전 시대의 주요 흐름으로 자리 잡았다.

2) 예를 들면 성전 이방인의 뜰 담벼락에 '이곳을 넘어오는 이방인들은 죽음을 각오해야 한다' 는 팻말이 붙어있었다.

그 배경에는 외세의 침입에 대한 반감과 헬레니즘의 유입으로 인한 유대교의 붕괴에 대한 위기감이 자리 잡고 있다고 할 수 있다. 유대인들이 3차에 걸쳐 페르시아에서 돌아왔을 때 유대 땅을 차지하고 있던 주변 민족-암몬, 사마리아, 모압, 에돔-들로부터 정치적 압박과 문화적 침식을 받았다. 헬라 제국이 등장한 이후에는 셀류키드 왕국의 안티오커스 에피파네스 IV로부터 헬라화를 강요받았다.[3] 로마 제국의 지배를 받으면서 비교적 문화적 자유를 누리는 듯 했지만 유대교에 대한 총독들의 무관심과 멸시로 모욕감을 느끼기는 마찬가지였다. 그 결과 유대인들은 물리적인 방법으로 스스로를 지키려고 시도했다. 예를 들어 하스모니안 왕국 시절 유다 마따디아스의 손자 요한 히르카누스는 권력의 힘을 빌어 그리심 산에 세워진 사마리아인들의 성전을 주전 129년 파괴하였으며, 이두메인들에게 유대교로 개종할 것을 강요하여 할례를 받게 하고 귀화시켰다. 그 정도로 성에 차지 않은 그는 갈릴리 지역에 유대인들을 대거 이주시켜 헬라문명의 물결이 북쪽으로부터 내려오는 것을 차단하고자 했다. 로마의 지배를 받던 시절 빌라도가 총독으로 부임하면서 로마 황제를 상징하는 독수리 문양의 깃발을 펄럭이며 예루살렘으로 들어왔을 때, 모든 유대인들이 성전을 모독하는 행위로 간주하여 죽기를 각오하고 저항했다. 요세푸스의 글에 의하면 심지어 성전을 감시하던 로마 군인 중의 하나는 군중들을 향해 아랫도리를 드러내어 모독하기도 했다. 정치, 종교, 사회, 경제적으로 소망이 보이지 않았던 예수 그리스도 당시 유대인들의 행복은 한마디로 죽는 날까지 유대인답게 사는 데 있었던 것이다.

이처럼 그들이 정결실천 운동을 적극적으로 펼치게 된 것은 야훼 하나님을 모신 유대 땅은 정결해야 하며, 정결한 땅에 사는 유대인들도 정결하게 살아야 한다는 모세 오경의 가르침에 기초를 두고 있었다. 그것은 에스라의 종교개혁에 직접적인 뿌리를 두고 있었다. 에스라는 신 23:1-3 말씀에 입각하여 이방 여인들과 결혼한 유대인들의 대대적인 자정운동을 벌였다(스 10:1-44). 그를 도왔던 느헤미야는 예루살렘 성벽을 쌓아 이방민족들과 유대인들을 물리적으로 분리시켰으며, 유다 방언을 못하는 혼혈아들의 유대인 아버지들을 책망하고 저주하며 머리털을 뽑기까지 했고, 이방인 호족을 몰아내었다(느 13:23-29). 이처럼 민족주의에 바탕을 둔 정

3) 안티오커스 에피파네스 IV는 토라를 불태우고, 할례와 안식일 준수를 금지시켰으며, 성전에 제우스 제단을 차려놓고 제사를 드리게 했다. 유대의 대제사장이 누가 될 것인가는 그의 입김에 달려 있었고, 성전에서 내려다 보이는 기드론 시내 옆에는 운동경기장이 세워져 있었다. 당시 저항운동을 일으킨 모디인의 제사장 유다 마따디아스가 안티오커스의 급사로 승리를 쟁취한 다음 성전을 정결케 한 일은 수전절이라는 민족적 명절의 기원이 되었으며, 외세척결과 정결실천운동의 기초가 되었다.

결실천 운동은 해외에 사는 유대인들에게까지 본토 유대인처럼 정결규례를 지키며 살 것을 강요하는 극단적 움직임으로 발전해갔다. 이런 사실은 사도행전에서 헬라파 유대인들(헬라어를 모국어로 사용하는 해외출신 유대인들)과 히브리파 유대인들(히브리어를 모국어로 사용하는 본토출생 유대인들) 사이에 있었던 긴장관계를 통해서도 확인될 수 있다.

2. 성전정화 운동

페르시아에서 맨 처음 돌아온 유대인들은 총독 스룹바벨, 선지자 학개와 스가랴, 대제사장 여호수아의 영도로 주전 516년 성전을 재건했다. 그러나 시간이 흘러 주전 444년 느헤미야가 총독[4]으로 부임할 무렵에는 암몬 호족 도비야가 유대인의 사위가 되어 있고, 도비야의 아들도 유대인 여자를 아내로 맞아 들였으며, 도비야가 성전에 자신의 방을 꾸밀 정도로 성전제도는 기강히 해이해져 있었다(느 2:19, 6:15-19, 13:1-9). 더구나 제사장들과 레위인들이 이방 여인들과 결혼하는데 앞장 서 있었다(에스 9:1-2). 총독 느헤미야의 성전제도 재건에 힘입어 명맥이 유지되기는 했으나(느 13:10-14, 29-31), 유대 땅이 헬라 제국의 지배하에 들어가면서 성전제도는 심각하게 손상을 입었다. 그것은 하스모니안 왕가의 통치 아래에서 득세한 사두개파가 온건개혁을 표방하면서, 헬라화 된 유대교를 예수 그리스도가 활동하던 당시까지 더욱 굳어져 버렸던 것이다. 성전 제도의 권위가 손상된 데에는 다음과 같은 몇 가지 원인이 작용했다.

4) 총독은 각국에 파견되어 페르세폴리스에 있는 왕중왕(흐샤안흐샤)-페르시아 왕을 보좌하는 관리로서 '흐샤샤파반' 으로 불렀다. 영어로는 방백(satrap)으로 번역되었다. 느헤미야도 페르시아 왕이 파견한 '흐샤샤파반' 이었다.

첫째, 적법하지 못한 제사장이 대제사장의 직임을 맡았다. 메넬라오스(주전 172-164)는 셀류키드 왕 안티오커스 에피파네스 IV에게 돈을 주고 대제사장권을 사들였다. 마카비 저항운동을 일으킨 유다 마따디아스의 둘째 아들 요나단(주전 152-143)은 셀류키드 왕으로부터 대제사장으로 임명받았다며, 사독계열의 합법적인 대제사장(주전 160-152 모레 하쩨데크 ?)을 몰아내고 대제사장직을 강탈했다. 유다 마따디아스의 아들 시몬과(주전 143-134) 그의 아들 요한 히르카누스(주전 134-104)는 민족회의의 결정으로 대제사장직에 임명되었다. 특히 요한 히르카누스는 진정한 영도자가 나올 때까지라는 단서 아래 왕과 대제사장과 선지자의 3중직을 겸하는 메시야적

직임을 민족회의로부터 부여받아 무소불위의 권력을 사용했다. 헤롯 시절 보에투스 가문의 사람들은 헤롯에게 막대한 정치자금을 제공하여 대제사장이 된 뒤로 성전제도의 신뢰성은 추락하고 말았다. 그것은 헤롯의 아들 아켈라오가 유대와 사마리아 통치권을 잃어버리고 추방된 다음, 친로마 성향의 사두개파가 성전제도를 장악한 다음에도 달라지지 않았다.

둘째, 적법한 대제사장들이 해외로 피신하거나 광야에 은둔함으로써 성전제도의 권위가 약화되었다. 예를 들어 메넬라오스에게 피살된 오니아스 III의 아들 오니아스 IV는 알키모스(주전 164-160)의 뒤를 이어 대제사장이 될 수 있었음에도 불구하고 애굽으로 내려가 레온토폴리스에 성전을 세웠고, 그의 후손들이 230년 동안이나 야훼 하나님을 이방 땅에서 섬겼다. 알키모스의 뒤를 이어 대제사장이 된 것으로 보이는 모레 하쩨데크[5] 역시 일반 제사장 가문의 요나단이 셀류키드 왕으로부터 대제사장으로 임명되었을 때 얼마든지 백성들의 지지를 호소할 수 있었으나 쿰란 폐허로 내려가 제사장 공동체를 세우고 말았다. 따라서 경건한 유대인들은 헤롯의 성전이 진정한 하나님의 처소로 쓰임 받지 못한다고 생각했으며, 성전에서 드려지는 제물 또한 불법한 자들에 의해 심각하게 오염되었다고 여겨지게 되었다.

5) 의의 스승이라는 뜻의 이름으로 불리는 이 사람의 본명을 알 길이 없다. 그가 쿰란에 제사장 공동체를 세웠으며, 요나단에게 보낸 편지를 통해 불경한 짓을 중단하도록 요구한 것으로 보아 알키모스의 뒤를 이어 대제사장이 되었던 사람으로 추정할 뿐이다.

셋째, 포로에서 돌아와 세운 스룹바벨 성전은 처음부터 많은 유대인들의 지지를 얻지 못했다. 더구나 학개 선지자의 말을 문자대로 믿은 유대인들은 솔로몬의 성전 낙성식 때나 모세의 성막 준공식 때와 달리 성전 낙성식 때 하나님의 영광이 왜 임하지 않았는지 의심스러워했다(학 2:6 9). 그리고 성전 재건과 함께 약속되었던 곡식과 과일이 왜 풍성하게 주어지지 않은지 이상하게 여겼다(학 2:15-19, 말 2:9-12). 게다가 구약의 마지막 선지자 말라기는 제사장들과 레위인들이 야훼와의 언약을 어겨 저주를 받았다고 선포했던 것이다(말 2:1-9). 그리고 헤롯 시대 이후로 예루살렘 성전에서는 로마 황제의 건강과 형통을 기원하는 제사가 드려져 백성들의 빈축을 샀다.

위와 같은 이유에서 싹트게 된 성전 제도에 대한 불신은 또 다른 성전-새 성전에 대한 기대로 발전했다. 이것과 관계된 구약, 신구약 중간기의 외경 및 위경들을 인용해본다.

"또 여호와와 연합하여 그를 섬기며 여호와의 이름을 사랑하며 그의 종이 되며 안식일을 지켜 더럽히지 아니하며 나의 언약을 굳게 지키는 이방인마다 내가 곧 그들을 나의 성산으로 인도하여 기도하는 내 집에서 그들을 기쁘게 할 것이며 그들의 번제와 희생을 나의 제단에서 기꺼이 받게 되리니 이는 내 집은 만민이 기도하는 집이라 일컬음이 될 것임이라 이스라엘의 쫓겨난 자를 모으시는 주 여호와가 말하노니 내가 이미 모은 백성 외에 또 모아 그에게 속하게 하리라 하셨느니라"(사 56:6-8).

"내가 노하여 너를 쳤으나 이제는 나의 은혜로 너를 불쌍히 여겼은즉 이방인들이 네 성벽을 쌓을 것이요 그들의 왕들이 너를 섬길 것이며 네 성문이 항상 열려 주야로 닫히지 아니하리니 이는 사람들이 네게로 이방 나라들의 재물을 가져오며 그들의 왕들을 포로로 이끌어 옴이라 너를 섬기지 아니하는 백성들과 나라는 반드시 파멸되리니 그 백성들은 반드시 진멸되리라 레바논의 영광 곧 잣나무와 소나무와 황양목이 함께 네게 이르러 내 거룩한 곳을 아름답게 할 것이며 내가 나의 발 둘 곳을 영화롭게 할 것이라"(사 60:10-13).

"성전도 재건하게 하실 것이다. 그런데 그들은 하나님께서 정하신 때가 오기까지는 그 성전을 예전 것만큼 훌륭하게는 짓지 못할 것이다. 때가 되면 이스라엘 사람들이 포로생활로부터 돌아와 예루살렘을 찬란하게 재건할 것이고, 이스라엘의 예언자들이 예언한 대로 하나님의 성전도 그 곳에 세울 것이다"(토비트 14:5).

"지존자의 왕궁이 그의 영광스러운 광채 속에 건축될 것이며, 온 세대를 거쳐 영원할 것이다"(십주 묵시록 에녹 I서 91:13).

"하나님의 성전이 너희 지역에 세워질 것이며, 마지막의 것(성전)이 처음 것보다 더 영광스러울 것이다. 그리고 열두 지파가 모일 것이며, 지존자가 그의 구원을 독생한 예언자의 방문으로 보내 주실 때까지 모든 이방인이 모일 것이다"(12 족장의 유언 중 베냐민 유언 9:2)

이상의 인용문들에서 외경과 위경은 이사야를 비롯한 에스겔 등 구약의 종말론적 예언에 기초하여 만들어진 것이다. 토비트 14:5은 헤롯의 성전이 마지막 때 하나님이 세우시는 성전이 아닌 것을 암시하고 있다. 십주 묵시록은 이 세상의 역사를 10주 단위로 보는 유대인의 연대기를 따라 기록된 것으로 에녹 I서는 8주째에 해당된다. 여기서 종말론적 새 성전이 지어질 것을 예고하고 있는 것으로 보아 헤롯의 성전 이외에 새 성전이 지어질 것을 기대하고 있는 것을 알 수 있다.

이 뿐 아니라 쿰란에서 발견된 성전 두루마리에는 헤롯 성전에서 드려지는 제물은 사악한 것들이며, 예루살렘에 세워질 새 성전에서 참된 제사장들이 참 희생 제사를 드릴 것이 예고되어 있다. 속죄일에 드려질 제사의 지침을 살펴보면 모세의 율법에 기록된 것보다 더 정교한 것을 알 수 있다.

3. 메시야 운동

메시야는 기름 부음을 받은 자 라는 의미의 구원자를 가리킨다. 이사야가 활동하던 시대에서부터 싹트기 시작한 메시야 사상은 바벨론 포로에서 돌아와 외세의 압제에 시달리면서 묵시문학적 종말론에 편승하면서 점점 더 힘을 얻게 되었다. 종말의 때에 메시야가 출현하여 외세를 몰아내고 진정한 다윗의 왕국을 재건할 것이라는 믿음이 예수 그리스도의 출생을 전후하여 민간에 가장 강하게 나타났던 것이다. 따라서 자칭 메시야가 속출하였고, 그때마다 유대 사회는 전란에 시달려야 했다. 흥미로운 것은 묵시문학[6]의 영향으로 성경과 이스라엘 역사에 대한 연대기적 해석법(chrono-logical interpretation method)이 유행했다는 사실이다. 전통적으로 유대인들은 천지 창조부터 네피림이 등장하는 시기까지 1000년, 인간의 타락부터 노아 시대까지의 1000년, 노아의 아들 셈부터 바벨탑까지의 1000년, 바벨탑에서 출애굽까지 1000년, 사사시대와 왕정시대의 1000년, 포로시대부터 메시야가 오기까지 1000년으로 계산해서 메시야는 창조 후 6000년에 오시는 것으로 믿었다. 그리고 메시야가 다스리는 1000년간 우주의 안식이 온다고 생각했는데, 여기서 우주의 역사 합계 7000년은 곧 하나님이 천지를 창조하시고 안식하시는데 걸린 7일과 비교된다. 왜

6) 묵시문학의 특징은 하나님의 종을 통해 성취될 종말의 시나리오가 드러나 있다는 점이다. 그리고 난해한 상징들을 통해 압제자들이 알아보지 못하게 하는 동시에 선택된 자들만 깨닫고 대비하게 한다는데 있다.

12황도대 모자이크
(이스라엘 베이트 알파 회당 바닥)

냐하면 하나님 앞에서 하루는 세상의 천 날과 같다고 생각했기 때문이다. 그리고 예수 그리스도 당시의 많은 유대인들이 마지막 때-6000년대를 살고 있다고 생각했다.

아마도 이런 해석법은 바벨론 점성술의 영향을 받아 생긴 것으로 보인다. 즉, 6000년은 12황도대(zodiac) × 500년이라는 식이다. 바벨론 사람들은 별자리의 움직임이 지상의 역사에 영향을 준다고 믿었고, 별자리의 움직임으로 일어날 일들을 알아낸 사람들이 그 시기와 방법에 관한 시나리오를 묵시(apocalypse)로 쓰게 되는 것이다. 실제로 다니엘서에는 바벨론 포로에서 귀환할 시기와 메시야 출현의 시기가 연대기적 해석법을 따라 묵시적으로 기록되어 있다.

> "네 백성과 네 거룩한 성을 위하여 일흔 이레를 기한으로 정하였나니 허물이 그치며 죄가 끝나며 죄악이 용서되며 영원한 의가 드러나며 환상과 예언이 응하며 또 지극히 거룩한 이가 기름 부음을 받으리라. 그러므로 너는 깨달아 알지니라 예루살렘을 중건하라는 영이 날 때부터 기름부음을 받은 자 곧 왕이 일어나기까지 일곱 이레와 예순두 이레가 지날 것이요 그 곤란한 동안에 성이 중건되어 광장과 거리가 세워질 것이며 예순 두 이레 후에 기름 부음을 받은 자가 끊어져 없어질 것이며 장차 한 왕의 백성이 와서 그 성읍과 그 성소를 무너뜨리려니와 그의 마지막은 홍수에 휩쓸림 같을 것이며 또 끝까지 전쟁이 있으리니 황폐할 것이 작정되었느니라 그가 장차 많은 사람들과 더불어 한 이레 동안의 언약을 굳게 맺고 그가 그 이레의 절반에 제사와 예물을 금지할 것이며 또 포악하여 가증한 것이 날개를 의지하여 설 것이며 또 이미 정한 종말까지 진노가 황폐하게 하는 자에게 쏟아지리라 하였느니라 하니라"(단 9:24-27).

요한 계시록의 천 년 왕국(계 21:6)과 "주께는 하루가 천 년 같고 천 년이 하루 같다"(벧후 3:8)는 베드로의 가르침은 모두 유대인의 연대기적 해석법을 따르고 있는 것이다. 그리고 부활하신 예수님께 제자들이 "주께서 이스라엘 나라를 회복하심이 이 때이니이까"(행 1:6)라고 물었던 것도 메시야 통치와 관련된 하나님의 시간표에 맞추어 행동해야 하나님의 역사가 나타난다고 믿는 유대인들의 연대기적 해석을 배경으로 하고 있다. 예수님은 그들의 질문에 "때와 시기는 아버지께서 자기의 권한에 두셨으니 너희의 알 바 아니요"(행 1:7)라고 절묘한 대답을 주셨다. 즉, 우주와 역사가 하나님의 시간표에 따라 진행되는 것을 인정하시면서도 사람들이 그 시기에 맞추어 행동하려는 태도에는 반대하신 것이다.

예수 그리스도의 활동을 전후해서 자칭 메시야가 많이 나타났던 것이 바로 연대기적 해석에 근거했기 때문이다. 그 대표적인 예가 주후 132년 랍비 아키바가 공적으로 바르 코크바(Bar Kokhbah)를 메시야로 선포하고 로마에 대해 항쟁운동을 시작한 일이다. 그러나 바르 코크바의 반란이 실패로 돌아가면서 연대기적 해석법에 따른 메시야 운동은 점차 힘을 잃어가게 되었다. 다시 말하자면 연대기적 해석은 메시야 사상과 종말론과 연결되어 있다.

메시야의 신분과 관계해서 세 가지 견해가 있었다. 하나는 메시야가 다윗의 후손으로 오실 왕이라는 것이고, 둘째는 메시야가 대제사장으로 오실 것이라는 것이고, 셋째는 메시야가 선지자로 올 것이라는 것이었다. 신약의 저자들이 예수 그리스도의 신분을 왕과 대제사장과 선지자로 증거하기 위해 애썼던 이유가 거기에 있었다.

첫째, 메시야가 다윗의 후손으로 오실 왕이라는 견해는 선지자들의 예언에 기초한 것이다.

> "이는 한 아기가 우리에게 났고 한 아들을 우리에게 주신 바 되었는데 그의 어깨에는 정사를 메었고 그의 이름은 기묘자라, 모사라, 전능하신 하나님이라, 영존하시는 아버지라, 평강의 왕이라 할 것임이라 그 정사와 평강의 더함이 무궁하며 또 다윗의 왕좌와 그의 나라에 군림하여 그 나라를 굳게 세우고 지금 이후로 영원히 정의와 공의로 그것을 보존하실 것이라 만군의 여호와의 열심히 이를 이루시리라"(사 9:6-7)

> "이새의 줄기에서 한 싹이 나며 그 뿌리에서 한 가지가 나서 결실할 것이요 그의 위에 여호와의 영 곧 지혜와 총명의 영이요 모략과 재능의 영이요 지식과 여호와를 경외하는 영이 강림하시리니…공의로 가난한 자를 심판하며 정직으로 세상의 겸손한 자를 판단할 것이며

그의 입의 막대기로 세상을 치며 그의 입술의 기운으로 악인을 죽일 것이며 공의로 그의 허리띠를 삼으며 성실로 그의 몸의 띠를 삼으리라 그때에 이리가 어린 양과 함께 살며 표범이 어린 염소와 함께 누우며 송아지와 어린 사자와 살진 짐승이 함께 있어 어린아이에게 끌리며"(사 11:1-6)

"그 후에 이스라엘 자손이 돌아와서 그들의 하나님 여호와와 그들의 왕 다윗을 찾고 마지막 날에는 여호와를 경외하므로 여호와와 그의 은총으로 나아가리라"(호 3:5)

"그 날에 내가 다윗의 무너진 장막을 일으키고 그것들의 틈을 막으며 그 허물어진 것을 일으켜서 옛적과 같이 세우고 그들이 에돔의 남은 자와 내 이름으로 일컫는 만국을 기업으로 얻게 하리라 이 일을 행하시는 여호와의 말씀이니라"(암 9:11-12)

둘째, 메시야가 사독 계열의 대제사장으로 올 것이라는 견해는 포로에서 돌아온 다음에 생겨난 것으로 보인다. 포로에서 돌아온 유대인들은 더 이상 왕이 다스리는 백성이 아니라 페르시아의 장관-총독이 다스리는 백성이었던 것이다. 두 번째 포로귀환자들을 이끌었던 에스라는 사독의 5대손으로서 제사장 겸 율법학자이면서 유다를 다스렸다(스라 7:1-2,25-26). 하스모니안 왕가의 몰락과 헤롯 왕가의 쇠퇴로 인해-특히 유대와 사마리아 지역이 로마 총독의 통치 아래 들어가게 됨에 따라 더욱 대제사장적 통치자의 출현을 기다리게 되었던 것 같다. 왜냐하면 그들이 참 하나님의 백성이 되는 것은 곧 제사장의 나라가 되는 것을 의미했기 때문이다.

"세계가 다 내게 속하였나니 너희가 내 말을 잘 듣고 내 언약을 지키면 너희는 모든 민족 중에서 내 소유가 되겠고 너희가 내게 대하여 제사장 나라가 되며 거룩한 백성이 되리라 너는 이 말을 이스라엘 자손에게 전할지니라"(출 19:5-6).

그런데 사독 계열의 대제사장이 합법적이라는 것은 다윗과 솔로몬 시대로 거슬러 올라간다. 아론의 셋째 아들 엘르아살의 후손인 사독은 넷째 아들 이다말의 후손인 아비아달과 같이 다윗 왕국 건설의 일등 공신이었다. 그런데 다윗의 후계자 선정 과정에서 사독은 다윗의 지시를 따라 솔로몬의 등극에 앞장섰으나, 아비아달은 요압 장군의 힘만 믿고 아도니야를 왕으로 추대하는 모의에 가담하였다가 패가망신했다(왕상 1:38-39, 2:26-27). 이후로 대제사장은 아론의 가문에서도 사독 계열이 정통가문으로 인정받게 되었던 것이다.

셋째, 메시야가 선지자의 신분으로 올 것이라는 것은 모세와 말라기의 예언에 기초한 것이다. 모세는 자기와 같은 선지자 하나를 민족 가운데서 일으키실 것이라고 예언했으며(신 18:15), 그와 같은 선지자는 역사상 나타나지 못했다(신 34:10). 말라기는 여호와의 크고 두려운 날이 이르기 전에 선지자 엘리야가 다시 와서 하나님의 마음이 이스라엘 백성에게 향하게 하고 이스라엘 백성들의 마음 또한 하나님께로 향하게 할 것이라고 예언했다(말 4:5-6). 그렇기 때문에 세례자 요한을 중심으로 메시야 운동이 일어날 것을 두려워한 사람들이 제사장과 레위인들을 보내어 이렇게 물어보았던 것이다.

> "요한이 드러내어 말하고 숨기지 아니하니 드러내어 하는 말이 나는 그리스도가 아니라 한 대 또 묻되 그러면 누구냐 네가 엘리야냐 이르되 나는 아니라 또 묻되 네가 그 선지자냐 대답하되 아니라… 또 물어 이르되 네가 만일 그리스도도 아니요 엘리야도 아니요 그 선지자도 아닐신대 어찌하여 세례를 베푸느냐"(요 1:20-21,25)

4. 하나님 나라 운동

하나님의 나라는 하나님이 다스리시는 나라를 의미하며, 모세 오경에서 보여준 신정국가의 청사진이 기초가 되어 있다. 하나님 나라 운동의 배후에는 유대인의 혈통이나 관습을 지키는 것으로 하나님 나라 백성이 되기에 충분하지 않다는 생각을 배경으로 하고 있다. 예를 들면 주전 167년 셀류키드 왕국의 안티오커스 에피파네스 IV가 자신이 세운 대제사장 메넬라오스의 헬라화 정책을 뒷받침하기 위해 예루살렘 침공을 단행했을 때, 많은 유대인들이 요단 동편 혹은 다마스커스로 이주하면서 스스로를 '거룩한 언약의 공동체'로 불렀다. 주전 152년 쿰란 폐허에 제사장 공동체를 세운 의의 스승(모레 하쩨데크)은 자신들만이 진정한 하나님의 자녀-빛의 자녀들이며, 다른 유대인들은 사악한 무리들-성전제도를 장악한 불법적 대제사장에게 협조하는 어둠의 자녀들로 보았다. 이것은 세례자 요한의 가르침에서도 드러나고 있다.

> "그러므로 회개에 합당한 열매를 맺고 속으로 아브라함이 우리 조상이라고 생각하지 말라 내가 너희에게 이르노니 하나님이 능히 이 돌들로도 아브라함의 자손이 되게 하시리라"(마 3:8-9)

그런데 하나님의 나라를 구현하는 방법은 종파에 따라 현격한 차이를 보이고 있다.

첫째, 바리새인들은 모세 오경을 문자대로 지키므로 하나님의 다스리시는 나라가 될 수 있다고 믿었다. 따라서 기록된 율법(תורה מכתב 토라 미크타브)뿐 아니라 구전 율법(תורה בעל־פה 토라 베알페)도 지켜야 한다고 가르쳤다. 구전 율법은 소위 모세가 70인 장로들에게 말로 전달했다고 바리새인들이 주장하는 것이다. 이처럼 철저하게 모세 오경을 지키려고 하는 이유는 유다 왕국의 멸망으로부터 당시까지 이어지는 고통이 하나님의 언약을 지키지 않은데서 비롯된 것이다. 그리고 철저한 실천을 통해 회개의 열매를 보여드리면 하나님의 은총이 회복될 것이라고 믿었기 때문이다. 세례자 요한은 바리새파가 아니었음에도 불구하고 임박한 하나님의 나라에 들어가기 위해 계명의 실천을 통한 회개의 필요성을 강조했다.

> "이미 도끼가 나무 뿌리에 놓였으니 좋은 열매 맺지 아니하는 나무마다 찍혀 불에 던져지리라"(눅 3:9)

둘째, 열심당(셀롯)은 무력으로 외세를 몰아내며, 외세의 앞잡이들을 처단하므로 하나님의 나라가 구현될 수 있다고 생각했다. 그들 중 행동대원에 속하는 시카리(단도를 품은 사람)들은 공공장소에서 매국노라고 여겨지는 사람들 처형하기를 서슴지 않았다. 예수 그리스도의 제자 가운데 셀롯인 시몬도 열심당 출신이었다. 그리고 많은 갈릴리 사람들이 열심당으로 몰려 박해를 받았다. 심지어 빌라도는 혁명적 활동을 한 것으로 보이는 갈릴리 혐의자들을 재판도 없이 성전에서 제사 드리는 중에 처형하고 그들의 피를 제물의 피에 섞어 모독하기도 했다(눅 13:1). 열심당(젤로데)이라는 이름은 이스라엘 백성들이 모압 평지에서 모압 여인들과 간음하고 바알 신에게 제사 드렸을 때 제사장 엘르아살의 아들 비느하스가 여호와의 질투심으로 현행범들을 처형하여 재앙으로부터 민족을 구원했던 사건에 뿌리를 두고 있다(민 25:6-13).

셋째, 에세네파 혹은 쿰란 제사장 공동체는 타락한 세속으로부터 자신들을 분리시키므로 하나님의 나라가 임하게 될 것이라고 믿었다. 그들은 엄격한 규율을 통해 청빈하고 정결한 삶을 추구했으며, 이미 그들 공동체에 성령이 계시는 것으로 간주했다. 이미 하나님의 나라는 그들 가운데 임했으며, 타락한 세상이 심판 받는 일만 남았다고 생각했던 것이다. 성서와 역사에 대한 그들의 해석은 이분법적(dichotomous)이었는데, 바울의 편지에도 그들의 글에서 인용한 것으로 보이는 "너희가 전에는 어둠이더니 이제는 주 안에서 빛이라 빛의 자녀들처럼 행하라"(엡 5:8)는 표현이 나온다.[7)]

넷째, 사두개파는 세계에 흩어진 유대인들의 회당을 그물망처럼 연결하고, 절기에 맞춰 해외거주 유대인들이 예루살렘 성전을 방문하게 하므로 하나님의 나라를 정치적으로 구현하고자 했다. 그들은 해외에서 유대인답게 살지 못하는 유대인들이 성전 세를 드리고 제물을 바치므로 유대인의 정체성을 되찾도록 했다.

7) 유대교의 이분법은 페르시아 제국의 신민으로 사는 동안 조로아스터교의 영향 때문인 것으로 보인다. 주전 6세기 예언자 조로아스터에 의해 시작된 윤리적 이분법은 후계자들에 의해 우주적(창조) 이분법으로 발전되었으며, 후일 종말론적 이분법으로 완성되었다(나종근, 조로아스터, 시공사, 31-53 참조).

유대인 랍비 예수

예수 그리스도는 유대인으로 태어나서, 모세 오경을 실천하는 유대인으로 살다가 유대인으로 죽었다. 그는 모세 오경을 강론한 랍비로서, 제자들을 먼저 유대인들의 마을로 파송했으며, 탐욕스러운 제사장 가문의 돈벌이 도구로 전락한 성전제도와 위선적 종교인들에 대해 사망 선고를 내렸다. 그는 흠잡을 데 없는 유대인이었으며, 모세 오경의 진정한 의미와 실천방법을 깨우쳐 준 랍비였다.

1. 유대인 예수

예수 그리스도는 유다 지파 다윗의 후손으로 태어났다(마 1:1-16). 그는 다른 유대인 소년들처럼 성인식을 마치고 예루살렘 성전에 올라가 저명한 랍비들과 율법에 대해 토론했다(눅 2:41-47). 신명기 말씀들을 암송했으며(신 6:6, 눅 4:4, 8, 12), 신 22:12에 기록된 모세의 명령대로 옷 술(ציצית 찌찌트)이 매달린 옷을 입었다(눅 8:44). 그는 유대인의 절기를 모두 지켰으며(요 5:1, 7:37, 막 14:14), 정결관습에 대해 잘 알았다(요 13:4-11, 마 13:47-48, 23:24).[8] 식사 때마다 한 그룹의 대표로서 다른 유대인들처럼 감사기도를 올렸고(막 6:41, 8:6, 11:22-23), 갈릴리의 자연을 사랑했으며(마 6:25-30), 다른 유대인들처럼 히브리어와 아람어를 구사했다(막 5:41, 15:34). 또한 감정을 억제하지 않고 표현하는 유대인의 방식대로 슬픔을 표현했다(막 5:38; 요 11:33, 35; 눅 19:41-44, 히 5:7). 그리고 유대인들의 세계관에 맞게 영적 진리를 설명했으며(마 12:43; 눅 8:29; 레 16:21-22, 17:7), 유대인들의 속담과 관용적 표현을 익숙하게 구사했다(마 6:22; 눅 4:23, 10:5-6, 13:32). 뿐만 아니라 고대와 근대의 유대 역사에 대해서도 정통했으며(마 12:4; 눅 19:12), 팔레스타인의 지리와 기후에 대해서 잘 알고 있었다(눅 10:30, 13:54-55). 서민들의 고달픈 삶과 부자와 힘 있는 자들의 횡포에 대해서도 깊은 이해가 있었으며, 그 자신 또한 가난했다(눅 9:12-17,58, 11:5-8, 12:29, 15:4-10, 16:1-8,19-21, 18:1-6, 21:1-4).

8) 예수 그리스도가 이미 목욕한 자는 발밖에 씻을 필요가 없다고 한 것은 유월절을 지키는 유대인들이 이미 정결예식 수조(미크베)에서 목욕(ritual bath)하며 준비한 것을 가리킨 것이다. 따라서 일상의 부정을 제거하는 의미에서 발밖에 씻을 필요가 없었던 것이다.

2. 랍비 예수

예수 그리스도가 유대 사회에서 랍비로 간주되었다는 것은 흥미 있는 일이다. 제자들은 그를 랍비로 불렀는데(요 1:38,49, 3:2, 4:31, 6:25, 9:2, 11:8), 랍비는 팔레스타인 유대인들이 존경하는 스승을 부르는 용어였다.[9] 실제로 예수 그리스도는 모세 오경을 깊이 있게 해석했으며[10], 실천 지침(할라카)에 있어서 당시의 바리새인들 보다 더 엄격했다. 예를 들면 십계명 가운데 '살인하지 말라'와 '간음하지 말라'는 계명을 마음으로 범하는 죄에까지 적용시켰다(마 5:21-30). 그리스도는 한 번도 율법을 지키지 않아도 된다고 가르친 적이 없다. 오히려 율법의 일점일획도 떨어지지 않을 것이

9) 바벨론 유대인들은 단순히 '라브'라고만 불렀다.

10) 마 5:21-48을 보면 "…하였다는 것을 너희가 들었으나"라는 말로 시작한다. 그것은 율법에 대한 재해석일 뿐 율법을 폐기하는 선언이 아니다.

라고 선언했으며, 율법을 폐하러 온 것이 아니고 완전케 하러 왔다고 주장했다. 뿐만 아니라 제자들의 의가 서기관과 바리새인보다 낫지 못하면 결코 천국에 들어가지 못한다고 가르쳤다(마 5:20). 또한 서기관과 바리새인들의 말하는 바를 행하고 지키도록 강조했다(마 23:2-3). 다만 그리스도는 바리새인들이 성문율법과 같은 권위로 주장하는 구전 율법을 인정하지 않았을 뿐이다(마 15:3). 심적 동기에 초점을 맞춘 그리스도에게는 율법의 부록에 지나지 않았을 것이다. 따라서 그리스도와 그의 제자들이 안식일과 정결규례를 어겼다고 비난받을 때도 괘념치 않았다.

예수 그리스도의 성경해석법은 주전 1세기 랍비 힐렐의 방법에서 차용한 것이 많았다.

첫째, 유추해석법(גזרה שבה 게제라 샤바)은 바리새인들이 즐겨 사용하던 방법이었다. 어떤 율법사가 어느 계명이 크냐고 물었을 때 신 6:5과 레 19:18 말씀을 인용하여 "첫째는…" "둘째는…"이라고 가르친 것은 두 구절에 공통적으로 들어있는 '사랑하라'는 단어를 사용하여 유추적으로 해석한 것이다. 또한 안식일에 밀을 따먹은 일로 추궁 받았을 때 다윗이 진설병을 먹었던 일을 가지고 대답했는데, 두 사건을 유추적으로 동일하게 다루고 있는 것을 알 수 있다. 즉, 안식일의 법이 성전의 법과 마찬가지로 인간을 위해 존재한다는 점에서 성격상 같다고 본 것이다. 또한 장차 다가올 종말의 때가 노아 시대와 같을 것이라고 한 것도 이런 해석법에 속한다(마 24:37-39). 다시 말해서 노아의 때나 최후 심판의 때나 사람들이 도덕적으로 타락하고 둔감하다는 점에서 같이 본 것이다.

둘째, 비교해석법(קל וחמור 칼 뵈하무르)이다. '가벼운 것과 무거운(큰) 것'이라는 의미의 이 방법론은 문자 그대로 작은 것과 큰 것을 비교하는 것이다. 때때로 이 해석법은 작은 것이 곧 큰 것이라는 결론에 이르기도 하고, 작은 것을 보고 큰 것을 알 수 있다는 결론에 이르기도 한다. 한국 속담에 "하나를 보면 열을 안다"는 말과 비슷하다. 예를 들어 마 5:19을 보면 "계명 중의 지극히 작은 것(미쯔바 칼)"을 행하는 자는 천국에서 "크다 일컬음을 받게 된다" 그 이유는 작은 계명이 곧 큰 계명이기 때문이다(미쯔보트 칼림 미쯔보트 하무림) 그리고 작은 것을 보면 큰 것도 알 수 있는

데, 눅 12:24-28이 전형적인 예가 된다. 즉, 까마귀와 사람(24), 작은 일과 큰 일(25-26), 백합화와 사람(27-28)을 비교하면서 하나님이 까마귀를 먹이시고 백합화를 입히시므로 사람은 더욱 돌보신다. 그리고 작은 일도 하지 못하면서 큰일을 염려할 필요까지 없다는 결론에 이르고 있다. 이것은 "염려하지 말라"는 결론을 내리기 위해 비교해석법을 동원한 것이다. 이 방법에서는 "하물며… 일까보냐" 혹은 "얼마나 더… 하냐" "… 못하면서 어찌 … 하느냐"는 문구가 통상 사용된다. 사도 바울도 이 방법을 자주 사용했다.

> "그들의 넘어짐이 세상의 풍성함이 되며 그들의 실패가 이방인의 풍성함이 되거든 하물며 그들의 충만함이리요… 네가 원 돌감람나무에서 찍힘을 받고 본성을 거슬러 좋은 감람나무에 접붙임을 받았으니 원 가지인 이 사람들이야 얼마나 더 자기 감람나무에 접붙임을 받으랴"(롬 11:12,24)

사람이 생명을 얻는 길은 율법을 지키는데 있음을 가르쳤다는 점에서도 예수 그리스도는 모세 오경의 가르침과 맥을 같이 한다.

> "어떤 사람이 주께 와서 이르되 선생님이여 내가 무슨 선한 일을 하여야 영생을 얻으리이까 예수께서 이르시되 어찌하여 선한 일을 내게 묻느냐 선한 이는 오직 한 분이시니라 네가 생명에 들어가려면 계명들을 지키라"(마 19:16-17)

> "오늘 내가 네게 명령하는 여호와의 규례와 명령을 지키라 너와 네 후손이 복을 받아 네 하나님 여호와께서 네게 주시는 땅에서 한없이 오래 살리라"(신 4:40)

중요한 것은 예수 그리스도의 가르침을 받은 원 청중들이 모두 제 2 성전시대 유대인이었다는 사실이다. 그들이 그리스도의 제자가 된 다음에도 율법(의식법+도덕법)을 떠날 이유가 없었다. 더 나아가 유대 문화의 배경이 없는 이방 그리스도인이라 할지라도 도덕법으로서의 율법을 지키지 말아야 할 이유가 없다. 그리스도는 한 번도 영생을 얻는 조건으로 의식법의 준수를 말한 적이 없다. 그와 동시에 그리스도에 대한 신앙고백만으로 충분하다고 가르치지도 않았다. 오히려 행함이 없는 믿음은 기초를 모래위에 세운 사람의 집과 같다고 경고 하면서 "하늘에 계신 내 아버지의 뜻대로 행하는 자라야 들어가리라"(마 7:21)고 가르쳤다.

그런 점에서 예수 그리스도의 동생 야고보도 믿음 이후의 행함을 강조했던 것이다.

> "우리 조상 아브라함이 그 아들 이삭을 제단에 바칠 때에 행함으로 의롭다 하심을 받은 것이 아니냐 네가 보거니와 믿음이 그의 행함과 함께 일하고 행함으로 믿음이 온전하게 되었느니라"(약 2:21-22).

사도 바울도 같은 맥락에서 구원을 설명했다.

> "너희는 그 은혜에 의하여 믿음으로 말미암아 구원을 받았으니 이것은 너희에게서 난 것이 아니요 하나님의 선물이라 행위에서 난 것이 아니니 이는 누구든지 자랑하지 못하게 함이라 우리는 그의 만드신 바라 그리스도 예수 안에서 선한 일을 위하여 지으심을 받은 자니 이 일은 하나님이 전에 예비하사 우리로 그 가운데서 행하게 하려 하심이니라"(엡 2:8-10)

메시야 예수

예수 그리스도에 대한 베드로의 신앙고백은 신약의 저자들이 예수께 가졌던 생각을 단적으로 보여준다.

> "시몬 베드로가 대답하여 이르되 주는 그리스도시요 살아계신 하나님의 아들이시니이다"(마 16:16)

1. 새 성전을 세우는 자

> "예수께서 대답하여 이르시되 너희가 이 성전을 헐라 내가 사흘 동

안에 일으키리라"(요 2:19)

"이르되 이 사람의 말이 내가 하나님의 성전을 헐고 사흘 동안에 지을 수 있다 하더라 하니 대제사장이 일어서서 예수께 묻되 아무 대답도 없느냐 이 사람들이 너를 치는 증거가 어떠하냐 하되 예수께서 침묵하시거늘 대제사장이 이르되 내가 너로 살아계신 하나님께 맹세하게 하노니 네가 하나님의 아들 그리스도인지 우리에게 말하라 예수께서 이르시되 네가 말하였느니라"(마 26:61-64).

앞서 살펴본 것처럼 경건한 유대인들은 새 성전을 세우는 자로서 메시야를 기대해왔다. 따라서 대제사장의 질문과 예수 그리스도의 대답은 모두 성전을 새로 짓는 자로서의 메시야에 초점이 맞춰져 있었던 것이다. 그리스도는 자신의 육체를 가리켜 말한 것이었으나(요 21-22), 유대인들에게 자신을 그리스도로 드러내기 위해 계산된 발언이었음을 알 수 있다. 사도 요한은 더 나아가 예수 그리스도가 걸어 다니는 성막이었음을 증거한다(요 1:14).

2. 그 선지자

"생명의 주를 죽였도다 그러나 하나님이 죽은 자 가운데서 그를 살리셨으니 우리가 이 일에 증인이라… 모세가 말하되 주 하나님이 너희를 위하여 너희 형제 가운데서 나 같은 선지자 하나를 세울 것이니 너희가 무엇이든지 그의 모든 말을 들을 것이라 누구든지 그 선지자의 말을 듣지 아니하는 자는 백성 중에서 멸망 받으리라 하였고"(행 3:15,22-23)

모세가 예언한 '그 선지자'가 메시야이기 때문에 기성 종교지도자와 권력자들은 먼저 세례자 요한을 의심했었다(요 1:20-22). 그 다음으로는 예수 그리스도를 주목하여 관찰했다. 그런데 신약의 저자들이 모두 예수 그리스도를 모세가 예언한 바로 그 선지자로 묘사하는 것은 유대인들의 메시야관을 의식한 것이다. 누가는 엠마오로 가는 두 제자 가운데 글로바와 초대 교회 집사 스데반의 입을 통해 예수가 그 선지자 그리스도임을 보여주고 있다.

"이르시되 무슨 일이냐 이르되 나사렛 예수의 일이니 그는 하나님과 모든 백성 앞에서 말과 일에 능하신 선지자이거늘 우리 대제사장들과 관리들이 사형 판결에 넘겨주어 십자가에 못박았느니라 우리는 이 사람이 이스라엘을 속량할 자라고 바랐노라"(눅 24:19-21상)

"모세가 애굽 사람의 모든 지혜를 배워 그의 말과 하는 일들이 능하더라… 이스라엘 자손에 대하여 하나님이 너희 형제 가운데서 나와 같은 선지자를 세우리라 하던 자가 곧 이 모세라"(행 7:22,37)

3. 대제사장

"그러므로 함께 하늘의 부르심을 받은 거룩한 형제들아 우리가 믿는 도리의 사도이시며 대제사장이신 예수를 깊이 생각하라"(히 3:1)

"또한 이와 같이 그리스도께서 대제사장 되심도 스스로 영광을 취하심이 아니요 오직 말씀하신 이가 그에게 이르시되 너는 내 아들이니 내가 오늘 너를 낳았다 하셨고 또한 이와 같이 다른 데서 말씀하시되 네가 영원히 멜기세덱의 반차를 따르는 제사장이라 하셨으니"(히 5:5-6)

"지금 우리가 하는 말의 요점은 이러한 대제사장이 우리에게 있다는 것이라 그는 하늘에서 지극히 크신 이의 보좌 우편에 앉으셨으니"(히 8:1)

예수 그리스도는 제사장 가문이 나오는 레위 지파가 아니라 유다 지파의 후손이다. 그럼에도 불구하고 대제사장으로서의 메시야라는 사실을 강조하기 위해 창세기에 나오는 멜기세덱의 이야기가 길게 설명되어 있다(히 7:1-28). 멜기세덱이 아브라함으로부터 십일조를 받았으므로 아브라함의 증손자 레위 지파보다 상위 계열이라는 것이다. 이런 해석이 가능한 것은 멜기세덱의 서열을 좇은 영원한 제사장에 대해 다윗의 시에 예언되어 있기 때문이다(시 110:4) 히브리서의 저자가 예수 그리스도를 대제사장으로 증언하는 가장 큰 근거는 그의 승천하심이다.

> "그리로 앞서 가신 예수께서 멜기세덱의 반차를 따라 영원히 대제사장이 되어 우리를 위하여 들어가셨느니라"(히 6:20).

그의 승천이 대제사장의 징표인 이유는 땅에 있는 성전의 지성소가 하늘 보좌의 모형이라는데 있다. 그리스도가 승천하여 하늘 지성소에 들어가시므로 대제사장 되심을 보여주셨다는 것이다.

독생자
(반 에이크 작)

4. 왕

> "아브라함과 다윗의 자손 예수 그리스도의 세계라…그런즉 모든 대수가 아브라함부터 다윗까지 열 네 대요 다윗부터 바벨론으로 사로잡혀 갈 때까지 열 네 대요 바벨론으로 사로잡혀 간 후부터 그리스도까지 열 네 대더라"(마 1:1,17)

> "나다나엘이 대답하되 랍비여 당신은 하나님의 아들이시요 당신은 이스라엘의 임금이로소이다"(요 1:49)

> "빌라도가 패를 써서 십자가 위에 붙이니 나사렛 예수 유대인의 왕이라 기록되었더라"(요 19:19)

> "그들이 어린 양과 더불어 싸우려니와 어린 양은 만주의 주시요 만왕의 왕이시므로 그들을 이기실 터이요"(계 17:14)

앞서 살펴본 것처럼 유대인들은 다윗의 후손 가운데 왕으로 오실 메시야를 기다려왔다. 비록 모세 오경에서 메시야 사상과 왕이신 예수 그리스도에 대해 직접적으로 말하고 있지 않다고 하더라도, 신 17:14-20에 기록된 왕의 자격에 비추어 볼 때 예수 그리스도 외의 어떤 인물도 온전히 부합하지 못했다는 것을 알 수 있다.

5. 예표와 비유 속의 그리스도

예수 그리스도와 신약의 저자들은 모세 오경에 나오는 사건이나 동물을 메시야에 대한 예표와 비유로 사용하기를 좋아했다.

첫째, 유월절 어린양이 그리스도를 미리 보여주는 상징적 동물로 유추 해석되었다.

> "너희는 누룩 없는 자인데 새 덩어리가 되기 위하여 묵은 누룩을 내버리라 우리의 유월절 양 곧 그리스도께서 희생되셨느니라"(고전 5:7)

둘째, 속죄일에 광야로 내보내는 아사셀 염소가 그리스도를 미리 보여주는 상징적 동물로 유추 해석되었다.

> "이튿날 요한이 예수께서 자기에게 나아오심을 보고 이르되 보라 세상 죄를 지고 가는 하나님의 어린 양이로다"(요 1:29)

셋째, 광야에서 이스라엘 백성들에게 물을 준 반석이 그리스도의 공급하심을 보여주는 상징으로 풍유적(allegorical) 해석을 가했다.

> "다 같은 신령한 음료를 마셨으니 이는 그들을 따르는 신령한 반석으로부터 마셨으매 그 반석은 곧 그리스도시라"(고전 10:4)

넷째, 그리스도는 모세가 만든 놋 뱀을 자신에게 비유적으로 해석했다.

> "모세가 광야에서 뱀을 든 것 같이 인자도 들려야 하리니"(요 3:14)

다섯째, 그리스도의 몸이 성막에 비유되었다.

> "말씀이 육신이 되어 우리 가운데 거하시매(장막을 치시매) 우리가 그 영광을 보니 아버지의 독생자의 영광이요 은혜와 진리가 충만하더라"(요 1:14)

“예수께서 대답하여 이르시되 너희가 이 성전을 헐라 내가 사흘 동안에 일으키리라… 그러나 예수는 성전 된 자기 육체를 가리켜 말씀하신 것이라”(요 2:19,21)

여섯째, 그리스도는 하나님과의 관계를 회복하는 화목제물로서 은유적으로 해석되었다.

“이 예수를 하나님이 그의 피로써 믿음으로 말미암는 화목제물로 세우셨으니 이는 하나님께서 길이 참으시는 중에 전에 지은 죄를 간과하심으로 자기의 의로우심을 나타내려 하심이니”(롬 3:25)

일곱째, 나무에 달린 자에 대한 신명기 규례가 예수 그리스도의 대속적 죽음을 위한 것으로 유추해석 되었다.

“사람이 만일 죽을죄를 범하므로 네가 그를 죽여 나무 위에 달거든 그 시체를 나무 위에 밤새도록 두지 말고 그 날에 장사하여 네 하나님 여호와께서 네게 기업으로 주시는 땅을 더럽히지 말라 나무에 달린 자는 하나님께 저주를 받았음이니라”(신 21:22-23)

“그리스도께서 우리를 위하여 저주를 받은바 되사 율법의 저주에서 우리를 속량하셨으니 기록된바 나무에 달린 자마다 저주 아래에 있는 자라 하였음이라”(갈 3:13)

하나님의 아들 예수

구약 성서에 흔히 사용된 ‘주 여호와’ 라는 단어가 신약 성경에는 한 번도 나오지 않는 대신 ‘주 예수’ 혹은 ‘주 예수 그리스도’ 라는 단어가 사용된다. 그것은 신약의 저자들이 예수 그리스도가 몸을 입고 세상에 오신 야훼 하나님으로 인식했다는 사실을 보여준다. 따라서 신약의 저자들은 예수 그리스도의 신성을 드러내기 위해 구약의 구절들, 특히 모세 오경의 구절들을 적절히 인용했다.

1. 사람의 몸으로 오신 하나님

하나님이 사람의 모습으로 나타나신 것을 신의 현현(Theophany)이라고 부른다. 그런 의미에서 그리스도가 탄생 이전에 사람의 모습으로 나타난 것을 그리스도의 현현(Christophany)이라고 한다. 예를 들어 야훼 하나님이 아브라함에게 나타나신 것은 분명히 신의 현현이다(창 18:2,16-17, 22). 그리고 사람의 모습으로 야곱에게 나타나 씨름하고 축복한 분은 제 2위 하나님이다(창 32:28-29, 삿 13:18, 사 9:6 참조). 그런 의미에서 그것은 그리스도의 현현이라고 할 수 있다. 이처럼 신의 현현이나 그리스도의 현현은 장차 제 2위 하나님이 몸을 입고 세상에 태어나는 신학적 근거를 제공했다.

> "태초에 말씀이 계시니라 이 말씀이 하나님과 함께 계셨으니 이 말씀은 곧 하나님이시니라… 말씀이 육신이 되어 우리 가운데 거하시매 우리가 그 영광을 보니 아버지의 독생자의 영광이요 은혜와 진리가 충만하더라"(요 1:1,14)

2. 하나님의 이름을 가지심

모세 오경은 하나님의 성품에 대한 묘사로 가득하다. 그 중에 하나가 '스스로 있는 자'(출 3:14)이다. 그런데 "나는 스스로 있는 자니라"는 말은 히브리어 성경에 אהיה אשׁר אהיה(에흐예 아세르 에흐예)라고 되어 있다. 이 말을 직역하면 "나는 곧 나이다(I am that I am)" 혹은 "나는 곧 나일 것이다(I'll be that I'll be)"가 된다. 여기서 "스스로 있는 자"는 אהיה(에흐예)인데 "나는(I am)" 혹은 "나이다(I am)"로 번역할 수 있다.

그런데 신약성서를 읽어보면 예수 그리스도가 자신을 이 이름으로 불렀다는 사실을 알 수 있다. 요 8:24에서 그리스도는 "너희가 만일 내가 그인줄 믿지 아니하면 너희 죄 가운데서 죽으리라"고 선언했다. "내가 그"라는 표현은 헬라어 성경 ἐγὼ εἶμαι(I am)의 의역이다. 그러니까 헬라어 본문에는 보어 "그"라는 말이 없는 것이다. 왜 그럴까? 복음서의 저자들이 주의 말씀을 훼손하지 않으려고 히브리어를 헬라어로 직역했기 때문이다. 따라서 헬라어 문법으로 어색한 문장이 되고 말았다. 막 14:62을 보면 그리스도가 대제사장의 "네가 찬송 받을 이의 아들 그리스도냐"는 심문에 "내가 그니라"고 대답한 기록이 나온다. 여기서도 헬라어 본문은 Ἐγώ εἰμι· 즉, "나는"으로 되어 있다. 이 두 구절은 확실히 그리스도의 신성과 관계된 본문이다. 요 8:24 말씀은 사람들이 그를 하나님으로 믿지 않으면 죄 씻음 받지 못하고 죽는다는 것이고, 막 14:62 말씀은 그가 하나님이라고 말했기 때문에 죽음을 당하게 된 내용이다. 그러면 헬라어 성경에 기록된 '에고 에이마이'를 그리스도는 어떤 언어로 어떻게 발설했을까? 여기에 대한 답은 오직 히브리어 관용적 표현밖에 없다. 즉, אהיה(에흐예)인 것이다. 다시 말해 그리스도는 스스로를 '야훼' 하나님으로 지칭했다. 우리가 예수 그리스도를 육체로 오신 하나님이라고 고백할 수 있는 근거가 여기에 있는 것이다.

3. 하나님의 성품을 가지심

> "여호와께서 그의 앞으로 지나시며 선포하시되 여호와라 여호와라 자비롭고 은혜롭고 노하기를 더디하고 인자와 진실이 많은 하나님이라"(출 34:6)

출애굽기에서 살펴본 것처럼 '인자와 진실'은 하나님의 성품으로서 히브리어로 '헤세드 뵈에메트(חסד ואמת)'이다. 그런데 요한이 예수 그리스도를 소개한 요 1:14에는 '은혜와 진리'가 나온다. 헬라어로 '카리토스 카이 알레테이아스(χάριτος καὶ ἀληθείας)'이다. 이것은 다름 아닌 히브리어 '헤세드 베에메트'의 헬라어 번역인 것이다. 그러니까 요한은 예수 그리스도가 야훼 하나님인 것을 말하고 있는데 '인자와 진실이 많은(라브)'은 '은혜와 진리가 충만(플레레스)'과 같은 말인 것을 알 수 있다

4. 하나님의 일을 하심

예수 그리스도는 그를 믿는 자들에게 생수의 강을 약속했다. "나를 믿는 자는 성경에 이름과 같이 그 배에서 생수의 강이 흘러나리라 하시니"

(요 7:38).

여기서 생수(living water)는 레 14:50,52, 15:13에 기록된바 정결예식에 사용하는 '살아있는 물(מים חיים 마임 하임)' 이다. 다시 말해서 예수 그리스도는 신체를 오염시킨 의식상의 불결 뿐 아니라 영혼의 오염인 도덕적인 불결까지 정결케 하시는 분이다. 에스겔은 하나님이 장차 당신의 백성을 정결한 물로 씻을 것을 예언했다.

> "맑은 물로 너희에게 뿌려서 너희로 정결하게 하되 곧 너희 모든 더러운 것에서와 모든 우상숭배에서 너희를 정결하게 할 것이며"(겔 36:25)

예수 그리스도는 죄를 정결하게 하는 권능이 있음을 밝혔다.

> "그러나 인자가 세상에서 죄를 사하는 권능이 있는 줄을 너희로 알게 하려 하노라 하시고"(마 9:6상)

그렇기에 그리스도의 신성을 믿지 못하는 자는 자신의 죄 가운데서 죽을 수밖에 없는 것이다(요 8:24)

5. 경배 받으실 하나님

성막은 하나님의 임재를 상징하는 처소였으며, 하나님을 예배하는 곳이다(신 12:5-7). 만약에 성막 혹은 성전보다 더 큰 인격체가 있다면 하나님 그 자신이 될 것이었다. 따라서 예수 그리스도가 자신을 성전과 비교한 것은 명백한 신성의 선언이 된다. 그의 제자들은 부활 후에 그에게 경배하기 시작했으며, 동방에서 온 박사들은 일찌감치 그의 유아시절 경배를 드렸다.

> "내가 너희에게 이르노니 성전보다 큰 이가 여기 있느니라"(마 12:6)
> "예수께서 그들을 만나 이르시되 평안하냐 하시거늘 여자들이 나아가 그 발을 붙잡고 경배하니"(마 28:9)

"그들이 그에게 경배하고 큰 기쁨으로 예루살렘에 돌아가"(눅 24:52)

"열한 제자가 갈릴리에 가서 예수께서 지시하신 산에 이르러 예수를 뵈옵고 경배하나 아직도 의심하는 사람들이 있더라"(마 28:17)

"도마가 대답하여 이르되 나의 주님이시요 나의 하나님이시니이다"(요 20:28)

〈참고서적〉

강사문, 한국성서학연구소, 구약의 하나님
강성열, 한들출판사, 고대 근동 세계와 이스라엘 종교
고든 피, 더글라스 스튜어트/성서유니온/성경을 어떻게 읽을 것인가?
김영진, 한들출판사, 고대근동의 역사문헌
김인철, 엠마오출판사, 성경핸드북
김진섭, 솔로몬, 종교경책학 입문
김호경, 인간의 옷을 입은 성서, 책 세상, 2005.
나종근, 조로아스터, 시공사, 2000.
레이몬드 딜러드, 트럼프 롱맨, 크리스챤 다이제스트, 최신구약개론
롤랑 드보, 나단, 구약시대의 종교풍속
리런드 라이컨, 크리스챤 다이제스트, 문학에서 본 성경
리차드 S. 히스, C.L.C. 이스라엘의 종교
마르크 반 드 미에룹, CLC, 고대근동역사
마빈 윌슨, 컨콜디아사, 기독교와 히브리유산
배제민, 기독교문사, 반문서설
버나드 W. 앤더슨, 크리스챤 다이제스트, 구약성서이해
버트 어만, 성경왜곡의 역사, 청림출판, 2006.
베로니카 이온스, 이집트 신화, 범우사
시로 트레비나사토, 이집트 10가지 재앙의 비밀, 새물결플러스
시몬 깁슨, 청림출판사, 예루살렘의 예수
아비 후르비츠, 한들출판사, 히브리어연구
IVP, 성경배경주석 구약
R. 드보, 도서출판 솔로몬, 구약시대의 사회풍습
앨런 로스, 디모데, 창조와 축복
얀 아스만, 그린비, 이집트인 모세,
왕 대일, 한국성서학연구소, 다시 듣는 토라
원용국, 호석출판사, 모세오경
윤관, 한돌 출판사, 성막과 교회 생활
자끄 엘룰, 도시의 의미, 한국로고스 연구원
장종길, 도서출판 그리심, 레위기

정길호, 작은행복, 구약성경이야기
정중호, 한들출판사, 레위기 만남과 나눔의 장
조지 하트, 범우사, 이집트 신화
조철수, 서해문집, 수메르신화
존 스토트, 성경연구입문, 성서유니온 선교회, 2002
존 왈튼, 도서출판 그리심, 창세기 1장의 잃어버린 세계
주원준, 한님성서연구소, 구약성경과신들
제임스 쿠걸, CLC, 구약성경개론
G. 허버트 리빙스톤, 기독교문서선교회, 모세오경의 문화적 배경
찰스 F. 에일링, CLC, 이집트와 성경역사
최창모, 한길사, 금기의 수수께끼
피터 에이 클레이턴, 까치, 파라오의 역사
허성갑, 말씀의집, 히브리어 직역 구약성경

David Bivin, En-Gedi Resource Center, *New Light on the Difficult Words of Jesus*.
Bezalel Narkiss, *Hebrew Llluminated Manuscripts*, Keter Publishing House, 1969.
Jacob Milgrom, *Numbers*, The JPS Torah Commentary, The Jewish Publication Society, 1990.
James P. Allen, *Genesis in Egypt*, Yale Egyptological Studies 2, New Haven, Yale University.
John Day ed. *Temple and Worship in Biblical Israel*, T&T Clark.
K. A. Kitchen, *On The Reliability Of The Old Testament,* Eerdmans, 2006.
Mishkan no. 21, Caspari Center for Biblical and Jewish Studies.
Robert L. Lindsey, *Jesus Rabbi & Lord*, Cornerstone Publishing.
U. Cassuto/Magness Press/*Commentary on Genesis I, II.*
U. Cassuto, Magness Press/*Commentary on Exodus.*
Yadin, Y. *The Art of Warfare in Biblical Lands*, London, Weidenfield and Nicolson

김인철 지음 / 143*210mm / 반양장 / 240면

복음서는 영적 순례의 종착점이다.

히브리 속담과 숙어가 자주 사용되는 그리스도의 가르침을 이해하기가 쉽지 않다. 왜냐하면 현대 독자들은 21세기 삶과 사고방식에 갇혀 있으며, 그리스도의 언어 또한 소박한 외국어-코이네 헬라어로 번역되어 버렸기 때문이다. 대부분의 그리스도인들이 가지고 있는 복음서는 거기에서 몇 번 더 번역과 편집과정을 거쳐 나온 것들이다. 복음서를 제대로 이해하려면 1 세기 유대 사회의 언어와 역사 속으로 들어가야 한다.

존 H. 왈튼 / 김인철 역 / 반양장 / 256면

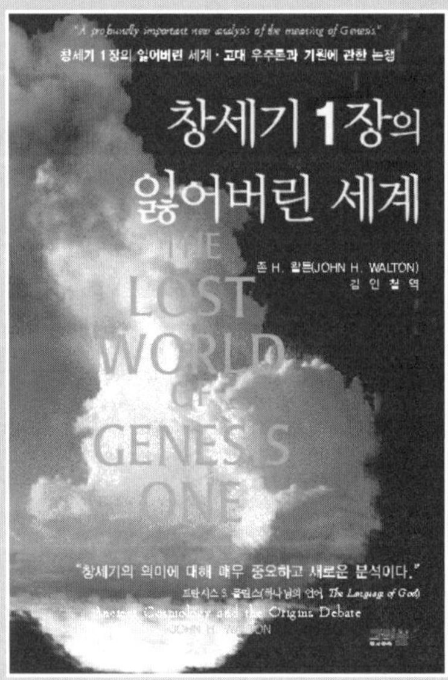

- 창세기의 첫 장과 과학에 대해 새롭게 말할 것이 없다고 생각될 때, <창세기 1장의 잃어버린 세계>가 온다.
- 여기 진지한 그리스도인들, 질문하는 과학자들, 고등학교 과학교사들과 학생들이 폭넓고 사려 깊게 읽고 토의하도록 외치는 책이 있다. 창조와 진화 논쟁의 토의의 양쪽에 자리 잡은 사람들은 존 왈튼의 증거, 논증, 통찰력과 탁월한 결론을 읽고 주의 깊게 토의하도록 자신들과 다른 사람들에게 빚진 자들이다.
- "창세기 1장에 대한 왈튼의 우주 성전 낙성식 견해는 획기적 연구이다.... 7일이 하나님이 거처로 삼으시고 거기서 세계를 운영하시는 기능적 성전으로서의 우주 낙성식에 대한 언급이라는 견해는 아브라함의 하나님을 사랑하는 모든 이들이 심사숙고할 만 한다." Bruce K. Waltke, 리폼드 신학교, 창세기 주석 저자

김인철 지음 / 120*220mm / 반양장 / 384면

그리스도교의 기원을 찾는 사람들에게 세례자 요한은 특별한 의미의 인물임에 틀림없다. 비록 그리스도와 바울에 관한 분량에는 미치지 못하지만 학자들은 역사적 세례자 요한에 대해 오래 전부터 연구해왔다.
이 책은 그리스도교의 기원을 찾는 사람들이 역사적 요한의 모습을 재구성하는데 도움을 주기 위해 씌어졌다. 물론 이 책이 단순히 세례자 요한의 생애와 사역에 대해 전체적인 윤곽을 잡는 자료로 사용될 수도 있을 것이다. 그리스도교의 기원을 찾는 사람들에게 세례자 요한은 특별한 의미의 인물임에 틀림없다. 비록 그리스도와 바울에 관한 분량에는 미치지 못하지만 학자들은 역사적 세례자 요한에 대해 오래 전부터 연구해왔다.

김인철 지음 / 반양장 / 256면

이 글은 2011년 4월 9일 인천 공항을 떠나 이스라엘 이곳저곳을 12박 13일 다닌 이야기이다. 성지 순례에서 빠져 있는 주요 지역들을 사진 자료와 함께 소개하고 있다.